教育部高等学校高职高专汽车类专业教学指导委员会规划教材
总主编 仪垂杰

电动汽车
与混合动力

主　编　许崇良　张传发
副主编　徐　艳　刘　宁
参　编　王沛禹　冯德军　李永冰
　　　　刘成好　苏　青　陈树才
主　审　牟盛勇

山东大学出版社

图书在版编目(CIP)数据

电动汽车与混合动力/许崇良,张传发主编.—济南:山东大学出版社,2013.4
教育部高等学校高职高专汽车类专业教学指导委员会规划教材/仪垂杰总主编
ISBN 978-7-5607-4766-8

Ⅰ.①电…
Ⅱ.①许… ②张…
Ⅲ.①电动汽车—高等职业教育—教材
②混合动力汽车—高等职业教育—教材
Ⅳ.①U469.7

中国版本图书馆 CIP 数据核字(2013)第 080592 号

责任编辑:宋亚卿
封面设计:牛　钧

出版发行:山东大学出版社
社　址　山东省济南市山大南路 20 号
邮　编　250100
电　话　市场部(0531)88364466
经　销:山东省新华书店
印　刷:山东省英华印刷厂
规　格:787 毫米×1092 毫米　1/16
17.75 印张　404 千字
版　次:2013 年 4 月第 1 版
印　次:2013 年 4 月第 1 次印刷
定　价:32.00 元

教育部高等学校高职高专汽车类专业教学指导委员会规划教材

编审委员会

总 序

进入新世纪以来，我国加快了转变经济发展方式的步伐，从而有力地推动着各领域的科学发展。随着科技创新能力的不断提高，科学技术的产业化进程日益加快，制造业不断优化结构，改善品种质量，并淘汰落后产能，汽车制造业尤其如此。《中华人民共和国国民经济和社会发展十二五规划纲要》提出的培育发展新能源汽车等新兴产业的战略目标就充分体现了这一点。

2010年，中国汽车产销量已超过1800万辆，居全球首位，市场潜力巨大。中国汽车与装备制造业已进入了一个新的发展阶段。汽车工业的飞速发展带动了汽车与制造相关产业链的发展，为汽车和机械制造类相关专业毕业生提供了广阔的就业空间和很好的发展前景。然而，老版本的汽车类教材已经远远不能满足汽车专业的教学需求，为广大汽车专业的师生提供一套新版教材成为当务之急。同时，为贯彻《教育部财政部关于实施国家示范性高等职业院校建设计划加快高等职业教育改革与发展的意见》(教高[2006]14号)和《教育部关于全面提高高等职业教育教学质量的若干意见》(教高[2006]16号)的精神，进一步推动职业教育由“重视规模发展”向“注重提高质量”的工作重心转变，适应我国现代汽车工业和职业教育发展的需要，教育部高等学校高职高专汽车类专业教学指导委员会决定在工学结合课程开发和教材建设方面进行探索，组织高校富有经验的教师和企业专家共同编写一套理论性和实践性相结合的汽车类专业教材。

教学质量是学校的生命线。提高教学质量，专业建设是龙头，课程建设是关键。高职教育的课程改革是一项长期的工作，它不是片面的课程内容的解构与重构，必须以人才培养模式创新为核心，以双师素质教师团队建设、实训条件建设、实训项目开发、教学方法改革、教学实施创新等一系列条件为支撑。多年来，在教育部高等学校高职高专汽车类专业教学指导委员会指导下，各高职高专院校进行了广泛的调研，以课程建设为抓手，以校企合作、工学结合为突破口，狠抓课程实施，在教材建设方面作出了高等职业教育的特色。本套教材既注重技能的提高，又兼顾理论的提升，力求满足广大高职高专汽车类专业学生学习的需要，为学生的就业和继续深造打下坚实的基础，充分体现了工学结合的职业教育特色。

经过各编写者和主审们的辛勤劳动，本套教材即将陆续面世。希望教育部高等学校高职高专汽车类专业教学指导委员会的工作可以为各高职院校提供一些借鉴，并通过这套教材进一步推动各地的高职高专教学与课程改革。同时，也希望业内专家和同仁对本套教材提出指导性和建设性意见，以便在教学实践中共同完善和提高。

本套教材在编写过程中，得到了教育部领导、行业专家、各高职高专院校和企业专家的支持，山东大学出版社对教材的出版给予了大力支持和帮助，在此一并致谢。

教育部高等学校高职高专汽车类专业
教 学 指 导 委 员 会 主 任 委 员　仪垂杰

2010 年 12 月于青岛

前　言

能源危机和日益严重的环境污染使汽车技术正经历着燃料多元化、动力电气化等重大技术变革。具有高效节能、低排放或零排放优势的电动汽车重新获得了生机，并受到世界各国的广泛重视，是国际节能环保汽车发展的主攻方向，世界上许多国家都开始投入大量资金开发电动汽车。当前全球主要汽车生产国及企业都在加大电动车辆的研制与开发力度，燃料电动汽车已成为世界各大汽车公司21世纪初激烈竞争的焦点，动力技术革命将彻底改变21世纪汽车业的面貌。

2001年，新能源动力车研究项目被列入国家“十五”期间的“863”重大科技课题，并规划了以汽油车为起点向氢动力车目标挺进的战略。“十一五”以来，中国提出“节能和新能源汽车”战略，政府高度关注新能源汽车的研发和产业化。中国新能源汽车产业取得了重大的发展，中国自主研制的纯电动、混合动力和燃料电池三类新能源汽车整车产品相继问世；混合动力和纯电动客车实现了规模示范；纯电动汽车实现了批量出口；燃料电池轿车研发进入世界先进行列。

为了普及和传播电动汽车的相关知识，为电动汽车走向市场做好技术知识储备，我们按照高职高专汽车专业学生的知识结构，组织编写了《电动汽车与混合动力》这本教材。本着使读者易读、易懂、易用的原则，本书力求讲清电动汽车与混合动力的结构，电动汽车的驱动电机及控制系统、能源及能源管理系统的组成、基本原理。

本书内容丰富，图文并茂，深入浅出，既可作为高职高专汽车专业教学用书，又可作为企业培训参考资料或自学参考书。

本书由日照职业技术学院许崇良、日照市技师学院张传发担任主编，日照职业技术学院徐艳、山东交通职业学院刘宁担任副主编，日照职业技术学院王沛禹、冯德军、李永冰、刘成好、苏青和天津电子信息职业技术学院陈树才共同编写。在编写过程中，本书参考了大量的相关书籍，查阅了大量的文献、论文和资料，得到了山东唐骏欧铃汽车有限公司的技术支持，在此，谨向这些书籍、文献、论文和资料的作者及山东唐骏欧铃汽车有限公司表示衷心的感谢。

由于电动汽车与混合动力属于新兴产业，加之作者水平有限，虽竭尽全力，但不妥之处在所难免，敬请各位读者批评指正，联系方式：xuchongliang@163.com。

编 者

2011 年 12 月

目 录

第1章 概 论

1.1 电动汽车的定义、类型和特点

1.1.1 电动汽车的定义和类型

电动汽车是指全部或部分用车载电源为动力，用电机驱动车轮行驶，符合道路交通、安全法规各项要求的车辆。电动汽车必须具有汽车应有的性能和属性，但其动力线路与原内燃机的动力线路不同，同时又要具有电力车辆的基本特征。

依内燃机汽车的分类方法，电动汽车一般分为蓄电池电动汽车(Battery Powered Electric Vehicle，简称EV，见图 1-1)、混合动力电动汽车(Hybrid Electric Vehicle，简称HEV，见图 1-2)和燃料电池汽车(Fuel Cell Electric Vehicle，简称FEV或FCEV)三类。其中蓄电池电动汽车也叫“二次电池电动汽车”、“纯电动汽车”等。人们常把混合动力汽车作为丰田普瑞(Prius)内燃机＋蓄电池(或燃料电池)的代名词，一提起混合动力汽车，一般人就认为是以内燃机为主、蓄电池为辅的汽车。按照GB的定义“由两种和两种以上的储能器、能源或转换器作为驱动能源，其中至少有一种能提供电能的车辆称为混合动力电动汽车”来判定，混合动力汽车所包含的类型要广泛得多，其具体的分类如图 1-3 所示。根据市场上拥有的车辆多少和使用维修的需要，本书只研究内燃机＋电能的汽车范围。

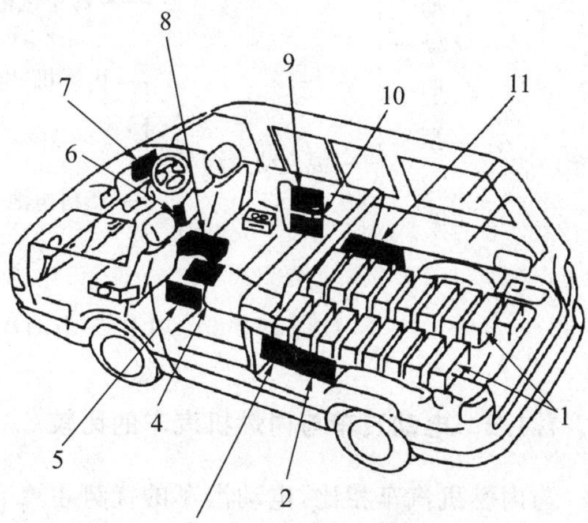

图 1-1 丰田 TownAce 型蓄电池电动汽车

1—主电池 2—空调控制 3—空调逆变器 4—异步电动机 5—压缩机 6—操纵电动机 7—SOC仪表 8—D-D逆变器 9—操纵控制 10—ECU 11—逆变器

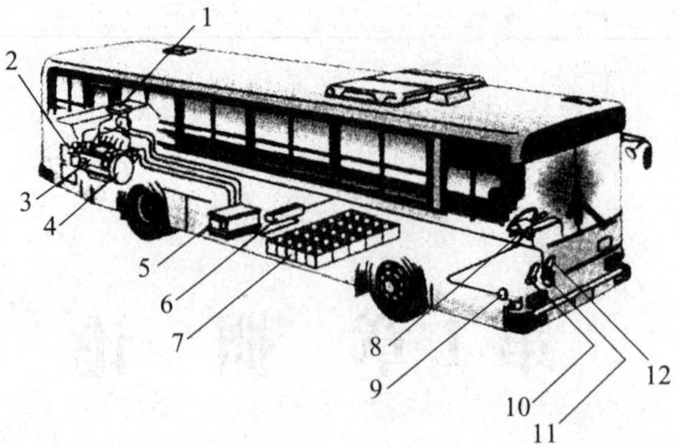

图 1-2　混合动力电动汽车

1—电子控制用的计算机　2—转速传感器　3—燃料喷射泵　4—三相交流异步电动机
5—内置计算机的逆变器　6—DC/DC 变流器　7—蓄电池组　8—指示灯　9—加速传感器
10—加速踏板　11—制动踏板　12—制动传感器

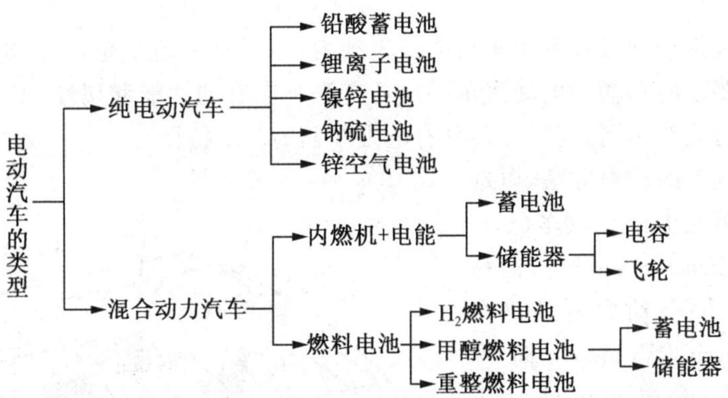

图 1-3　电动汽车的类型

1.1.2　电动汽车与内燃机汽车的比较

与内燃机汽车相比，电动汽车的优势主要有：

1.1.2.1　可以实现零排放

以蓄电池、超级电容为动力的汽车没有排放物，可以实现零排放。以纯氢、氧为燃料的汽车在运行中只生成水（H_2O），不排放任何有害气体，能够实现有害气体零排放。虽然以富氢气体为燃料的燃料电池在富氢气体制取氢气的过程中会排出二氧化碳气体，但排放量仅是内燃机排放量的 40%。燃料电池是以电化学原理发电的，它不经过内燃机燃烧过程的热能—机械能的转换过程，几乎没有产生氮、硫氧化物的条件，所以对大气造成的危害甚少。混合动力汽车在城市公交、公共场所，以及对排放控制有特殊要求的地方也能做到零排放(可以仅使用储存的电力,不发动内燃机)。

上述说法是仅就汽车载体而言的,严格说来,需从燃料的来源和净化提纯的全过程来综合评价。就整体来说,电动汽车是绿色交通工具,少排放、零排放,对环境不造成或少造成不良影响。表 1-1 列出了燃料制备过程中氮氧化合物的排放值。

各种汽车 NO_2 排放量的比较如图 1-4 所示。汽车使用周期全过程 CO_2 排放量的比较如图 1-5 所示,图中的 EV1 表示合金储氢燃料电池电动汽车,EV2 表示液氢燃料电池电动汽车,EV3 表示压缩氢气燃料电池电动汽车,EV4 表示甲醇燃料电池电动汽车。

表 1-1　燃料制备过程中氮氧化合物的排放值

燃料的种类	汽油	柴油	电力	甲醇	氢气
NO_x 排放量(g/mL)	0.113	0.056	0.047	0.019～0.022	0.022～0.042

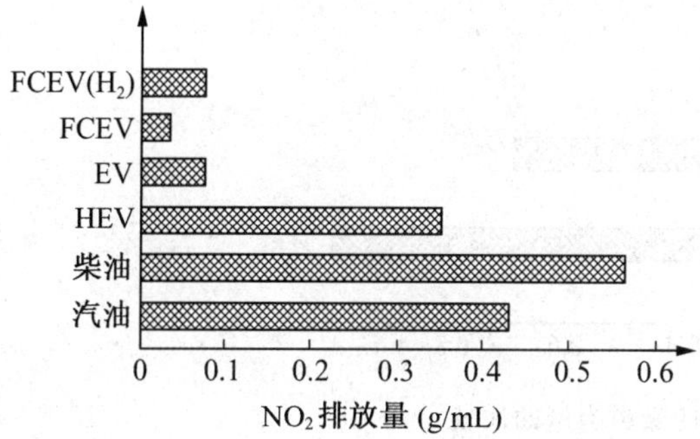

图 1-4　各种汽车 NO_2 排放量的比较

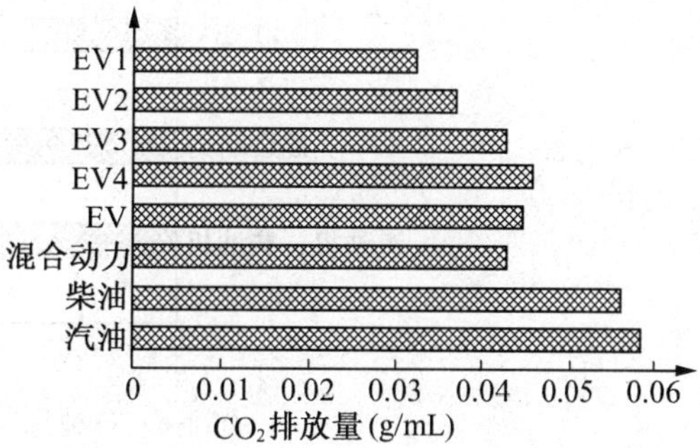

图 1-5　汽车使用周期全过程 CO_2 排放量的比较

1.1.2.2　噪声低

电动汽车没有内燃机的燃烧过程、配气机构的机械运动和活塞连杆机构的运动的噪声,只有与其相当的空气压缩机、散热风扇、传动机构的噪声,噪声级明显低于内燃机汽车。经实验表明,4.5MW、11MW 的磷酸燃料电池的噪声水平不高于 55dB,仅是内燃机汽车的 40%。表 1-2 为内燃机汽车与电动汽车噪声当量的构成比较,由表可知,电动汽车主要的噪声源是轮胎和电动机。各种汽车的噪声当量的比较如图 1-6 所示(以汽油机或柴油机加速时的噪声作为 1 个当量单位进行比较)。

表 1-2　　内燃机汽车与电动汽车噪声当量的构成比较

噪声源	加速所占比例(%)		等速所占比例(%)	
	内燃机	电动机	内燃机	电动机
轮胎	22.9	65～70	80.4	85
发动机	34.4	20～25	19.6	15
牵引(传动)机构	2.8	1		
冷却系统	1.9	0		
进气系统	11.6	0		
排气系统	23.4			
其他	3	2～5		

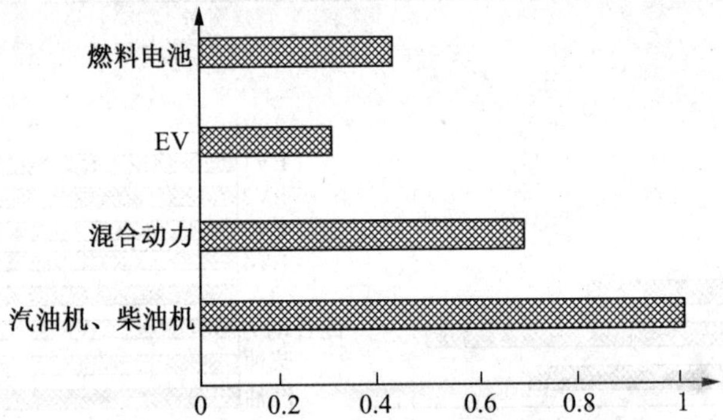

图 1-6　各种汽车的噪声当量的比较

1.1.2.3　热效率高

从理论上推理,电动汽车的热电转化效率可达 85%～90%。因为燃料电池是按电化学原理等温地直接将化学能转化为电能,它不通过热力过程,因此不受卡诺循环的限制,即不遵守卡诺定理。但是实际上,电池在工作时由于各种制约条件的限制,在目前的技术水平条件下,各类电池的实际能量转化效率均在 40%～60%。若实现热电联供,燃料的总利用率可达 80%以上。

表 1-3 是丰田汽车公司试验时测试的数据,由表可知,电动汽车的综合效率均比汽油发动机高。

表 1-3　　丰田汽车公司试验时测试的数据

类型	汽油	电力	混合动力(汽油机)	燃料电池(压缩比)
燃料生产效率(%)	88	26	88	58
汽车运用效率(%)	16	80	30	50
综合效率(%)	14.08	20.8	26.4	29

日本的石谷久在燃料电池的研究课题中对汽油、电力、甲醇、压缩天然气、柴油、压缩

氢和液态氢几种燃料以多种组合方式进行了比较，如图1-7所示。由图可知，在内燃机中，以柴油机最节能；在内燃机+电能的混合动力中，以柴油机混合动力汽车最节能；在燃料电池汽车中，以汽油燃料电池电动汽车最节能。

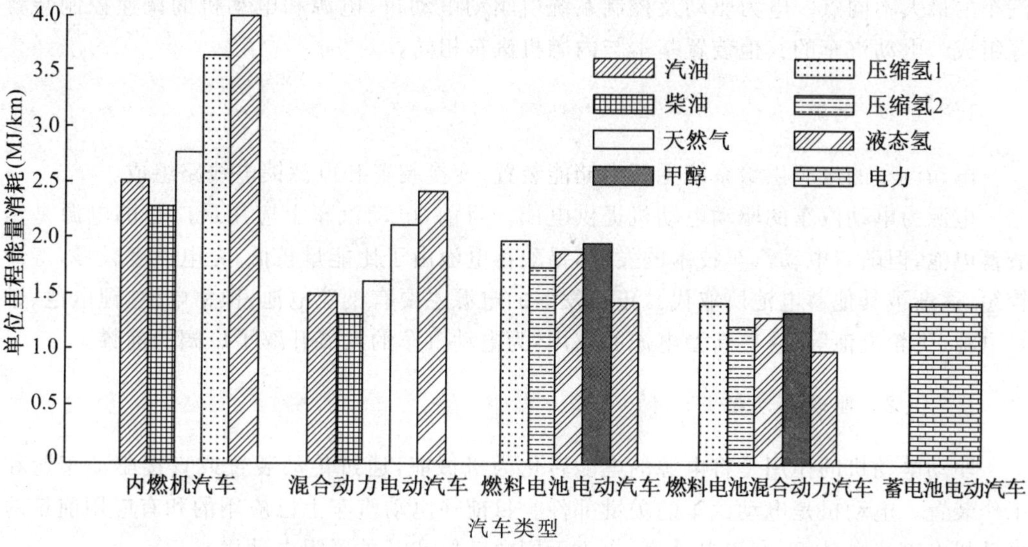

图1-7 各种车辆单位里程能量消耗比较

1.1.2.4 能实现能量回馈

根据电动汽车的能源组合机制，很容易利用电动机可逆发电的功能回收制动能或下坡时势能转化的电能，使汽车的续驶里程增加，稳定性提高。近几年开发的新型电动汽车都具有能量回收系统，经实地测试可使汽车续驶里程增加10%～15%。

1.1.2.5 可以解决汽车面临的能源等可持续发展的问题

由于纯电动汽车所用的蓄电池所蓄的电能可以从公用电网中得到，故所有获取电能的方法都可以用作电动汽车的能源获取途径，如水力发电、核电、热电、风电、地热电和太阳能等均可；燃料电池可以利用氢、甲醇等非化石燃料作能源，因此电动汽车改变了传统汽车依靠石油燃料的格局，发展电动汽车是解决人类可持续发展、化石能源面临枯竭问题的可行方法，具有重要的能源战略意义。

1.2 电动汽车的结构及动力传递驱动方式

1.2.1 电动汽车的结构

由于各种各样的内燃机汽车已融入人类的生活中，故研发电动汽车的目的只是要改变原来汽车的能源品种和其对环境的危害，所以电动汽车的结构除了内燃机和与之有关的进气系统、燃料供给系统、排气系统、传动系统、启动系统、冷却系统外，汽车的造型、车身、底盘系统，甚至驾驶员的操作习惯均被保留下来。虽然电动汽车正处于研发、示范、推广阶段，结构形式多样，但概括起来它一般由电源供给系统、驱动系统、控制系统和能源管理系统四个子系统组成。电力驱动及控制系统是电动汽车的核心，也是其区别于内燃机汽车的最大不同点。电力驱动及控制系统由驱动电动机、电源和电动机的调速控制装置等组成。电动汽车的其他装置基本与内燃机汽车相同。

1.2.1.1 电源

电动汽车的电源供给系统主要由储能装置、变换装置和电源馈电线路组成。

电源为电动汽车的驱动电动机提供电能。目前，电动汽车上应用最广泛的电源是铅酸蓄电池，但随着电动汽车技术的发展，铅酸蓄电池由于比能量较低，充电速度较慢，寿命较短，逐渐被其他蓄电池所取代。正在发展的电源主要有钠硫电池、镍铬电池、锂电池、燃料电池、飞轮电池等，这些新型电源的应用，为电动汽车的发展开辟了广阔的前景。

1.2.1.2 驱动电动机

驱动电动机的作用是将电源的电能转化为机械能，通过传动装置或直接驱动车轮和工作装置。电动机是电动汽车的关键部件。目前在电动汽车上已应用的和有应用前景的电动机有直流电动机、交流电动机、永磁无刷电动机和开关磁阻电动机。

目前在低端电动汽车上广泛采用直流串激电动机，这种电动机具有“软”的机械特性，与汽车的行驶特性非常相符。但直流电动机由于存在换向火花，比功率较小、效率较低，维护保养工作量大，随着电机技术和电机控制技术的发展，势必逐渐被直流无刷电动机(BCDM)和开关磁阻电动机(SRM)所取代。

1.2.1.3 电动机调速控制装置

电动机调速控制装置是为电动汽车的变速和行驶方向的变换设置的，其作用是控制电动机的电压或电流，完成电动机的驱动转矩和旋转方向的控制。

早期的电动汽车上，直流电动机的调速采用串接电阻或改变电动机磁场线圈的匝数来实现。因其调速是有级的，且会产生附加的能量消耗或使用电动机的结构复杂，现在已很少采用。目前电动汽车上应用较广泛的是电力晶体管斩波调速和变频调速，前者是通过均匀地改变电动机的端电压控制电动机的电流来实现电动机的无级调速；后者是通过连续地改变输入电动机的电流频率来实现电动机的无级调速。

在驱动电动机的旋向变换控制中，直流电动机依靠接触器改变电枢或磁场的电流方向，实现电动机的旋向变换，这使得控制电路复杂、可靠性降低。当采用交流异步电动机驱动时，电动机转向的改变只需变换磁场三相电流的相序即可，可使控制电路简化。此外，采用交流电动机及其变频调速控制技术，可使电动汽车的制动能量回收控制更加方便，控制电路更加简单。

1.2.1.4 传动装置

电动汽车传动装置的作用是将电动机的驱动转矩传给汽车的驱动轴，采用电动轮驱动时，传动装置的多数部件常常可以忽略。因为电动机可以带负载启动，所以电动汽车上无须传统内燃机汽车的离合器。驱动电机的旋向可以通过电路控制实现变换，电动汽车无须内燃机汽车变速器中的倒挡。当采用电动机无级调速控制时，电动汽车可以忽略传统汽车的变速器。当采用电动轮驱动时，电动汽车也可以省略传统内燃机汽车传动系统的差速器。

1.2.1.5　行驶装置

行驶装置的作用是将电动机的驱动力矩通过车轮变成对地面的作用力，驱动车轮行走。它同其他汽车的构成是相同的，由车轮、轮胎和悬架等组成。

1.2.1.6　转向装置

转向装置是为实现汽车的转弯而设置的，由转向机、方向盘、转向机构和转向轮等组成。作用在方向盘上的控制力，通过转向机和转向机构使转向轮偏转一定的角度，实现汽车的转向。多数电动汽车为前轮转向，工业中用的电动叉车常常采用后轮转向。电动汽车的转向装置有机械转向、液压转向和液压助力转向等类型。

1.2.1.7　制动装置

电动汽车的制动装置同其他汽车一样，是为汽车减速或停车而设置的，通常由制动器及其操纵装置组成。在电动汽车上，一般还有电磁制动装置，它可以利用驱动电动机的控制电路实现电动机的发电运行，使减速制动时的能量转换成对蓄电池充电的电流，从而得到再生利用。

1.2.2　电动汽车的动力传递驱动方式

与内燃机汽车的动力传递驱动方式相比，电动汽车的动力路线可分为常规型、无变速器型、无差速器型和电动轮型四种（见图 1-8、图 1-9）。常规型与内燃机汽车相比，在结构上只是用电动机代替了内燃机，无变速器型是去掉了内燃机和变速器，无差速器型是去掉了内燃机和差速器，而电动轮型则是用全新的形式代替原动力路线。

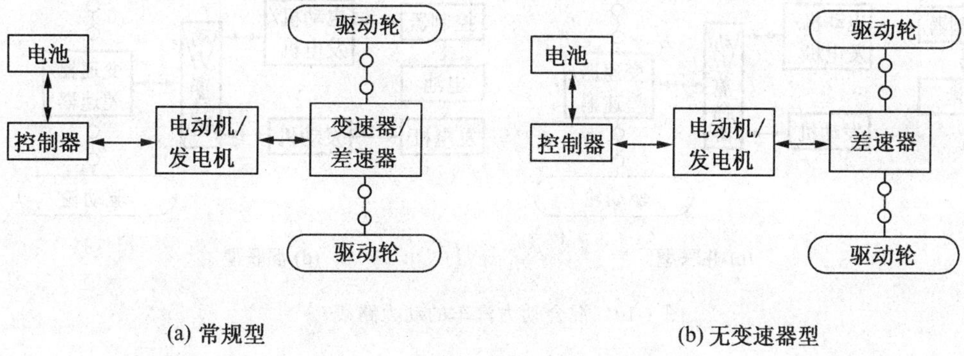

图 1-8　电动汽车的动力路线（一）

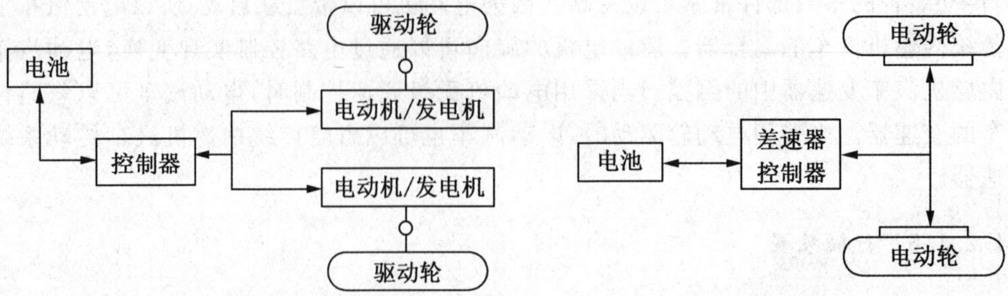

(a) 无差速器型　　(b) 电动轮型

图 1-9　电动汽车的动力路线(二)

1.2.3　混合动力电动汽车的动力传递驱动方式

本书讨论的混合动力电动汽车是指内燃机＋电动力的组合形式，这种混合动力电动汽车在技术路线上回避了燃料电池的昂贵成本和蓄电池续驶里程的不足，突出了内燃机经济运行时的优点，利用电池作为辅助动力来克服内燃机的缺点。其动力路线有串联型、并联型和混联型三种方式，如图 1-10 所示。

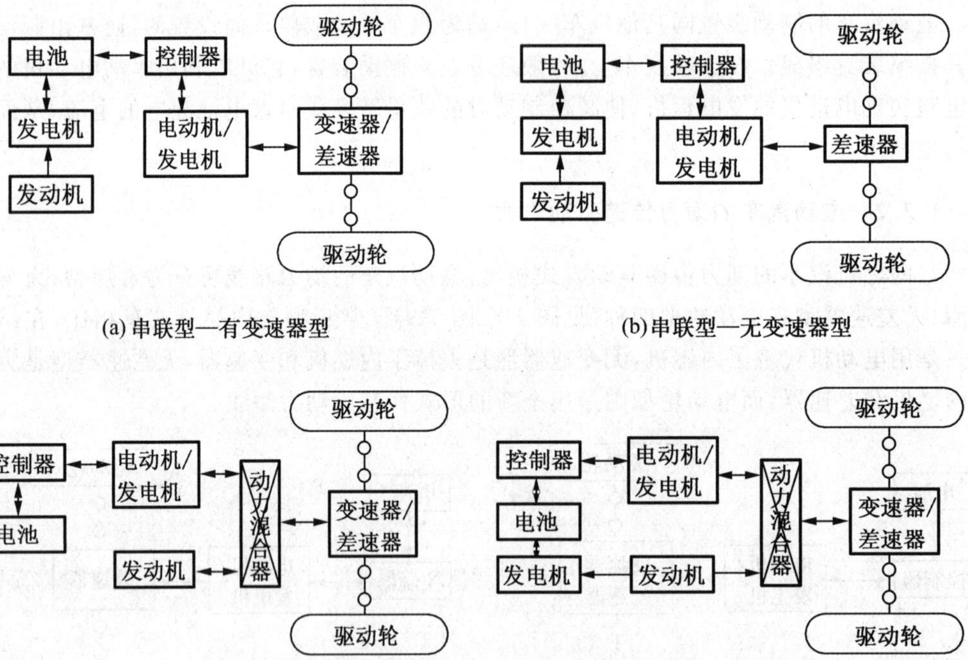

(a) 串联型—有变速器型　　(b) 串联型—无变速器型

(c) 并联型　　(d) 混联型

图 1-10　混合动力汽车的动力路线

串联型的特点是发动机带动发电机发电送给蓄电池，再经蓄电池使电能驱动电动机来驱动汽车运动，蓄电池容量应大，但发动机可运行在额定负荷下。并联型既可实现电动机或发动机单独驱动，又可实现联合驱动，通常以发动机为主动力，蓄电池作为辅助动力，本田 Civic、大众 Golf 属此类型。混联型则综合了串并联的优点，既有串联型的电力传动又有并联型的机械传动，如丰田 Prius 的动力系统即为此种类型。

串联型混合动力发动机带动发电机发电给蓄电池充电，增加续驶里程。制动时，电动机作为发电机使用实现能量回馈。它可直接利用内燃机汽车的传动与驱动系统，结构简单，开发成本低。

1.2.4　电动汽车的能量管理系统

能量管理系统是保证电动汽车能持续稳定工作，并对电动汽车动力系统的能量进行协调、分配和控制的软硬件系统。目前电动汽车的能量管理系统由能源管理系统、能量回收系统、能量供给系统、能量转换系统等组成。其中硬件由传感器、ECU、执行元件等组成。能量管理系统的功用是在满足汽车基本技术性能和成本等要求的前提下，根据各部件的特性及汽车运行状况，实现能量在转换之间按最佳方式传递，使整车的能源利用效率最合理。

不同种类的电动汽车能源规格不同，其系统构成也不相同。纯电动汽车的能量管理系统由能量储存装置、能量回收系统、能源管理系统、能量供给系统（功率转换模块）、发电机/电动机组成；燃料电池汽车仅比纯电动汽车多了储能装置（燃料储存）、燃料电池及功率变换模块；混合动力汽车较复杂，通常由能量储存装置、能量回收系统、能源管理系统、发电装置（发动机/发电机）、功率变换模块、内燃机、动力混合传递装置等组成。

1.2.4.1　能源管理系统

能源管理系统包括对动力电池组的充电和放电时的电流、电压、放电深度，再生制动反馈的电流，电池的自放电率，电池的温度等进行控制。它能对剩余电量（SOC）进行估计和诊断，能有效地反映和显示剩余电量，早期预报动力能源管理的故障和隐患，从而保证电动汽车的正常运行。

能源管理的软件部分主要是对能量系统的工作进行有效监测和控制，使电动汽车的能量进行最佳流动，实现最大限度地利用能量，提高汽车的经济性能。纯电动汽车的能源管理系统原理如图 1-11 所示。

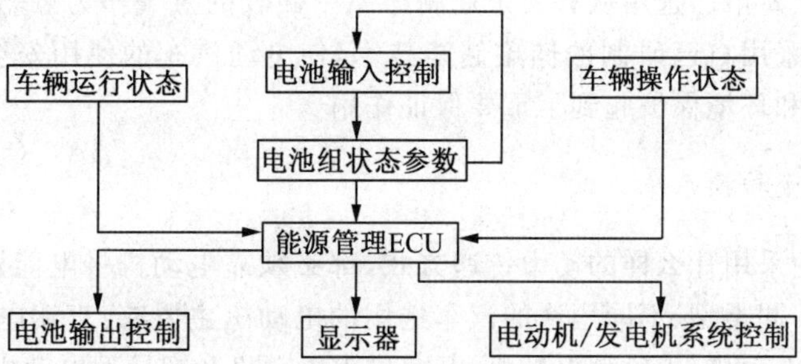

图 1-11　纯电动汽车的能源管理系统原理

1.2.4.2 能量回收系统

由于汽车运行处于频繁的条件变化中，常常因下坡或减速让能量白白浪费，而电动汽车可以利用电机的可逆性(运行于发电状态)或专用转换装置把这些能量回收起来，变为电能储存在蓄电池里或其他储能器里重新使用。其中最可利用的就是汽车制动时的能量回收。这种把减速制动(刹车或下坡)时车辆的部分动能转化为电能，并储存于储能器的系统叫作制动能量回收系统。

电动汽车的能量回收系统由电动机/发电机、逆变电动驱动系统、蓄电池或储能装置、充电系统、回收发电控制系统组成，如图 1-12 所示。

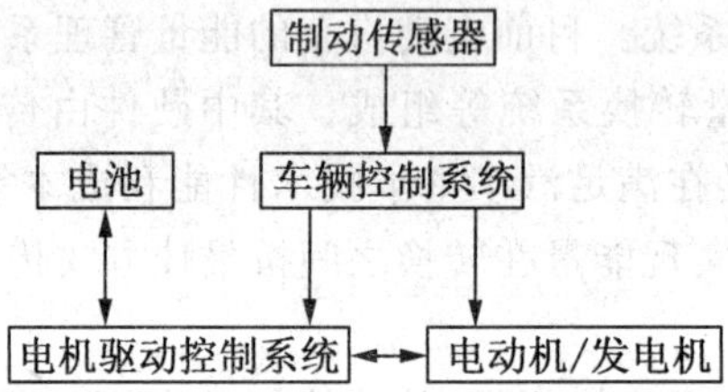

图 1-12 电动汽车的能量回收原理

1.2.4.3 能量供给系统

广义的电源供给管理包括车载能源使用最佳分配体系和供车用地面支持供给体系。车载能源使用最佳分配体系主要是通过对车载能源的实时消耗量与库存量的分析判断，根据汽车运行工况合理使用和科学调配能源，提出补充能源的最佳方案。如果车用二次电池容量不足，就需要能源库(站)及时补充，要得到电能，车上就必须有充电设施，且必须与地面能源库(站)设施相匹配，以使充电时间最短。这就需要建立能源供给网络，从而保证汽车有满意的续驶里程和合理的能源成本。如燃料电池的能源供应，它应该科学管理，把运能、储能和供能作为开口系统进行规划研究，设计最佳的能源供应网络链，其重点是研究氢原料(纯氢、富氢或回收氢)的选择、原料站点的设置规划和氢燃料的运输方式、储能站点的安全管理等。只有这些前期平台设置完善，才有利于电动汽车的顺利推广和广泛使用。如我国上海市已选用从有关工业副产品中回收的氢气作为氢燃料电池的原料，并根据当地条件，采用自己研制的储罐储能技术，使电动汽车的使用安全、方便，这对推广、普及电动汽车和环境保护起到了重要保证作用。

1.2.4.4 能量转换系统

电动汽车无论采用什么样的动力传递方式，都必须靠电动机将电能转换为机械能对汽车做功。可供不同类型、不同用途的汽车选用的电动机主要有：直流电动机、交流异步电动机、交流同步电动机、永磁型电动机、开关磁阻电动机和超导型电动机等。

1.3 电动汽车的发展与普及现状

1.3.1 电动汽车的发展

1.3.1.1 电动汽车的历史

早在 19 世纪后半叶的 1873 年，英国人罗伯特·戴维森制作了世界上最初的可供实用的电动汽车。这比德国人戴姆勒和本茨发明汽油发动机汽车早了 10 年以上。戴维森发明的电动汽车是一辆载货车，使用铁、锌、汞合金与硫酸进行反应的一次电池。其后，从 1880 年开始，该电动汽车开始应用可以充放电的二次电池。从一次电池发展到二次电池，这对于当时的电动汽车来讲是一次重大的技术变革，由此，电动汽车的需求量有了很大提高。在 19 世纪下半叶，电动汽车成为交通运输的重要产品，写下了其在人类交通史上的辉煌一页。1890 年，法国和英国的街道上开始行驶着电动大客车。当时的车用内燃机技术还相当落后，行驶里程短，故障多，维修困难，而电动汽车却维修方便。

在欧美，电动汽车的最盛期是在 19 世纪末。1899 年，法国人考门·吉纳驾驶的一辆以 44kW 双电动机为动力的后轮驱动电动汽车创造了时速 106km 的记录。1900 年美国制造的汽车中，电动汽车为 15755 辆，蒸汽机汽车为 1684 辆，而汽油机汽车只有 936 辆。进入 20 世纪以后，由于内燃机技术的不断进步，特别是启动机成功应用在汽车上以后，电动汽车逐渐被人忽视。1908 年，美国福特汽车公司的 T 型车问世，以流水线的生产方式大规模批量制造汽车使汽油机汽车开始普及，蒸汽机汽车与电动汽车由于存在着技术及经济性能上的不足，在市场竞争中逐渐被汽油机汽车所取代。

1.3.1.2 电动汽车的再次兴起

20 世纪 60 年代以后，由于环境问题、能源问题，人们重新对电动汽车进行认识。1976 年，日本成立了电动汽车协会，重新研发电动汽车。1990 年，美国三家汽车公司联合成立先进电池联合体。随后，美国总统布什批准了 2.26 亿美元拨款资助此项研究。1990 年，美国通用汽车公司推出“Impact”（冲击）牌电动轿车，该车采用铅酸蓄电池与高新技术，引起了世界的注意，从此掀起了一个以高新技术为基础、各国政府支持的世界性的电动汽车研发热，并取得了可喜成果。电动汽车用电动机及其驱动系统、能源管理系统、质子交换膜纯氢燃料电池、电动汽车控制调速系统等关键技术取得了关键性的突破。整车技术已达到示范、试产阶段，部分车型已开始批量商业生产，并投放市场。质子交换膜燃料电池的金属铂用量已从 $10mg/cm^2$ 下降到 $0.4mg/cm^2$；利用 Nafion 质子交换膜聚合物溶液浸渍铂碳多孔气体扩散电极技术，使贵重金属铂的用量下降到 $0.05mg/cm^2$。有的研究单位可将一燃料电池组的生产成本控制在 500 美元/kW。目前，在氢的制取、氢的储存技术和质子交换膜氢燃料电池方面还要进一步解决技术问题和成本问题。

1.3.2 国外电动汽车发展现状简介

1.3.2.1 美国电动汽车的研发计划

美国电动汽车的研发计划有两个，即 PNGV 计划和 Freedom CAR 计划。

PNGV 计划是克林顿政府于 1993 年与克莱斯勒、福特和通用公司合作实施的，旨在推动美国汽车的技术革命，开发新一代汽车。该计划的目标是：2000 年出概念车，2004 年生产样车。1995 年，该计划又确定了轻质材料混合动力、高性能发动机和燃料电池的主攻方向。Freedom CAR 计划是布什政府 2002 年 9 月制定的，用于取代 PNGV 计划。该计划由能源部领导，由汽车制造者协会协调，共设定了 5 个目标，即不受燃油的限制，没有排放污染，选购你喜欢的汽车，不受限制随时随地地驾驶，燃料便宜、添加方便。该计划到 2010 年要实现的主要目标如下：

(1)确保未来可靠的燃料电池动力系统与传统的内燃机自动变速系统成本具有可比性。电动推进系统具有 15 年的寿命，在 18s 内可产生不低于 55kW 的驱动功率，持续功率不低于 30kW，系统成本最低达到 12 美元/kW，燃料电池的最高效率应达到 60%，燃料电池系统的比功率达到 325W/kg，功率密度达到 220W/L。

(2)混合动力汽车的总目标是：内燃机系统的成本为 30 美元/kW，最高循环效率为 45%，达到或低于排放标准要求；燃料电池系统（包括怠速装置）的最高效率为 45%，达到或低于排放标准；2010 年成本为 45 美元/kW，2015 年成本为 30 美元/kW。

(3)混合动力汽车的电力目标是：电池系统具有 15 年以上寿命，功率为 300kW，18s 内最大功率可达 25kW，成本达到 20 美元/kW。

(4)氢的生产效率达到 70%时，价格与汽油的市场价格相当，约 1.25 美元/加仑，氢存储系统的比能是 200W・h/kg，能量密度是 1100W・h/L，成本为 5 美元/(kW・h)。

(5)价格要让普通大众可支付得起，增加可再生材料、可循环使用材料的应用。

1.3.2.2 日本电动汽车的研发计划

日本先后制定了三个计划：

第一个计划是 2001 年制定的“低公害车开发普及行动计划”，定义了低公害车为 PNG、纯电动汽车、混合动力电动汽车、甲醇汽车低油耗且低排放的认证车。其目标为：现处于实用阶段的低公害车，2010 年之前尽快普及 1000 万辆；将燃料电池车定为下一代低公害车，在 2010 年内普及 50000 辆。在日本 12 届燃料电池实用化战略研究会上，提出了在 2030 年燃料电池车 1500 万辆、加氢站 8500 个、固定燃料电池 1250kW 的建设目标。

第二个计划称为“JHFC 示范工程计划”，即日本氢燃料电池示范工程。这个工程包括“燃料电池示范研究”、“燃料电池用氢供给设施示范研究”。具体内容是：用 8 个汽车公司制造的燃料电池车（轿车、公共汽车）进行路试，得出实验数据，评价燃料电池车的性能；建造脱硫汽油、石脑油、甲醇、燃油、城市管道燃气重整气的氢气站，碱水电解氢气站，液氢氢气站和高压氢气站等 9 个氢气站。

第三个计划是专项研究计划，主要有锂电池技术、氢能利用开发技术、质子膜燃料电池技术、氢气安全利用基础技术开发。

1.3.2.3 欧盟电动汽车的研发计划

欧盟的计划主要有欧盟燃料电池研究发展实施计划、欧盟燃料电池巴士示范计划和欧洲电动汽车城市运输系统计划等。其中欧洲电动汽车城市运输系统计划的内容是鹿特丹、斯德哥尔摩、厄尔兰根德、米兰、斯塔万格以及拉罗谢尔6个城市共用63辆纯电动汽车和混合动力汽车进行此项评估工作。在拉罗谢尔市区,此计划包括在市中心建立一个交通运输中心,用电动汽车来进行集装包裹的集散运输。此运输中心由一个私人公司进行管理,其职能是协调所有的运输工作,管理物流,与所有的合作者进行协调工作。这个计划的目的不仅是推动电动汽车在物流领域的应用,而且要达到通过重组物流体系结构实现减少城市中心交通量的目的。

1.3.3 我国电动汽车的研发情况

我国科技部在"十五"期间的国家"863"计划中特别设立了电动汽车重大专项,组织企业、高等院校和科研单位,以官、产、学、研四位一体的方式,联合攻关,投入8.8亿元人民币,实施电动汽车专项的总体目标。计划在"十五"期间,促进我国符合市场经济发展要求的研发体系、机制和人才队伍的形成,以电动汽车的产业化技术水平为工作重点,力争在电动汽车关键导入技术、系统突破技术及整车技术上取得重大突破,集中有限资源抢占新一代电动汽车的制高点,促进我国汽车工业实现跨越式发展。在此总方针的指引下,我国东风汽车公司、一汽集团公司、上海汽车工业集团和长安汽车公司相继投入人力、财力开展研发工作。

东风汽车公司研制成功的EQ7200型混合动力电动汽车配置直流永磁无刷电动机和镍氢电池,最高车速达160km/h,0～100km/h的加速时间小于13s,最低爬坡为25%,排放不低于欧Ⅲ标准;EQ61100型混合动力公交车采用开关磁阻电动机,最高车速大于80km/s,0～50km/h的加速时间小于35s,爬坡能力为25%;神龙富康纯电动轿车采用交流永磁电动机和镍氢电池,有空调系统,车速达85km/h,0～50km/h的加速时间小于10s,爬坡能力大于20%,车价比同型车高30%。天津一汽研制的"夏利纯电动汽车"车速达120km/h,续驶里程(等速度)大于230km,计划近几年实现产业化。上海汽车工业集团研制成功的"灵日华一号"、"超越一号"燃料电池轿车,一次加氢可续驶150km。奇瑞纯电动汽车QR,一次充电等速续驶里程达308km。长安汽车公司研制的LGS混合动力电动汽车车速达160km/h,续驶里程大于500km,爬坡能力为25%。

国家的重视和重点院校、大型企业的骨干示范作用,带动了全国范围内的研发热潮,如我国生产的电动自行车、三轮车、观光车等小功率的车辆,2005年全国产量为900万辆,其中1/3出口,实现产值200亿元。2006年全国产量为1600万辆,产值达到320亿元,出口比例比2005年有所提高。2006年生产的新产品中动力源功率已发展到1.5kW、3kW和5kW,车型由双轮发展到三轮、四轮,动力电池不再是单一的铅酸蓄电池,而发展到碱性电池、燃料电池。据有关部门估算,我国此类电动车辆在管理法规还不健全、某些地方还没有提倡推广的情况下,现有在用车已达到2600万辆。我国的此类车型在产量、国内保有量和销售量等方面已是三个世界第一，并且开始吸引不少外资来我国投资办厂。

随着电动车的普及及人们认识的提高，城市政府主管部门在城市规划时又重新注意到了电动公用交通工具的作用和意义。早在20世纪90年代时，我国城市原有的无轨电车曾遭到非议，有部分学者认为它是“清洁的车辆、不适用的交通工具”，不少城市政府决定拆除市区无轨电车线路，定为“电改汽”(电车改为汽车)工程，其理由或是视觉污染，影响城市形象，或是成本高，或是速度慢，不适应高速度的现代社会节奏等。一时间削砍无轨电车成了一道风景。在“863”计划中，国家对城市公交系统进行了科学规划，把电力作为交通能源列为优先发展的对象。比如，全国有26个大城市计划把轻轨交通作为城市公交线路的主干道，把无轨电车作为城市公交车的主要形式之一。北京在城市公交规划中，把地铁、无轨电车作为市民出行的主要公交设施，把电动车辆作为北京城市的市政用车。

在研发电动汽车的关键技术方面，我国也取得了阶段性成果，尤其是在燃料电池方面，中国已跨入世界第一阵列。如北京金能公司董事长郑重德是世界著名的全氟质子交换膜和燃料电池专家，其在“863”计划中领衔研制的GEFC全氟质子交换膜的有效面积有$10cm^2$、$20cm^2$、$50cm^2$和$100cm^2$多种，研制的LM双网络膜电极是世界率先研制成功的。他是世界上第一个将镶嵌式燃料电池运用于手机、笔记本电脑和电动自行车上的，也是世界上第一个研制成功便携自控式高比能$NaBH_4$氢源的。该公司近期计划把$NaBH_4$便携燃料电池正式投放市场。北京飞驰绿能公司、北京世纪富源公司、上海神力公司和大连新源动力公司是我国研发燃料电池的重点企业。我国已解决了质子交换膜氢燃料电池1kW、2kW、5kW、25kW等多种电池组的生产工艺问题，并达到100W/kg、300W/L的性能指标。上海市利用本市工业生产回收氢气的优势，与外资合作建设了加氢站。上海每年可从合成氨工业中回收氢$1.4\times10^9m^3$，从氯碱工业中回收氢$3.7\times10^7m^3$，即上海每年可利用氢资源为$1.437\times10^9m^3$，相当于50万吨汽油，可行走5.0×10^9km。上海曾研究成功常温低压储罐储氢技术，运行成本低，其研制的“超越3号”燃料电池汽车，计划2010年生产1000辆，成本为35万元/辆，为此配套的储氢罐容积为60L，可储纯氢2kg，一次充氢可以运行230km。

清华大学研制的列管质子交换膜和英国伯明翰大学工业及机械工程学院讲师姜开春研发的燃烧棒独具特色。如姜开春研发的甲醇燃料电池燃烧棒，长度不过1cm，每次注射几滴打火机汽油后，产生的电能是传统电池的700倍，乐观地预测在6年内其有可能替代传统电池。有目睹者将其形容为“Enerage”甲醇电池，其成本可能由200元/m^2降至8元/m^2，体积有手掌大小，仅重430g。一根燃烧棒就可使笔记本电脑连续工作10h，而每次换一根燃烧棒仅占用3～4s时间。

综观我国电动汽车的技术发展情况，引用我国“轻型电动汽车产业发展战略研究”课题调研组对本课题研究成果进行调研得出的结论，轻型电动汽车产业的发展可能孕育中国发动一次新的产业革命，并成为中国引领新一代能源革命的新支点，成为推动中国和谐社会和创新社会建设的重要生长点。用外国人的话说：“中国上海的燃料电池汽车技术与世界上任何国家没有差别，而且我们知道，这是他们自主开发的。”

复习思考题

1.什么是电动车辆？它有哪些特征？

2.什么是电动汽车？目前分几类？

3.电动汽车主要由几部分组成？各部分的作用是什么？

4.我国发展电动汽车采取了哪些措施？你认为电动汽车的前景如何？

5.现代电动汽车的发展主要有几种类型？

6.简述电动汽车的定义。

7.简述混合动力电动汽车的定义。

8.电动汽车的电源供给系统主要由几部分组成？

9.为什么说研发电动汽车对节能具有战略意义和经济意义？

第2章 电动汽车用驱动电动机

2.1 直流电动机

电动汽车由电动机驱动，电动机是电动汽车的关键部件。要使电动汽车具有良好的使用性能，驱动电动机应具有较宽的调速范围及较高的转速、足够大的启动扭矩，还要具有体积小、质量轻、效率高、动态制动性强和能量回馈的性能。目前在电动汽车上已应用的和有应用前景的电动机有直流电动机、交流电动机、永磁无刷电动机和开关磁阻电动机。还有不少研究机构正在研究超导电动机在电动汽车上的应用。表2-1为现代电动汽车用电动机的性能比较。从表中可以知道各类电动机的优缺点，根据电动汽车的不同用途和制造成本可灵活选用。

表2-1　　电动汽车用电动机的性能比较

性能	直流电动机	交流电动机	永磁同步电动机	开关磁阻电动机
功率密度	差	一般	好	一般
力矩转速性能	一般	好	好	好
转速范围(r/min)	4000～6000	9000～15000	4000～10000	>15000
最大功率(kW)	85～89	94～95	95～97	<90
功率10%负荷率(%)	80～87	79～85	90～92	78～86
可操作性	差	好	好	好
结构坚固性	差	好	一般	好
体积、质量	大、重	一般、一般	小、轻	小、轻
单位轴功率成本比(以直流电动机为1)	1	0.8～1.1	1～1.5	0.6～1
控制器成本(以直流电动机为1)	1	3.5	2.5	4.5

2.1.1　直流电动机的构造

直流电动机主要由机座、电枢、主磁极、换向磁极、换向器、刷架、端盖、风扇、出线盒组成，如图 2-1 所示。其构造简图如图 2-2 所示。其中静止部分叫作定子；转动部分叫作电枢或转子。

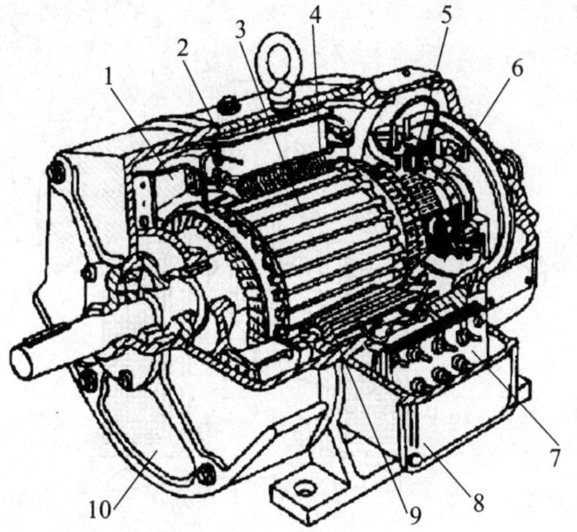

图 2-1　直流电动机的构造

1—风扇　2—机座　3—电枢　4—主磁极　5—刷架　6—换向器　7—接线板　8—出线盒　9—换向磁极　10—端盖

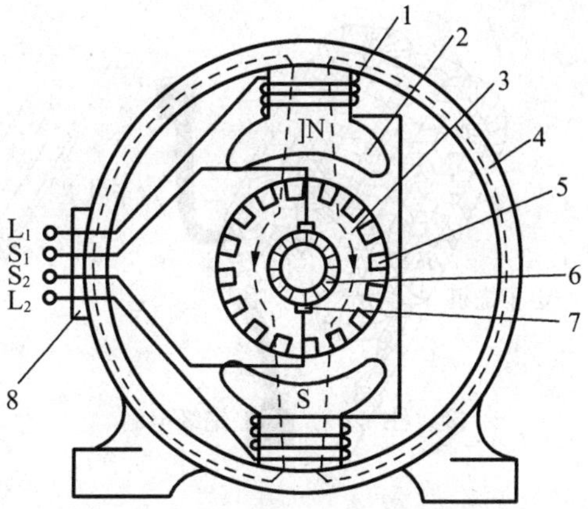

图 2-2　直流电动机的构造简图

1—励磁绕组　2—磁极　3—电枢铁芯　4—磁轭　5—电枢绕组　6—换向器　7—电刷　8—出线盒

2.1.1.1　定子

定子是由机座、主磁极、励磁绕组、端盖和电刷装置等组成。

(1)机座

机座是用来固定主磁极电刷架和端盖等部件，起支撑、保护作用，与主磁极铁芯、磁轭、电枢铁芯一起构成电机的磁路，磁通通过整个磁路的情形如图 2-3 中的虚线所示。它是用铸铁、铸钢或钢板制成的。

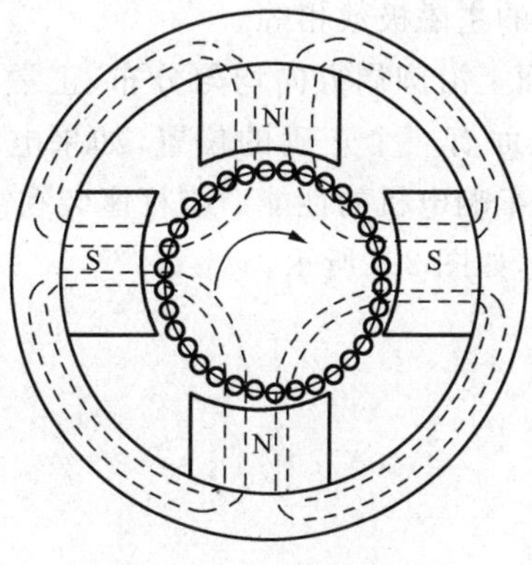

图 2-3　主磁极的磁通

(2)主磁极

主磁极的作用是产生气隙磁场。主磁极由主磁极铁芯和励磁绕组两部分组成。铁芯一般用0.5～1.5mm厚的硅钢板冲片叠压铆紧而成,分为极身和极掌两部分,上面套励磁绕组的部分称为极身,下面扩宽的部分称为极掌,极掌宽于极身,既可以调整气隙中磁场的分布,又便于固定励磁绕组。励磁绕组用绝缘铜线绕制而成,套在主磁极铁芯上。整个主磁极用螺钉固定在机座上,如图2-4所示。

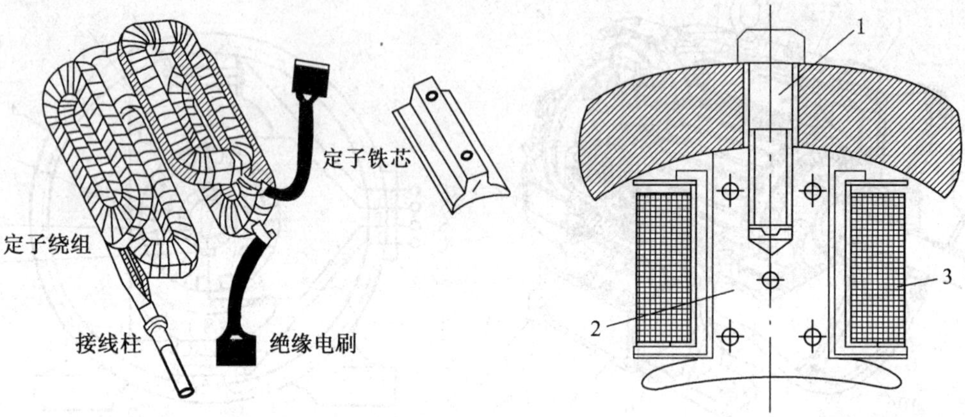

图2-4 主磁极的结构示意图

1—固定主磁极的螺钉 2—主磁极铁芯 3—励磁绕组

(3)电刷装置

电刷装置用来引入或引出直流电压和直流电流,它由刷握、电刷、压紧弹簧和铜丝辫等组成,如图2-5所示。电刷放在刷握内,用弹簧压紧,以使电刷与换向器之间有良好的滑动接触。电刷盒固定在刷杆上,刷杆装在圆环形的刷杆座上,相互之间必须绝缘。常常把若干个电刷盒装在同一个绝缘的刷杆上。在电路连接上,把同一个绝缘刷杆上的电刷盒并联起来,称为一组电刷。一般的直流电动机中,电刷组的数目可以用电刷杆数表示,电刷杆数与电机的主磁极数相等。

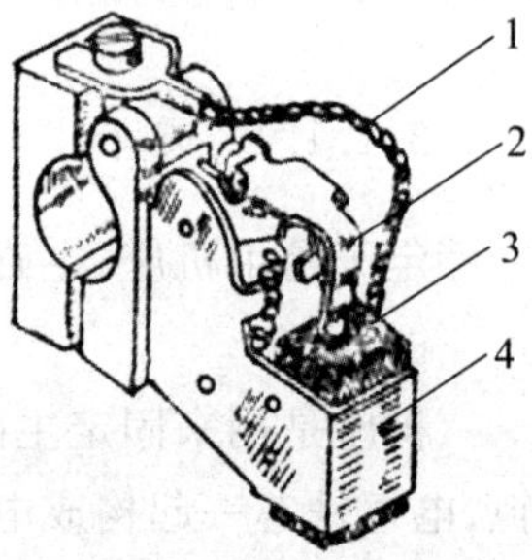

图2-5 电刷装置的结构

1—铜丝辫 2—压紧弹簧

3—电刷 4—刷握

各电刷杆在换向器外表面上沿圆周方向均匀分布,正常运行时,电刷杆相对于换向器表面有一个正确的位置,如果电刷杆的位置放得不合理,将直接影响电机的性能。刷杆座装在端盖或轴承内盖上,圆周位置可以调整,调好以后加以固定,如图2-6所示。

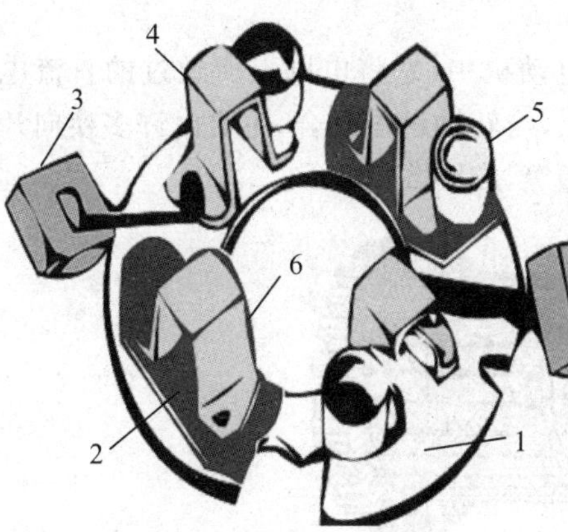

(a)

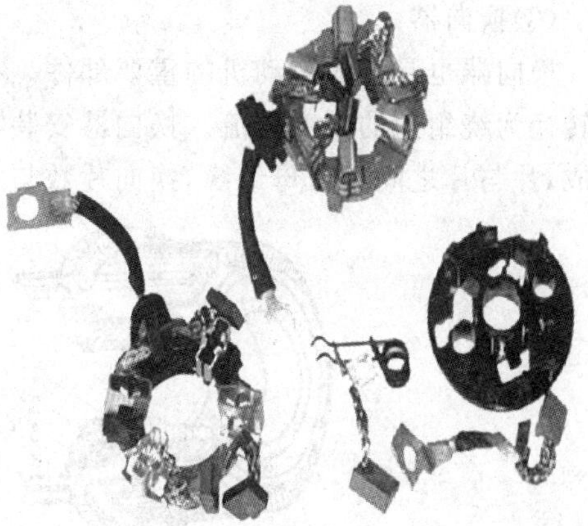

(b)

图 2-6　电刷架总成

1—座板　2—绝缘垫　3—电刷　4—搭铁刷架　5—弹簧　6—绝缘刷架

2.1.1.2　转子(电枢)

直流电动机的转子(电枢)主要由电枢铁芯和电枢绕组、换向器、转轴和风扇等组成,其结构如图 2-7 所示。

(1)电枢铁芯

电枢铁芯的作用有两个:一个是作为主磁路的主要部分;另一个是嵌放电枢绕组。由于电枢铁芯和主磁场之间的相对运动会在铁芯中引起涡流损耗和磁滞损耗(这两部分损耗合在一起称为铁芯损耗,简称“铁耗”),为了减少铁耗,电枢铁芯通常用 0.5mm 厚的涂有绝缘漆的硅钢片的冲片叠压而成,并固定在转轴上。电枢铁芯沿圆周有均匀分布的槽,里面可嵌入电枢绕组,如图 2-8 所示。

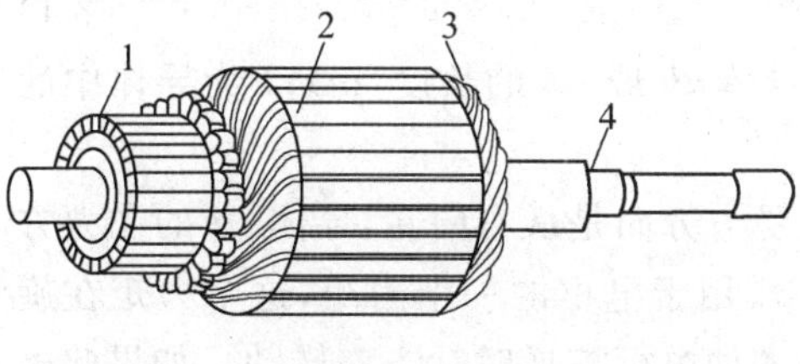

图 2-7　电枢的结构

1—换向器　2—铁芯　3—绕组　4—电枢轴

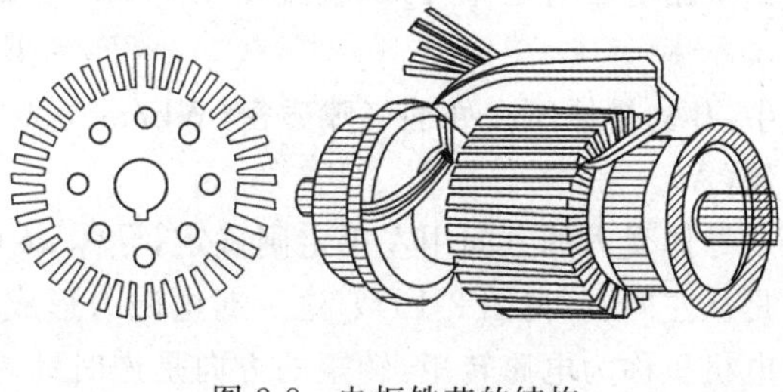

图 2-8　电枢铁芯的结构

(2)电枢绕组

电枢绕组由许多按一定规律排列和连接的线圈组成,它是直流电动机的主要电路部分,是通过电流和感应产生电动势以实现机电能量转换的关键性部件。

线圈用包有绝缘的圆形和矩形截面导线绕制而成,亦被称为“元件”,每个元件有两个出线端。电枢线圈嵌放在电枢铁芯的槽中,每个元件的两个出线端以一定规律与换向器的换向片相连,构成电枢绕组。

(3)换向器

换向器也是直流电动机的重要部件。在直流电动机中,它将电刷上所通过的直流电流转换为绕组内的交变电流。换向器安装在转轴上,与转轴过盈配合,主要由许多换向片组成,片与片之间用云母绝缘,换向片数与元件数相等,如图 2-9 所示。

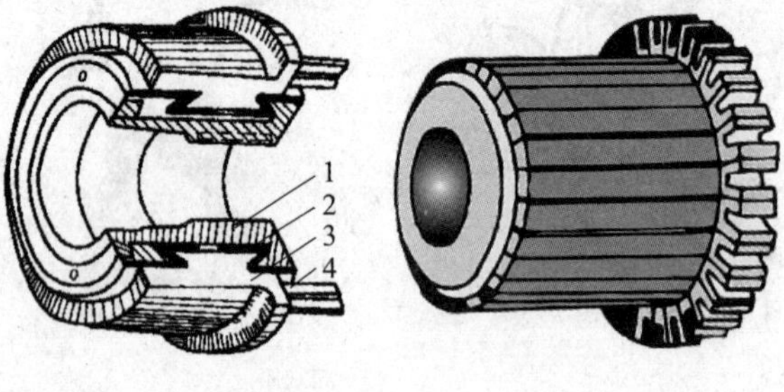

图 2-9 换向器的结构图

1—V 形套筒 2—云母环 3—换向片 4—连接片

2.1.2 直流电动机的运行原理

直流电动机是利用通电导体在磁场中受力这一基本原理制成的。

2.1.2.1 直流电动机运行的基本原理

直流电动机的物理模型如图 2-10 所示,图中 N、S 为定子磁极,*abcd* 是固定在可旋转导磁圆柱体上的线圈,线圈连同导磁圆柱体称为电机的转子或电枢。线圈的首末端 *a*、*d* 连接到两个相互绝缘并可随线圈一同旋转的换向片上。转子线圈与外电路的连接是通过放置在换向片上固定不动的电刷进行的。

电刷 A、B 接上直流电源,于是在线圈 *abcd* 中有电流流过,电流的方向如图 2-10 所示。根据电磁力定律可知,载流导体 *ab*、*cd* 上受到的电磁力 F 为

$$F_{dc}=BIl \tag{2-1}$$

式中:B 为导体所在处的气隙磁密(Wb/m^2);l 为导体 *ab* 或 *cd* 的长度(m);I 为导体中的电流(A)。

导体受力的方向用左手定则确定,导体 *ab* 的受力方向是从右向左,导体 *cd* 的受力方向是从左向右(见图 2-10)。这一对电磁力形成了作用于电枢的一个力矩,这个力矩在旋转电机里称为电磁转矩,转矩的方向是逆时针,企图使电枢按逆时针方向转动。如果此电磁转矩能够克服电枢上的阻转矩(例如由摩擦引起的阻转矩以及其他负载转矩),电枢就能按逆时针方向旋转起来。当电枢转了 180°后,导体 *cd* 转到 N 极下,导体 *ab* 转到 S 极下时,由于直流电源供给的电流方向不变,仍从电刷 A 流入,经导体 *cd*、*ab* 后,从电刷 B 流出。这时导体 *cd* 的受力方向变为从右向左,导体 *ab* 的受力方向变为从左向右,产生的电磁转矩的方向仍为逆时针方向。因此,电枢一经转动,由于换向器配合电刷对电流的换向作用,直流电流交替地由导体 *ab* 和 *cd* 流入,使线圈边只要处于 N 极下,其中通过电流的方向总是由电刷 A 流入的方向,而在 S 极下时,总是从电刷 B 流出的方向。这就保证了每个极下线圈边中的电流始终是一个方向,从而形成一种方向不变的转矩,使电动机能

连续地旋转。

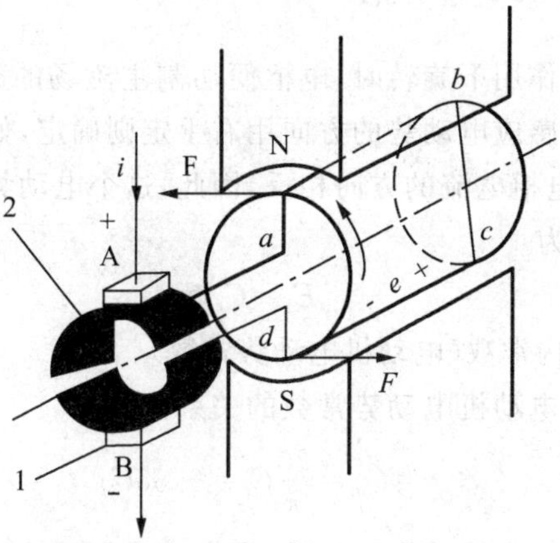

图 2-10　直流电动机的物理模型

1—电刷　2—换向器

2.1.2.2　电动机的电磁转矩

如果电枢直径用 D 表示，那么，作用在每根导体上的电磁转矩(用 M_{dc} 表示)为

$$M_{dc}=F_{dc}\frac{D}{2} \tag{2-2}$$

电动机总的电磁转矩是电枢绕组各导体上的电磁转矩的总和。因为电动机磁场的分布是不均匀的，所以每根导体上的电磁转矩大小也不相等。然而，我们可以取磁感应强度的平均值 B_p 来计算。于是每根导体的平均电磁转矩为

$$m_p=F_p\frac{D}{2}=B_pIl\frac{D}{2} \tag{2-3}$$

如果电动机的导体总数为 N，那么，电动机总的电磁转矩为

$$M=m_pN=B_pIl\frac{D}{2}N \tag{2-4}$$

因为 B_p 和每极磁通成正比，每根导体中的电流 I 和电枢电流 I_s 成正比，而电动机直径 D、导体有效长度 l 和导体总数 N 都是定值，因此电动机总的电磁转矩 M 与每极磁通 Φ 和电枢电流 I_s 的乘积成正比。即

$$\Phi=B_pS$$

因为

$$S=lD$$

$$B_p=\Phi/DL$$

所以

$$M=m_pN=B_pIl\frac{D}{2}N=\frac{\Phi}{DL}\frac{D}{2}lNI=\frac{N}{2}\Phi I=C_m\Phi I_s \tag{2-5}$$

式中：C_m 为电动机转矩常数，与电动机结构有关。

2.1.2.3 反电动势和电枢电流

当电枢在电磁转矩作用下旋转时，电枢便切割主磁场的磁力线，因此，在电枢绕组中也要产生感应电动势。感应电动势的方向用右手定则确定，如图 2-10 所示。由图可以看出，它的方向与电动机电枢电流的方向相反，因此，这个电动势称为电动机的反电动势，用 E_f 来表示，其计算公式为

$$E_f = C_e \Phi n \tag{2-6}$$

式中：C_e 为电动机的结构常数(电动机电动势常数)。

电动机转矩常数与电动机电动势常数的关系为

$$C_m = \frac{30}{\pi} C_e = 9.55 C_e \tag{2-7}$$

因为反电动势与电枢电流的方向相反，因此它是阻碍电枢电流通过的一个因素。外加于电枢绕组两端的电压应分为两部分：一部分为电枢绕组电阻电压降；另一部分就是用来平衡电动机的反电动势。即

$$U = E_f + I_s R_s \tag{2-8}$$

式(2-3)是电动机运行时必须满足的一个基本关系，称为电压平衡方程式。

根据式(2-3)可得电枢电流的计算公式为

$$I_s = \frac{U - E_f}{R_s} \tag{2-9}$$

2.1.2.4 直流电动机的工作过程

电动机工作时，电枢受电磁转矩 M 的作用，拖动机械负载转动，而负载在电动机轴上也作用一转矩，其方向与电磁转矩相反，称为反抗转矩，用 M 表示，当 $M = M_f$ 时，电动机便匀速转动。当电动机的机械负载增加时，轴上的反抗转矩 M_f 增加，这时电枢上产生的电磁转矩 M 就小于负载的反抗转矩 M_f，此时电动机的转速必然下降。转速 n 下降时，E_f 随着减小。由式(2-9)可知，在外加电压一定的情况下，电枢电流 I_s 将随反电动势的减小而增加，从而电磁转矩 M 也随着增加，直到其又重新等于增大后的反抗转矩为止。这时电动机以比原来稍低的转速稳定运转。由于机械负载增加时电枢电流 I_s 增大，因此，电动机从电源输入的电功率也增加。

当负载转矩减小时，过程与上述情况相反。

由以上的分析可知，在稳定运转时，直流电动机的运行情况取决于负载的大小。当负载发生变化时，电动机的转速、电枢电流、转矩、输入功率将自动地作相应的变化，这就是直流电动机的工作过程。

2.1.3 直流电动机的分类与机械特性

2.1.3.1 直流电动机的分类

直流电动机按励磁方式的不同可分为他励直流电动机、并励直流电动机、串励直流电

动机和复励直流电动机等。汽车上常用的有并励直流电动机和串励直流电动机。

(1)并励直流电动机

这种电动机的励磁绕组同电枢并联,如图 2-11 所示,其励磁绕组称为并励绕组。由于并励绕组承受着电枢两端的全部电压,其值较高,为了减小它的铜损失,并励绕组必须具有较大的电阻以减小励磁电流。因此,并励绕组的匝数较多,用较细的导线绕成。

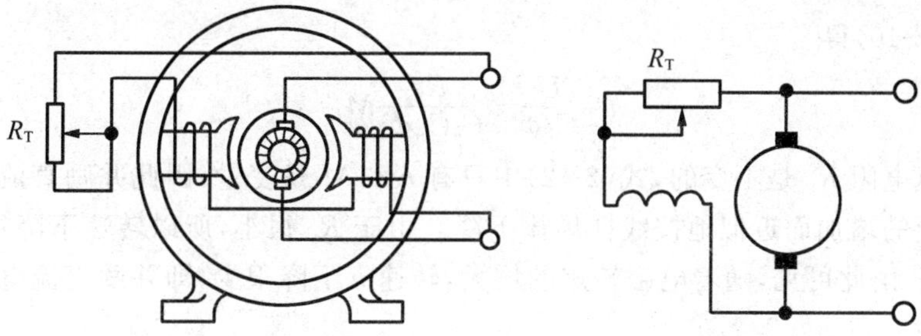

图 2-11　并励直流电动机的电气原理图

(2)串励直流电动机

这种电动机的励磁绕组同电枢绕组串联,如图 2-12 所示,其励磁绕组称为串励绕组。为了减小其电压降及铜损失,串励绕组应具有较小的电阻。因此,它总是用截面积较大的导线绕成,而匝数较少。

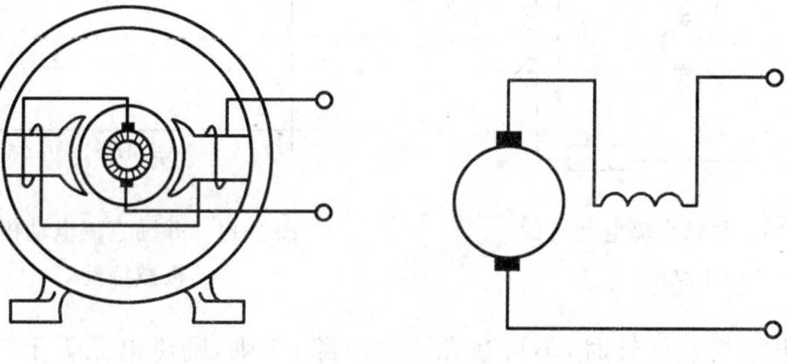

图 2-12　串励直流电动机的电气原理图

2.1.3.2　直流电动机的机械特性

(1)并励直流电动机的机械特性

并励直流电动机的机械特性是指当电源电压 U 为常数、励磁电流 I_i 为常数、电枢回路总电阻 R_s 不变时,电动机转速 n 与转矩 M 之间的关系,即 $n=f(M)$。

并励直流电动机的线路图如图 2-13 所示。由图可以看出,在励磁回路中,励磁电流 I_i 仅仅由电源电压 U 和励磁回路电阻 R_T 的大小决定,而与电枢电路没有关系。电源电压的大小是不变的,只要保持励磁回路电阻 R_T 不变,励磁电流 I_i 就可保持不变,这时电动机的主磁通 Φ 可以认为是个恒定不变的量。

设电枢电阻为 R_s，由式(2-8)可得出转速与电枢电流的关系为

$$n=\frac{U-I_sR_s}{C_e\Phi} \tag{2-10}$$

由式(2-5)可得

$$I_s=\frac{M}{C_m\Phi} \tag{2-11}$$

代入式(2-10)得

$$n=\frac{U}{C_e\Phi}-\frac{R_s}{C_eC_m\Phi^2}M \tag{2-12}$$

由于电枢电阻 R_s 是不变的，式(2-12)中只有 n 和 M 是变量，因此并励直流电动机的转速将随转矩的增加而近似地按线性规律下降。由于 R_s 很小，所以转速下降得很少，如图 2-14 所示。由此可见，随着电磁转矩的增大，转速 n 下降很少，即并励直流电动机具有硬的机械特性。

并励直流电动机的应用很广。要求转速近似不变或者需要在广阔范围内进行调速的生产机械，如大型车床、龙门刨床和磨床等，常采用并励直流电动机来拖动。

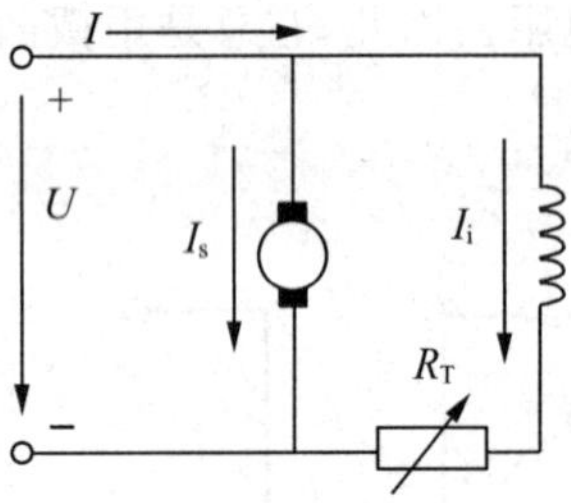

图 2-13　并励直流电动机的线路图

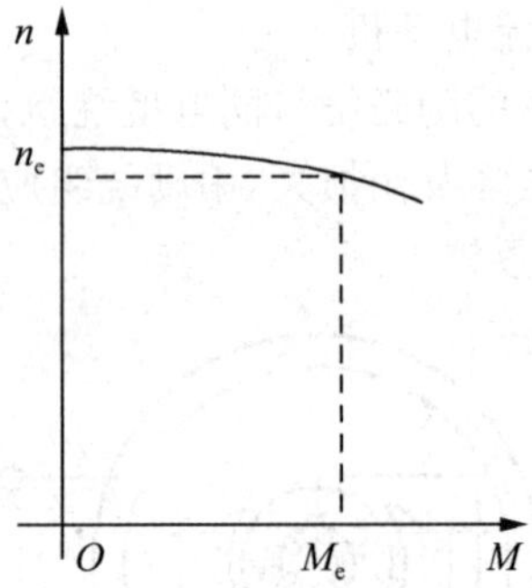

图 2-14　并励直流电动机的机械特性

并励直流电动机在运转时，不可断开励磁电路；否则，励磁电流等于零，主磁极上仅有很小的剩磁通，反电动势很小，电枢电流和转速将急剧增加，会引起严重故障。

(2)串励直流电动机的机械特性

串励直流电动机的线路图如图 2-15 所示。由于励磁绕组同电枢绕组串联，所以励磁电流 I_i 与电枢电流 I_s 相等，且等于流入电动机的总电流 I，即

$$I_i=I_s=I \tag{2-13}$$

串励直流电动机的电压平衡方程式为

$$U=E_f+I_s(R_s+R_i) \tag{2-14}$$

式中：R_i 为励磁线圈电阻。

它的电枢电流为

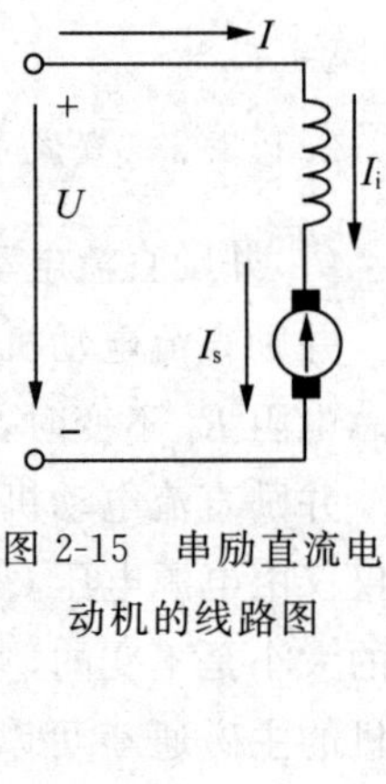

图 2-15　串励直流电动机的线路图

$$I_s=\frac{U-E_f}{R_s+R_i}=I_i \tag{2-15}$$

所以串励直流电动机的磁通将随电枢电流的变化而改变。在负载较轻时，由于磁路不饱和，因此磁通 Φ 可以认为与电枢电流 I_s 成正比。这时，电磁转矩 M 和电枢电流 I_s 的平方成正比，即

$$M=C_m\Phi I_s=C_m{}'I_s^2=M_f \tag{2-16}$$

从式(2-16)可以看出，随着机械负载(电动机的输出功率 P_2)的增加，电枢电流增加，电磁转矩增加很快，如图 2-16 所示。所以，它的启动转矩和过载能力都较大。这是串励直流电动机的特点之一。因此串励直流电动机在电瓶车、电气机车和汽车、拖拉机的启动机等方面得到了广泛的应用。

串励直流电动机的转速为

$$n=\frac{E_f}{C_e\Phi}=\frac{U-I_s(R_s+R_i)}{C_e\Phi}=\frac{U}{C_e\Phi}-\frac{(R_s+R_i)I_s}{C_e\Phi} \tag{2-17}$$

当负载增大时，电枢电流增大，也就是励磁电流增大，因而磁通增大，同时包括励磁绕组在内的电枢电路的电压降 $I_s(R_s+R_i)$ 也增大，即式(2-17)的分母增大，而分子减小，所以串励直流电动机的转速随着负载的增大而很快地下降，如图 2-17 所示。但当负载增加到很大时，励磁电流很大，磁路已接近饱和，磁通 Φ 不再随 I_i 增加时，转速下降较少，机械特性的曲线较为平直。

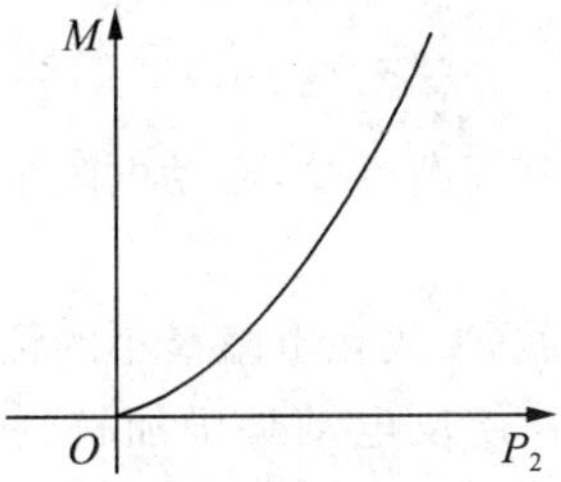

图 2-16　串励直流电动机的机械特性

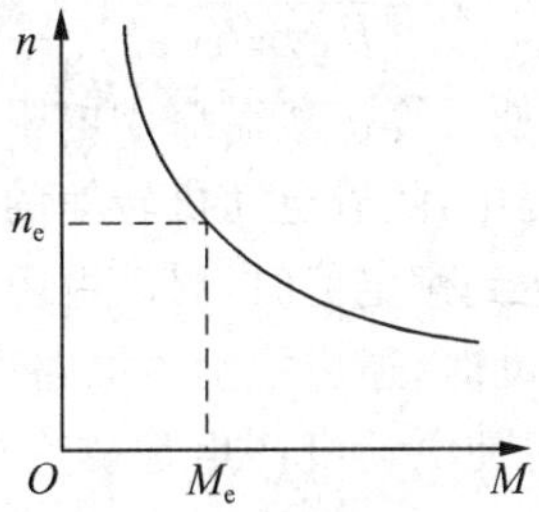

图 2-17　串励直流电动机的转速特性

串励直流电动机的转速随转矩的增加而显著下降的特性称为软特性。这是串励直流电动机的另一个特点。

串励直流电动机的软特性特别适用于起重设备。例如，当起重机提升重量较轻的货物时，电动机的转速较高，以提高生产率；当提升很重的货物时，其转速较低，以保证工作安全。

必须指出，串励直流电动机不允许在空载或小于额定负载的 20%～30%的情况下运行。因为在空载或轻载时，电动机的转速很高，电枢会受到过大的离心力而损坏。因此，串励直流电动机与生产机械必须直接连接，禁止使用皮带传动，以免皮带滑脱而发生严重事故。

2.1.4 直流电动机的启动、调速和反转

2.1.4.1 直流电动机的启动

将静止不动的电动机的电路与电源接通，使电动机的转动部分旋转起来，最后达到正常运转，称为电动机的启动。如果不用任何启动设备而是将电动机直接往电源上连接，这种启动方法称为直接启动，其启动电流很大。因为当电动机刚与电源接通时，由于电枢还没有旋转，所以反电动势等于零，此时通过电枢的电流(即启动电流)应为

$$I_q=\frac{U-E_f}{R_s}=\frac{U}{R_s}$$

由于电枢内电阻很小，外加电压又是额定值，因此电动机在直接启动时的电枢电流将比额定电流大十几倍，甚至几百倍。这样大的电流会使换向器上产生强烈的火花，可能把换向器烧坏。因此，启动时必须在电枢电路中串联一个启动变阻器来减小启动电流，如图 2-18 所示。为了获得较大的启动转矩而又不至于使换向器受到损伤，通常把启动电流限制为电枢额定电流的 1.5～2.5 倍，即

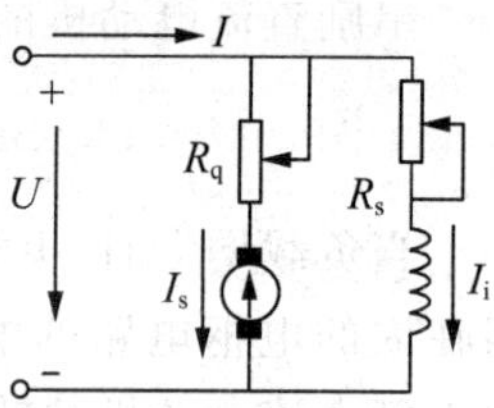

图 2-18 串联启动变阻器的启动原理

$$I_q=\frac{U}{R_s+R_q}=(1.5\sim 2.5)I_{se}$$

利用上式，便可算出所需启动电阻 R_q 的数值。

在启动过程中，随着电动机转速的增加，电枢电流逐渐减少，启动电阻也应逐步减小。待电动机转速达到额定值时，启动电阻应减小到零。

此外，在启动时，还应把励磁电路中的磁场变阻器 R_s 放在电阻最小的位置，以使磁通最大，这样，就可使电动机产生足够大的启动转矩，并使反电动势增加较快，以缩短启动过程。

2.1.4.2 直流电动机的调速

由并励直流电动机的转速公式可知，电动机的转速有三种调节方法：

(1)改变供电线路的电压 U

这种方法的调速范围很广泛，但必须有专用的直流电源。采用发电机—电动机组以及可控硅整流电路都能得到可调节的电压。

(2)改变电枢线路的电压降

在电枢电路中串联一调速变阻器 R_q 可降低加在电枢上的电压，如图 2-19 所示。如把 R_q 增大，则电阻电压降增大，由式(2-17)可知，转速 n 下降。这种方法因电枢电流较大，使得调速变阻器本身要消耗大量的功率，因而不经济。

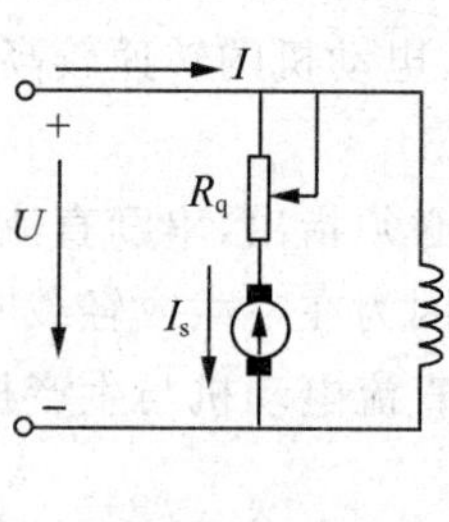

图 2-19 串联调速变阻器调节转速的原理

(3)改变磁极磁通

在励磁电路中串接一磁场变阻器可调节电动机转速，如

图 2-20 所示。如把磁场变阻器的阻值增加，则励磁电流减小，磁通 Φ 也随之而减小，电动机的转速便升高。通常励磁电路中的电流很小，在调速过程中磁场变阻器的能量损失也较小，比较经济，因而这种调速方法在电力拖动中应用甚广。

如果串励电动机也采用改变磁通 Φ 的方法来调节转速，则磁场变阻器必须与串励绕组并联，如图 2-21 所示。当把磁场变阻器的阻值减小时，通过变阻器的电流增大，而通过串励绕组的电流减小，其所产生的磁通 Φ 也随着减小，由转速公式(2-17)可知，转速 n 升高。

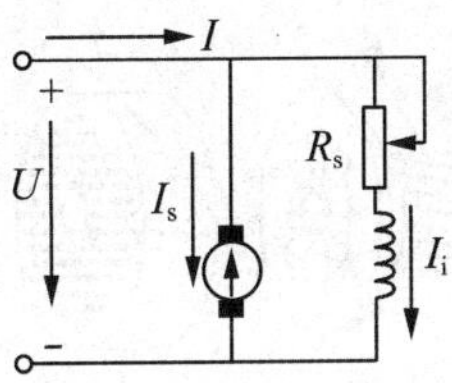

图 2-20　串联磁场变阻器调节转速的原理

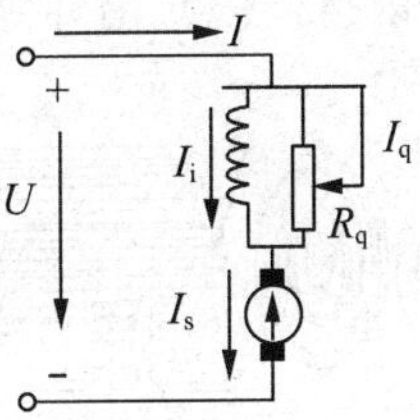

图 2-21　并联磁场变阻器调节转速的原理

2.1.4.3　直流电动机的反转

电动机的旋转方向是由电枢绕组的导体在磁场中的受力方向决定的。改变电枢电流的方向或者改变磁场电流的方向，便可使直流电动机反转。具体方法是：将连接于电源上的电枢两端反接，或者将励磁绕组两端反接。如图 2-22 所示，如果同时改变两电流的方向，则旋转方向仍旧不变。

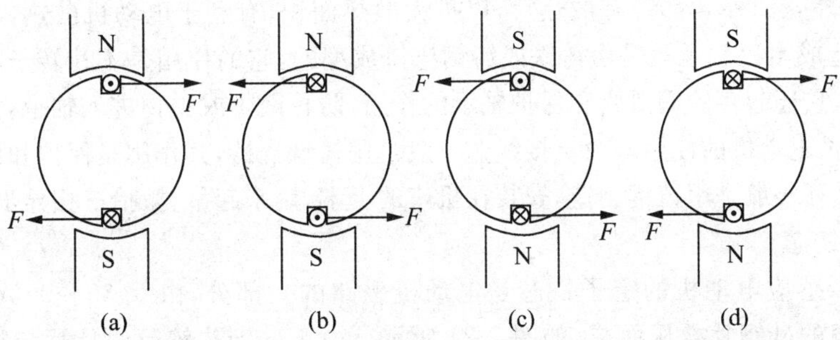

图 2-22　直流电动机的反转原理

2.2 三相异步电动机

2.2.1 三相异步电动机的结构

三相异步电动机的种类虽然很多，但各类三相异步电动机的基本结构是相同的，它们都由定子和转子这两大基本部分组成，在定子和转子之间具有一定的气隙。此外，还有端盖、轴承、风扇、风扇罩、接线盒、吊环等其他附件，如图 2-23 所示。

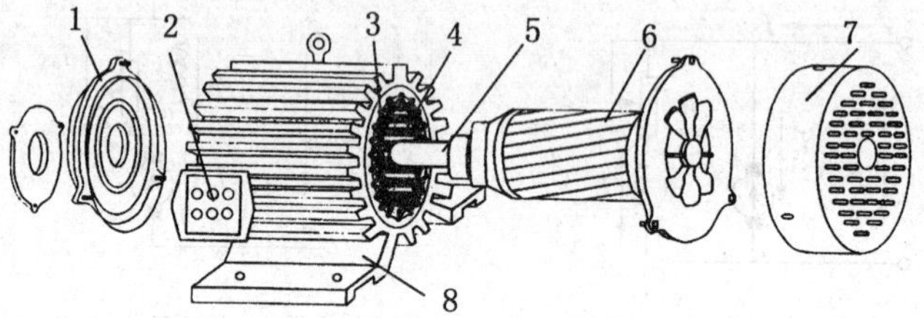

图 2-23 三相异步电动机的结构

1—端盖 2—接线盒 3—定子绕组 4—定子铁芯 5—转轴

6—转子 7—罩壳 8—机座

2.2.1.1 定子

定子是用来产生旋转磁场的，三相交流异步感应电动机的定子由定子铁芯、定子绕组等部分组成。

(1)外壳

外壳是三相异步电动机机械结构的重要组成部分，它由端盖、轴承、接线盒和吊环等组成。通常，外壳的外表都铸有散热片，以扩大散热面积，有利于电动机散热，从而降低绝缘等级和制造成本。轴承盖是由铸铁或铸钢浇铸成型的，它的作用是不让转子有过大的轴向移动，另外，它还起存储润滑脂和保护轴承的作用，防止微尘或脏物进入轴承，加速轴承的磨损，从而延长电动机的使用寿命。接线盒一般是用铸铁浇铸，其作用是保护和固定绕组的引出线端。吊环一般是用铸钢制造，安装在机座的上端，用来起吊、搬抬三相异步电动机。

(2)定子铁芯

交流异步感应电动机的定子铁芯是电动机磁路的一部分，由 0.35～0.5mm 厚的表面涂有绝缘漆的硅钢片叠压而成，如图 2-24 所示。由于硅钢片较薄而且片与片之间是绝缘的，所以减少了由于交变磁通通过而引起的铁芯涡流损耗。铁芯内圆有均匀分布的槽口，用来嵌放定子绕组。

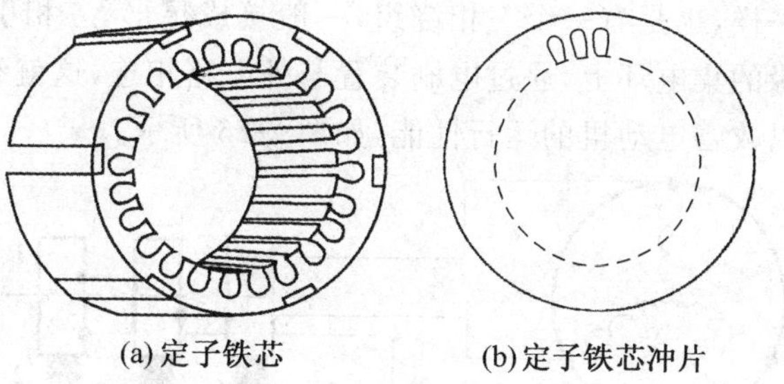

图 2-24　定子铁芯与冲片

(3)定子绕组

定子绕组是三相异步电动机的电路部分,三相异步电动机有三相绕组,通入三相对称交流电流时,就会产生旋转磁场。

三相绕组由三个彼此独立的绕组组成,且每个绕组又由若干个线圈连接而成。每个绕组称为一相,三个绕组在空间互相间隔 120°。线圈由绝缘铜导线或绝缘铝导线绕制。中小型三相异步电动机多采用圆漆包线,大中型三相异步电动机的定子线圈则用较大截面的绝缘扁铜线或扁铝线绕制后,再按一定规律嵌入定子铁芯线槽内。定子三相绕组的六个出线端都引至接线盒上,首端分别标为 U_1、V_1、W_1,末端分别标为 U_2、V_2、W_2。这六个出线端在接线盒里的排列如图 2-25 所示,可以接成星形或三角形。

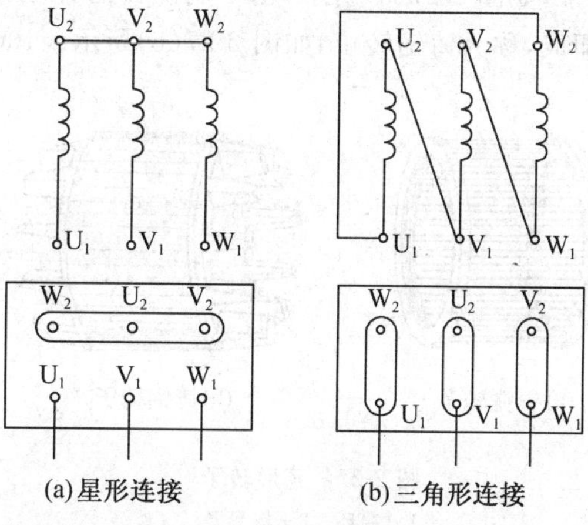

图 2-25　定子绕组接线图

2.2.1.2　转子

异步电动机的转子分为绕线形与笼形两种,对应的电动机分别称为绕线异步感应电动机与笼形异步感应电动机。

(1)绕线异步感应电动机转子

绕线异步感应电动机转子是用 0.5mm 厚的硅钢片叠压而成,套在转轴上,作用和定子铁芯相同,一方面作为电动机磁路的一部分,一方面用来安放转子绕组。绕线异步感应电动机与定子绕组一样，也是有一个三相绕组，一般接成星形，三相引出线分别接到转轴上的三个与转轴绝缘的集电环上，通过电刷装置与外电路相连，这就有可能在转子电路中串接电阻或电动势以改善电动机的运行性能，如图 2-26 所示。

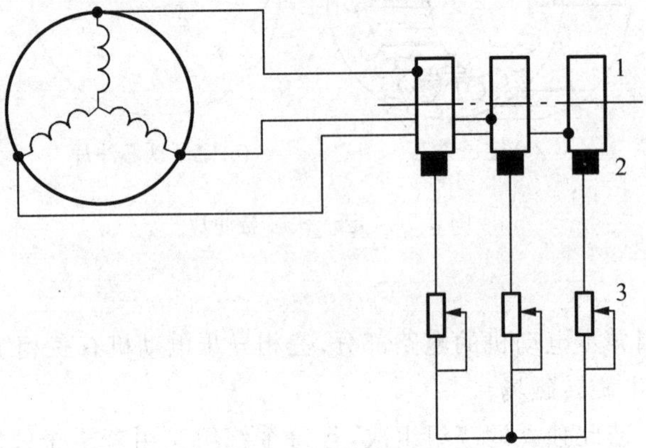

图 2-26　线绕形转子与外接变阻器相连

1—集电环　2—电刷　3—变阻器

(2)笼形异步感应电动机转子

在转子铁芯的每一个槽中插入一根铜条，在铜条两端各用一个铜环(称为端环)把导条连接起来，称为铜排转子，如图 2-27(a)所示；也可用浇铸的方法，把转子导条和端环风扇叶片用铝液一次浇铸而成，称为铸铝转子，如图 2-27(b)所示。100kW 以下的异步电动机一般采用铸铝转子。

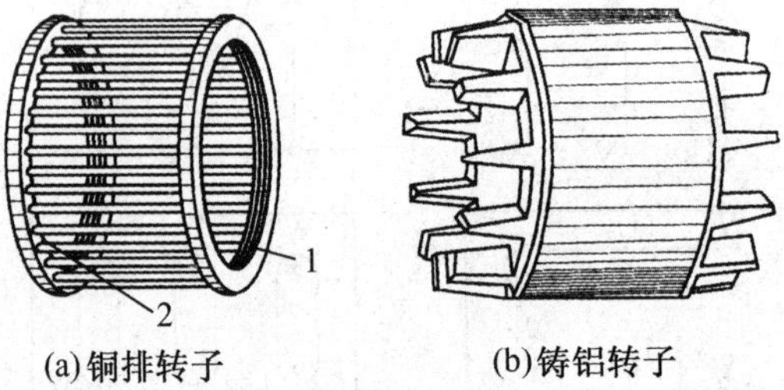

图 2-27　笼形转子

1—端环　2—铜导条

2.2.1.3　其他部分

其他部分包括轴承、风扇等。风扇是用来通风冷却电动机的。三相异步电动机的定子与转子之间的空气隙一般仅为 0.2～1.5mm。气隙不能太大，气隙大时产生的气隙转矩小，会使电动机运行时的功率因数降低；也不能太小，气隙太小时会引起装配困难，如果内有异物或转轴有径向窜动时容易卡堵，运行不可靠，高次谐波磁场增强，引起附加损耗以及启动性能变差。

2.2.2　三相异步电动机的工作原理

设将定子三相绕组连成星形接法，三相绕组的首端 U_1、V_1、W_1 分别与三相交流电的相线 A、B、C 相连接。为了讨论方便，选定交流电在正半周时电流从绕组的首端流入，从末端流出；反之，在负半周时，电流流向相反。定子绕组在三相交流电不同相位时合成旋转磁场。当 $\omega t=0°$ 时，A 相电流为零；B 相电流为负值，电流由 V_2 端流进，由 V_1 端流出；C 相电流为正，电流由 W_1 端流进，由 W_2 端流出，根据右手螺旋法则，可以判定出此时定子三相绕组电流产生的合成磁场方向。当 $\omega t=90°$ 时，此时 A 相电流为正，电流由 U_1 端流入，由 U_2 端流出；B 相为负，电流由 V_2 端流进，由 V_1 端流出；C 相为负，电流由 W_2 端流入，由 W_1 端流出，这一时刻合成磁场已沿顺时针方向在空间转过了 90°。同理，可分别得出 $\omega t=180°$、$\omega t=270°$ 和 $\omega t=360°$ 时定子三相绕组电流产生的合成磁场方向，其中 $\omega t=360°$ 时与 $\omega t=0°$ 时的合成磁场方向相同。

由此可见，电流变化一个周期，合成磁场在空间也旋转了一周。电流继续变化，磁场也不断地旋转。从上述分析可知，三相电流通过定子绕组所产生的合成磁场是随电流的交变而在空间旋转的磁场。这种旋转磁场与蹄形磁铁在空间旋转所起的作用是相同的。

在交流异步电动机中，定子绕组流过依次相差 120°相位角的三相交流电时，将产生旋转磁场。该旋转磁场在转子绕组中产生感应电动势，因为绕组是闭合回路，所以将产生感应电流，有电流的绕组导体在旋转磁场中产生电磁力，对转轴形成电磁转矩带动转轴转动。

图 2-28 给出了一对磁极（$p=1$）交流电动机在三相交流电的作用下，定子上形成的旋转磁场。

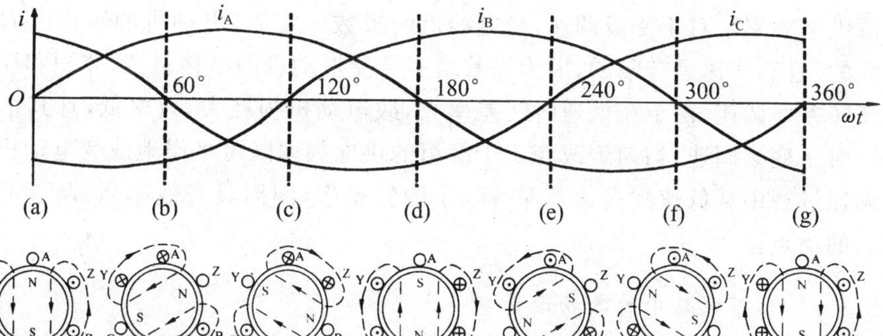

图 2-28　三相异步电动机旋转磁场的产生

2.2.3　三相异步电动机的主要参数

2.2.3.1　同步转速 n_1、转子的转速 n 和转差率 s

定子中的旋转磁场转速与电源频率称为同步转速，用 n_1 表示，其计算公式为

$$n_1=60f_1/p \tag{2-18}$$

式中：f 为定子绕组的供电频率；p 为电动机的磁极对数。

由于转子中的电流是通过电磁感应产生的，转子的电流磁场与旋转磁场相互作用才使得转子转动，所以这种电动机称为感应式电动机。另外，转子中之所以产生感应电动势，是由于转子导体切割了旋转磁场的磁力线，由转子的转动原理(见图 2-29)可以看出，转子的旋转方向 n 与旋转磁场的方向 n_1 是相同的。为了切割旋转磁场的磁力线，转子与磁场必须有相对运动，即转子的转速必须低于磁场的转速才能产生感应电动势。这样，转子的转速与旋转磁场的转速不同步，故交流电动机也称为异步电动机。这种特性可用一个物理参数转差率 s 来表征。其定义为：旋转磁场的转速 n_1 与转子的转速 n 之差与同步转速 n_1 之比，用公式可表示为

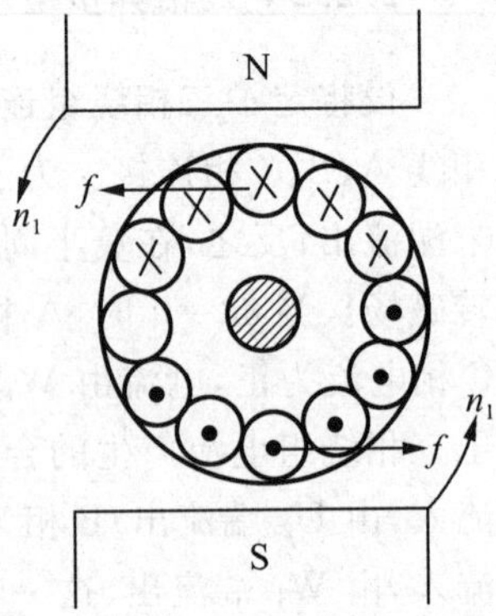

图 2-29　转子的转动原理

$$s=(n_1-n)/n_1 \tag{2-19}$$

将 $n_1=60f_1/p$ 代入式(2-19)得

$$s=(60f_1/p-n)\frac{p}{60f_1} \tag{2-20}$$

整理得

$$n=60f_1(1-s)/p \tag{2-21}$$

转差率是异步电动机的基本参数。当 $n=0$ 时，$s=1$；当 $n=n_1$ 时，$s=0$。转差率在 0～1的范围时，对电动机的运行状态起着重要的作用。由上述公式可知，电动机的转速与 f_1、s、p 有关，要改变异步电动机的转速可采取三种方法，即改变转差率、改变磁极对数和改变电源供电频率。对于变极调速，当电动机的极数一定时，电动机的转速已固定，所以它是有级的，且其变速是有限的，因为极数增多会使电动机的结构复杂，体积和质量增大。对于改变转差率调速，由于在低速时转差率大，故电动机损耗大，效率低，且其结构复杂，成本高。对于变频调速，均匀地改变定子绕组的供电频率既可平滑地改变电动机的转速，又可在调速过程中从低速到高速都保持较小的转差率，因而具有效率高、调速范围宽、调速精度高的优点。

2.2.3.2　转子电路中的各物理量

(1)转子频率 f_2

$$f_2=\frac{p(n_1-n)}{60}=sf_1$$

(2)转子电动势的有效值 E_2

$$E_2=4.44f_2N_2\Phi=4.44sf_1N_2\Phi$$

当 $n=0$，即 $s=1$ 时

$$E_2=4.44f_1N_2\Phi$$

(3)转子电流 I_2

$$I_2=\frac{E_2}{\sqrt{R_2^2-X_2^2}}$$

(4)转子电路的功率因数 $\cos\varphi$

$$\cos\varphi=\frac{R_2}{\sqrt{R_2^2+X_2^2}}$$

由上述可知，转子电路的各个物理量都与转差率即转速有关。

2.2.4　三相异步电动机的工作特性

三相异步电动机的工作特性是指当定子的电压、频率为额定值时，电动机的转速 n、定子电流 I_1、功率因数 $\cos\varphi$、电磁转矩 T_2、效率 η 等与输出功率 P_2 的关系曲线。

现以如图 2-30 所示三相异步电动机的工作特性曲线为例，定性分析三相异步电动机的工作特性。

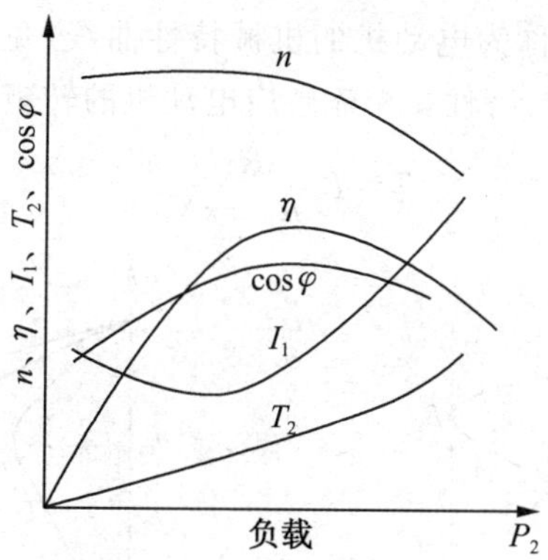

图 2-30　异步电动机的工作特性

2.2.4.1　转速特性 $n=f(P_2)$

电动机空载时，转速 n 接近同步转速 n_1，随着负载增加，n 略有降低，这时转子电动势 $E_a=sE_2$ 增大，转子电流增大，电磁转矩增加。因此，随着 P_2 的增加，n 将下降，s 增大，转速显示"硬"特性。

2.2.4.2　转矩特性 $T_2=f(P_2)$

空载时，$P_2=0$，$T_2=T_0$，随着 P_2 的增加，由 $T_2=9.55P_2/n$，若 n 基本保持不变，则 T_2 与 P_2 正相关，n 为过坐标原点的一条直线，当 P_2 增加到一定程度时，曲线略向上偏。

2.2.4.3　定子电流特性 $I_1=f(P_2)$

当 $P_2=0$ 时定子电流等于励磁电流 I_0。随着负载的增加，s 增大，转子电流增加。

2.2.4.4　功率因数特性 $\cos\varphi=f(P_2)$

当 $P_2=0$ 时，$\cos\varphi$ 很低，当负载增加，功率因数提高到接近额定值时，功率因数达到最高值，超过额定负载时，n 下降，s 增大，$\cos\varphi$ 下降。

2.2.4.5　效率特性 $\eta=f(P_2)$

根据 $\eta=P_2/P_1$，当 $P_2=0$ 时，$\eta=0$。P_2 增加时，η 提高，当 P_2 增加到某一临界值时，η 又下降。这是因为铜损与电流的平方成正比。

通过分析我们可得出，效率曲线与功率曲线在额定负荷附近时达到最高值。因此，在选用电动机时，其容量值应与负载相匹配，如果选得过小，电动机会长期过载运行而缩短使用寿命；如果选得过大，则效率 η 和功率因数 $\cos\varphi$ 会很低，能量利用不合理。

2.2.5　三相异步电动机的机械特性

在一定的电源电压和转子电阻 R_T 条件下，转矩与转差率的关系曲线 $T=f(s)$ 或转速与转矩的关系曲线 $n=f(T)$ 称为电动机的机械特性曲线（见图 2-31）。研究机械特性的目的是为了分析电动机的运行特性。交流感应电动机的转矩公式为

$$T=K\frac{sR_2U^2}{R_2^2+sX_{20}^2} \tag{2-22}$$

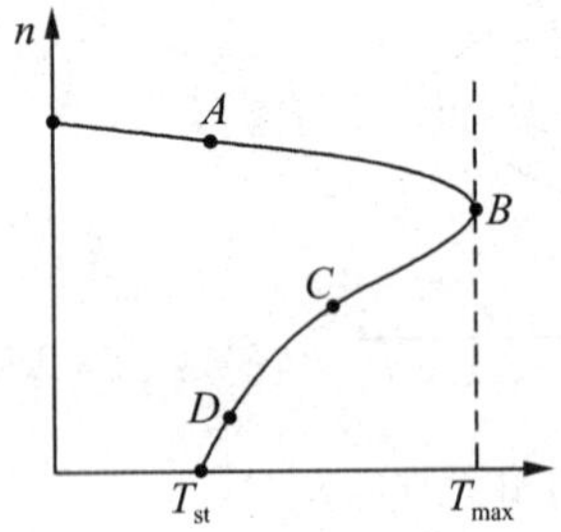

(a) 自然特性

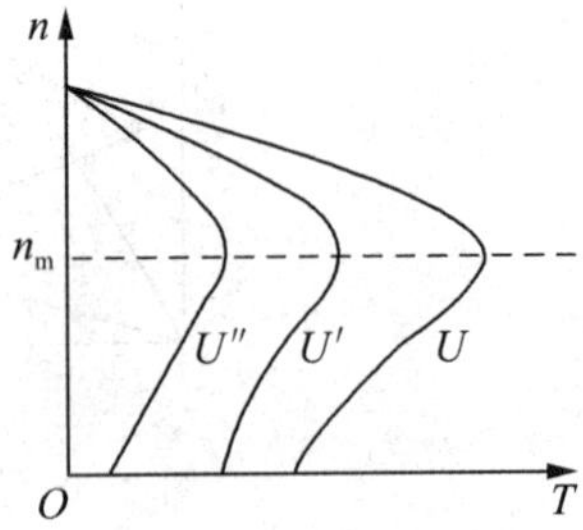

(b) 电压变化时的特性

图 2-31　三相异步电动机的机械特性

在机械性能曲线上，我们将讨论三个典型转矩。

2.2.5.1　额定转矩 T_N

额定转矩是电动机在额定负载时的转矩。通常，电动机都工作在图 2-31(a) 中的 AB 区，当负载转矩增大时，n 开始下降，电磁转矩随 n 下降而升高。当 $T=T_f$（阻转矩）时，电动机在新的稳定状态下工作，这时转速较前有所降低。由于 AB 段比较平坦，所以当负载在启动和额定负载值之间运行时，n 变化不大。这种特性称为“硬”机械特性，它适用于恒转矩的工作类型。

2.2.5.2　最大转矩 T_{max}

对式(2-22)中的 s 求导可得到最大转矩对应的转差率为

$$s_m=\frac{R_2}{X_{20}} \tag{2-23}$$

进而可得

$$T_{max}=K\frac{U^2}{2X_{20}} \tag{2-24}$$

由式(2-23)、(2-24)可知，T_{max}与电压 U 的平方成正比，而与转子电阻 R_2 无关；s_m 与 R_2 有关，R_2 越大 s_m 越大。

当负载转矩超过最大转矩时，电动机将发生"闷车"现象。电动机一旦闷车，电流将上升到额定电流的 6～7 倍，这时电动机温升将过高，以致损坏电动机。但由于温度的积累效应，电动机短时过载是允许的，T_{max}可以是 T_N 的 1.8～2.2 倍，$\lambda=T_{max}/T_N$ 称为过载系数。

交流异步电动机具有结构简单、坚固耐用、价格便宜、工作可靠、效率较高、无须保养等特点，特别是采用鼠笼式转子时，交流异步电动机具有其他电动机不可比拟的优点。随着电子调速技术的发展，交流异步电动机已成为电力拖动选择的主要机型。

2.2.5.3　启动转矩 T_{st}

电动机刚启动($s=1,n=0$)时的转矩称为启动转矩。将 $s=1$ 代入式(2-22)得

$$T_{st}=K\frac{R_2U^2}{R_2^2+X_{20}^2} \tag{2-25}$$

由式(2-25)可知，启动时，若电压减小，转矩则会减小；若电阻适当增大，转矩则会增大。

2.3　永磁无刷直流电动机

高密度、高效率、宽调速的车辆牵引电动机及其控制系统既是电动汽车的心脏又是电动汽车研制的关键技术之一。20 世纪 80 年代以前，几乎所有的车辆牵引电动机均为直流电动机，这是因为直流牵引电动机具有起步加速牵引力大、控制系统较简单等优点。直流电动机的缺点是有机械换向器，当在高速、大负载下运行时，换向器表面会产生火花，所以电动机的运转速度不能太高。由于直流电动机的换向器需保养，又不适合高速运转，除小型车外，目前一般已不采用。

永磁电动机与原有的直流牵引电动机系统相比具有明显优势，其突出优点是体积小、质量轻(其比质量为 0.5～1.0kg/kW)、效率高、基本免维护、调速范围广、功率密度高、转子转动惯量小、电枢电感小、运行效率高以及转轴上无滑环和电刷等，在电动汽车上得到了广泛应用。

永磁电动机就是采用永磁材料来替代传统电动机的励磁绕组(或转子绕组)的电动机。永磁电动机分为永磁交流同步电动机和永磁直流电动机两种。

如果将直流电动机的直流励磁绕组用永久磁铁代替，该电动机就称为永磁直流电动机。为了克服磁通量不变的缺点，又在其永磁定子中嵌入了激励磁场的电磁绕组，称为永磁复合式电动机，它的特点是既有永磁体又有励磁绕组。

对于交流异步电动机，若采用永磁体取代其鼠笼式感应转子，则相应的异步电动机就称为永磁同步电动机。为了克服磁通量不变的缺点，又在其转子中嵌入了异步电动机的鼠笼式电磁绕组，称为永磁复合式电动机，它的特点是既有永磁体又有鼠笼式绕组。

永磁直流电动机分永磁有刷直流电动机和永磁无刷直流电动机。永磁有刷直流电动机

广泛应用于小型电器之中。由于电刷和换向器的存在，永磁有刷直流电动机在维修、制造等方面都比永磁无刷直流电动机复杂；在应用中的换向火花、机械噪音等也使它难以在恶劣的环境下使用。而永磁无刷直流电动机由于没有电刷，弥补了永磁直流电动机和传统直流电动机的缺陷。因此永磁无刷直流电动机越来越多地被应用在伺服系统、数控机床、变频空调以及电动汽车中。本部分主要就车用永磁无刷直流电动机的有关问题进行分析。

2.3.1 永磁无刷直流电动机的结构

永磁无刷直流电动机主要由电动机本体、转子位置传感器和电子开关驱动电路三部分组成。三相对称电枢绕组安放在定子上，转子上的电枢绕组用稀土永磁材料（钐钴、钕铁硼）取代。对于高速永磁无刷直流电动机，还需要加装非磁性护环，其结构如图 2-32 所示。

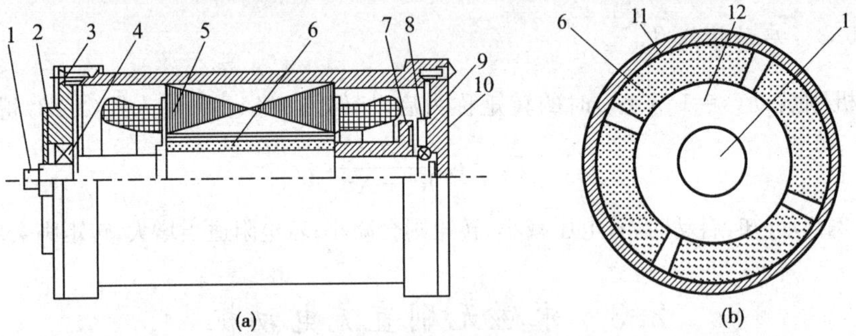

图 2-32　永磁无刷直流电动机的结构图

1—转轴　2—前端盖　3—螺钉　4—轴承　5—定子组件　6—永磁体　7—传感器转子
8—传感器定子　9—后端盖　10—轴承　11—护环　12—转子轭

2.3.1.1 永磁同步电动机定子

永磁同步电动机定子绕组的主要电气参数、绕组形式与绕线式三相同步电动机的定子绕组一样，通入交流电源即产生旋转磁场，如图 2-33 所示。

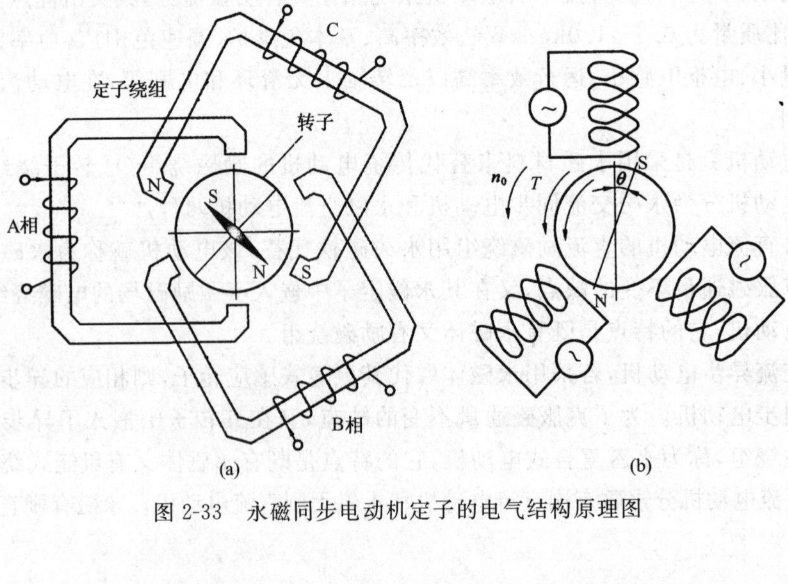

图 2-33　永磁同步电动机定子的电气结构原理图

2.3.1.2　永磁同步电动机转子

永磁同步电动机转子采用径向永久磁铁作磁极，如图 2-34 所示。在旋转磁场的作用下，转子将跟随旋转磁场同步旋转，旋转磁场的速度取决于电源频率。与三相交流电动机的同步电动机类似，永磁同步电动机可以产生理想的恒转矩。

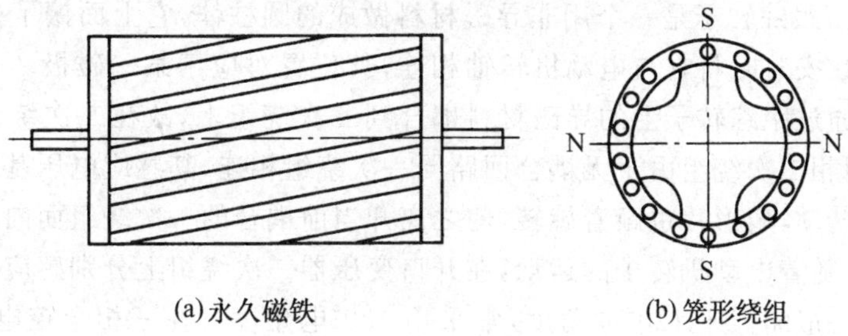

图 2-34　永磁同步电动机转子

根据永磁体在转子上安装位置的不同，永磁同步电动机可分为表面式、内置式和镶嵌式等几种结构形式，如图 2-35 所示。表面式同步电动机的优点是结构简单，由于永磁体的磁导率接近空气的磁导率，所以永磁同步电动机有较大的有效气隙，电枢反应降低。内置式同步电动机有较高的磁显性，可产生额外的磁阻转矩分量，保持高速运行时的机械稳定性。

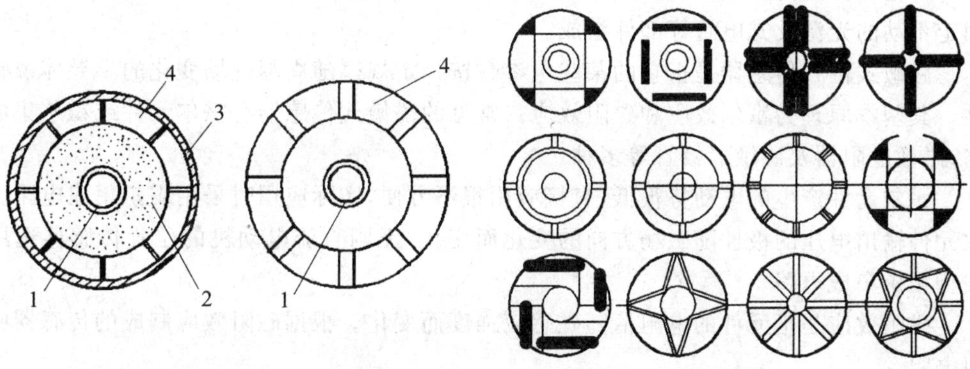

图 2-35　永磁体的嵌固方式

1—转轴　2—填料　3—紧箍环　4—永磁体

2.3.1.3　转子位置传感器

如图 2-36 所示，转子位置传感器在无刷直流电动机中起着测定转子磁极位置的作用，为逻辑开关电路提供正确的换相信息，即将转子磁钢磁极的位置信号转换成电信号，然后去控制定子绕组换相。

转子位置传感器的种类较多，且各具特点。在无刷直流电动机中常见的位置传感器有电磁式位置传感器、接近开关式位置传感器、光电式位置传感器和磁敏式位置传感器。

电磁式位置传感器在无刷直流电动机中用得较多的是开口变压器，它由定子和跟踪转子两部分组成。定子一般有六个极，它们之间的间隔均为60°，其中三个极上绕一次绕组，并相互串联后通以高频电源；另外三个极分别绕上二次绕组WA、WB、WC，它们之间分别相隔120°。跟踪转子是一个用非导磁材料做成的圆柱体，它上面镶了一块120°的扇形导磁材料。在安装时将它与电动机转轴相连，其位置对应于某一磁极。一次绕组所产生的高频磁通通过跟踪转子上的导磁材料耦合到二次绕组上，故在二次绕组上产生感应电压，而另外两相二次绕组由于无耦合回路同一次绕组相连，其感应电压基本为零。随着电动机转子的转动，扇形片也跟着旋转，使之离开当前耦合的一次绕组而向下一个一次绕组靠近。这样，随着电动机转子的运动，在开口变压器二次绕组上分别感应出电压。扇形导磁片的角度一般略大于120°电角度，常采用130°电角度。在三相全控电路中，为了换相译码器的需要，扇形导磁片的角度为180°电角度。同时，扇形导磁片的个数应同无刷直流电动机的极对数相等。

接近开关式位置传感器主要由谐振电路及扇形金属转子两部分组成。当扇形金属转子接近振荡回路电感L时，电路的Q值下降，导致电路正反馈不足而停振，故输出为零；当扇形金属转子离开电感元件L时，电路的Q值开始上升，电路又重新起振，输出高频调制信号，经二极管检波后，取出有用控制信号，去控制逻辑开关电路，以保证电动机正确换向。

光电式位置传感器是利用光电效应制成的，由跟随电动机转子一起旋转的遮光板和固定不动的光源及光电管等部件组成。

磁敏式位置传感器是指它的某些电参数按一定规律随周围磁场变化的半导体敏感元件。其基本原理为霍尔效应和磁阻效应。常见的磁敏式传感器有霍尔元件或霍尔集成电路、磁敏电阻器及磁敏二极管等多种。

霍尔元件产生的电动势很低，直接应用很不方便，实际应用时采用霍尔集成电路。霍尔元件输出电压的极性随磁场方向的变化而变化，无刷直流电动机的位置传感器选用开关型霍尔集成电路。

磁阻效应是指元件的电阻值随磁感应强度而变化。根据磁阻效应制成的传感器叫磁阻电阻。

2.3.1.4 电子开关驱动电路

如图2-36所示，永磁无刷直流电动机的定子绕组是由电子开关驱动电路中的“外部换向器”(逆变器)接到直流电源上的，可以把它归为直流电动机的一种。从逆变器的角度来看，永磁无刷直流电动机电枢绕组中的电流变化是靠电子开关驱动电路来完成的，其频率与转速变化一致，所以它又属于永磁同步电动机的一种。它和正弦永磁同步电动机的主要区别在于：无刷直流电动机电枢绕组中流过的电流以方波形式变化，故又称为“方波交流永磁电动机”。因此其工作原理与永磁同步电动机相同。

电子开关驱动电路主要由高性能半导体功率器件，如GTR、MOSFET、IGBT、IPM

等组成全桥或半桥开关驱动电路。

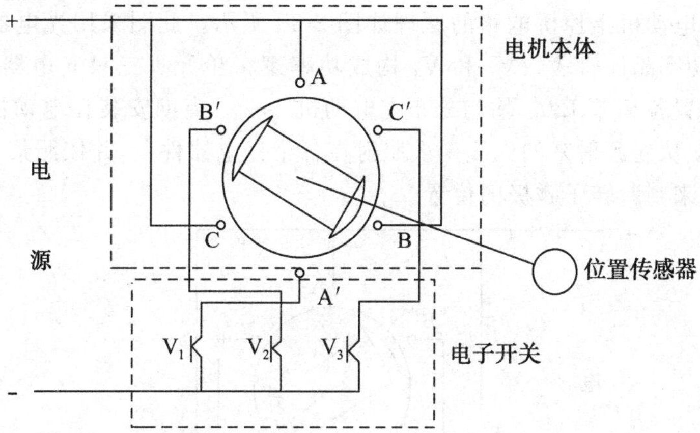

图 2-36　三相两极无刷直流电动机的组成

2.3.2　永磁同步电动机的转动原理

由图 2-33(a)可知，当定子的 A、B、C 相按时序分别通一电流时，定子 A、B、C 相的磁场就会按一定方向旋转，因此永久磁铁就可旋转。常见的永磁同步电动机的定子为三相对称绕组[见图 2-33(b)]，与三相异步电动机的结构相同。转子上有稀土永磁铁。驱动器为交—直—交电压型逆变器，通过正弦波脉宽调制(PWM)，输出频率为 f、电压可变的三相正弦波电压。三相正弦波电压在定子三相绕组中产生对称三相正弦波电流，并在气隙中产生旋转磁场。旋转磁场的转速 $n_1=2\pi f/p$，这个旋转磁场与永磁体转子作用带动转子与旋转磁场同步旋转，并力图使定、转子磁场轴线对齐。当外加负载转矩以后，转子磁场轴线落后定子磁场轴线一个功率角 θ，功率角 θ 与负载成正比，负载越大功率角就越大，直到功率角大到足以使转子停止不转动为止。由此看出，永磁同步电动机在运行时，其转速必须与频率严格成比例旋转，否则就会失步停转。所以，永磁同步电动机的转速与旋转磁场同步，其静态误差为零。在负载扰动下，只是功率角在变化，而转速不变，响应时间是实时的，这是永磁同步电动机的运行特点。但当功率角处于某一特定值时，电动机会因失步而停转。因此，该电动机不适合在重负载情况下使用，也不易快速启动。

2.3.3　永磁无刷直流电动机的驱动过程

如图 2-36 所示，三相两极无刷直流电动机的三相定子 A、B、C 绕组分别与电子开关驱动电路中相应的功率管 V_1、V_2、V_3 相连接。位置传感器的跟踪转子与电动机转轴相连接。

当定子绕组的某一相通电时，该电流与转子永久磁钢的磁极所产生的磁场相互作用而产生转矩，驱动转子旋转，再由位置传感器将转子磁钢位置变换成电信号，去控制电子开关线路，从而使定子各相绕组按一定次序导通，定子相电流随转子位置的变化而按一定的次序换相。由于电子开关线路的导通次序是与转子转角同步的，因而其起到了机械换向器的换向作用。

无刷直流电动机半控桥电路的原理如图 2-37 所示。此图采用光电器件作为位置传感器，以三只功率晶体管 V_1、V_2 和 V_3 构成功率逻辑单元。三只光电器件 VP_1、VP_2 和 VP_3 的安装位置各相差 120°，均匀分布在电动机一端。借助安装在电动机轴上的旋转遮光板的作用，使从光源射来的光线一次照射在各个光电器件上，并依照某一光电器件是否被照射到光线来判断转子磁极的位置。

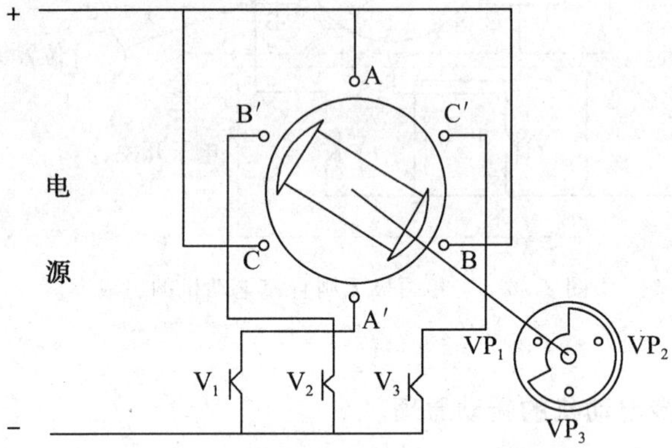

图 2-37　无刷直流电动机半控桥电路的原理图

当转子位于图 2-38(a)所示的位置时，此时光电器件 VP_1 被光照射，从而使功率晶体管 V_1 呈导通状态，电流流入绕组 A—A′，该绕组电流同转子磁极作用后所产生的转矩使转子的磁极按图 2-38(a)中箭头方向转动。当转子磁极转到图 2-38(b)所示的位置时，直接装在转子轴上的旋转遮光板亦跟着同步转动，并遮住 VP_1 而使 VP_2 受光照射，从而使晶体管 V_1 截止、晶体管 V_2 导通，绕组 A—A′断开，电流流入绕组 B—B′，使得转子磁极继续朝箭头方向转动。当转子磁极转到图 2-38(c)所示的位置时，此时旋转遮光板已经遮住 VP_2，使 VP_3 被光照射，导致晶体管 V_2 截止、晶体管 V_3 导通，因而电流流入绕组 C—C′，于是驱动转子磁极继续朝顺时针方向旋转并回到图 2-38(a)的位置。

这样，随着位置传感器转子扇形片的转动，定子绕组在位置传感器 VP_1、VP_2、VP_3 的控制下，便一相一相地依次馈电，实现了各相绕组电流的换相。在换相过程中，定子各相绕组在工作气隙内所形成的旋转磁场是跳跃式的。这种旋转磁场在 360°电角度范围内有三种磁状态，每种磁状态持续 120°电角度。各相绕组电流与电动机转子磁场的相互关系如图 2-38 所示。图 2-38(a)为第一种状态，F_a 为绕组 A—A′通电后所产生的磁动势。显然，绕组电流与转子磁场的相互作用使转子沿顺时针方向旋转；转过 120°电角度后，便进入第二种状态，这时绕组 A—A′断电，而 B—B′随之通电，即定子绕组所产生的磁场转过了 120°，如图 2-38(b)所示，电动机定子继续沿顺时针方向旋转；再转 120°电角度，便进入第三种状态，这时绕组 B—B′断电、C—C′通电，定子绕组所产生的磁场又转过了 120°电角度，如图 2-38(c)所示；转子沿顺时针方向再转过 120°电角度后就恢复到初始状态。三相两极无刷直流电动机各相绕组导通顺序的示意图如图 2-39 所示。

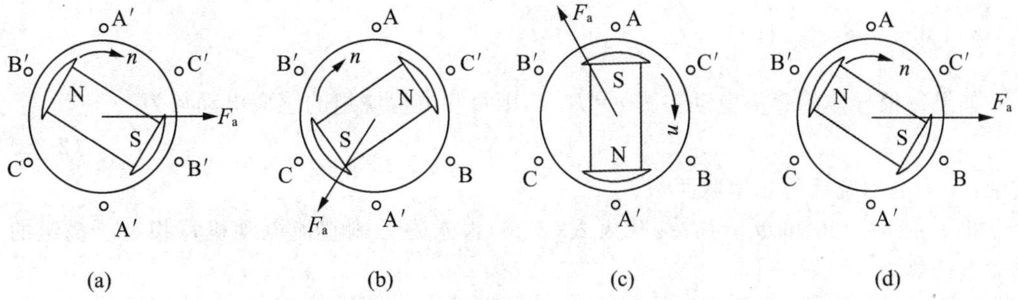

图 2-38 开关顺序及定子磁场的旋转示意图

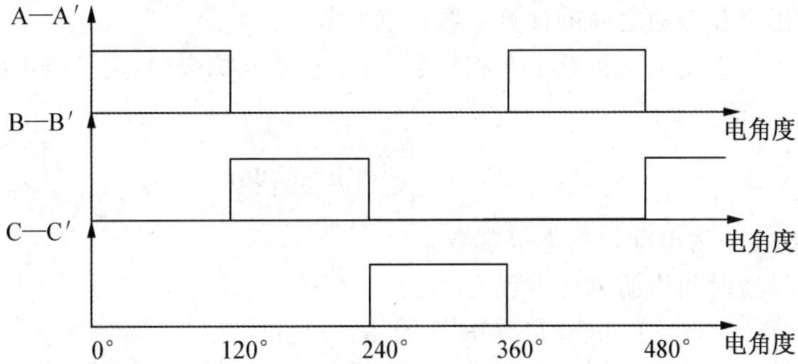

图 2-39 三相两极无刷直流电动机各相绕组的导通时序图

2.3.4 电压方程、电磁转矩和转速

全桥式永磁无刷直流电动机系统如图 2-40 所示，为了便于分析，忽略开关管器件的开关过程和定子绕组的电感。

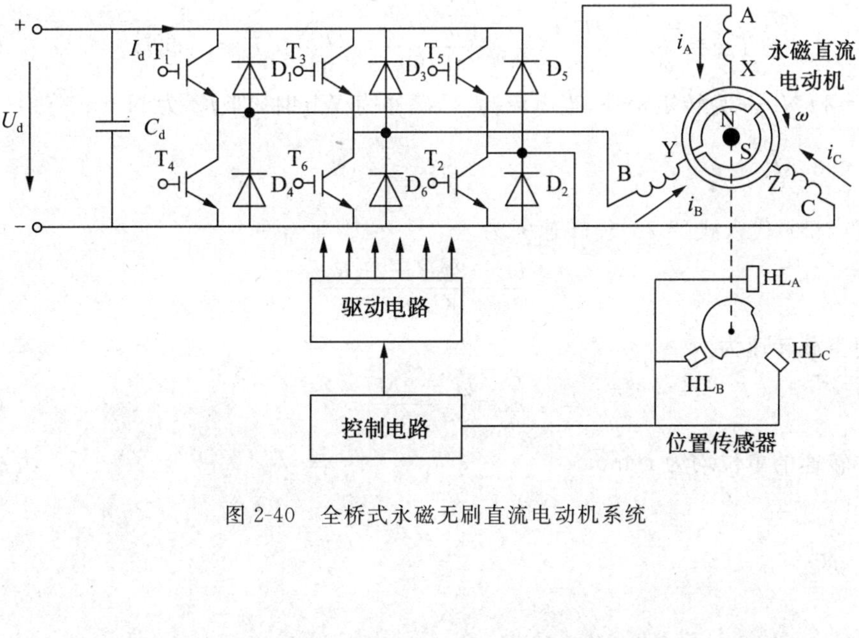

图 2-40 全桥式永磁无刷直流电动机系统

2.3.4.1 电压方程

如果每根导体的感应电动势为 $e=B_\delta lv$，则每相电枢绕组的感应电动势为

$$E_p=2Ne \tag{2-26}$$

式中：N 为电枢绕组每相串联匝数。

将 $v=2p\tau n/60$ 和 $\Phi_\delta=B_\delta l\tau\alpha$ 代入式(2-26)得永磁无刷直流电动机每相定子绕组的感应电动势为

$$E_p=\frac{pN}{15\alpha}\Phi_\delta n \tag{2-27}$$

式中：n 为转速；p 为磁极对数；$\Phi_\delta=B_\delta l\tau\alpha$ 为每极磁通；α 为极弧系数，是由磁密波的非线性分布引起的磁密和磁通之间的计算系数；τ 为极距。

由于永磁无刷直流电动机总是两相导通，对于直流电源来说，定子绕组感应电动势的值应为两相之和，即

$$E_a=2E_p=2\frac{pN}{15\alpha}\Phi_\delta n=C_e\Phi_\delta n \tag{2-28}$$

式中：$C_e=2pN/15\alpha$ 为电动机的电势常数。

则在每个导通时间内的电压方程为

$$U_d=E_a+2I_aR_a+2\Delta U \tag{2-29}$$

式中：U_d 为电源电压；ΔU 为开关管的导通管压降；I_a 为每相绕组电流；R_a 为每相绕组电阻。

2.3.4.2 电磁转矩 T_{em}

根据直流电动机的原理，永磁无刷直流电动机的电磁功率是 $P_{em}=2E_pI_a$，其电磁转矩为

$$T_{em}=\frac{P_{em}}{\omega}=\frac{2E_pI_a}{2\pi n/60}=\frac{2\frac{pN}{15\alpha}\Phi_\delta nI_a}{2\pi n/60}=\frac{4pN}{\pi\alpha}\Phi_\delta I_a=C_T\Phi_\delta I_a \tag{2-30}$$

式中：$C_T=4pN/\pi\alpha$ 为转矩常数，当电流为 A，磁通为 Wb 时，则 T_{em} 为 N·m。

2.3.4.3 转速 n

将式(2-29)代入式(2-28)得转速 n 为

$$n=\frac{U_d-2\Delta U-2I_aR_a}{C_e\Phi_\delta} \tag{2-31}$$

理想空载转速为

$$n_0=\frac{U_d-2\Delta U}{C_e\Phi_\delta} \tag{2-32}$$

式中转速的单位均为 r/min。

2.3.5　机械特性和调节特性

2.3.5.1　机械特性

根据式(2-30)和式(2-31)可得到无刷直流电动机的机械特性为

$$n=\frac{U_d-2\Delta U}{C_e\Phi_\delta}-\frac{2R_a}{C_eC_T\Phi_\delta^2}T_{em}=n_0-\frac{2R_a}{C_eC_T\Phi_\delta^2}T_{em} \tag{2-33}$$

$$T_{em}=\frac{U_d-2\Delta U}{2R_a}C_T\Phi_\delta-\frac{C_eC_T\Phi_\delta^2}{2R_a}n \tag{2-34}$$

由式(2-33)和式(2-34)可见，永磁无刷直流电动机的机械特性与有刷直流电动机的机械特性的表达式相同，但机械特性较硬，如图 2-41 所示。

2.3.5.2　调节特性

永磁无刷直流电动机的电压调节特性如图 2-42 所示。由图可以看出，和普通直流电动机类似，在不同的电压 U_d 下，永磁无刷直流电动机的电压调节特性是一簇相互平行的曲线族，而且随着电压的降低曲线降低。显然，无刷直流电动机具有和一般有刷直流电动机一样好的控制性能，可以通过改变电源电压实现无级调速。

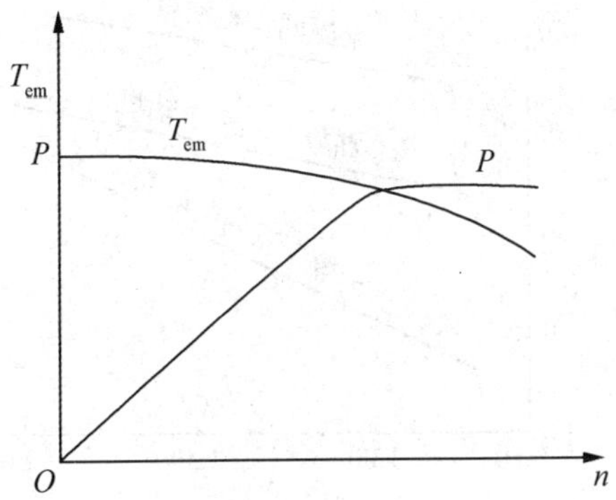

图 2-41　永磁无刷直流电动机的转矩、输入功率与转速的关系

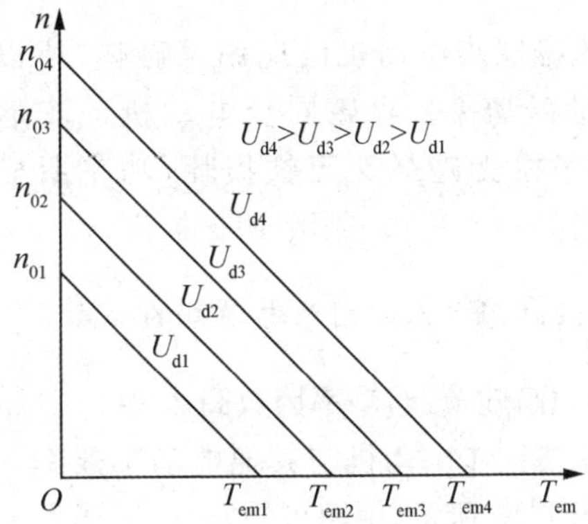

图 2-42　永磁无刷直流电动机的电压调节特性

2.3.5.3　功率、转矩与转速的关系

永磁同步电动机的最大转矩 T_{max}、最大功率 P_{max} 随转速 n 的变化曲线如图 2-43 所示，其特点是无恒功率部分。由于电动机效率对汽车的经济性有主要影响，是车用电动机性能的重要经济因素，因此在设计和控制电动机时都把电动机的效率特性曲线作为主要参数。永磁同步电动机的效率特性曲线与转矩和转速有关，如图 2-44 所示，使用时应尽量选择在效率高的区域内。

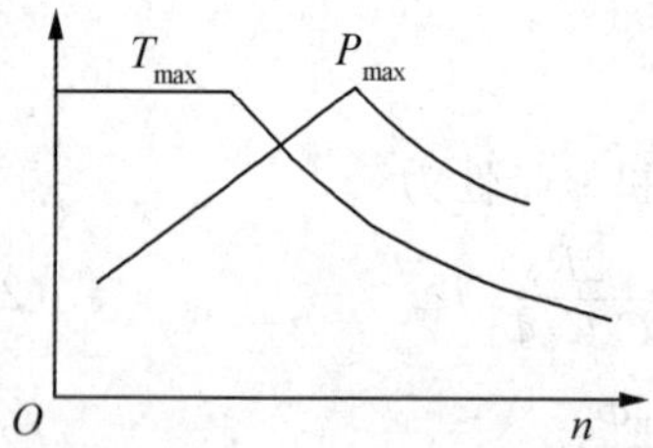

图 2-43 永磁同步电动机的最大转矩、最大功率与转速的关系曲线

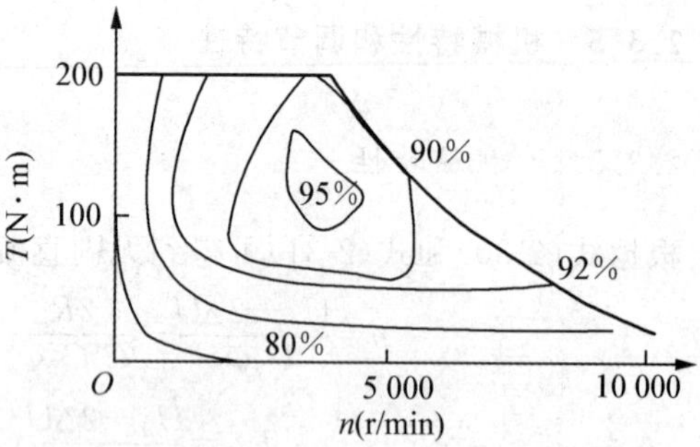

图 2-44 永磁同步电动机的效率特性曲线

在分析推导永磁无刷直流电动机的基本方程时，由于忽略了电枢绕组电感，所以得到的机械特性与实际电动机的机械特性有一定区别。另外，对于有刷直流电动机，由于参与换向的绕组元件相对较少，因而通常只考虑电阻对机械特性的影响，忽略电感的作用。但对于永磁无刷直流电动机，由于参与换向的绕组为一相绕组，而不是单个线圈，因此电感较大。电感对机械特性的影响能使机械特性变软，电动机电感的大小与转子结构有关。

2.3.6 永磁同步电动机的特点

永磁同步电动机因应用永磁体，所以省去了励磁功率。永磁同步电动机同步运转时，转子既无功耗又无铁损耗，功率明显提高，损耗减小，其功率因数明显提高。

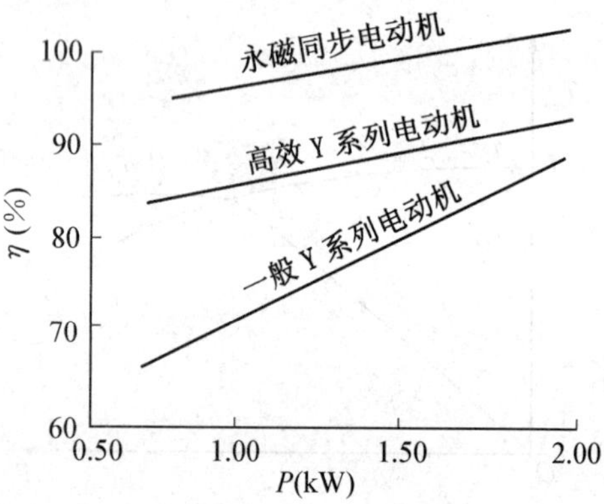

图 2-45 永磁同步电动机与其他电动机的效率比较

2.3.6.1 永磁同步电动机的优点

(1)高效节能，功率因数高

永磁同步电动机与其他电动机效率的比较如图 2-45 所示，由图可知，永磁同步电动机的一般效率达到 95%以上，比 Y 系列异步电动机的效率提高 10%～15%，功率因数为 0.95～0.99，系统综合节电明显。

(2)效率曲线平直

永磁同步电动机的效率曲线好，负载为 1/3 时效率不小于 89%，有的达到 91%。

(3)结构简单，便于维护

永磁同步电动机主要由转子、定子、机壳组成，无滑环、电刷等辅助器件，散热性能好、温升低、寿命长、维修方便。

(4)调速精度高

永磁同步电动机的转速与电源频率同步，不受电源电压负载变化的影响。在任何情况下，永磁同步电动机的转速与同步转速的误差都不大于 0.25r/min，如果大于 0.5r/min，就进入失步状态。

2.3.6.2　永磁同步电动机的缺点

永磁同步电动机的不足在一定程度上限制了它的发展速度，主要体现在：
(1)转子励磁无法灵活控制。
(2)长时间运行时，绕组的电枢反应会引起永磁体失磁。
(3)永磁体所产生的磁动势(或磁场)受环境温度等因素的影响而变化。
(4)电动机的造价较同容量的异步电动机高。

2.4　开关磁阻电动机

开关磁阻电动机(Switched Reluctance Machine, SRM)是一种典型的机电一体化电动机，又称“开关磁阻电动机驱动系统(SRD)”，这种电动机主要由开关磁阻电动机本体、电力电子功率变流器、转子位置传感器以及控制器四部分组成，如图 2-46 所示。

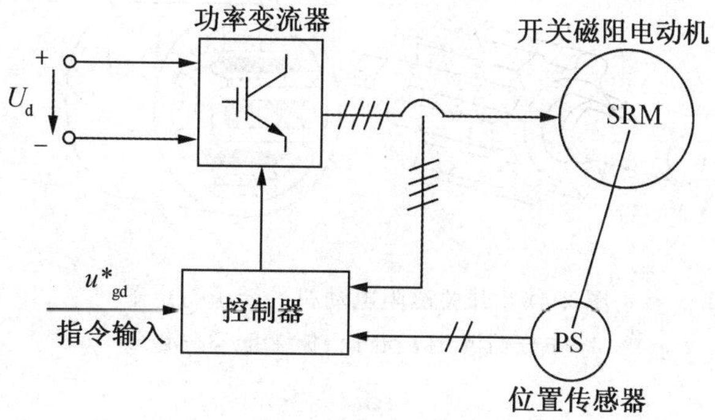

图 2-46　开关磁阻电动机的构成

开关磁阻电动机具有结构简单、转子转动惯量小、成本低、动态响应快等优点。其容量可设计成几瓦到几兆瓦。系统的调速范围也较宽，可以在低速下运行，也可以在高速场合下运行(最高转速可达 15000r/min)。除此之外，开关磁阻电动机在运行效率、可靠性等方面均优于感应电动机和同步电动机，可以在散热条件差、存在化学污染的环境下运行。

2.4.1　开关磁阻电动机的结构

2.4.1.1　开关磁阻电动机本体的结构

开关磁阻电动机本体采用定、转子双凸极结构，单边励磁，即仅定子凸极采用集中绕组励磁，而转子凸极上既无绕组也无永磁体；定、转子均由硅钢片叠压而成；定子绕组径向相对的极串联，构成一相。其结构原理如图 2-47 所示。

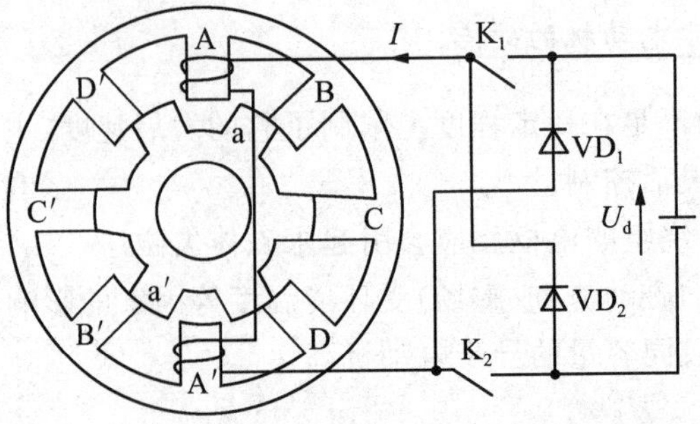

图 2-47　四相 8/6 极开关磁阻电动机的结构原理

开关磁阻电动机的定子与转子相数不同(见图 2-48),有多种组合方式,最常见的有三相 6/4 极结构、三相 6/8 极结构和三相 12/8 极结构,如图 2-49 所示。

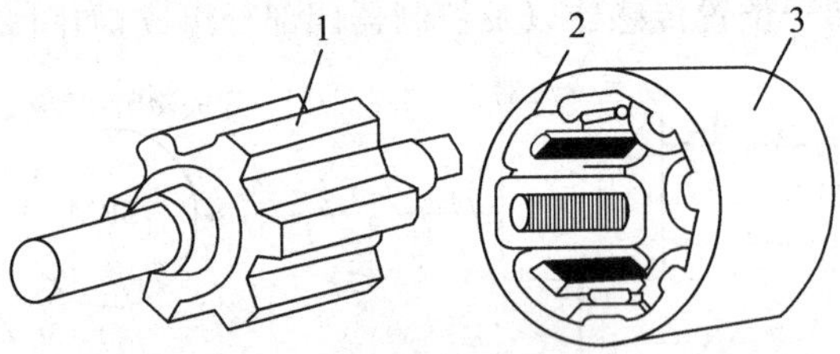

图 2-48　开关磁阻电动机的转子与定子

1—转子凸极　2—定子凸极绕组　3—定子

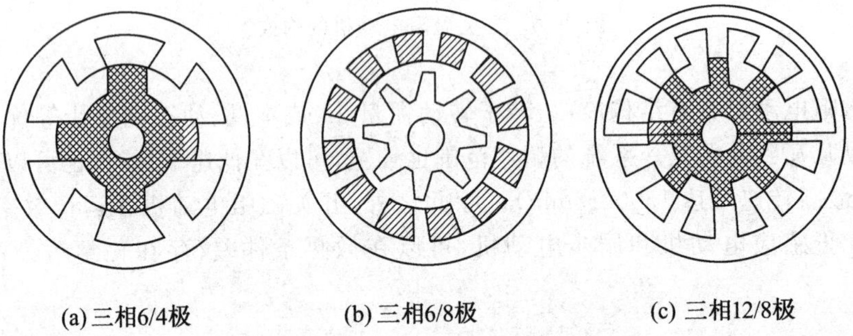

图 2-49　开关磁阻电动机的几种组合方式

三相 6/4 极结构说明电动机定子有 6 个凸极,转子有 4 个凸极,在定子相对称的两个凸极上的集中绕组互相串联,构成一相,相数=定子凸极数/2。转子上没有绕组,定子上有 6 个凸极的称为 3 相开关磁阻电动机,定子上有 8 个凸极的称为 4 相开关磁阻电动机。相数越多,步进角越小,运转越平稳,越有利于减小转矩波动,但控制越复杂,导致主开关器件增多和成本增加。步进角的计算方法为:步进角 $\alpha=360°\times2/$(定子极数×转子极数),如四相 8/6 极电动机,其步进角 $\alpha=360°\times2/(8\times6)=15°$。低于三相的开关磁阻电动机一般没有自启动能力。目前应用较多的是三相、四相和五相结构。

图 2-50(a)(b)(c)分别为三相 6/4 凸极结构、三相 12/8 凸极(双绕组)结构和四相8/6凸极结构的开关磁阻电动机的定子和转子结构的剖面示意图。

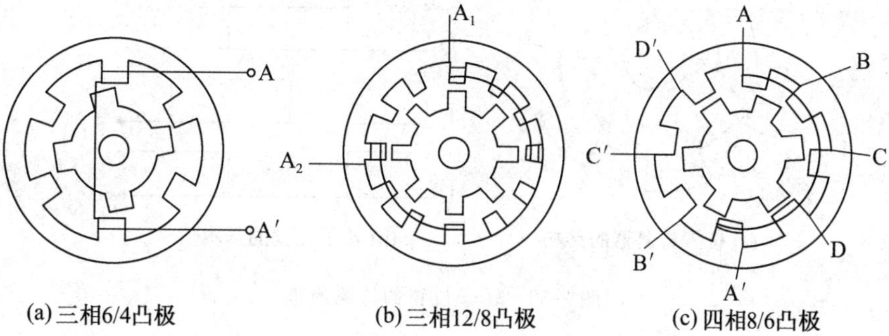

图 2-50　几种开关磁阻电动机的定子和转子的剖面示意图

2.4.1.2　转子位置传感器

转子位置传感器有霍尔式、电磁式、光电式和磁敏式多种,常设在电动机的非输出端,如图 2-51 所示。

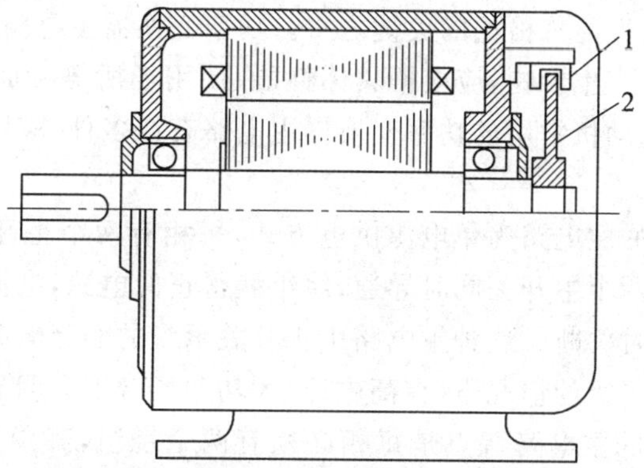

图 2-51　开关磁阻电动机传感器的位置

1—传感器　2—齿盘

光电式位置检测器由齿盘和光电传感器组成。齿盘截面和转子截面相同,装在转子上,光电传感器装在定子上。当磁盘随转子转动时,光电传感器检测到转子齿的位置信号。

转子位置的检测原理如图 2-52 所示。其中图 2-52(a)是一个四相 8/6 极电动机的位置检测器,它只设置 S_P 和 S_Q 两个传感器,它们空间相差 15°,磁盘上有间隔 30°的六个磁槽,检测到的基本信号如图 2-52(b)所示。

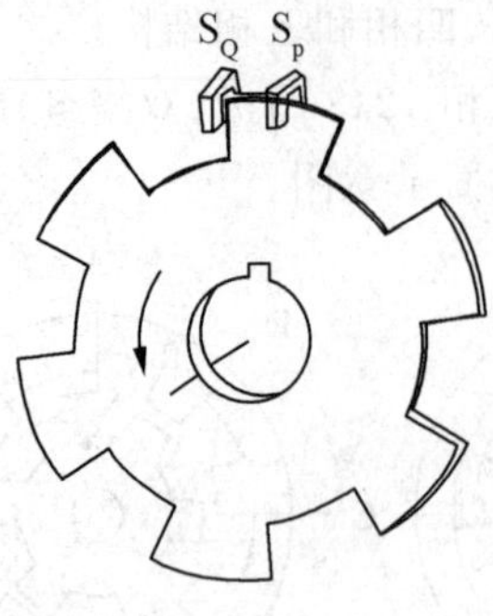

(a) 位置检测器的结构

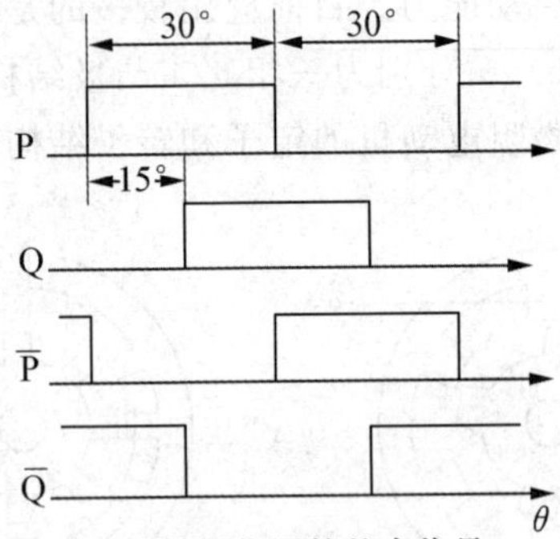

(b) 转子位置的基本信号

图 2-52　转子位置的检测原理

位置传感器的引入增加了开关磁阻电动机结构的复杂性，影响了其可靠性，因此人们正致力于研究无传感器方案，通过检测相电感来获取转子位置信息，这已被公认是非常有意义的研究方向。

2.4.2　开关磁阻电动机的电力电子功率变流器的主电路

开关磁阻电动机的电力电子功率变流器为开关磁阻电动机的运行提供电能，在整个开关磁阻电动机系统的成本中，功率变换器占有很大的比重，合理选择和设计功率变换器是提高开关磁阻电动机性能价格比的关键之一。功率变换器主电路形式的选取对开关磁阻电动机的设计也直接产生影响，应根据具体性能、使用场所等方面综合考虑，给出最佳组合方案。开关磁阻电动机常用的功率变换器主电路有许多种，应用最普遍的有三种，如图 2-53 所示。

如图 2-53(a)所示的主电路为单电源供电方式，每相有两个主开关器件，工作原理简单。导通模式有三种：两个主开关同时导通，绕组获得正向电源，电流增加；一个主开关器件导通；两个主开关同时关断。这种主电路中主开关承受的额定电源电压为 U_d。它可用于任何相数、任何功率等级的情况下，在高电压、大功率场合下有明显的优势。

如图 2-53(b)所示的主电路特点是每相必须有两个绕组，其中一个绕组与开关管串联，另一个通过续流二极管串联，两个绕组完全耦合(通常采用双股并绕)。工作时，电源通过开关管向绕组供电，开关管关断后，磁场储能通过续流二极管向电源回馈。开关管承受的最大工作电压为 $2U_d$。

如图 2-53(c)所示的主电路为裂相式电路，以对称电源供电。每相只有一个主开关，上桥臂从上电源吸收能量，并将剩余的能量回馈到下电源，或从下电源吸取能量，将剩余的能量回馈到上电源。因此，为保证上、下桥臂电压的平衡，这种主电路只能使用于偶数相电机。主开关正常工作时的最大反向电压为 U_d。每相绕组导通时绕组两端的电压仅为 $U_d/2$。

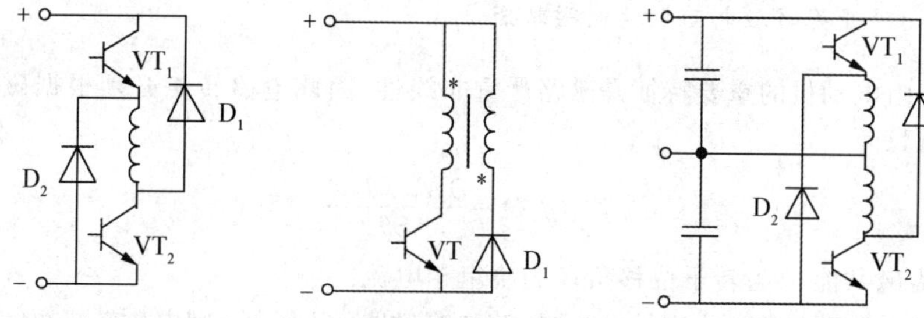

(a) 不对称半桥电路　　(b) 双绕组电路　　(c) 直流电源分裂式电路

图 2-53　三种基本的功率变换器主电路

2.4.3　开关磁阻电动机的工作过程分析

2.4.3.1　开关磁阻电动机的转动原理

由图 2-47 可知，当 A 相绕组电流控制开关 K_1、K_2 闭合时，A 相通电励磁，所产生的磁场力图使转子旋转到转子极轴线 aa 与定子极轴线 AA 的重合位置，从而产生磁阻性质的电磁转矩。若顺序给 A，B，C，D 相绕组通电，则转子便按逆时针方向连续转动起来；若依次给 B，A，D，C 相绕组通电，则转子会沿顺时针方向转动。在多相电机的实际运行中，也常出现两相或两相以上绕组同时导通的情况。当 m 相中的定子绕组轮流通电一次时，转子转过一个转子极距。

2.4.3.2　开关磁阻电动机的转速

设转子极距角为 $\theta_r = 360°/p_r$（p_r 为转子极数），定子每通断一次转子对应的转角为 α_p，即开关磁阻电动机每转过转角 α_p，对应绕组切换一次，则 α_p 为

$$\alpha_p = \theta_r / m = 360°/mp_r \tag{2-35}$$

式中：m 为定子极数。

开关磁阻电动机每组绕组通断次数 N_p 为

$$N_p = 360°/\alpha_p = mp_r \tag{2-36}$$

当开关磁阻电动机以转速 n(r/min)转动时，其总的切换频率为

$$f = \frac{n}{60} mp_r \tag{2-37}$$

则开关磁阻电动机的转速为

$$n = 60f/mp_r = 60f_p/p_r \tag{2-38}$$

式中：f_p 为每相绕组开关频率。

由于开关磁阻电动机是磁阻性质的电磁转矩，故其转向与相绕组的电流方向无关，仅取决于相绕组通电的顺序，这使得能够充分简化功率变换器电路。当主开关 K_1、K_2 接通时，A 相绕组从直流电源 U_d 吸收电能；而当 K_1、K_2 断开时，绕组电流通过续流二极管 VD_1、VD_2 将剩余能量回馈给电源 U_d。因此，开关磁阻电动机具有能量回馈的特点，系统效率高。

2.4.3.3　开关磁阻电动机的电磁转矩

开关磁阻电动机的重要特征是磁路严重非线性，因此电磁转矩必须根据磁储能和磁共能来计算，即

$$T_{em}(\theta,i)=\frac{\partial W_{mc}(\theta,i)}{\partial\theta}\tag{2-39}$$

式中：W_{mc}为磁共能；θ为转子位移角；i为绕组相电流。

在对开关磁阻电动机作定性分析时，若忽略磁路的非线性，则电磁转矩可表示为

$$T_{em}(\theta,i)=\frac{i^2}{2}\frac{dL}{d\theta}\tag{2-40}$$

式中：L为任意转子位移角下的相电感。

图 2-54 为假设理想线性条件下相电感随转子位移角的变化曲线，电动机每旋转一转，相电感变化的周期数等于转子的极对数，周期长度等于转子极距。每个周期可以分为四个区间，即：

(1)在区间 $\theta_1\leqslant\theta\leqslant\theta_2$ 内，转子磁极与定子磁极不重合，电感为最小值 L_{min}且恒定，$dL/d\theta=0$，由式(2-42)可知电磁转矩为 0。

(2)在区间 $\theta_2\leqslant\theta\leqslant\theta_3$ 内，从 θ_2 开始，转子磁极与定子磁极开始重合，并且重合部分随转动逐步增加，电感增加，$dL/d\theta>0$，相绕组通以电流时，则产生正转矩，处于电动机状态。

(3)在区间 $\theta_3\leqslant\theta\leqslant\theta_4$ 内，从 θ_3 开始，转子磁极全部覆盖定子磁极，并且一直覆盖，电感达到最大值 L_{max}且恒定，$dL/d\theta=0$，不产生电磁转矩。

(4)在区间 $\theta_4\leqslant\theta\leqslant\theta_5$ 内，从 θ_4 开始，转子磁极开始离开定子磁极，并且重合部分逐步减少，电感下降，$dL/d\theta<0$，相绕组通以电流，则产生负转矩，处于发电机状态。因此，通过控制相绕组电流导通的时刻、相电流脉冲的幅值和宽度，即可控制开关磁阻电动机转矩的大小和方向。

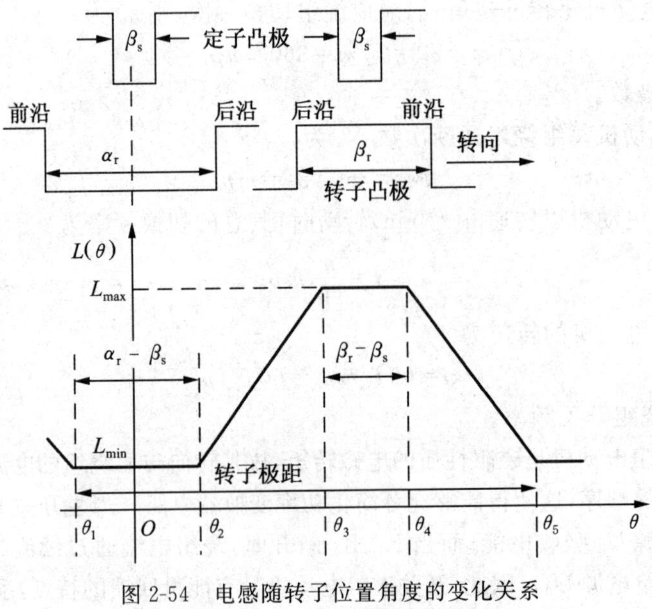

图 2-54　电感随转子位置角度的变化关系

上述绕组电感 L 与转子位移角 θ 的关系可用解析式表示为

$$L=\begin{cases}L_{\min}(\theta_1\leqslant\theta\leqslant\theta_2)\\ \dfrac{L_{\max}-L_{\min}}{\theta_3-\theta_2}(\theta-\theta_2)+L_{\min}(\theta_2\leqslant\theta\leqslant\theta_3)\\ L_{\max}(\theta_3\leqslant\theta\leqslant\theta_4)\\ L_{\max}-\dfrac{L_{\max}-L_{\min}}{\theta_3-\theta_2}(\theta-\theta_4)[\theta_4\leqslant\theta\leqslant\theta_5(\theta_1)]\end{cases}\tag{2-41}$$

将式(2-41)代入式(2-40)，可得到电动机基本转矩的计算公式为

$$T_{\mathrm{em}}=\begin{cases}0(\theta_1\leqslant\theta\leqslant\theta_2)\\ \dfrac{L_{\max}}{2(\theta_3-\theta_2)}i^2(\theta_2\leqslant\theta\leqslant\theta_3)\\ 0(\theta_3\leqslant\theta\leqslant\theta_4)\\ -\dfrac{L_{\max}}{2(\theta_3-\theta_2)}i^2[\theta_4\leqslant\theta\leqslant\theta_5(\theta_1)]\end{cases}\tag{2-42}$$

由式(2-42)可知，开关磁阻电动机绕组在 $\theta_2\leqslant\theta\leqslant\theta_3$ 区间通电时，$T_{\mathrm{em}}>0$，电动机运行；在 $\theta_4\leqslant\theta\leqslant\theta_5$ 区间通电时，$T_{\mathrm{em}}<0$，发电机运行。在 $\theta_2\leqslant\theta\leqslant\theta_3$ 区域触发开关 K_1、K_2 使其导通，为 A 相绕组提供励磁电流，SRM 作电动机运行。一旦电流达到设定值关断 K_1、K_2 后，由于绕组电感作用 A 相绕组电流不可能立即减小到零，因此 A 相绕组电流将持续到 $\theta_4\leqslant\theta\leqslant\theta_5$ 区域，电机产生制动力矩，其输出电流通过二极管 VD_1、VD_2 回馈给直流电源。B、C、D 相工作与此类似。

2.4.4 开关磁阻电动机的相电压平衡方程与相电流

2.4.4.1 开关磁阻电动机的电压平衡方程

当开关磁阻电动机由恒定电压 U_{d} 供电并忽略所有损耗时，一相电路的电压方程为

$$\pm U_{\mathrm{d}}=\frac{\mathrm{d}\psi}{\mathrm{d}t}=\frac{\mathrm{d}\theta}{\mathrm{d}t}\cdot\frac{\mathrm{d}\psi}{\mathrm{d}\theta}=\omega\frac{\mathrm{d}\psi}{\mathrm{d}\theta}\tag{2-43}$$

式中：$\omega=\mathrm{d}\theta/\mathrm{d}t$ 为转子的机械角速度；"+"对应于开关器件导通，"−"对应于开关器件断开。

设开关器件 K_1、K_2 导通瞬间为 $t=0$，是电路的初始状态，此时，$\psi_0=0$、$\theta_0=\theta_{\mathrm{on}}$；当 $\theta=\theta_{\mathrm{off}}$ 时，开关器件 K_1、K_2 关断，绕组进入续流期。由初始条件和式(2-41)、式(2-43)可得到一相绕组在导通、续流的一个变化周期内磁链 ψ 的表达式为

$$\psi=\begin{cases}\dfrac{U}{\omega}(\theta-\theta_{\mathrm{on}})(\theta_{\mathrm{on}}\leqslant\theta\leqslant\theta_{\mathrm{off}})\\ \dfrac{U}{\omega}(2\theta_{\mathrm{off}}-\theta_{\mathrm{on}}-\theta)(\theta_{\mathrm{off}}\leqslant\theta\leqslant2\theta_{\mathrm{off}}-\theta_{\mathrm{on}})\\ 0(\text{其他位置})\end{cases}\tag{2-44}$$

式中：θ_{on} 为开通角；θ_{off} 为关断角。

根据 $\psi=Li$，相绕组的电压平衡方程为

$$\pm U_d = L\frac{\mathrm{d}i}{\mathrm{d}t} + i\omega\frac{\partial L}{\partial \theta} \tag{2-45}$$

式中等号右边第二项为旋转电动势。

2.4.4.2　开关磁阻电动机的相电流

根据图 2-54 中电感随转子位移角的变化关系，如果在 $0\sim\theta_2$ 内触发开通功率开关器件，在区间 $\theta_2\sim\theta_3$ 内功率开关器件关断，这种条件下的相电流波形如图 2-55 所示。

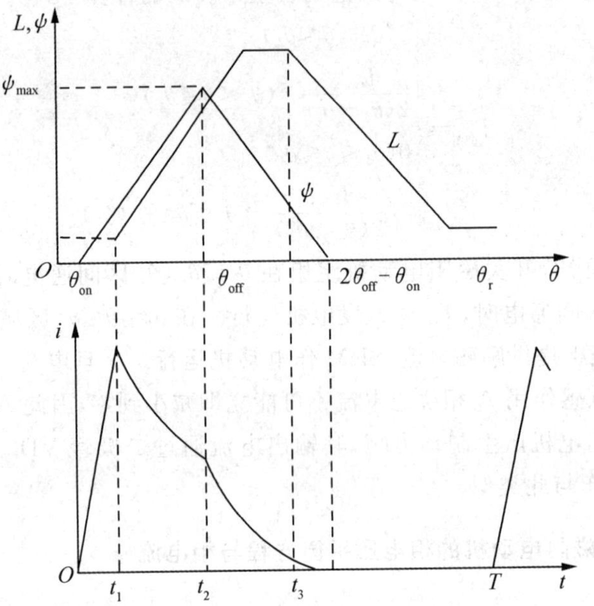

图 2-55　开关磁阻电动机运行时的相电流

由图可知，相电流波形由三段曲线组成：

(1)$0\sim t_1$ 段

功率开关器件在 $0\sim\theta_2$ 区间内某点导通，触发点对应于 $\theta=\theta_{on}$，施加在绕组上的电压为电源电压 U_d，由于此区间电感为 L_{min}，且 $\partial L/\partial\theta=0$，由式(2-45)可得到电流 $i(t)$ 的变化规律为

$$i(t)=\frac{U_d}{L_{min}}t \tag{2-46}$$

由式(2-46)可见，电流快速线性增长，直至时刻 t_1。显然，通过合理选择触发时间或触发角 θ_{on}，可使相电流在进入区间 $\theta_2\sim\theta_3$ 时就达到所需值，以获得所要求的转矩。

(2)$t_1\sim t_2$ 阶段

在 t_1 之后，电感 L 不断增大，$\partial L/\partial\theta>0$，存在旋转电动势，所以电流不能继续直线上升，而是出现下降现象。相应的电流解析式为

$$i(t)=\frac{U_d}{L_{min}+\omega\dfrac{\partial L}{\partial\theta}(t_1-t_2)}t \tag{2-47}$$

这一阶段是有效工作区，相电流将产生电磁转矩，因此电流大小和持续时间直接影响着电机的性能。不难看出，该区间相电流的大小与 $i(t_1)$ 有关，于是 θ_{on} 成为电流的可控参数。不同的 θ_{on} 可能形成大小不同的电流及波形，如图 2-56 所示。

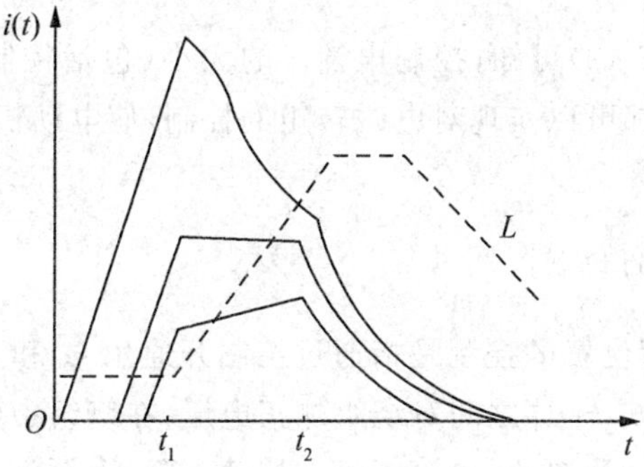

图 2-56　不同 θ_{on} 的相电流（θ_{off} 不变）

图 2-56 表明，在某一 θ_{on} 下，在维持阶段的电流可能为恒值（旋转电动势正好与电源电压平衡），波形如实线所示。其条件是

$$L_{min}=\omega\frac{\partial L}{\partial\theta}t_0 \tag{2-48}$$

如能达到上述条件，在一定的平均转矩下，电流峰值小，电流有效值小，这对功率电子器件及电动机都是有利的。不过，由于 θ_{on} 是这种调速系统中最重要的控制量，故一般不能只限于满足式(2-48)。

(3) t_2 以后阶段

t_2 在 $\theta_2\sim\theta_3$ 区间发生，其对应于 $\theta=\theta_{off}$，功率器件关断，进入续流阶段。该阶段在反向电压作用下，磁链线性下降，电流也很快减小，理论上至 $2t_2$ 时刻电流降至零，续流结束。在此区间，$\partial L/\partial\theta>0$ 内的续流电流的解析式为

$$i(t)=\frac{2\psi_{max}-U_d t}{L_{min}+\omega\dfrac{\partial L}{\partial\theta}(t-t_1)} \tag{2-49}$$

该续流电流还产生电动转矩，说明这期间电机磁场储能一部分转化为电能回馈给电源（或电容），尚有一部分转换为有用机械能。

由于续流不能瞬时为零，故电流可能延伸到 $\theta_3\sim\theta_4$ 区间甚至 $\theta_4\sim\theta_5$ 区间。在 $\theta_3\sim\theta_4$ 区间内，电流衰减的规律为

$$i(t)=\frac{2\psi_{max}-U_d t}{L_{min}} \tag{2-50}$$

若延伸到 $\theta_4\sim\theta_5$ 区间，则电流为

$$i(t)=\frac{2\psi_{max}-U_d t}{L_{min}+\omega\dfrac{\partial L}{\partial\theta}(t-t_3)} \tag{2-51}$$

在 $\theta_4\sim\theta_5$ 区间，$\partial L/\partial\theta<0$，因此该电流将产生负转矩，即制动转矩，而且此时的旋转电动势与反向电压作用相反，不利于电流下降。从表面上看，续流延伸到 $\theta_4\sim\theta_5$ 区间是

不利的，但是只要这段电流不大，直接的负转矩很小，适当的存在可换来增加 $\theta_2 \sim \theta_3$ 区间的效果。所以整体设计控制方案时，要优选 θ_{off} 的值，以谋求合理、有效的电流波形。

2.4.5 开关磁阻电动机的控制方式

根据电磁转矩公式(2-42)可知，控制电流 i 的大小(包括控制电压 U_d 实现对 i 的控制)以及控制导通角度 θ 都可以实现对电磁转矩的控制，使电动机达到预想的转速、转矩，使其保持较高的效率。

2.4.5.1 角度位置的控制

开关磁阻电动机角度位置的控制是指通过控制开通角 θ_{on} 和关断角 θ_{off} 实现改变转矩的方法。由前述可知，在 $\theta_{on} \sim \theta_{off}$ 之间对绕组加正电压，在绕组中建立和维持电流。在 θ_{off} 之后一段时间内，对绕组加反电压，电流续流并快速下降，直至消失。

角度控制对电磁转矩的影响有：

(1)改变电动机的运行状态。改变 θ_{on}、θ_{off}，可以改变电流波形，使电流的主要部分置于电感波形的上升段，使电动机电动运行；反之，使电流波形的主要部分置于电感波形的下降段，则电动机制动运行。

(2)改变电动机的转矩和转速，电动状态下开通角 θ_{on} 提前，则在最小电感区段电流上升时间加长，使电流波形加宽，峰值和有效值增加，改变了与电感波形的相对位置。

(3)改变 θ_{off} 一般不影响电流峰值，但影响电流波形宽度及其同电感曲线的相对位置，电流有效值也随之变化，因此，θ_{off} 同样影响电动机的转矩、转速，但影响小于 θ_{on}。

同样的分析也可用于制动运行状态。角度控制是控制开关磁阻电动机调速系统的一种最有效的方法，具有转矩调节范围大、通电的相数可变、电动机出力较大、转矩脉动较小、电动机效率高等优点，但不适用于低速。由于角度控制方式中电流峰值主要由旋转电动势限制，低速时旋转电动势减小，可使电流峰值超过允许值。

2.4.5.2 电流斩波的控制

电流斩波的控制原理如图 2-57 所示。在 θ_{on} 时，功率电路开关器件导通，绕组电流 $i(t)$ 从零开始上升，当电流增长到一定峰值 i_{max} 时，使绕组断电。绕组承受反压，电流快速下降，经时间 T_1 后，绕组重新通电。如此反复通电、断电，形成斩波电流波形，直至 $\theta=\theta_{off}$ 时实行相关断，电流衰减至零。

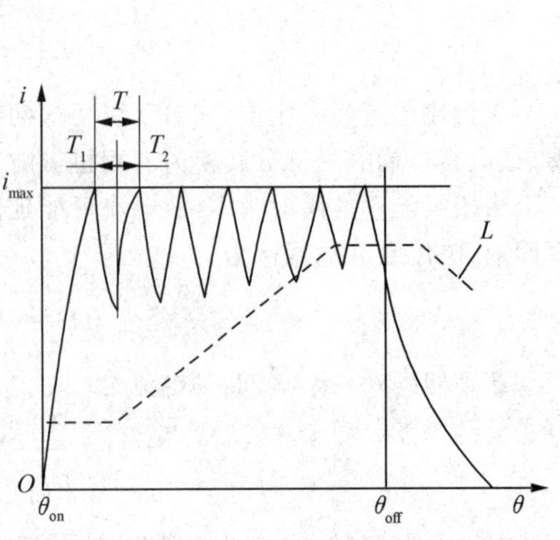

图 2-57 电流斩波的控制原理

在电流斩波控制方式中，选择 θ_{on} 和 θ_{off} 能使电流波形的主要部分置于电感的上升段或下降段，使电动机处于电动运行或制动运行。控制 i_{max} 的大小能调节电流峰值,起到调节电动机转矩和转速的作用。斩波周期 T 主要由 T_1 决定。T_1 小则电流的平均值与峰值之比增大,有利于在一定电流峰值下提高转矩。同时,T 小则有利于降低噪声,如使斩波频率 $f=1/T\geqslant 16\text{kHz}$ 时,可使斩波噪声频率避开人耳听觉范围。但要取得较小的 T,则要求功率电路开关元件工作频率提高,需选择高频开关元件,成本较高,且开关损耗较大。

电流斩波的控制方法适用于低速和制动运行,具有限制和调节电流峰值增长的能力;转矩平稳,适合用作转矩调节系统。如果选择的斩波周期较小,绕组电流波形近似为平顶方波波形。由于平顶方波的幅值对应了一定的电机转矩,因此,其十分适合构成转矩调节系统,具有力矩电机特性。电流斩波控制用作调速系统时其抗负载扰动的动态响应慢,因为当电机转速在负载扰动作用下发生变化时,电流峰值无法自动改变,电机转矩也无法自动改变,使之成为特性非常软的系统。

2.4.5.3　电压斩波的控制

在 $\theta_{on}\sim\theta_{off}$ 通电区间内,使功率开关按脉冲宽度调制方式工作。这里脉冲周期 T 固定,占空比 T_1/T 可调。在 T_1 内,绕组加正电压;在 T_2 内,绕组加零电压或反电压。其电压、电流波形如图 2-58 所示。

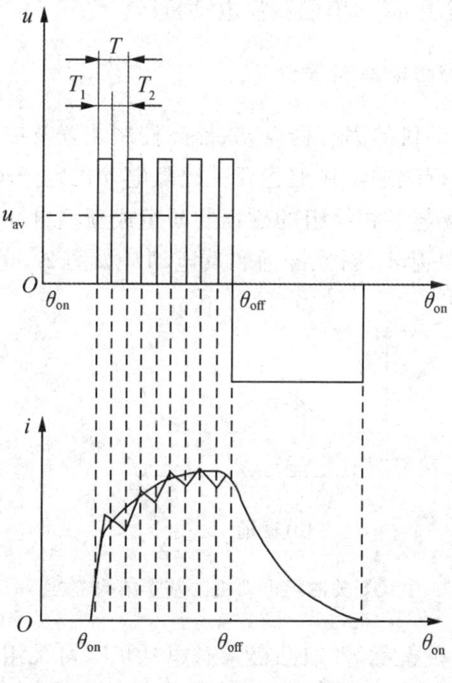

图 2-58　电压斩波控制方式下的电流与电压波形

改变占空比 T_1/T,则绕组电压的平均值 u_{av} 可调,绕组电流也相应变化,从而实现了转矩和转速的调节。

在由开关磁阻电动机构成的电力拖动系统中,相电流的角度位置控制和斩波控制之间的切换速度称为基准速度，简称为“基速”。基速以下，一般保持开通角 θ_{on} 和关断角 θ_{off} 不变，仅采用电流斩波控制，以确保电流在电感增加区内变化。当维持电流幅值不超过额定值时，其输出转矩基本保持不变。因此，基速以下为恒转矩运行区。

基速以上，由于转速较高，定子感应电动势较大，各相绕组的导通时间缩短，电流一般不可能达到很大数值。此时，采用角度位置控制的电流主要是靠开通角 θ_{on} 和关断角 θ_{off} 的控制来实现的。在这个阶段中，电动机的输出功率基本不变。

随着转速的进一步提高，开通角 θ_{on} 与关断角 θ_{off} 将达到极限值，没有任何调节余地，开关磁阻电动机进入恒定 θ_{on} 和 θ_{off} 的运行方式。此时，电动机的转矩与转速的平方成反比，开关磁阻电动机呈现出类似于串励直流电动机的机械特性。

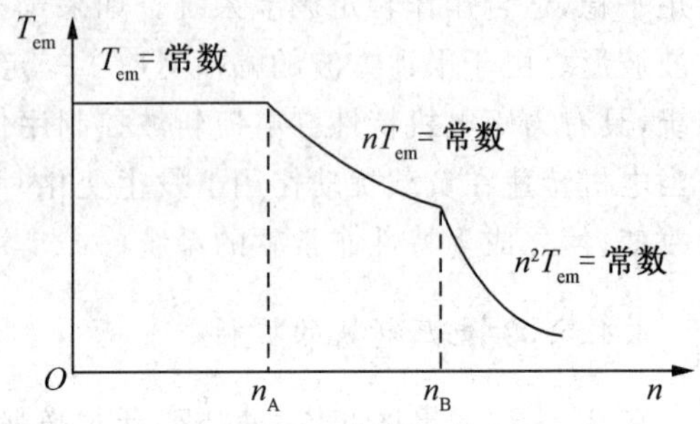

图 2-59 开关磁阻电动机的转矩—转速特性曲线

综合以上分析，开关磁阻电动机的机械特性如图 2-59 所示。由图可见，开关磁阻电动机的调速特性可分为三段：基速 n_A 以下的恒转矩运行区、高于基速 n_A 低于 n_B 的恒功率运行区以及高于 n_B 的串励直流电动机区。

2.4.6 永磁式开关磁阻电动机简介

为了克服开关磁阻电动机的固有弱点，除提高控制装置及控制软件的设计水平外，在电动机本身结构上也要进行改进。在上述开关磁阻电动机定子轭部对称地嵌入高性能的钕铁硼永磁体，永磁体磁场与各相绕组的磁场共同组成新型电动机磁场，形成永磁式开关磁阻电动机(PMSRM)。其基本结构、磁通和反电动势如图 2-60 所示。

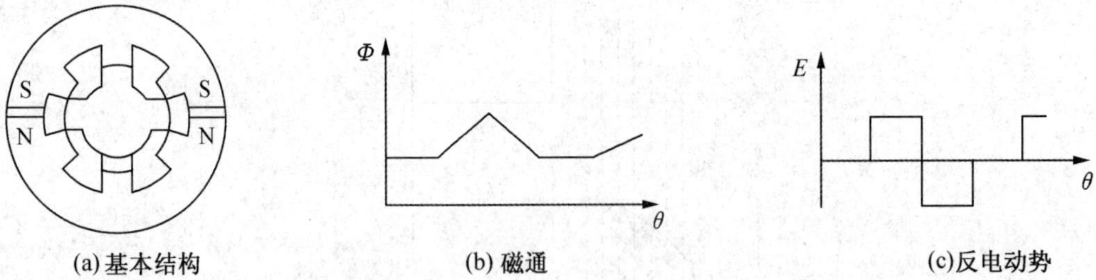

(a) 基本结构　(b) 磁通　(c) 反电动势

图 2-60 永磁式开关磁阻电动机的基本结构、磁通和反电动势

永磁式开关磁阻电动机也称为“双凸极永磁电动机”，可采用圆柱形径向磁场结构、盘式轴向磁场结构和环形横向磁场结构。该电机在磁阻转矩的基础上叠加了永磁转矩，永磁转矩的存在有助于提高电机的功率密度和减小转矩脉动，以利于它在电动车辆驱动系统中的应用。它可以加速绕组换流速度，减小波动，提高能量利用率。

永磁式开关磁阻电动机的工作原理是：永磁体产生的磁通在凸极相对齐时最大，在一凸极对一极槽时最小，而定子绕组所产生的磁通与原先的一样，两种磁通叠加之后共同作用于转子，驱使电动机转子转动。如果在给定子绕组单独通电时不考虑永磁体的磁场作用，将给绕组磁通回路带来较大的磁阻，减小定子绕组电感，这也给电动机相间快速换流提供了有利条件。所以改进后的永磁式开关磁阻电动机体积变小，效率更高，稳定性更好。当前，双凸极永磁电动机是研究的热门，其被做成外转子型轮毂驱动方式。

经计算测试，永磁式开关磁阻电动机的特点为：①匝数大大减少，铜耗减少；②易于换向，因电感和电感变化率小，具有高转矩电流比、高转矩惯量比；③噪声和振动减小，转子极弧大于定子极弧并保持精确的数量关系，使得在任何瞬间所叠加的脉动磁阻均有所抑制；④传输效率高，驱动电机直接安装在轮毂内，电气线控代替了机械传输。

2.5 轮毂电机

电动汽车采用的轮毂式电机驱动属于分散式电机驱动模式。分散电机驱动通常有轮毂电机和轮边电机两种方式。所谓“轮边电机驱动模式”，是指每个驱动车轮由单独的电机驱动，但是电机不是集成在车轮内，而是通过传动装置(例如传动轴)连接到车轮。轮边电机驱动模式的驱动电机属于簧载质量范围，悬架系统隔振性能好。但是，安装在车身上的电机对整车总布置的影响很大，尤其是在后轴驱动的情况下。而且，由于车身和车轮之间存在变形运动，其对传动轴的万向传动也具有一定的限制。

2.5.1 轮毂电机系统的概念与发展历史

轮毂电机系统通常被称为“轮毂电机”，也有的研究者称其为轮式电机、车轮电机或者电动轮。

轮毂电机系统的诞生可以一直追溯到电动汽车诞生的初期，而轮毂电机在电动汽车上的广泛应用主要集中在近几年的概念车上。

最早见诸于文献的有关轮毂电机及其应用来自于著名汽车公司保时捷的创始人保时捷(F. Porsche)。1900 年，保时捷研制了两个前轮装备轮毂电机的前轮驱动双座电动汽车(见图 2-61)，并在电动汽车比赛中取得了最好的成绩。值得引起注意的是，保时捷在 1902 年又研制出了采用发动机和轮毂电机的混合动力汽车(见图 2-62)，并取得山地汽车拉力赛的好成绩。1910 年，保时捷研制了军用陆地列车，最前面的机车装备发动机和发电机，后面的 10 辆列车采用轮毂电机驱动。可以说，保时捷是基于轮毂电机的电动汽车和混合动力汽车之父。

图 2-61 保时捷研制的轮毂电机纯电动汽车

图 2-62 保时捷研制的混合动力汽车

20世纪50年代，美国人罗伯特发明了电动汽车轮毂，并申请了专利。1968年，这种轮毂被通用电器公司应用在大型矿用自卸车上。采用轮毂电机的电动汽车具有一个明显的优点，就是可以采用扁平的车架结构，因此在需要频繁上下车的城市公共交通客车上大量应用。

2.5.2 轮毂电机的应用领域

轮毂电机系统驱动作为电动汽车的一种重要驱动形式，得到了各大汽车厂商和组织的重视。自20世纪90年代起，日本就推出了一系列轮毂电机系统驱动的电动汽车，如TEPCO的IZA，NIES的Eco、Luciole等，最近又有三菱的Colt、Lancer Evolut MIEV，本田的FCX concept等新车型。通用自2002年开始推出的概念车AUTOnomy（自主魔力）、Squel采用的都是轮毂电机系统驱动。与此同时，各大厂商加大了对轮毂电机系统的研发力度，高性能的新型轮毂电机系统不断涌现，轮毂电机的门类不断丰富，性能不断提高。著名的轮毂电机厂商有加拿大的TM4、美国的Wavecrest等。

轮毂电机系统在各种交通工具中都有应用，如图2-63所示。不同的应用场合对轮毂电机的结构形式和技术性能等都提出了不同的要求，相应地产生了各种轮毂电机系统及其特色技术。本部分主要介绍汽车用轮毂的电机系统。

图2-63　轮毂电机的应用

2.5.3 轮毂电机的结构形式

轮毂电机动力系统通常由电动机、减速机构、制动器与散热系统等组成。图2-64为电动摩托车的轮毂电机结构。轮毂电机动力系统根据电机的转子形式主要分成内转子型和外转子型两种结构，如图2-65所示。通常，外转子型采用低速外转子电机，电机的最高转速为 1000～1500r/min，无任何减速装置，电机的外转子与车轮的轮辋固定或者集成在一起，车轮的转速与电机相同。内转子型则采用高速内转子电机，同时装备固定传动比的减速器。为了获得较高的功率密度，电机的转速通常高达 10000r/min。减速机构通常采用传动比在 10∶1 左右的行星齿轮减速装置，车轮的转速在 1000r/min 左右。

图 2-64　电动摩托车的轮毂电机结构

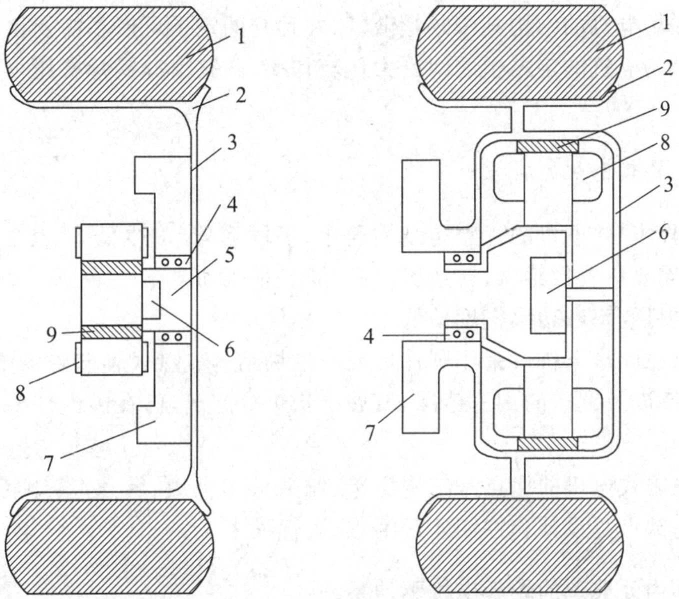

图 2-65　轮毂电机动力系统的结构简图

1—轮胎　2—轮辐　3—车轮　4—轴承　5—行星齿轮　6—编码器

7—制动鼓　8—电动机绕组　9—PM

高速内转子轮毂电机的优点是比功率高、质量轻、体积小、效率高、噪声小、成本低；缺点是必须采用减速装置，效率降低，非簧载质量增大，电机的最高转速受线圈损耗、摩擦损耗以及变速机构的承受能力等因素的限制。低速外转子轮毂电机的优点是结构简单、轴向尺寸小、比功率高、能在很宽的速度范围内控制转矩、响应速度快、外转子直接和车轮相连、没有减速机构、效率高；缺点是如要获得较大的转矩，必须增大发动机体积和质量，因而成本高,加速时效率低,噪声大。这两种结构在目前的电动车中都有应用,但是随着紧凑的行星齿轮变速机构的出现,高速内转子式驱动系统在功率密度方面比低速外转子式更具竞争力。

轮毂电机动力系统由于电机电制动容量较小,不能满足整车制动效能的要求,通常需要附加机械制动系统。轮毂电机系统中的制动器可以根据结构采用鼓式或者盘式制动器。电动机电制动容量的存在往往可以使制动器的设计容量适当减小。大多数的轮毂电机系统采用风冷方式进行冷却,也有的采用水冷和油冷的方式对电机、制动器等的发热部件进行散热降温,但结构比较复杂。

2.5.4 轮毂电机的分类及特点

2.5.4.1 轮毂电机的分类

轮毂电机的电机类型分为永磁式、感应式、开关磁阻式。

轮毂电机系统的驱动电机按照电机磁场的类型分为径向磁场和轴向磁场两种类型。

(1)轴向磁场电机的结构利于热量散发,并且它的定子可以不需要铁芯。

(2)径向磁场电机的定转子之间受力比较均衡,磁路由硅钢片叠压得到,技术更简单、成熟。

2.5.4.2 轮毂电机的特点

(1)感应(异步)式电机的优点是结构简单、坚固耐用、成本低廉、运行可靠、转矩脉动小、噪声低、不需要位置传感器、转速极限高;缺点是驱动电路复杂、成本高,相对于永磁电机而言,异步电机效率和功率密度偏低。

(2)无刷永磁同步电机可采用圆柱形径向磁场结构或盘式轴向磁场结构,具有较高的功率密度和效率以及宽广的调速范围,发展前景十分广阔,已在国内外多种电动车辆中获得应用。

(3)开关磁阻式电机的优点是结构简单、制造成本低廉、转速/转矩特性好等,适用于电动汽车驱动;缺点是设计和控制非常困难、运行噪声大。

2.5.5 国内外典型的轮毂电机驱动系统

日本庆应义塾大学环境信息学部清水浩教授领导的电动汽车研究小组在过去的十几年中,一直以基于轮毂电机的全轮驱动电动汽车为研究对象,至今已试制了五种不同形式的样车。其中,1991 年与东京电力公司共同开发的电动汽车 IZA,采用 Ni-Cd 电池为动力源,采用 4 个额定功率为 6.8kW、峰值功率达到 25kW 的外转子式永磁同步轮毂电机驱动,最高时速可达 176km/h。1996 年,该小组联合日本国家环境研究所研制了采用轮毂电机驱动的后轮驱动电动汽车 Eco,轮毂电机驱动系统选用永磁直流无刷电动机,额定功率为 6.8kW,峰值功率为 20kW,并配速比为 1∶5 的行星齿轮减速机构。轮毂电机采用机械制动与电机再生制动相结合的方式,机械制动力矩由鼓式制动器提供,制动力分配规律的基本原则是在不损害制动效能的前提下,尽可能多的回收制动能量,有效延长了续驶里程。2001 年，最新推出的以锂电池为动力源、采用 8 个大功率交流同步轮毂电机独立驱动的电动大轿车 KAZ，最高时速达到 311km/h。KAZ 的轮毂电机系统中采用高转速的高性能内转子型电动机，其峰值功率可达 55kW，提高了 KAZ 的极限加速能力，使其 0～100km/h 的加速时间仅为 8s。为了使电动机的输出转速符合车轮的实际转速要求，KAZ 的轮毂电机系统匹配了一个传动比为 4.588 的行星齿轮减速机构。KAZ 的前后轮没有采用相同形式的制动器，而是前轮采用盘式制动器，后轮采用鼓式制动器。图 2-66 和图 2-67 分别为 KAZ 的前、后轮轮毂电机系统的结构图。2003 年日本丰田汽车公司在东京车展上推出的燃料电池概念车 FINE-N 也采用了轮毂电机驱动技术。

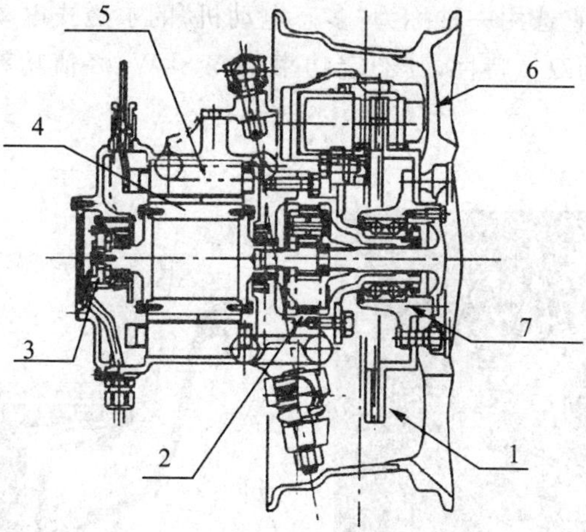

图 2-66　KAZ 一体化轮毂电机前轮系统

1—盘式制动器　2—减速齿轮　3—电机控制器　4—转子　5—定子　6—轮辋　7—轴承

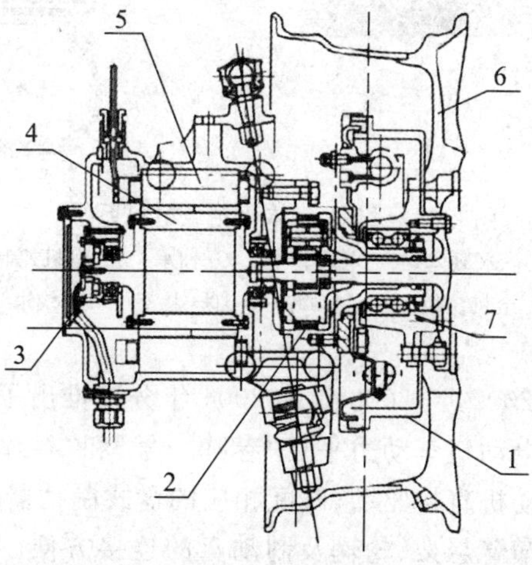

图 2-67　KAZ 一体化轮毂电机后轮系统

1—鼓式制动器　2—减速齿轮　3—电机控制器　4—转子　5—定子　6—轮辋　7—轴承

法国TM4公司设计制造的一体化轮毂电机结构如图2-68所示。它采用外转子式永磁电动机，电动机转子外壳直接与轮辋相固结，是车轮轮辋的组成部分，而且电动机转子与鼓式制动器的制动鼓集成在一起，实现电机转子、轮辋以及制动器三个回转运动物体的集成，大大减轻了一体化轮毂电机系统质量，集成化程度相当高。该一体化轮毂电机系统的永磁无刷直流电动机的额定功率为18.5kW，峰值功率可达到80kW，峰值扭矩为670N·m，额定转速为950r/min，最高转速为1385r/min，而且额定工况下的平均效率可达到96.3%。

哈尔滨工业大学爱英斯电动汽车研究所研制开发的EV96-1型电动汽车也采用外转子型轮毂电机驱动系统，它选用一种称为"多态电动机"的永磁式电动机，该电动机兼有同步电动机和异步电动机的双重特性，其额定功率为6.8kW，峰值功率为15kW，采用集成盘式制动器，风冷散热。

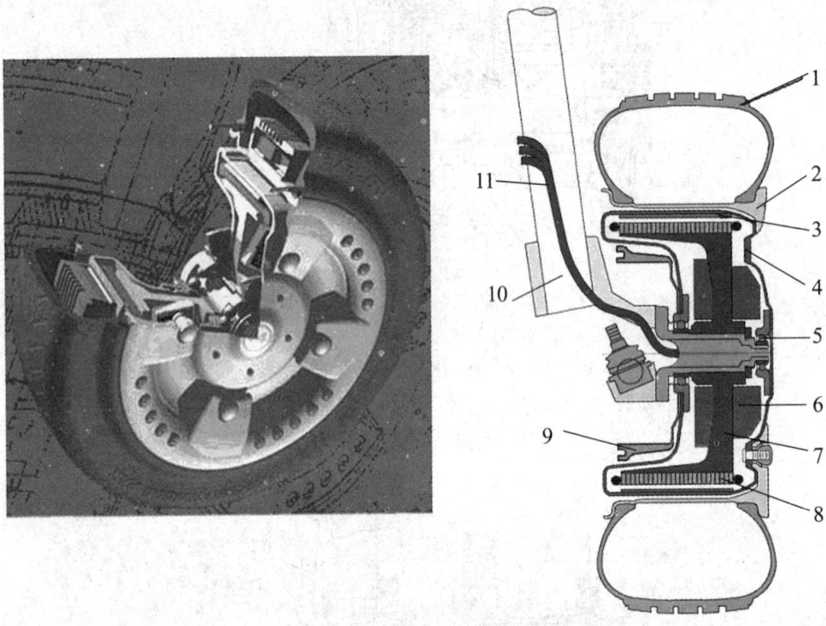

图2-68 TM4一体化轮毂电机系统

1—轮胎 2—轮辋 3—永磁体 4—电机转子 5—轴承 6—电机控制器 7—电机定子 8—电机绕组 9—制动蹄片 10—悬架 11—线束

同济大学汽车学院在2002年、2003年和2004年分别推出了采用轮毂电机驱动系统的四轮驱动燃料电池微型电动汽车动力平台"春晖一号"和"春晖二号"，两者均采用四个低速永磁无刷直流轮毂电动机直接驱动，匹配相应的盘式制动器。轮毂电机为外转子型，其外形结构主要考虑与双横臂悬架、轮辋及制动盘的连接方便。为了提高轮毂电机的外形通用性，考虑在一定功率范围内的轮毂电机采用相同的外形结构。该轮毂电机既可安装市售微型汽车制动盘，又能安装不同规格摩托车制动盘。因此相同的底盘结构只需更换不同功率的轮毂电机，即可获得不同的整车动力性能。轮毂电机的额定功率为0.8kW，峰值功率为2.5kW，额定转矩为25N·m，峰值转矩为155N·m，额定转速为

300r/min，最高转速为 510r/min。

轮毂电机及其在电动汽车上的应用如表 2-2 所示。

表 2-2　轮毂电机及其在电动汽车上的应用

车型	年份	来源	动力类型	驱动形式
IZA	1991	日本 TEPCO	纯电动	轮毂电机四轮驱动
Eco	1996	日本 NIES	纯电动	轮毂电机后轮驱动
Luciole	1997	日本 NIES	纯电动	轮毂电机后轮驱动
KAZ	2000	日本	纯电动	轮毂电机四轮驱动
Eliica	2000	日本 Keio 大学	纯电动	轮毂电机八轮驱动
AUTOnomy	2002	通用	燃料电池	轮毂电机四轮驱动
S-10 改装	2004	雪弗莱	混合动力	轮毂电机后轮驱动
QUARK	2004	标致	燃料电池	轮毂电机四轮驱动
Squel	2005	通用	燃料电池	轮毂电机后轮驱动 中心电机前轮驱动
Colt	2005	三菱	纯电动	轮毂电机后轮驱动
Lancer Evolut MIEV	2005	三菱	纯电动	轮毂电机四轮驱动
FCX concept	2005	本田	燃料电池	轮毂电机后轮驱动 中心电机前轮驱动
CNR-T2	—	意大利	混合动力	轮毂电机后轮驱动
CT-MIEV	2006	三菱	混合动力	轮毂电机四轮驱动

2.5.6　采用轮毂电机驱动系统的电动汽车特点

2.5.6.1　分散式电机驱动模式的优点

(1)以电子差速控制技术实现转弯时内外车轮不同的转速运动，而且精度更高。

(2)取消机械差速装置有利于动力系统减轻质量，提高传动效率，降低传动噪声。

(3)有利于整车总布置的优化和整车动力学性能的匹配优化。

(4)降低对电机的性能指标要求，且具有冗余可靠性高的特点。

2.5.6.2　分散式电机驱动模式的缺点

(1)为满足各轮运动协调，对多个电机的同步协调控制要求高。

(2)电机的分散安装布置提出了结构布置、热管理、电磁兼容以及振动控制等多方面的技术难题。

2.5.6.3 轮毂电机驱动模式的优点

(1)可以完全省略传动装置,整体动力利用效率大大提高。

(2)轮毂电机使得整车总布置可以采用扁平化的底盘结构形式,车内空间和布置自由度得到极大的改善。

(3)车身上几乎没有大功率的运动部件,整车的振动、噪声和舒适性得到极大改善。

(4)便于实现四轮驱动形式,有利于极大改善整车的动力性能。

(5)轮毂电机作为执行元件,利用响应速度快和准确的优点便于实现包括线控驱动、线控制动以及线控整车动力学控制在内的整车动力学集成控制,提高整车的主动安全性。

2.5.6.4 轮毂电机系统研究的关键技术问题

(1)轮毂电机系统集驱动、制动、承载等多种功能于一体,优化设计难度大。

(2)车轮内部空间有限,对电机功率密度性能要求高,设计难度大。

(3)电机与车轮集成导致非簧载质量较大,恶化悬架隔振性能,影响不平路面行驶条件下的车辆操控性和安全性。同时,轮毂电机将承受很大的路面冲击载荷,电机抗振要求苛刻。

(4)车辆大负荷低速爬长坡工况下容易出现冷却不足导致的轮毂电机过热烧毁问题,电机的散热和强制冷却问题需要重视。

(5)车轮部位容易集存水和污物等,导致电机的腐蚀破坏,寿命和可靠性受影响。

(6)轮毂电机运行转矩的波动可能会引起汽车轮胎、悬架以及转向系统的振动和噪声,以及其他整车声振问题。

复习思考题

1. 哪些电动机可作为电动汽车用的电动机?
2. 试述电动汽车对驱动电机的要求。
3. 为什么要求电动汽车用驱动电机的额定电压要高?
4. 直流电动机由哪几部分组成? 各起什么作用?
5. 直流电动机为什么要有励磁装置? 有哪些励磁方式?
6. 什么是电动机的转速特性和转矩特性?
7. 三相异步感应电动机的基本结构有哪些?
8. 交流电动机的转子(电枢)有哪几种? 各有什么特点?
9. 什么是交流电动机的机械特性? 有什么用途?
10. 什么是永磁电动机? 如何分类?
11. 什么是永磁同步电动机? 有什么特点?
12. 什么是永磁无刷直流电动机? 有什么特点?
13. 什么是开关磁阻电动机? 试述开关磁阻电动机的工作原理。
14. 开关磁阻电动机由哪几部分组成? 各有什么作用?
15. 试述开关磁阻电动机的机械特性。
16. 试述开关磁阻电动机的特点及发展前景。

第3章　电动汽车驱动调速控制技术

3.1　电动汽车用直流电动机调速控制技术

目前，电动汽车驱动电动机的调速控制方式主要是利用电力电子器件实现的。利用电力电子器件，通过控制电力电子器件的相对导通时间，从而改变电动机的工作电流，实现电动机的变速控制。

常用的电力电子器件包括晶闸管、功率场效应晶体管和大功率晶体管。

3.1.1　直流斩波技术

3.1.1.1　直流斩波器的基本原理

直流斩波器又称为“截波器”，它是将电压值固定的直流电转换为电压值可变的直流电源装置，是一种直流对直流的转换器，已被广泛使用，如直流电机的速度控制、交换式电源供应器等。

根据输出电压与输入电压的关系，直流斩波器可分为升压和降压两种类型。若其输出电压较输入电压低，则称为降压式直流斩波器；若其输出电压较输入电压高，则称为升压式直流斩波器。由于电动汽车车载能源的限制，电动汽车所用斩波器为降压型。

直流斩波器的基本电路如图3-1所示，在电子器件导通时，若忽略器件上的电压降，电动机上的电压U_M与电源的电压U_B相等；当电子器件关断时，电动机上的电压为零。直流斩波器的电压波形如图3-2所示。设电子器件的导通与关断时间分别为t_{on}和t_{off}，则电动机上的电压平均值为

$$U_M=(U_B\times t_{on}+0\times t_{off})/(t_{on}+t_{off})=U_B\times t_{on}/T=\gamma U_B$$

式中：T为电子器件的工作周期，$T=t_{on}+t_{off}$；γ为电子器件的导通比，$\gamma=t_{on}/T$。

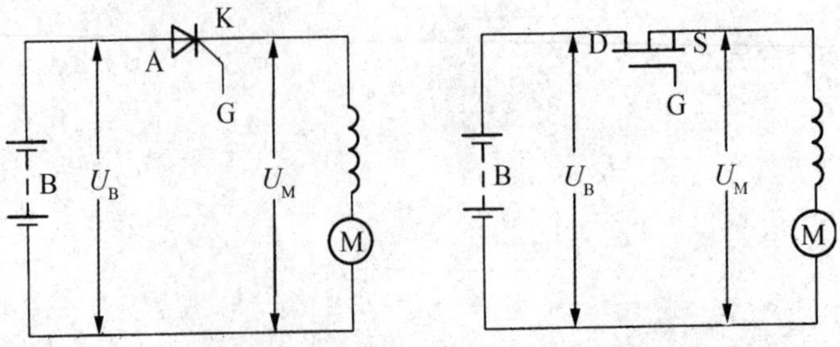

(a)晶闸管　　(b)功率场效应管

图 3-1　直流斩波器的基本电路

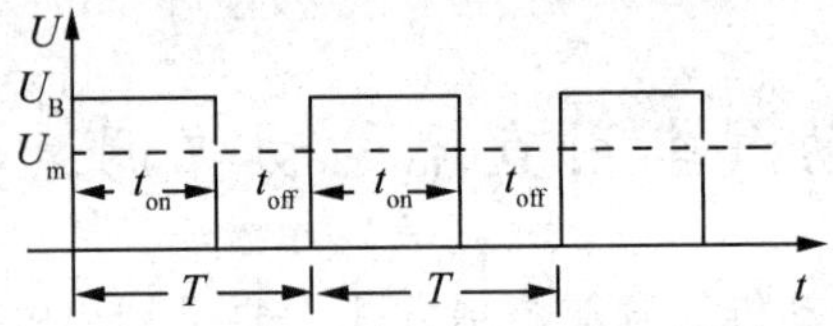

图 3-2　直流斩波器的电压波形

3.1.1.2　直流斩波电路的工作方式

(1)脉冲宽度控制(PWM),也称“定频调宽式”,即周期 T 固定,导通时间 t 改变。

此方式斩波器晶闸管的触发频率(周期 T)一定,调节脉冲宽度在 0～T 之间变化,负载电压在 0～U_B之间变化,其波形如图 3-3 所示。

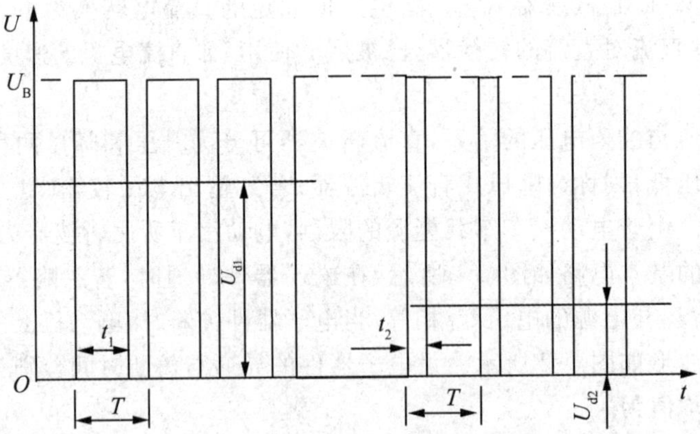

图 3-3　定频调宽式的输出波形

(2)脉冲频率控制(PFM),也称“定宽调频式”,即导通时间 t 固定,周期 T 改变。若脉宽 τ 一定,改变管子通断频率 $f=1/T$,f 增加,使 $T=\tau$ 时电路全导通,$U_d=U$;f 下降,周期 T 增大时,U_d 减小。其波形如图 3-4 所示。

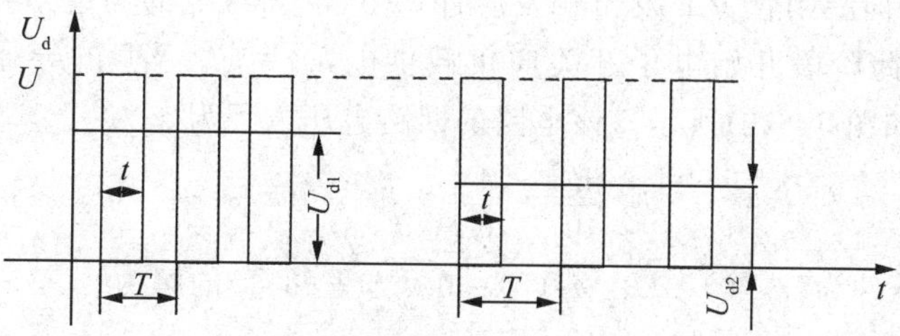

图 3-4　脉冲频率控制式的输出波形

(3)波宽调变及频率调变混合控制，即周期 T 及导通时间 t_{on} 同时改变。

3.1.2　晶闸管定宽调频型斩波器

晶闸管定宽调频型斩波器的主电路原理如图 3-5 所示。图中 VT 为主晶闸管，它与周围的电容 C、电感 L_1 和 L_2、二极管 VD 共同组成电力电子开关，L_P 为滤波电感，VDR 为续流二极管。直流电源 U 通过上述斩波电路为直流电动机 M 供电。由图可以看出，这是一个降压型直流斩波器。

在晶闸管触发脉冲的作用下，上述电子开关开通。经过一段时间的延时后，在辅助电路的作用下电子开关自行关断。电子开关导通的时间是一定的，相当于斩波器输出脉冲宽度一定，所以称为“定宽”；调节晶闸管触发脉冲的间隔时间，可以得到不同频率的输出脉冲，这就是“调频”。占空比的调节是通过改变触发脉冲间隔来实现的，所以不同的触发脉冲间隔对应着不同的输出电压。

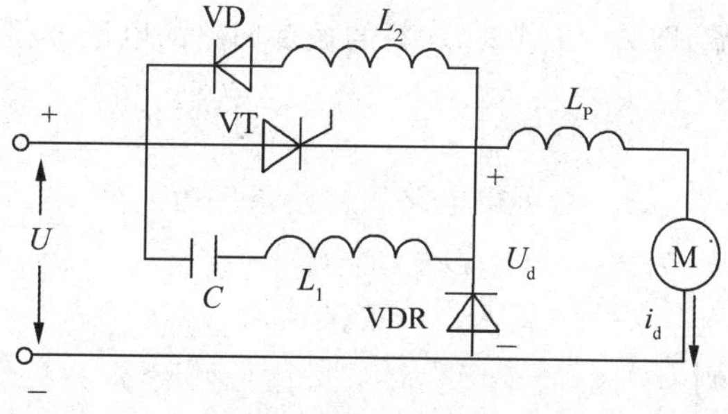

图 3-5　定宽调频型斩波器的主电路原理图

设电路已进入了稳定工作状态，由于滤波电感 L_P 数值足够大，负载电流连续并且波动很小，负载电流瞬时值 i_d 始终接近平均值 I_d。电子开关与续流二极管交替导通，续流二极管两端的电压 u_d 为一列脉冲波，经 L_P 的滤波作用和电机转子的惯性滤波作用，电机电枢得到比较平稳的电压和电流。下面分几个阶段分析一个工作周期中电路的工作情况。各阶段的等效电路如图 3-6 所示，电路中有关电量的波形如图 3-7 所示。

(1)续流二极管导通阶段，负载电流流经续流二极管，$i_{VDR}=i_d=I_d$，$u_d=0$，晶闸管两端的电压 $u_{VT}=U>0$，晶闸管具备主电路开通条件。由于电感 L_1 和 L_2 中均没有电流，电容两端电压为电源电压 U，左正右负，其等效电路如图 3-6(f)所示。

(2)设 $t=0$ 时向晶闸管 VT 发出触发脉冲,VT 导通,VT 的导通给续流二极管加反向电压使其截止,此阶段开始电子开关向负载供电,$u_d=U$。VT 的导通同时也构成了 L_1C 的振荡回路,如图 3-6(a)所示。该电路的回路电压方程为

$$L_1\frac{\mathrm{d}i_C}{\mathrm{d}t}+\frac{1}{C}\int_0^t i_C\mathrm{d}t=0 \tag{3-1}$$

电路的初始条件为:$u_C(0)=U_{C0}$;$i_C(0)=0$。方程(3-1)的解为

$$u_C=U_{C0}\cos\omega_1 t \tag{3-2}$$

$$i_C=-I_{Cm}\sin\omega_1 t \tag{3-3}$$

式中:$\omega_1=\dfrac{1}{\sqrt{L_1C}}$为 L_1C 的振荡角频率;$I_{Cm}=\dfrac{U_{C0}}{\omega_1 L_1}$为振荡电流的振幅值。

电容电流 i_C 从 0 开始向负的方向增长,电容电压 u_C 从最大值 u_{C0} 下降。到 $t=t_1$ 时,$\omega_1t_1=\pi/2$,电容电流 i_C 达到负的最大值,电容电压下降到 0。此后,电容电流从负的最大值回升,电容电压变为负值,并向负的方向增长。到 $t=t_2$ 时,$\omega_1t_2=\pi$,为 L_1C 振荡的半个周期,电容电流回升到 0,电容电压下降到负的最大值。在振荡过程中,晶闸管电流 i_{VT} 包含负载电流 i_d 和振荡电流 i_C 两部分。$t<t_2$ 时,上述两个电流的实际方向相同,并且也与晶闸管的导通方向相同,$t>t_2$ 后,电容电流反向,与负载电流的方向相反,晶闸管电流 i_{VT} 为两电流之差。所以随着电容电流的增长,晶闸管电流逐渐下降。当 $t=t_3$ 时,$i_d=i_C$,晶闸管电流 $i_{VT}=0$,晶闸管因此而关断。上述过程的等效电路如图 3-6(a)所示。晶闸管关断后,电流的回路将发生变化。

(3)晶闸管关断以后,由于电感中的电流不能突变,电流必然要寻求新的回路。新的振荡回路为:C、L_1、L_2、VD,如图 3-6(b)所示。电容电流的一部分为负载电流 i_d,另一部分为 L_2、VD 支路的电流,即 $i_C=i_d+i_{VD}$。新的振荡回路的电压方程为

$$L_1\frac{\mathrm{d}i_C}{\mathrm{d}t}+L_2\frac{\mathrm{d}(i_C-i_d)}{\mathrm{d}t}+\frac{1}{C}\int_{t_3}^t i_C\mathrm{d}t=0 \tag{3-4}$$

把 $t=t_3$ 代入式(3-2)、(3-3),可得电路的初始条件为

$$i_C(t_3)=i_d=I_d$$

$$u_C(t_3)=U_{C0}\cos\omega_1 t_3$$

令 $\varphi=\omega_1(t_3-t_2)$,则

$$u_C(t_3)=-U_{C0}\cos\varphi \tag{3-5}$$

方程(3-4)的解为

$$i_C=\frac{U'_{C0}}{\omega_2 L}\sin[\omega_0(t-t_3)+\Psi] \tag{3-6}$$

式中:$U'_{C0}=\sqrt{(U_{C0}\cos\varphi)^2+(\omega_2LI_d)^2}$;$\Psi=\arctan\dfrac{\omega_2LI_d}{U_{C0}\cos\varphi}$;$L=L_1+L_2$ 为新振荡回路的总电感;$\omega_2=\dfrac{1}{\sqrt{LC}}$为新振荡回路的角频率。

根据式(3-6)可求出电容电压的变化规律为

$$u_C=\frac{1}{C}\int_{t_3}^t i_C\mathrm{d}t=-U'_{C0}\cos[\omega_2(t-t_3)+\Psi] \tag{3-7}$$

此时晶闸管两端的电压 u_{VT} 为

$$u_{VT}=-L_2\frac{di_C}{dt} \tag{3-8}$$

设 $\omega_2=(t_4-t_3)+\Psi=\pi/2$，$\Psi/\omega_2$ 为图 3-7 中的 t_W，则 $t_3\sim t_4$ 阶段，di_C/dt 为正，晶闸管承受反向电压，从而保证晶闸管的可靠关断。晶闸管承受反向电压的持续时间为 t_{RV}，$t_{RV}=t_4-t_3$，t_{RV} 与 Ψ 的关系为

$$t_{RV}=\left(\frac{\pi}{2}-\Psi\right)\sqrt{LC}$$

式中：$\Psi=\arctan\left(\sqrt{\frac{L_1+L_2}{L_1}}\tan\varphi\right)$；$L=L_1+L_2$。

可见，反压时间取决于振荡回路中的电感、电容等元件的参数，为了保证晶闸管的可靠关断必须使反压时间大于晶闸管的关断时间。这是选择电路参数的一个依据。晶闸管关断后，负载电压为电源电压与晶闸管电压之差，即 $u_d=U-u_{VT}$，因为晶闸管电压为负，所以在此期间负载电压高于电源电压。

(4)$t=t_4$ 时，电容电流达到最大值，之后开始下降，晶闸管承受的电压由负变为正，此时的等效电路如图 3-6(c)所示。由图可以看出，此阶段的等效电路与上一阶段相同，只是电感电压的方向发生了变化。当 $t=t_5$ 时，i_C 下降到 I_d，续流二极管关断。

(5)续流二极管关断以后的等效电路如图 3-6(d)所示。二极管承受反压截止，电源经过电容 C、电感 L_1 给负载供电。由于负载的恒流作用，电容被以恒定电流 I_d 充电，其电压 u_C 线性增长，变化规律为

$$u_C=u_C(t_5)+\frac{1}{C}I_d(t-t_5)$$

(6)在 $t=t_6$ 时，恒流充电使电容电压略大于电源电压，续流二极管导通，负载电压为 0，进入续流二极管 VDR 与电容换流的阶段，等效电路如图 3-6(e)所示。在此之前，晶闸管电压 $u_{VT}=u_C$，续流二极管导通后 $u_{VT}=0$。续流二极管的电流 i_{VDR} 逐渐上升，电容电流 i_C 逐渐下降。当 i_{VDR} 上升到 I_d 时，$i_C=0$，$U_C=U_{C0}=U$，并保持不变，电路进入续流阶段，其等效电路如图 3-6(f)所示。

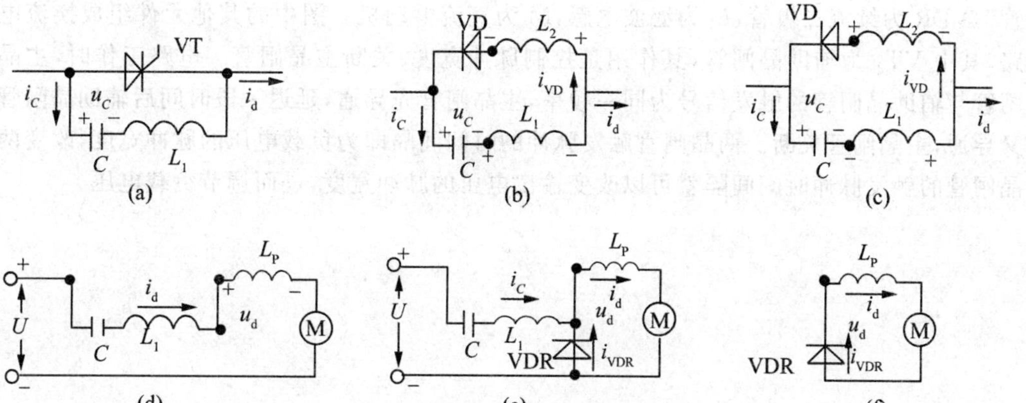

图 3-6　换流过程各阶段的等效电路

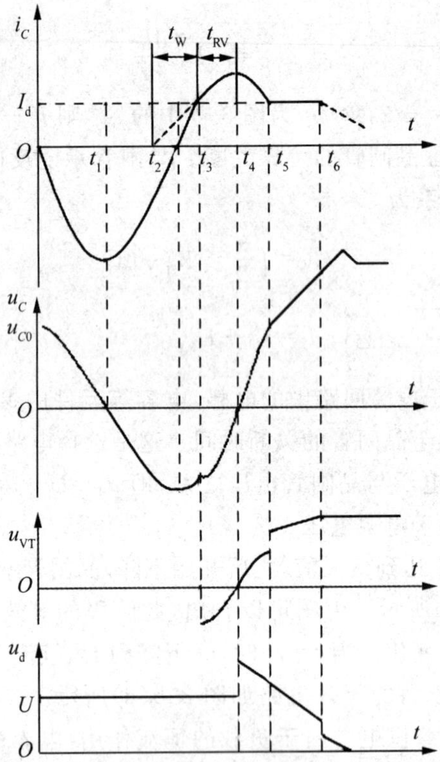

图 3-7 关断过程有关电量的波形

由图 3-7 可以看出，整个换流过程中输出电压出现了两次跳变。在 $t=t_3$ 时，晶闸管关断，振荡电路发生换路，晶闸管端电压、输出电压发生跳变；在 $t=t_5$ 时，续流二极管 VD 关断，振荡停止，晶闸管端电压、输出电压又出现一次跳变。

3.1.3 脉宽可调的晶闸管斩波器

晶闸管脉冲宽度可调斩波器的主电路原理如图 3-8 所示。图中 VT_1 称为“主晶闸管”，VDR 为续流二极管，L_P为滤波电感，M 为直流电动机。图中的其他元件组成换流电路，其中 VT_2 为辅助晶闸管，其作用是控制脉冲宽度、关断主晶闸管。电路工作时，主晶闸管与辅助晶闸管的触发信号为同一频率，主晶闸管先导通，延迟一段时间后辅助晶闸管又导通，主晶闸管关断。两晶闸管触发脉冲的时间间隔即为负载电压的脉冲宽度，改变两晶闸管的触发脉冲时间间隔就可以改变输出电压的脉冲宽度，进而调节负载电压。

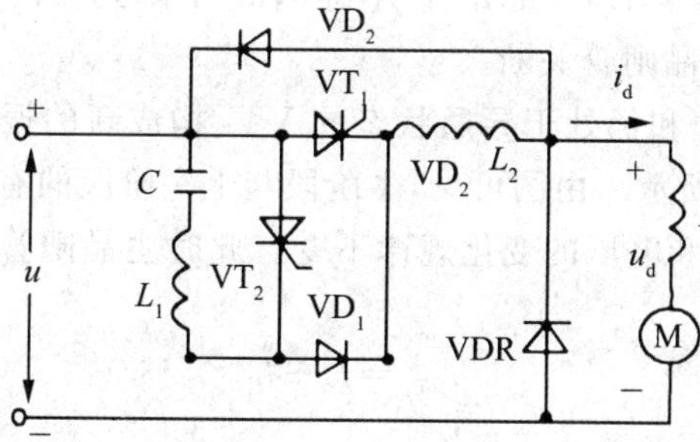

图 3-8　脉冲宽度可调斩波器的主电路原理图

下面分析换流过程的工作原理。换流各阶段的等效电路如图 3-9 所示。换流过程中各主要电量的波形如图 3-10 所示。

设电路已进入稳定工作状态，滤波电感 L_P 的数值足够大，负载电流的波动很小，可认为 $i_d=I_d$，在触发 VT_1 之前，续流二极管 VDR 导通，电路工作在续流状态，续流二极管的电流 $i_d=I_d$，换流电容两端的电压极性为上正下负，初始值为 U_{C0}，斩波器的输出电压为 0，主晶闸管承受正电压，$u_{VT_1}=U$。

在 $t=0$ 时触发 VT_1，VT_1 导通后由于电感 L_2 的作用，形成 VT_1 和 VDR 的换流过程，本阶段的等效电路如图 3-8(a)所示，该电路的回路电压方程为

$$L_2\frac{di_{VT_1}}{dt}=u \tag{3-9}$$

$$i_{VT_1}+i_{VDR}=i_d \tag{3-10}$$

电路的初始条件为：$i_{VT_1}(0)=0$；$i_{VDR}(0)=I_d$。由式(3-9)和式(3-10)可解出流过主晶闸管和续流二极管的电流分别为

$$i_{VT_1}=\frac{U}{L_2}t \tag{3-11}$$

$$i_{VDR}=I_d-\frac{U}{L_2}t \tag{3-12}$$

本阶段中，主晶闸管的电流 i_{VT_1} 依线性规律从 0 开始上升，续流二极管的电流 i_{VDR} 依线性规律从 I_d 开始下降。到 $t=t_1$ 时，i_{VT_1} 上升到 I_d，i_{VDR} 下降到 0，续流二极管关断。接下来电路进入 VT_1 导通阶段，等效电路如图 3-9(b)所示，直流电源通过主晶闸管和电感 L_2 向负载供电，$i_{VT_1}=i_{L_2}=I_d$，由于流过电感的电流为直流 I_d，电感电压为 0，$u_d=U$。以上两个阶段换流电路处于待工作状态，电容两端电压保持 U_{C0}。

$t=t_2$ 时，触发辅助晶闸管 VT_2，VT_2 导通后构成 L_1C 振荡回路，换流电路开始工作，等效电路如图 3-9(c)所示。回路电压和电流方程为

$$i_C=-I_{Cm}\sin\omega_1(t-t_2) \tag{3-13}$$

$$u_C=U_{C0}\cos\omega_1(t-t_2) \tag{3-14}$$

式中：$\omega_1=1/\sqrt{L_1C}$ 为振荡回路的角频率；$I_{Cm}=U_{C0}/(\omega_1L_1)$ 为振荡电流的幅值。

振荡电流 i_C 的规律从 0 开始下降，电容电压 u_C 的规律从 U_{C0} 开始下降。当 $\omega_1(t-t_2)=\pi/2$ 时，u_C 下降到 0，i_C 达到负的最大值。此后，i_C 从负的最大值开始上升，u_C 变负且继

续下降。当 $t=t_3$ 时，$\omega_1(t_1-t_2)=\pi$，i_C 上升到 0，u_C 下降到负的最大值。此时流过 VT_2 的电流 $i_{VT_2}=i_C=0$，辅助晶闸管关断。

VT_2 关断后，由 VD_1 和仍处于导通状态的 VT_1 构成新的振荡回路，电路继续振荡。其等效电路如图 3-9(d)所示。由图可见，本阶段与上一阶段的有关振荡的电路参数完全相同，所以振荡电路电流和电压的变化规律不变。此时主晶闸管的电流中包含着负载电流和振荡电流两部分，即

$$i_{VT_1}=I_d-i_C$$

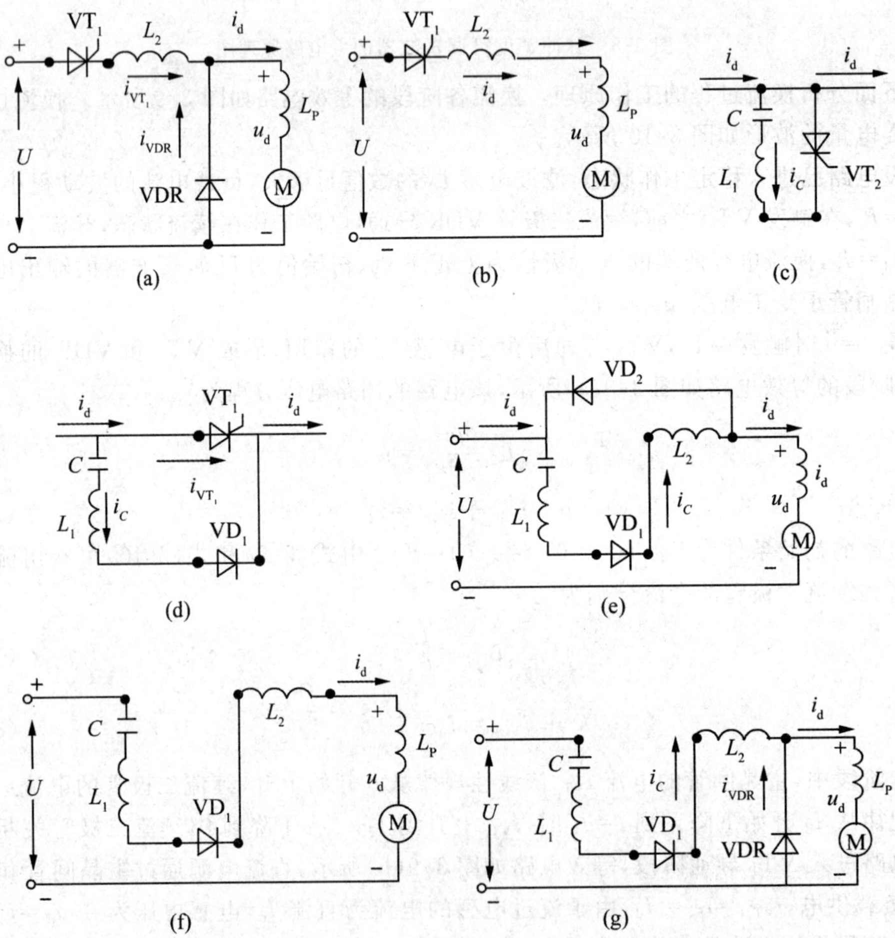

图 3-9　换流过程中各阶段的等效电路

从 $t=t_3$ 时起，i_C 由 0 开始上升，i_{VT_1} 由 I_d 开始下降。到 $t=t_4$ 时，$i_C=I_d$，$i_{VT_1}=0$，VT_1 关断。

VT_1 关断后，VD_2 导通，形成新的振荡回路，其等效电路如图 3-9(e)所示。该振荡电路的总电感为 $L=L_1+L_2$，电路的参数发生了变化，新的振荡电路的回路方程为

$$i_C=I_{Cm}\sin[\omega_2(t-t_4)+\Psi] \tag{3-15}$$

$$u_C=-U_{m2}\cos[\omega_2(t-t_4)+\Psi] \tag{3-16}$$

式中：$\omega_2=1/\sqrt{LC}$为振荡回路的角频率；Ψ、U_{m2}、I_{m2}的求法与前面的定宽调频电路的相应的参数相似。

在 VT_1 关断前的瞬间，流过 L_1 的电流与流过 L_2 的电流刚好相等。VT_1 关断后，流过 L_2 的电流为 i_C，流过 VD_2 的电流为

$$i_{VD_2}=i_C-I_d$$

L_2 两端的感应电压为

$$U_{L_2}=-L_2\mathrm{d}(i_C-I_d)/\mathrm{d}t$$

U_{L_2} 通过 VD_2 加在晶闸管 VT_1 的两端。由于 VD_1 导通，VT_1、VT_2 两端的电压相等，为 VT_1、VT_2 提供反向电压，确保 VT_1、VT_2 的可靠关断。在 $t=t_5$ 时，电容电流上升到最大值，反向电压时间结束。

自 $t=t_5$ 起，电容电流开始下降，到 $t=t_6$ 时 $i_C=I_d$，VD_2 的电流下降到 0，VD_2 关断。

VD_2 关断后，电源经 C、L_1、VD_1、L_2 给负载供电，等效电路如图 3-9(f)所示。因负载具有恒流特性，该电路的电流为 I_d，电感两端的电压突变为 0，负载电压 $u_d=U-u_C$，主晶闸管两端的电压 $u_{VT_1}=u_C$，电容两端的电压线性上升，此阶段 $u_d=U-u_C>0$，续流二极管仍承受反向电压处于关断状态。

在 $t=t_7$时，电容电压上升到电源电压，续流二极管导通，进入续流二极管与电容换流阶段，电容电流逐渐减小，续流二极管的电流逐渐增大，直到电流完全转移到续流二极管中。此阶段的等效电路如图 3-9(g)所示。电容电流依余弦规律下降，续流二极管的电流逐渐减小，电容两端的电压升高。

当 $t=t_8$ 时，$\omega_2(t_8-t_7)=\pi/2$，电容电流下降到 0，VD_1 关断，续流二极管的电流上升到 I_d，电路进入续流阶段。上述过程中，电容被过充电。过充电过程结束时电容两端的电压为

$$u_C=u_{C0}=u+\omega_2 LI_d>U \tag{3-17}$$

式中：$\omega_2=1/\sqrt{LC}$为振荡回路的角频率。

由于 VT_1、VT_2、VD_1 的反向阻断作用，电容电压一直保持到下一次换流。

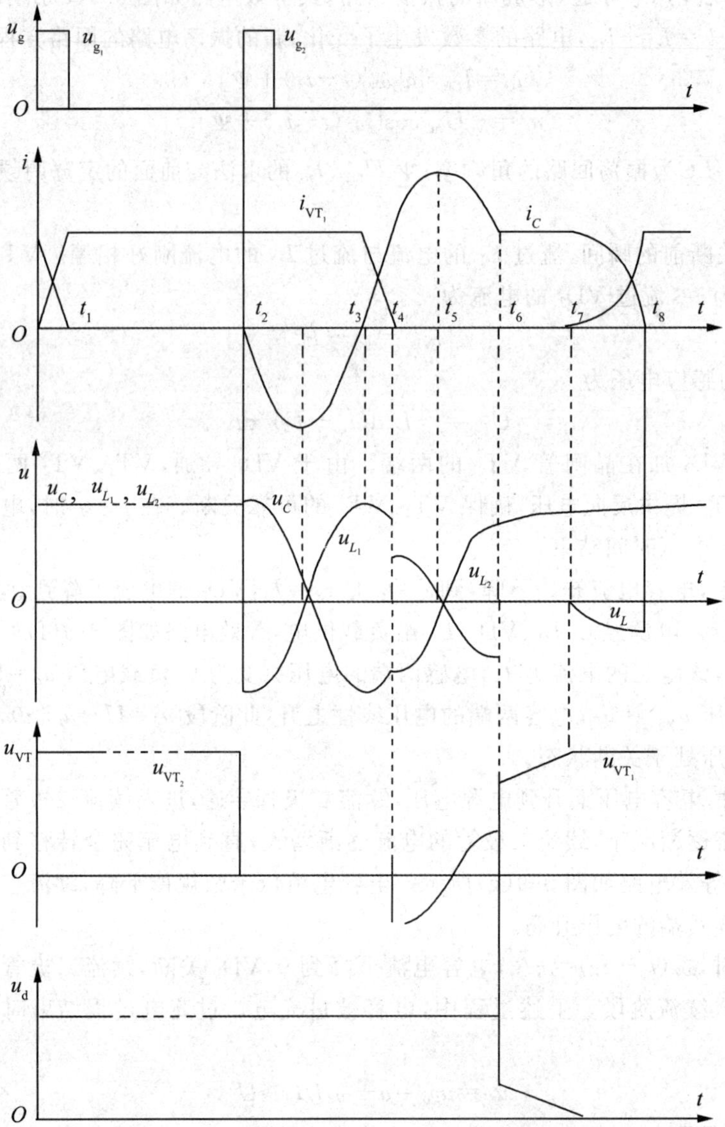

图 3-10　换流过程中各主要电量的波形

3.1.4　采用逆导型晶闸管的直流斩波器

逆导型晶闸管的结构为一个普通型晶闸管与一个整流二极管反向并联，如图 3-11 所示。晶闸管的阳极与二极管的阴极连接，称为阳极；晶闸管的阴极与二极管的阳极连接，称为阴极。在给逆导型晶闸管阳极加正电压、阴极加负电压时，器件在门极的控制下导通，当电压阴极为正、阳极为负时，器件处于导电状态。

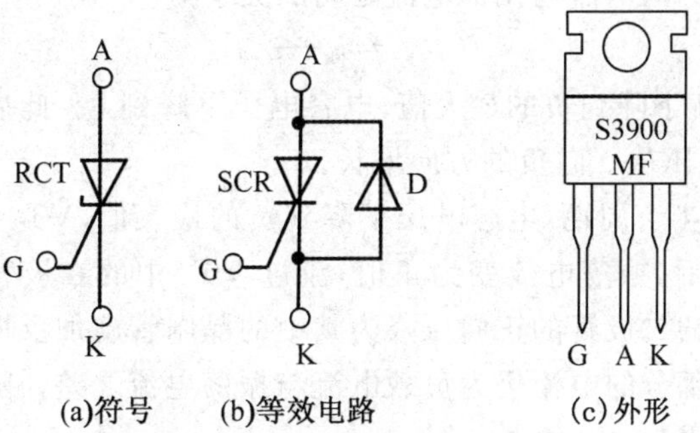

图 3-11　逆导型晶闸管的结构

用逆导型晶闸管构成直流斩波器的主电路，电路的结构可以简化。图 3-12 为一种用逆导型晶闸管作为核心器件构成的脉冲宽度可以调节的斩波器原理图。图中 VT_1 为主晶闸管，其作用是向负载输出斩波脉冲；VT_2 为辅助晶闸管，其作用是触发导通后引发换流电路的振荡，关断主晶闸管；VDR 为续流二极管；VT_2 与 L、C 组成换流电路。电路工作过程中有关主要电量的波形如图 3-13 所示。

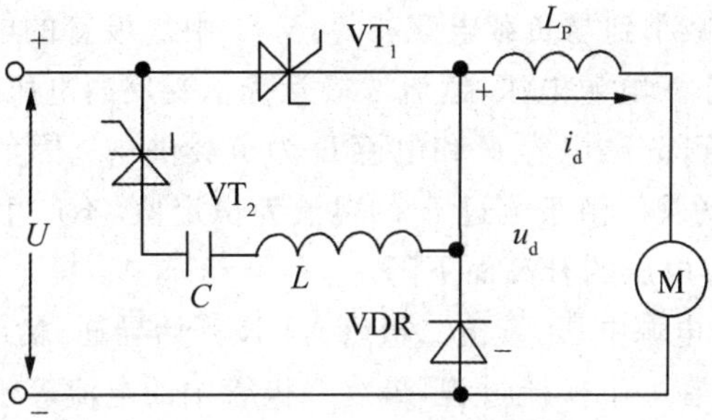

图 3-12　逆导型晶闸管构成的直流斩波器的原理

由于采用了主、辅两个晶闸管，电路的工作频率和脉冲宽度都可以调节，设电路采用定频调宽工作方式，已进入稳定工作状态。下面从 VDR 续流阶段开始分析电路的工作过程。

在续流阶段，电感 L_P、电动机、续流二极管形成回路，设电路中的电感 L_P 足够大，忽略负载电流的波动，电容两端的电压为 U_{C0}，斩波器的输出电压为 $u_d=0$。

在 $t=t_1$ 时，向 VT_1 发触发信号，VT_1 中的晶闸管部分导通，使续流二极管承受反向电压而截止。电源经 VT_1 中的晶闸管部分向负载供电，$u_d=U$，流过 VT_1 中晶闸管的电流为 $i_{VT_1}=I_d$。换流电路的状态没有变化，电容两端仍保持初始电压 U_{C0}。

在 $t=t_2$ 时，触发 VT_2，VT_2 中的晶闸管导通，构成 LC 振荡回路。振荡电流 i_C 和电容电压 u_C 分别为

$$i_C=-I_{Cm}\sin\omega(t-t_2) \tag{3-18}$$

$$u_C=U_{C0}\cos\omega(t-t_2) \tag{3-19}$$

式中：$\omega=1/\sqrt{LC}$ 为振荡回路的角频率；$I_{Cm}=U_{C0}/(\omega L)$ 为振荡电流的幅值。

VT_1 中晶闸管部分的电流与振荡电流之间的关系为

$$i_{VT_1}=I_d-i_C \tag{3-20}$$

$t=t_3$ 时，振荡电流下降到负的最大值，电容电压下降到 0。此后，振荡电流从负的最大值开始上升，电容电压从 0 向负的方向增长。

$t=t_4$ 时为振荡的半个周期，电容电压下降到负的最大值，VT_2 中晶闸管的电流下降到 0，晶闸管关断。此后，振荡电流变为正值，流过 VT_2 中的二极管部分，构成新的振荡回路。VT_2 中导通着的二极管的正向压降为其中的晶闸管施加反向电压，尽管这个电压很小。VT_1 中晶闸管部分的电流仍为负载电流与振荡电流之差。随着振荡电流的增大，VT_1 晶闸管的电流越来越小。

$t=t_5$ 时，$i_C=I_d$，晶闸管电流 $i_{VT_1}=0$，VT_1 中的晶闸管关断。此后，振荡电流继续增大，$i_C>I_d$，电流流过 VT_1 中的二极管部分。VT_1 中的二极管的正向导通压降为其中的晶闸管施加反向电压以保证其可靠截止。

在以上的振荡过程中，振荡电流的路径虽有所变化，但振荡电路的参数始终没有变化。振荡电流 i_C、电容电压 u_C 仍可由式(3-18)和式(3-19)表示。

$t=t_6$ 时，振荡电流增大到正的最大值，并开始下降，流过 VT_1 中二极管的电流开始逐渐减小，电容电压继续上升。

$t=t_7$ 时，振荡电流减小到与负载电流相等，VT_1 中二极管的电流减小到 0，二极管关断。此时，电容电压仍小于电源电压，续流二极管仍承受反向电压，维持阻断状态，直流电源通过 VT_2 中的二极管部分、电容 C 和电感 L 为负载供电。因负载的恒流作用，电容为恒流充电，其电压线性增长。由于流过 L 的电流为恒定值，不产生自感电动势，输出电压 $u_d=U-u_C$，u_d 随着电容电压的升高而下降。

$t=t_8$ 时，u_C 略大于电源电压，续流二极管 VDR 开始导通，输出电压为 0。VDR 导通后，由于电感的作用，存在一个换流过程，最终二极管中的电流等于负载电流，电路进入续流状态，一个斩波工作过程结束。

根据需要，本电路既可以进行定宽调频控制，也可以进行定频调宽控制。只要在对 VT_1、VT_2 触发脉冲的发送上加以不同的控制规律，就可以达到调压目的。

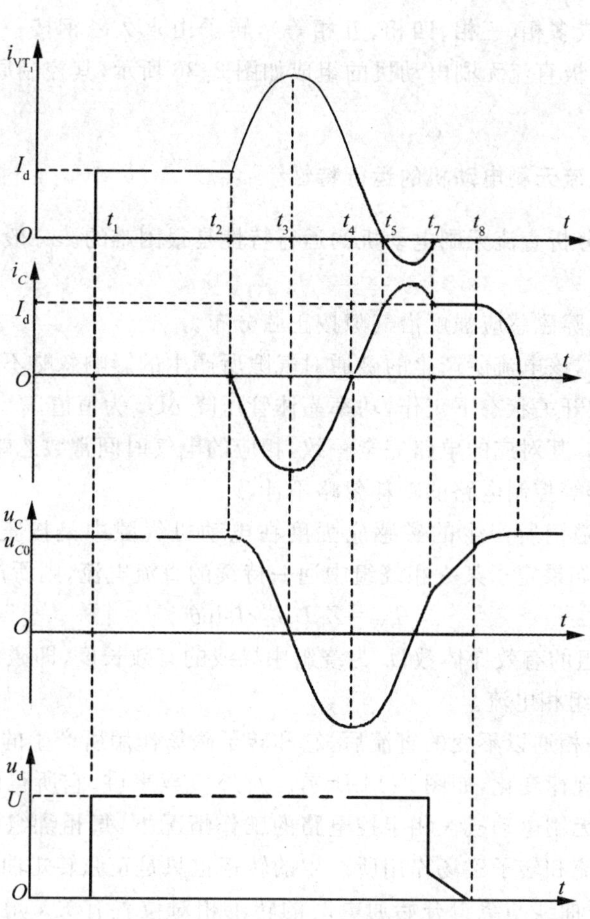

图 3-13 换流过程中各主要电量的波形

3.2 三相直流无刷永磁电动机调速控制

早在 20 世纪 30 年代就有人开始研制以电子换向代替电刷机械换向的直流无刷电动机。经过了几十年的努力，到 20 世纪 60 年代初终于实现了这一愿望。20 世纪 70 年代以来，随着电力电子工业的飞速发展，许多高性能半导体功率器件，如 GTR、MOSFET、IGBT、IPM 等的相继出现，以及高性能永磁材料的问世，均为直流无刷电动机的广泛应用奠定了坚实的基础。

由于三相直流无刷电动机既具有交流电动机的结构简单、运行可靠、维护方便等一系列优点，又具备直流电动机的运行效率高、无励磁损耗以及调速性能好等诸多优点，故其在当今国民经济各领域的应用日益普及。

3.2.1 三相直流无刷电动机的基本组成

直流无刷永磁电动机主要由电动机本体、位置传感器和电子开关线路三部分组成。

其定子绕组一般制成多相(三相、四相、五相等),转子由永久磁钢按一定极对数($2p=2,4,\cdots$)组成。三相两极直流无刷电动机的组成如图 2-36 所示,其控制原理已在前面讲述,此处不再介绍。

3.2.2 三相直流无刷电动机的运行特性

要十分精确地分析直流无刷电动机的运行特性是很困难的。一般工程应用中均作如下假定:

(1)电动机的气隙磁感应强度沿气隙按正弦分布。

(2)绕组通电时,该电流所产生的磁通对气隙所产生的影响忽略不计。

(3)控制电路在开关状态下工作,功率晶体管压降 ΔU_{τ} 为恒值。

(4)各绕组对称,其对应的电路完全一致,相应的电气时间常数忽略不计。

(5)位置传感器等控制电路的功耗忽略不计。

由于假设转子磁钢所产生的磁感应强度在电动机气隙中是按正弦规律分布的,即 $B=B_M\sin\theta$。这样,如果定子某一相绕组中通一持续的直流电流,则所产生的转矩为

$$T_M=Z_DLB_MrI\sin\theta \tag{3-21}$$

式中:Z_D 为每相绕组的有效导体数;L 为绕组中导线的有效长度,即磁钢长度;r 为电动机中气隙半径;I 为绕组相电流。

也就是说,某一相通以不变的直流后,它和转子磁场作用所产生的转矩也将随转子位置的不同而按正弦规律变化,如图 3-14 所示。对外负载来讲,它所得的电动机的平均转矩为零。但在直流无刷电动机三相半控电路的工作情况下,每相绕组中通过 1/3 周期的矩形波电流。该电流和转子磁场作用所产生的转矩也只是正弦转矩曲线上相当于 1/3 周期的一段,且这一段曲线与绕组开始通电时的转子相对位置有关。显然在图 3-15(a)所示的瞬间导通晶体管,可产生最大的平均转矩。因为在这种情况下,绕组通电 120°的时间里,载流导体正好处在比较强的气隙磁场中,所以它所产生的转动脉动最小,平均值较大。习惯上把这一点选作晶体管开始导通的基准点,定为 γ_0。在 $\gamma_0=0°$ 的情况下,电动机三相绕组轮流通电时所产生的总转矩如图 3-15(b)所示。如若晶体管的导通时间提前或滞后,则均将导致转矩的脉动值增加,平均值减小。当 $\gamma_0=30°$ 时,电动机的瞬时转矩过零点,这就是说,当转子转到某几个位置时,电动机产生的转矩为零,电动机启动时会产生死点。当 $\gamma_0\geqslant30°$ 后,电动机转矩的瞬时值将出现负值,则总输出转矩的平均值更小。因此,在三相半控的情况下,特别是在启动时,γ_0 不宜大于 30°,而在直流无刷电动机正常运行时,总是尽力把 γ_0 角调整到 0°,使电动机产生的平均转矩最大。当 $\gamma_0=0°$ 时,可以求得输出转矩的平均值 T_a 为

$$T_a=\frac{3T_M}{2\pi}\int_{\frac{\pi}{6}}^{\frac{5\pi}{6}}\sin\theta\mathrm{d}\theta=0.827T_M \tag{3-22}$$

$$T_M=Z_DLB_MrI \tag{3-23}$$

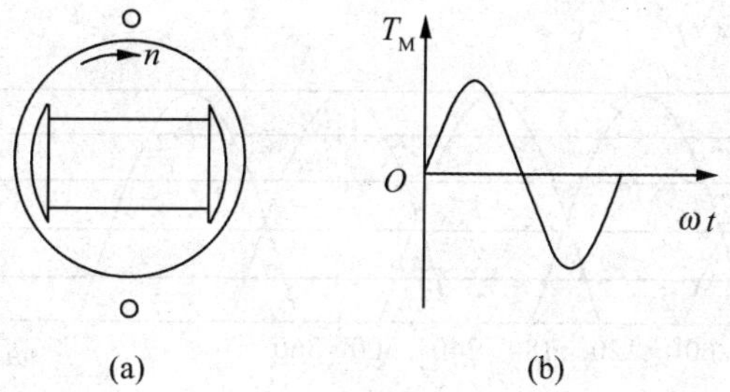

图 3-14　在恒定电流下的单相转矩

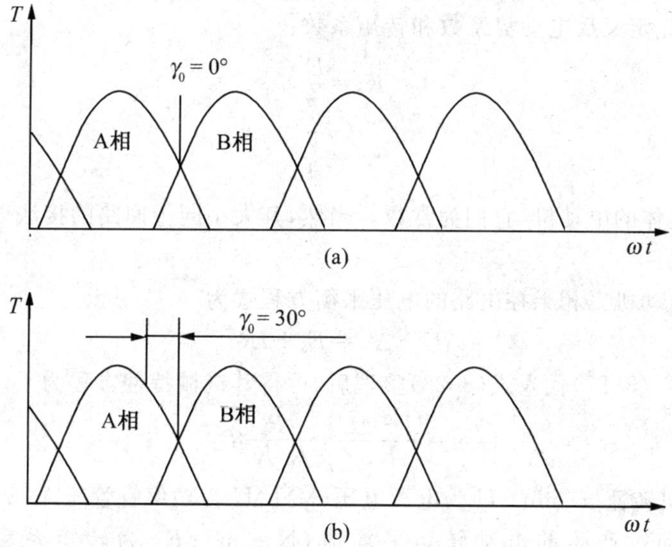

图 3-15　三相直流无刷电动机半控电路的转矩

电动机在电动转矩的作用下转动后，旋转的转子磁场就要切割定子绕组，在各相绕组上感生出电动势，当其转速 n 不变时，该电动势波形也是正弦波，相位同转矩相位一致。在本电路中，每相绕组在一个周期中只通电 2π/3，因此仅在这 2π/3 期间对外加电压起作用。所以对外加电压而言，感生电动势的波形如图 3-16 所示。同理可按下式求得感生电动势的平均值 E_a 为

$$E_a = \frac{3E_m}{2\pi}\int_{\frac{\pi}{6}}^{\frac{5\pi}{6}} \sin\theta d\theta = 0.827E_m \tag{3-24}$$

$$E_m = Z_D L B_M r n \tag{3-25}$$

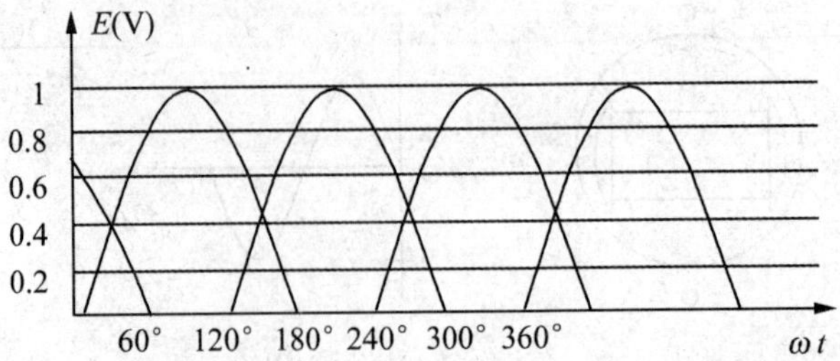

图 3-16 三相直流无刷电动机半控电路的反电动势的波形

从上面的平均转矩和平均反电动势便可求得直流无刷电动机稳定运行时的电压平衡方程式,为此首先定义反电动势系数和转矩系数:

$$K_c = \frac{E_a}{n} \tag{3-26}$$

$$K_t = \frac{T_a}{I} \tag{3-27}$$

对于某个具体的电动机,它们为常数。当然,其大小同主回路的接法以及功率晶体管的换相方式有关。

直流无刷电动机三相半控电路的电压平衡方程式为

$$U - \Delta U = E_a + IR \tag{3-28}$$

将式(3-26)、(3-27)代入式(3-28)整理后,可得其机械特性方程为

$$n = \frac{U - \Delta U}{K_c} - \frac{R}{K_c K_t} T_a \tag{3-29}$$

式中:n 为电动机转速(r/min);U 为电源电压(V);ΔU 为功率管管压降(V);K_c 为电动势系数;T_a 为电动机产生的电动转矩平均值(N·m);K_t 为转矩系数;R 为电动机的内阻(Ω)。

在三相半控电路中,其转矩的波动在 T_M 到 $T_M/2$ 之间,这是直流无刷电动机不利的一面。

3.2.3 三相直流无刷电动机的控制方式

3.2.3.1 三相半控电路

常见的三相半控电路如图 3-17 所示,图中 L_A、L_B、L_C 为电动机定子 A、B、C 三相绕组,VF_1、VF_2、VF_3 为三只 MOSFET 功率管,主要起开关作用,H_1、H_2、H_3 为来自转子位置传感器的信号。如前所述,在三相半控电路中,要求位置传感器输出信号的 1/3 周期为高电平,2/3 周期为低电平,并要求各传感器信号之间的相位也是 1/3 周期。

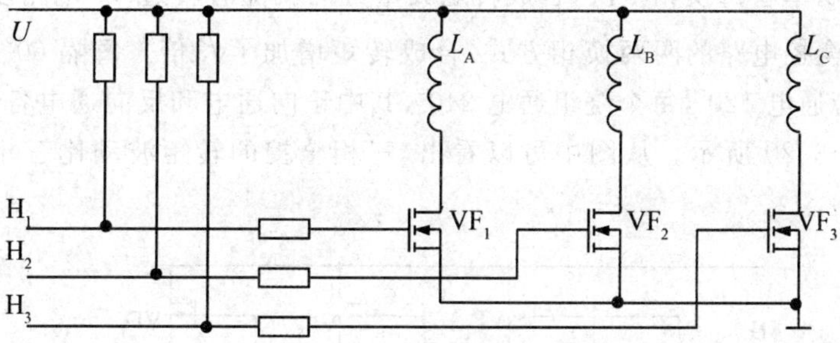

图 3-17　三相半控电路

和一般电动机一样，在电动机启动时，由于其转速很低，故转子磁通切割定子绕组所产生的反电动势很小，因而可能产生过大电流 I。为此，通常需要附加限流电路，图 3-18 为常见的一种，图中的电压比较器主要用来限制主电路电流。当通过电动机绕组的电流 I 在反锁电阻 R_f 上的压降 IR_f 大于某给定电压 U_0 时，比较器输出低电平，同时关断 VF_1、VF_2、VF_3 三只功率场效应晶体管，即切断主电路。当 $IR_f < U_0$ 时，比较器输出高电平，这时它不起任何作用。$I_0 = U_0/R_f$ 就是所要限制的电流最大值，其大小视具体要求而定，一般取额定电流的 2 倍左右。

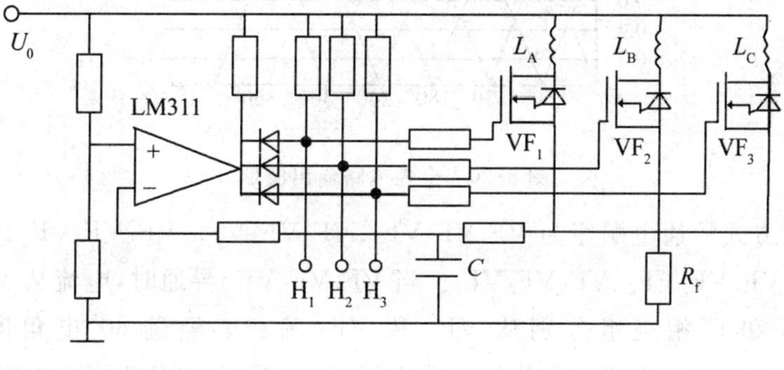

图 3-18　启动电流的限制

3.2.3.2　三相星形联结全控电路

三相半控电路结构简单，但电动机本体的利用率很低，每个绕组只通电 1/3 周期，没有得到充分的利用，而且在运行中转矩波动较大。在要求较高的场合，一般均采用如图 3-19 所示的三相全控电路。三相全控电路有两两换相和三三换相两种方式。

在图 3-19 所示电路中，电动机的三相绕组为星形联结。如采用两两通电方式，当电流从功率管 VF_1 和 VF_2 导通时，电流从 VF_1 流入 A 相绕组，再从 C 相绕组经 VF_2 流回到电源。如果认定流入绕组的电流所产生的转矩为正，那么从绕组所产生的转矩为负，它们合成的转矩大小为 $\sqrt{3}T_a$，方向在 T_a 和 $-T_c$ 的角平分线上。当电动机转过 60°后，由 VF_1、VF_2 通电换成 VF_2、VF_3 通电。这时，电流从 VF_3 流入 B 相绕组，再从 C 相绕组流出经 VF_2 回到电源，此时合成的转矩大小同样为 $\sqrt{3}T_a$，但合成转矩 T 的方向转过了 60°

电角度。而后功率管每换相一次，合成转矩矢量方向就随着转过 60°电角度。所以，采用三相星形联结全控电路的两两换相方式，合成转矩增加了$\sqrt{3}$倍。每隔 60°电角度换相一次，每个功率管通电 120°，每个绕组通电 240°，其中正向通电和反向通电各 120°。其输出转矩波形如图 3-20 所示。从图中可以看出，三相全控的转矩波动比三相半控小，仅从 $0.87T_m$ 到 T_m。

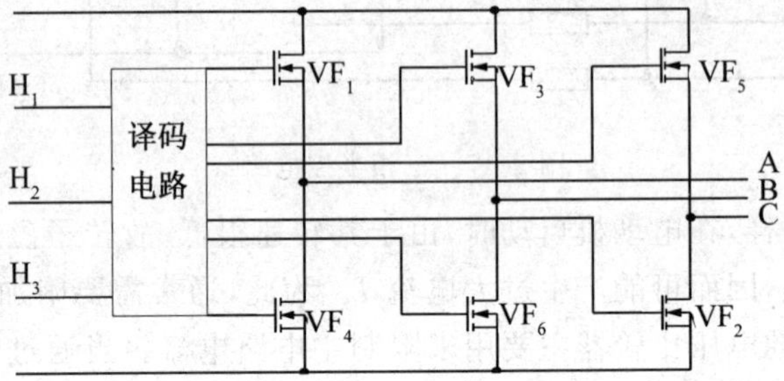

图 3-19　三相全控电路

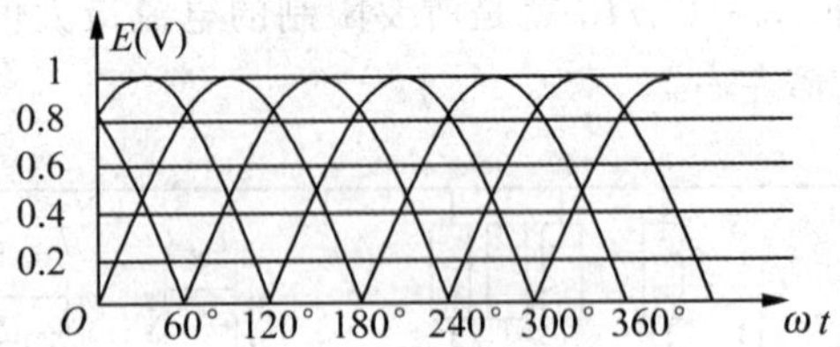

图 3-20　全控电路输出波形

三三通电方式的通电顺序为 $VF_1VF_2VF_3$、$VF_2VF_3VF_4$、$VF_3VF_4VF_5$、$VF_4VF_5VF_6$、$VF_5VF_6VF_1$、$VF_6VF_1VF_2$、$VF_1VF_2VF_3$。当 $VF_6VF_1VF_2$ 导通时，电流从 VF_1 管流入 A 相绕组，经 B 和 C 相绕组分别从 VF_6 和 VF_2 流出。经过 60°电角度后，换相到 $VF_1VF_2VF_3$ 通电，这时电流分别从 VF_1 和 VF_3 流入，经 A 和 B 相绕组再流入 C 相绕组，经 VF_2 流出。在这种通电方式里，每瞬间均有三个功率管通电。每隔 60°换相一次，每次有一个功率管换相，每个功率管通电 180°，合成转矩为 $1.5T_a$。

3.2.3.3　三相三角形联结全控电路

三相三角形联结电路也可以分为两两通电和三三通电两种控制方式。

两两通电方式的通电顺序是 VF_1VF_2、VF_2VF_3、VF_3VF_4、VF_4VF_5、VF_5VF_6、VF_6VF_1、VF_1VF_2。当 VF_1VF_2 导通时，电流从 VF_1 流入，分别通过 A 相绕组和 B、C 两相绕组，再从 VF_2 流出。这时绕组的联结是 B、C 两相绕组串联后再同 A 相绕组并联，如果假定流过 A 相绕组的电流为 I，则流过 B、C 相绕组的电流分别为 $I/2$。这里的合成转矩为 A 相转矩的 1.5 倍。

三三通电方式的顺序是 $VF_1VF_2VF_3$、$VF_2VF_3VF_4$、$VF_3VF_4VF_5$、$VF_4VF_5VF_6$、$VF_5VF_6VF_1$、$VF_6VF_1VF_2$、$VF_1VF_2VF_3$。当 $VF_6VF_1VF_2$ 通电时，电流从 VF_1 管流入，

同时经 A 和 B 相绕组，再分别从 VF_6 和 VF_2 管流出，C 相绕组则没有电流通过，这时相当于 A、B 两相绕组并联，合成转矩为 A 相转矩的$\sqrt{3}$倍。

3.2.4　直流无刷电动机的微机控制

图 3-21 为采用 8751 单片机来控制直流无刷电动机的原理框图。8751 的 P_1 口同 7406 反相器联结控制直流无刷电动机的换相，P_2 口用于测量来自于位置传感器的信号 H_1、H_2、H_3，P_0 口外接一个数模转换器。

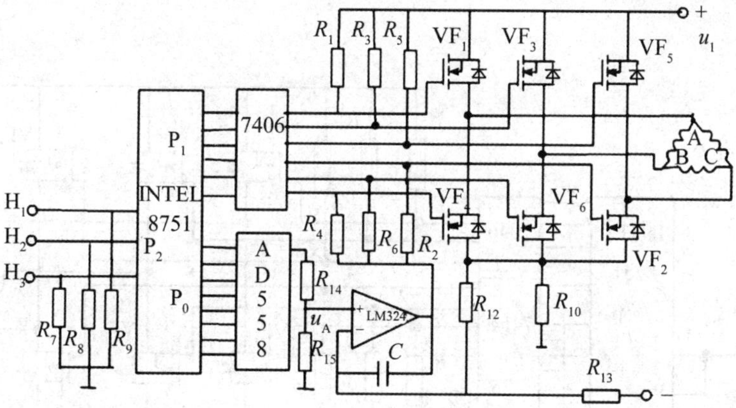

图 3-21　三相直流无刷电动机的计算机控制原理图

3.2.4.1　换相的控制

根据定子绕组的换相方式，首先找出 3 个转子磁钢位置传感器信号 H_1、H_2、H_3 的状态与 6 只功率管之间的关系，以表格形式放在单片机的 EEPROM 中。8751 根据来自 H_1、H_2、H_3 的状态，可以找到相对应的导通的功率管，并通过 P_1 口送出，即可实现直流无刷电动机的换相。

3.2.4.2　启动电流的限制

主回路中串入电阻 R_{13}，因此 $U_f = R_{13} \times I_M$，其大小正比于电动机的电流 I_M。而 U_f 和数模转换器的输出电压 U_A 分别送到 LM324 运算放大器的两个输入端，一旦反馈电压 U_f 大于来自数模转换的给定信号 U_A，则 LM324 输出低电平，使主回路中 3 只功率管 VF_4、VF_6、VF_2 不能导通，从而截断直流无刷电动机定子绕组的所有电流通路，迫使电动机电流下降；一旦电流下降到使 $U_f < U_A$，则 LM324 输出高电平，主回路又具备导通能力，起到了限制电流的作用。

3.2.4.3　转速的控制

在直流无刷电动机正常运行的过程中，只要通过控制数模转换器的输出电压 U_0，就可控制直流无刷电动机的电流，进而控制电动机的电流。即 8751 单片机通过传感器信号的周期，计算出电动机的转速，并把它与给定转速比较，如高于给定转速，则减小 P_2 口的输出数值，降低电动机电流，达到降低其转速的目的；反之，则增大 P_2 口的输出数值，进而增大电动机的转速。

3.2.4.4 PWM 控制的实现

转速控制也可以通过 PWM 方式来实现。图 3-22 和图 3-23 为用 PWM 实现直流无刷电动机转速控制的原理图。

直流无刷电动机的正转与反转通过改变换相次序来实现，具体做法是更换一下换相控制表。

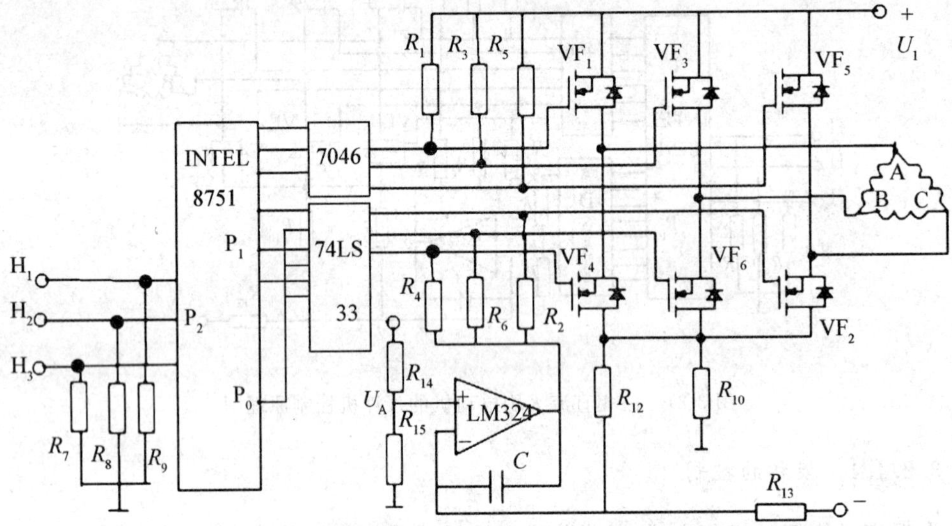

图 3-22 PWM 的控制原理图(开环)

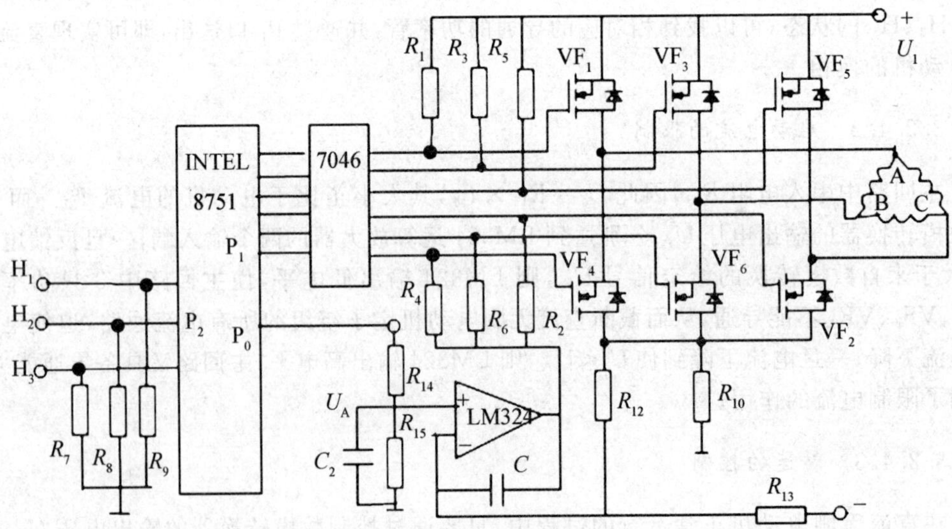

图 3-23 PWM 的控制原理图(闭环)

3.2.4.5　变结构控制的实现

当直流无刷电动机处于启动状态或在调整过程中时，采用直流无刷电动机的运行模式，以实现动态响应的快速性，一旦电动机的转速到了给定值附近，马上把它转入同步电动机运行模式，以保证其稳速精度。这时计算机只需要按一定频率控制电动机的换相，与此同时，计算机再通过位置传感器的信号周期来测量其转速大小，并判断它是否跌出同步。一旦失步，则马上转到直流无刷电动机运行，并重新将其拉入同步。直流无刷电动机的变结构控制的原理如图 3-24 所示。

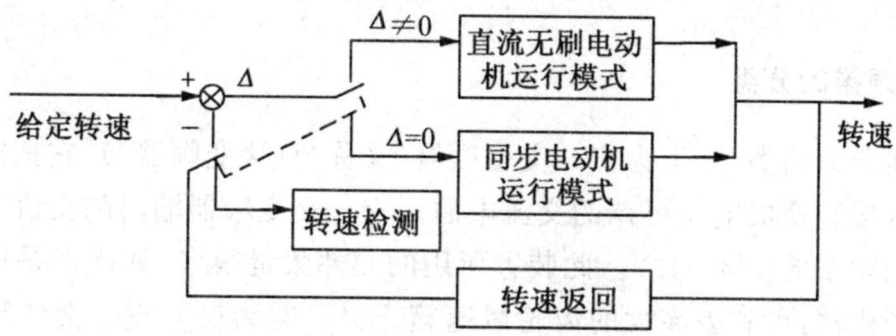

图 3-24　直流无刷电动机的变结构控制

3.3　变频调速技术

3.3.1　交流电动机的变频调速原理

由交流异步电动机的转速表达式 $n=60f_1(1-s)/p$ 可知，如果均匀地改变定子供电频率 f_1，则可平滑地改变异步电动机的同步转速 n_1，这样就可以对电动机进行调速。变频调速具有调速范围大、调速无级平滑、负载性质能依需要加以控制及节省能量等优点。但是，由于变频调速所用的电源较为复杂，特别是原采用的 G-M 系统（无级调速的直流发电机—电动机系统）体积庞大、效率低、成本高而未能实际应用。目前，由电力电子器件所组成的变频装置技术已经成熟，性能亦已完善，成本得以降低，因此由变频器控制的变频调速系统获得了日益广泛的应用。这种调速方式在国外先进的电动车辆上已有应用。

3.3.2　交流异步电动机的变频调速特性

交流异步电动机变频调速的主电路和调速特性如图 3-25 所示。对异步电动机而言，当电源频率 f_1 变化时，如果电源电压 U 不变，将会引起磁通量(Φ)的变化。当 f_1 小于额定值时，Φ 就会大于额定值。由于电机设计制造时 Φ 的额定值已在磁化曲线的饱和段附近，所以 Φ 增大就会引起大的励磁电流。为使 Φ 保持恒定，必须在频率 f_1 变化的同时改变电源电压 U，即满足 $U/f_1=E/f_1=$常数。

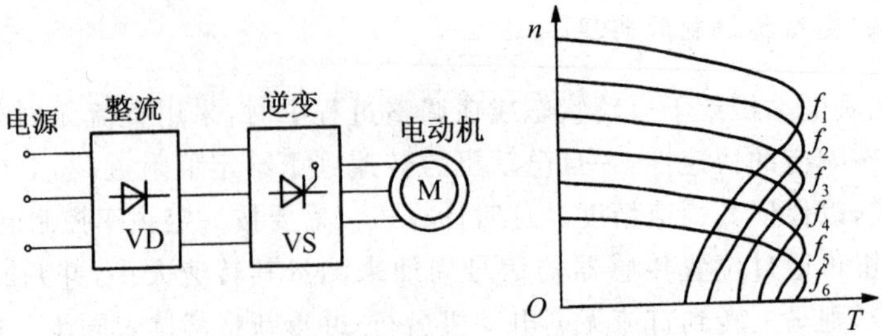

图 3-25　变流异步电动机变频调速的主电路和调速特性

3.3.3　变频器的分类

电力变频器分为两类:一类为交—交变频器(又称"直接变频器"),它把固定频率和电压的交流电源直接转换成电压可调的交流电源。交—交变频器输出的交流电源的最高频率不会超过电网频率的 1/3～1/2。此装置所用的元件数量很多,其优点是使电动机以低速直接拖动生产机械,可省去庞大的齿轮减速箱。另一类为交—直—交变频器(又称"间接变频器"),它先把交流电源整流成直流,再由逆变器转换成频率和电压可调的交流电源。这种变频器实际上是由整流电路、滤波电路和逆变电路三部分组成,如图 3-26 所示。

根据无功能量处理方式的不同,变频器可分为电压源型(VSI)和电流源型(CSI)两种,如图 3-27 所示。电压源型变频器是在直流一侧并联大电容,使直流回路呈低阻抗,强制输出交流电压呈矩形波;电流源型变频器在直流一侧串有大电感缓冲无功能量,使直流回路呈高阻抗,强制输出交流电流呈矩形波。

电动车辆中的蓄电池为直流电源,当电动车辆采用交流电动机驱动并采用变频器调速控制时,无须整流和滤波环节,只需逆变器和相应的控制环节即可。变频器为直—交变频器,或称为"频率可调的直—交逆变器",它是变频器的核心部分。随着电力电子器件技术的发展,新型的电力器件如功率晶体管、功率场效应晶体管、绝缘栅双极晶体管等正逐步取代晶闸管。

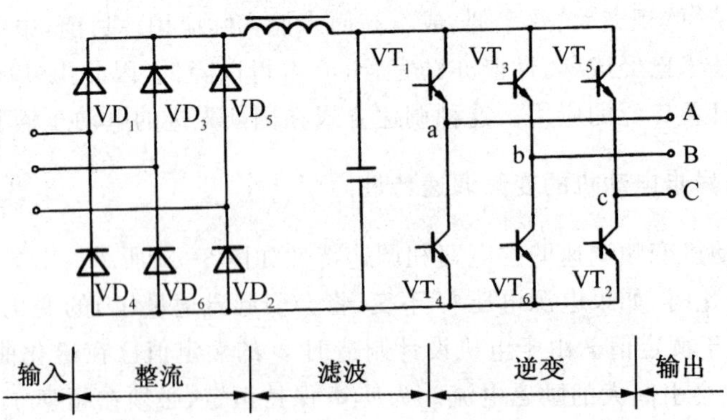

图 3-26　通用型变频器的电路结构

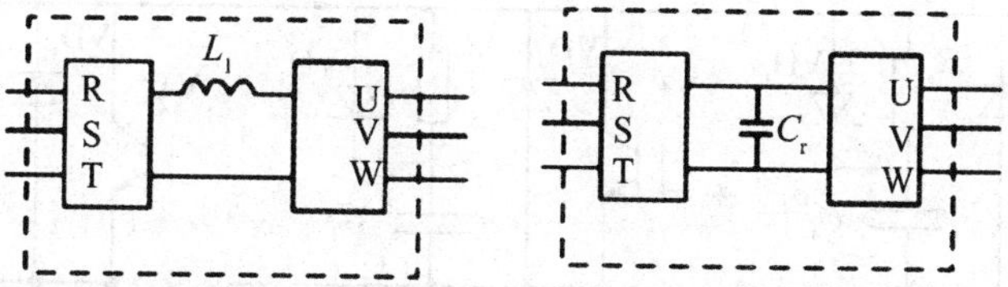

(a)电流型　　(b)电压型

图 3-27　电流型与电压型储能方式

3.3.4　电动车用直—交变频器的工作原理

3.3.4.1　直—交变频器的电路组成(见图 3-28)

(1)逆变管 $VT_1 \sim VT_6$

$VT_1 \sim VT_6$ 组成逆变桥，把 VD_1、VD_2 整流所得的直流电再“逆变”成频率可调的交流电。这是变额器实现变频的执行环节，是变频器的核心部分。

当前常用的逆变管有绝缘栅双极晶体管(IGBT)、电力晶体管(GTR)、门极可关断晶闸管(GTO)以及电力 MOS 场效应晶体管(MOSFET)等。

(2)续流二极管 $VD_7 \sim VD_{12}$

续流二极管的主要功能有：

①电动机绕组是电感性的，其电流具有无功分量。$VD_7 \sim VD_{12}$ 为无功电流返回直流电源提供“通道”。

②当频率下降、电动机处于再生制动状态时，再生电流将通过 $VD_7 \sim VD_{12}$ 整流后返回给直流电路。

③$VT_1 \sim VT_6$ 进行逆变时，同一桥臂的两个逆变管处于不停地交替导通和截止的状态，在这交替导通和截止的换相过程中，也需要 $VD_7 \sim VD_{12}$ 提供通路。

(3)缓冲电路

逆变管在关断和导通的瞬间，其电压和电流的变化率很大，有可能使逆变管受到损害。因此，每个逆变管旁还应接入缓冲电路，以减缓电压和电流的变化率。缓冲电路的结构因逆变管的特性和容量等的不同而有较大差异，图 3-28 是比较典型的一种。

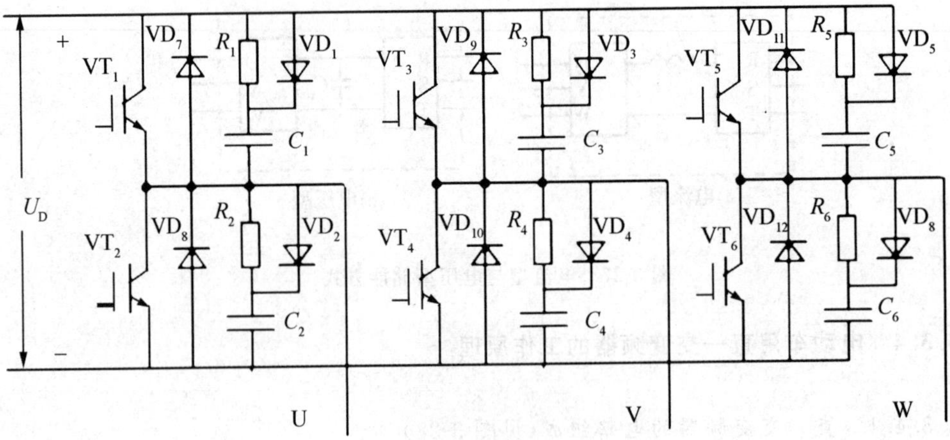

图 3-28 直—交变频器的主电路

主电路中各元件的功能如下：

(1)$C_1 \sim C_6$

逆变管 $VT_1 \sim VT_6$ 每次由导通状态切换成截止状态的关断瞬间，集电极（C 极）和发射极（E 极）间的电压 U_{CE} 将极为迅速地由近乎 0V 上升至直流电压值 U_D。过高的电压增长率将导致逆变管的损坏，因此，$C_1 \sim C_6$ 的功能便是减小逆变管 $VT_1 \sim VT_6$ 在每次关断时的电压增长率。

(2)$R_1 \sim R_6$

$VT_1 \sim VT_6$ 每次由截止状态切换成导通状态的瞬间，$C_1 \sim C_6$ 上所充的电压（等于 U_D）将向 $VT_1 \sim VT_6$ 放电。此放电电流的初始值很大，并且将叠加到负载电流上，导致 $VT_1 \sim VT_6$ 的损坏。因此，$R_1 \sim R_6$ 的功能是限制逆变管在接通瞬间 $C_1 \sim C_6$ 的放电电流。

(3)$VD_1 \sim VD_6$

$R_1 \sim R_6$ 的接入，又会影响 $C_1 \sim C_6$ 在 $VT_1 \sim VT_6$ 关断时减小电压增长率的效果。$VD_1 \sim VD_6$ 接入后，在 $VT_1 \sim VT_6$ 的关断过程中，使 $R_1 \sim R_6$ 不起作用；而在 $VT_1 \sim VT_6$ 的接通过程中，又迫使 $C_1 \sim C_6$ 的放电电流流经 $R_1 \sim R_6$。

3.3.4.2 逆变桥的工作原理

(1)电路结构

如图 3-29(a)所示，逆变桥的电路由 4 个逆变管 $VT_1 \sim VT_4$ 构成。A、B 为电源端，输入直流电压 U_D；a、b 为输出端，输出交变电压。

(2)工作原理

①设定输出电压的正方向

规定当 a 端为“+”、b 端为“−”时，输出电压 U_{ab} 为“+”；反之，当 a 端为“−”、b 端为“+”时，输出电压 U_{ab} 为“−”。

②各逆变管的控制信号

$VT_1 \sim VT_4$ 的通断时序如图 3-29(b)所示，信号输入端的波形如图 3-29(c)所示。由图可知，控制信号为矩形波。

3.3.4.3　逆变过程

(1)在前半周期，控制信号使 VT_1、VT_4 导通，而 VT_2、VT_3 截止。这时，输出端的电压 U_{ab} 的特点是：

极性：a 为“+”、b 为“-”，U_{ab} 为“+”。

振幅：$U_m = U_D$。

(2)在后半周期，控制信号令 VT_1、VT_4 截止，而 VT_2、VT_3 导通。这时，输出电压 U_{ab} 的特点是：

极性：a 为“-”、b 为“+”，U_{ab} 为“-”。

振幅：$U_m = U_D$。

如此周而复始地交替下去，则 a、b 两端输出的便是交流电压 U_{ab} 了，其波形如图 3-29(d)所示。由图可知，U_{ab} 是方波，电流方向由 a 到 b。若改变输入信号时序，电流方向改变。该电路可用于有刷直流电动机的调速控制。

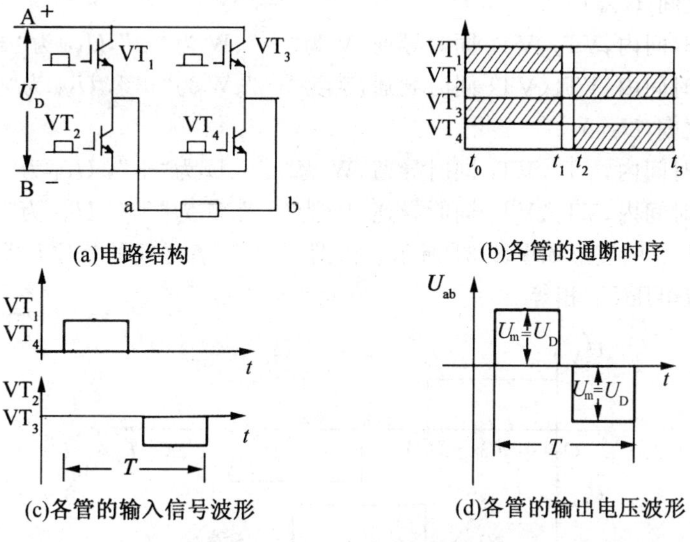

(a)电路结构　(b)各管的通断时序

(c)各管的输入信号波形　(d)各管的输出电压波形

图 3-29　单相逆变桥的电路及波形图

3.3.4.4　三相逆变桥的电路结构与工作情况

三相逆变桥的电路结构如图 3-30(a)所示，各管的信号输入端旁，画出了各自的控制信号。A、B 为直流电源端，U、V、W 为逆变桥的输出端。

在每个周期中，各逆变管的工作情况如图 3-30(b)所示。图中，阴影部分为各逆变管的导通时间。

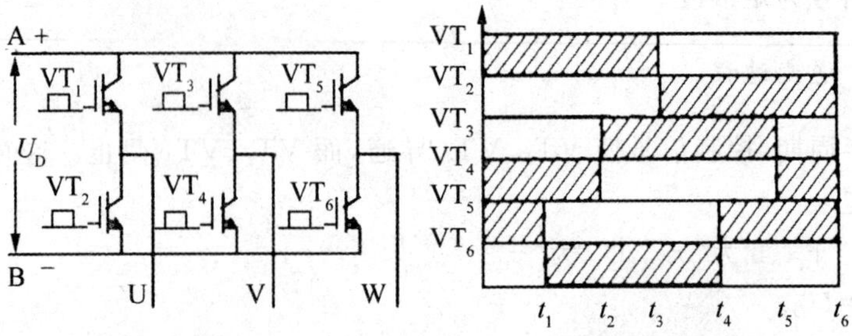

(a)电路结构　　(b)各管的通断时序

图 3-30　三相逆变桥的电路及导通时序图

逆变桥的输出线电压为：

(1)U、V 之间(U_{UV})

①在 t_1、t_2 时间内，VT_1、VT_4 同时导通，U 为“+”、V 为“−”，U_{UV}为“+”，$U_m=U_D$。

②在 t_4、t_5 时间内，VT_2、VT_3 同时导通，U 为“−”、V 为“+”，U_{UV}为“−”，$U_m=U_D$。

(2)V、W 之间(U_{VW})

①在 t_3、t_4 时间内，VT_3、VT_6 同时导通，V 为“+”、W 为“−”，U_{VW}为“+”，$U_m=U_D$。

②在 t_6、t_1 时间内，VT_4、VT_5 同时导通，V 为“−”、W 为“+”，U_{VW}为“−”，$U_m=U_D$。

(3)W、U 之间(U_{WU})

①在 t_5、t_6 时间内，VT_5、VT_2 同时导通，W 为“−”、U 为“+”，U_{WU}为“+”，$U_m=U_D$。

②在 t_2、t_3 时间内，VT_1、VT_6 同时导通，W 为“−”、U 为“+”，U_{WU}为“−”，$U_m=U_D$。

U_{UV}、U_{VW}、U_{WU}的波形如图 3-31 所示。由图可知，三者之间的相位互差 $2\pi/3$，它们的振幅值都与直流电压 U_D 相等。

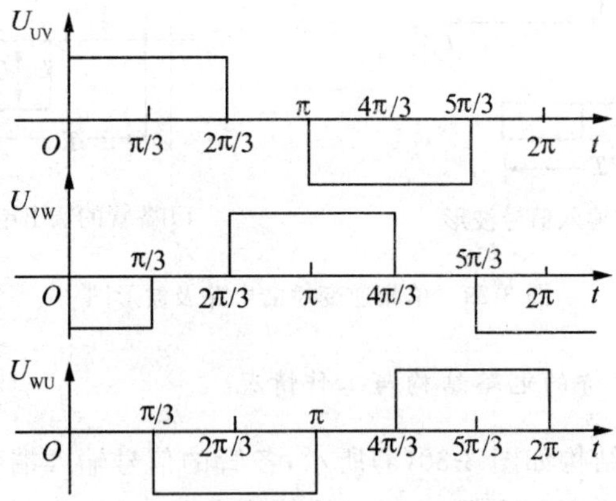

图 3-31　三相逆变桥输出电压的波形图

可见，只要按照一定的规律来控制 6 个逆变管的导通与截止，就可以把直流电逆变成三相交流电，而逆变后的电流频率则可以在上述导通规律不变的前提下，通过改变控制信号的变化周期来进行调制。

3.3.5　变频器最常用的调制方式

变频器输出电压和频率的控制一般采用脉幅调制(PAM)和脉宽调制(PWM)两种基本的调制方法,其中脉宽调制(PWM)最常用。

通过改变频率可调节电动机的转速。电机在额定频率下,如果电压一定而只降低频率,那么电动机的内部阻抗会变小,电流增加,磁通就过大,磁回路饱和,严重时将烧毁电机。单独改变频率将会造成弱励磁引起的转矩不足和过励磁引起的磁饱和等现象,致使电动机的功率因数、效率下降。因此,在改变变频器输出频率的同时应控制其输出电压,以保持磁通不变,即进行 U/f 控制。频率与电压要成比例地改变,即改变频率的同时控制变频器的输出电压,使电动机的磁通保持一定,避免弱磁和磁饱和现象的产生。所以,在变频的同时也要变压,常用 VVVF 表示。

3.3.5.1　脉宽调制

把每半个周期内输出电压的波形分割成若干个脉冲波,每个脉冲的宽度为 t_1,每两个脉冲间的间隔宽度为 t_2,则脉冲的占空比为

$$\gamma=\frac{t_1}{t_1+t_2} \tag{3-30}$$

这时,电压的平均值和占空比的大小成正比,所以在调节频率时,也可改变输出电压的幅值,实现变频又变压的效果,如图 3-32 所示。其中,图(a)为调制前的波形,图(b)为调制后的波形,与图(a)相比,图(b)的电压周期增大(频率降低),而单个电压脉冲的幅值不变,则占空比减小,故平均电压降低。

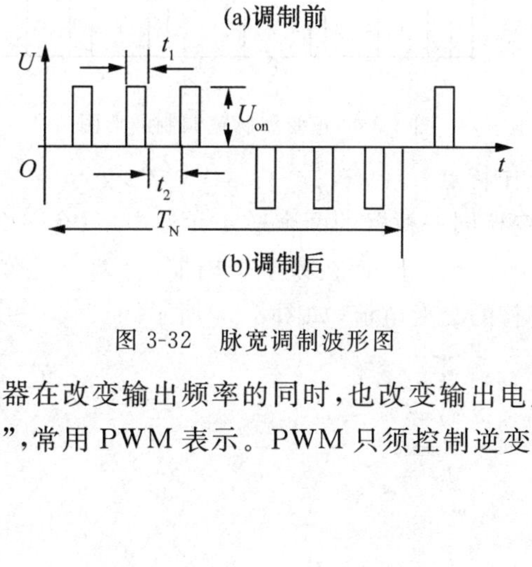

图 3-32　脉宽调制波形图

此法的特点是:变频器在改变输出频率的同时,也改变输出电压的脉冲占空比(幅值不变),故称为“脉宽调制”,常用 PWM 表示。PWM 只须控制逆变驱动电路便可实现,控制电路比较简单。

不论是PAM还是PWM，其输出电压和电流的波形都是非正弦波，具有许多谐波成分。为了使输出电流的波形接近于正弦波，又提出了正弦波脉宽调制的方式。

3.3.5.2 正弦波脉宽调制(SPWM)

(1)SPWM的概念

正弦波脉宽调制是在进行脉宽调制时，使脉冲系列的占空比按正弦规律来安排。当正弦值为最大值时，脉冲的宽度也最大，脉冲间的间隔则最小；反之，当正弦值较小时，脉冲的宽度也小，脉冲间的间隔则较大，如图3-33所示。这样的电压脉冲系列可以使负载电流中的谐波成分大为减小，故称为“正弦波脉宽调制”。SPWM脉冲系列中，各脉冲的宽度以及相互间的间隔宽度是由正弦波(基准波或调制波)和等腰三角波(载波)的交点决定的。

(2)单极性SPWM法

①调制波和载波

如图3-33(a)所示，曲线①是正弦调制波，其周期取决于所需要的调频比 K_f，振幅值取决于 K_u。曲线②是采用等腰三角波的载波，其周期取决于载波频率，振幅不变，等于 $K_u=1$ 时正弦调制波的振幅值，每半周期内所有三角波的极性均相同(即单极性)。

调制波和载波的交点决定了SPWM脉冲系列的宽度和脉冲间的间隔宽度。所得的脉冲系列如图3-33(b)所示。由图可知，每半周期内的脉冲系列也是单极性的。

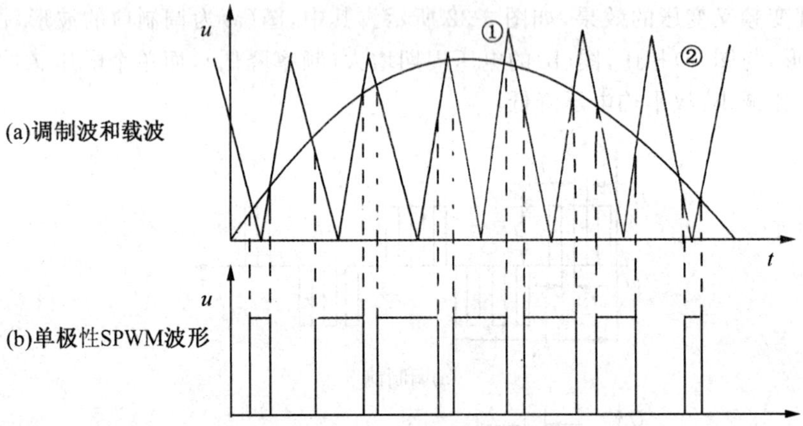

图3-33 正弦波脉宽调制波形图

②单极性调制的工作特点

每半个周期内，逆变桥同一桥臂的两个逆变元件中，只有一个元件按脉冲系列的规律时通时断地工作，另一个完全截止；而在另半个周期内，两个元件的工况正好相反。流经负载 R_L 的便是正、负交替的交变电流，如图3-34所示。

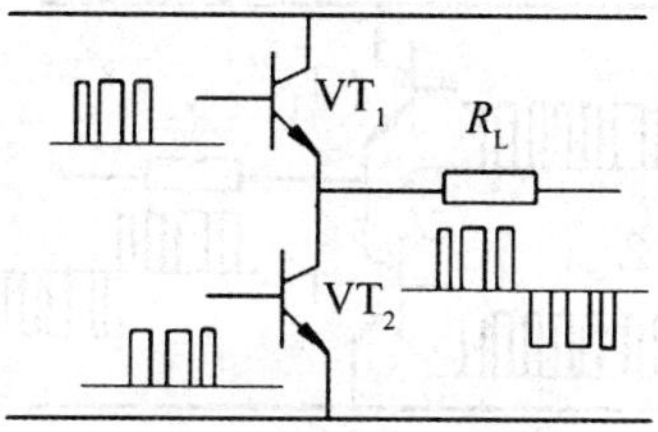

图 3-34　单极性调制工作特点

(3)双极性 SPWM 法

①调制波和载波

调制波仍为正弦波[见图 3-35(a)中曲线①],其周期取决于 K_f,振幅取决于 K_u。载波为双极性的等腰三角波[见图 3-35(a)中曲线②],其周期取决于载波频率,振幅不变,与 $K_u=1$ 时正弦波的振幅值相等。

调制波与载波的交点决定了逆变桥输出相电压的脉冲系列,此脉冲系列也是双极性的,如图 3-35(b)所示。但是,由相电压合成为线电压时,所得到的线电压脉冲系列却是单极性的,如图 3-35(c)所示。

②双极性调制的工作特点

逆变桥在工作时,同一桥臂的两个逆变元件总是按相电压脉冲系列的规律交替地导通和关断。流过负载 R_L 的是按线电压规律变化的交变电流,如图 3-36 所示。

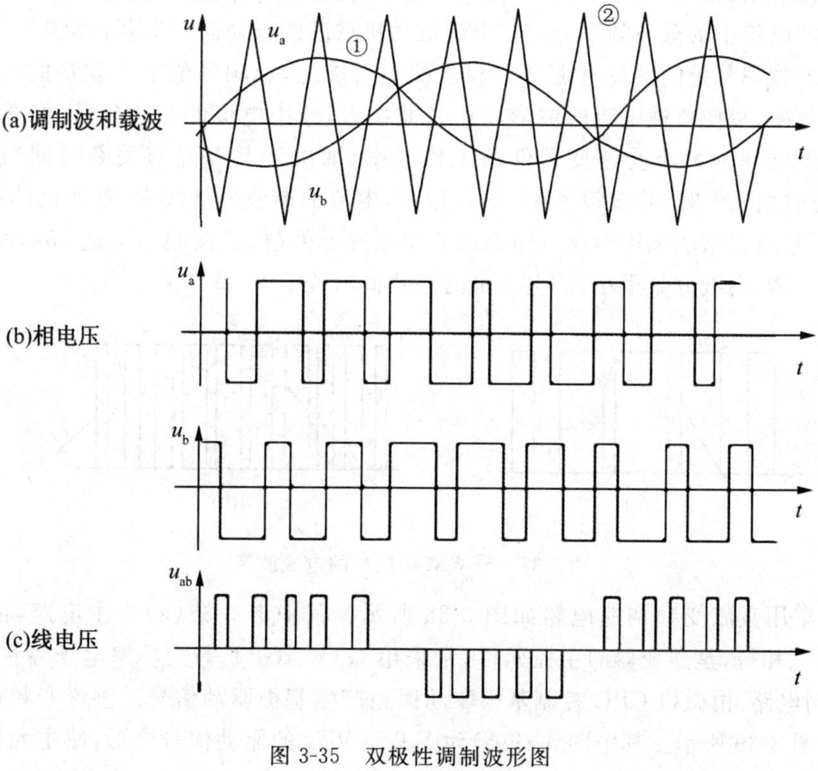

图 3-35　双极性调制波形图

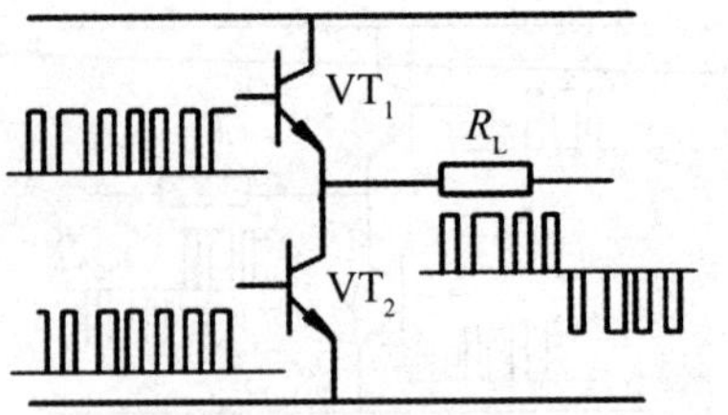

图 3-36 双极性调制工作特点

(4)实施 SPWM 的基本要求

①必须实时地计算出调制波(正弦波)和载波(三角波)的所有交点的时间坐标,根据计算结果,有序地向逆变桥中各逆变器件发出“通”和“断”的动作指令。

②调节频率时,一方面,调制波与载波的周期要同时改变(改变的规律本书不作介绍);另一方面,调制波的振幅要随频率而变,而载波的振幅则不变。所以,每次调节后,所有交点的时间坐标都必须重新计算。

上述要求在微电子技术取得长足进步的 20 世纪 80 年代才基本实现。随着大规模集成电路的飞速发展,现已有满足要求的 SPWM 波形的专用集成电路。

(5)SPWM 的电流波形

SPWM 的电流波形如图 3-37 所示,它是有谐波分量的,这些谐波电流的主要影响有:

①电流的谐波分量将产生附加转矩,使电动机轴上的有效输出转矩减小。

②谐波电流中的载波频率分量将引起电动机铁芯的振动而产生电磁噪声。

③载波频率分量的谐波电流具有较强的辐射能力,影响其他电子设备的正常使用。提高载波频率,可使负载电流的波形和正弦波接近,减小电流的谐波分量,如图 3-37(b)所示。载波频率的大小受逆变器件的工作频率(取决于其开通与关断时间)制约。用 GTR 作为逆变元件时,载波频率在 2kHz 以下,电流的谐波分量较大,电动机的有效输出转矩略小,且有轻微的电磁噪声。用 IGBT 作逆变元件时,载波频率可达 15kHz,电流波形已相当平滑,谐波分量很小,故电动机的有效输出转矩大,基本无噪声。

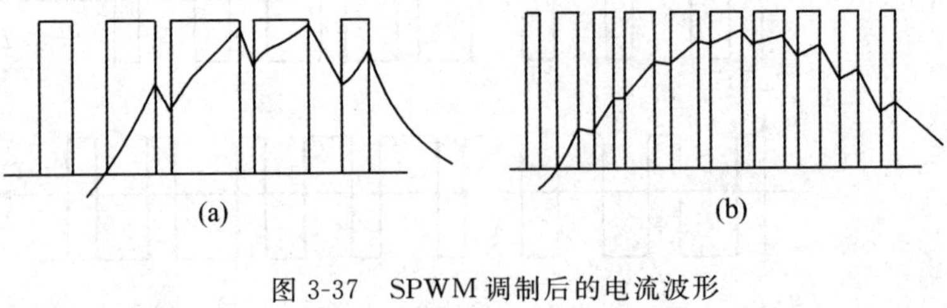

图 3-37 SPWM 调制后的电流波形

电动车用直流变频调速电路如图 3-38 所示。其中图 3-38(a)为主电路,由 VT$_1$～VT$_6$ 组成三相桥,是逆变器的主控元件,常采用 GTR、IGBT 等大功率电子器件;图 3-38(b)为控制电路,由微机 CPU 控制基极驱动回路产生基极驱动信号。直流变频调速电路的波形如图 3-39 所示。其中图 3-39(a)为 VT$_1$～VT$_6$ 的驱动信号波形,使主元件顺序轮流导通，在 a、b、c(输出)端将得到由矩形波构成的近似正弦波，如图 3-39(b)(c)所示，加到电动机的三相绕组上，其电流为三相近似正弦的交流波。输出的交流电的频率取决于主元件基极驱动信号(矩形脉冲波)的频率。

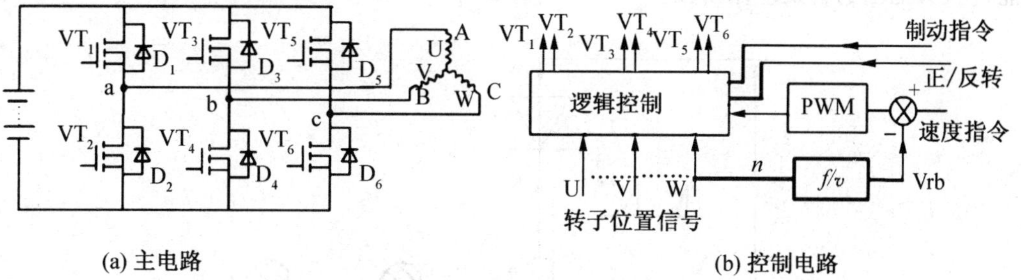

图 3-38　直流变频调速电路

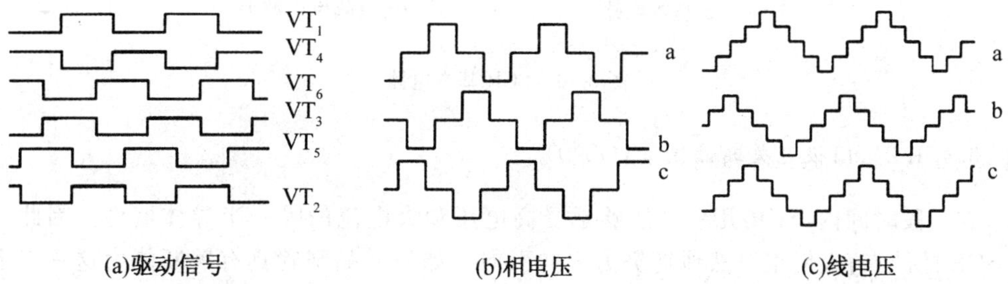

图 3-39　直流变频调速电路的波形图

3.4　常用逆变器件简介

3.4.1　普通晶闸管和门极可关断晶闸管

3.4.1.1　普通晶闸管(SCR)

普通晶闸管也称为"可控硅"，其图形符号和基本电路如图 3-40(a)所示。它有三个极：阳极(A)、阴极(K)和门极(G)。

SCR 的工作特点是：当在门极与阴极间加一个不大的正向电压(G 为"+"、K 为"—")时，SCR 即导通，负载 R_L 中就有电流流过。导通后，即使取消门极电压，SCR 仍保持导通状态。只有当阳极电路的电压为 0 或负值时，SCR 才关断。所以，只需要用一个脉冲信号，就可以控制其导通了，故它常用于可控整流。整流后的波形如图 3-40(b)所示。

作为一种无触点的半导体开关器件，其允许反复导通和关断的次数几乎是无限的，并且导通的控制也十分方便。这是一般的"通断开关"所望尘莫及的，从而使实现异步电动机的变频调速取得了突破。但由于变频器的逆变电路是在直流电压下工作的，而 SCR 在直流电压下又不能自行关断，因此，要实现逆变，还必须增加辅助器件和相应的电路来帮助它关断。所以，尽管变频调速装置在个别领域(如风机和泵类负载)已经能够实用，但未能进入大范围的普及应用阶段。

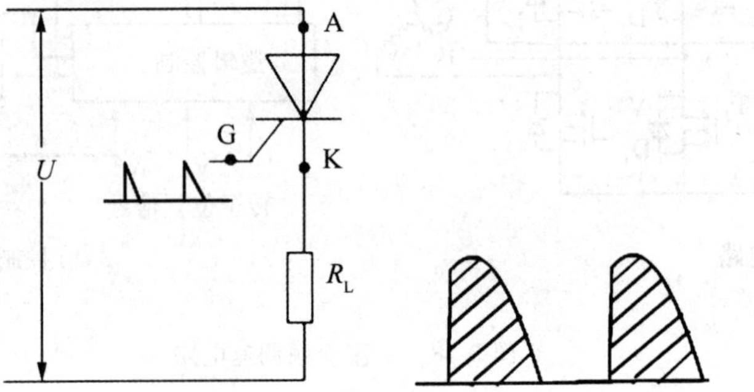

(a)基本电路　　(b)负载电压波形

图 3-40　SCR 基本电路

3.4.1.2　门极可关断晶闸管(GTO)

在一段时间内，SCR 几乎是能够承受高电压和大电流的唯一半导体器件。因此，针对 SCR 的缺点，人们很自然地把努力方向引向了如何使晶闸管具有关断能力这一点上，于是开发出了门极可关断晶闸管。

GTO 的基本结构和 SCR 类似，它也有三个极：阳极(A)、阴极(K)和门极(G)。其图形符号也和 SCR 相似，只是在门极上加一短线，以示区别。

GTO 的基本电路如图 3-41 所示，其工作特点是：

(1)在门极 G 上加正电压或正脉冲(图 3-41 中的开关 SG 合至位置“1”)，GTO 即导通。其后，即使撤销控制信号(开关回到位置“0”)，GTO 仍保持导通。可见，GTO 的导通过程和 SCR 的导通过程完全相同。

(2)如在 G、K 间加入反向电压或较强的反向脉冲(开关合至位置“2”)，可使 GTO 关断。

用 GTO 作为逆变器件取得了较为满意的结果，但其关断控制较易失败，故仍较复杂，工作频率也不够高。而几乎是与此同时，电力晶体管(GTR)迅速发展起来，GTO 相形见绌。因此，在大量的中小容量变频器中，GTO 已基本不用。但由于其工作电流大，故在大容量变频器中，仍居主要地位。

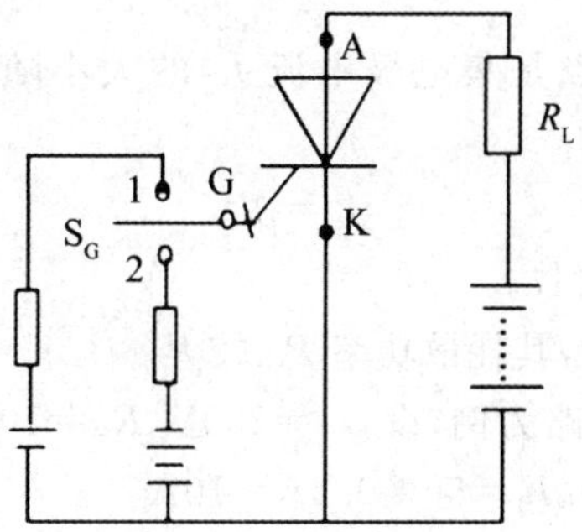

图 3-41 GTO 的基本电路

3.4.2 电力晶体管(GTR)

电力晶体管也叫“双极结型晶体管”(BJT)。

3.4.2.1 基本构成

变频器用的 GTR 一般都是达林顿晶体管(复合管)模块,其内部的基本电路如图3-42所示,它的三个极分别是集电极(C)、发射极(E)和基极(B)。根据变频器的工作特点,在晶体管旁还并联了一个反向连接的续流二极管。根据逆变桥的特点,GTR 常被做成双管模块[见图 3-42(b)]或六管模块。

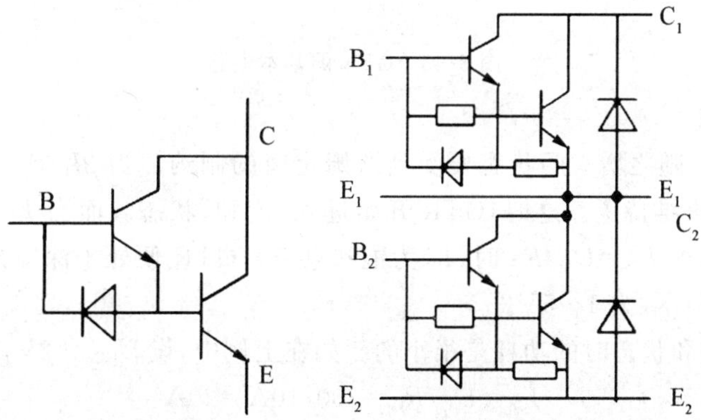

图 3-42 GTR 模块的内部电路

3.4.2.2 工作状态

和普通晶体管一样,GTR 也是一种放大器件,也具有三种基本的工作状态:

(1)放大状态

放大状态的基本工作特点是集电极电流 I_C 的大小随基极电流 I_B 而变，两者的关系为

$$I_C=\beta I_B$$

式中：β 为 GTR 的电流放大倍数。

当 GTR 处于放大状态时，其耗散功率 P_C 较大。

以图 3-43 所示的基本电路为例，设 $U_C=200V$，$R_C=10\Omega$，$\beta=50$，$I_B=200mA$，则

$$I_C=\beta I_B=50\times0.2A=10A$$
$$U_{CE}=U_C-I_CR_C=(200-10\times10)V=100V$$
$$P_C=U_CI_C=100\times10W=1000W=1kW$$

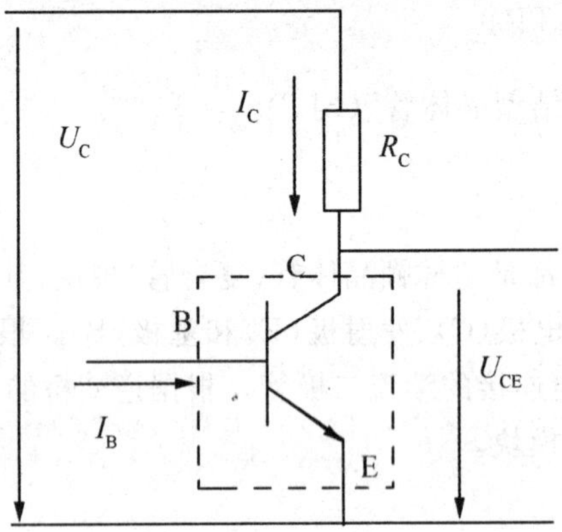

图 3-43 GTR 的基本电路

(2)饱和状态

I_B 增大时，I_C 随之增大的状态要受到欧姆定律的制约。当 $\beta I_B>U_C/R_C$ 时，$I_C=\beta I_B$ 的关系便不可能再维持了。这时，GTR 开始进入"饱和"状态。而当 I_C 的大小几乎完全由欧姆定律决定，即 $I_{CS}=U_C/R_C$ 时（I_{CS}为饱和电流），GTR 便处于深度饱和状态。这时，GTR 的饱和压降 U_{CES}为 1～5V。

GTR 处于饱和状态时的功耗是很小的。如在上例中，设 $U_{CES}=2V$，则

$$I_{CS}=U_C/R_C=200/10A=20A$$
$$P_C=U_{CES}I_{CS}=2\times20W=40W$$

可见，与放大状态相比，相去甚远。

(3)截止状态

截止状态即关断状态，这是基极电流 $I_B\leqslant0$ 的结果，在截止状态，GTR 中只有很微弱的漏电流流过，因此，其功耗是微不足道的。

GTR 在逆变电路中是用来作为开关器件的，工作过程中，其总是在饱和状态和截止状态间进行交替。所以，逆变用的 GTR 额定功耗通常是很小的。由上述可知，如果 GTR 处于放大状态，其功耗将增大百倍以上。所以，逆变电路中的 GTR 是不允许在放大状态

下稍作停留的。

3.4.2.3　主要参数

(1)在截止状态时

①击穿电压 U_{CEO} 和 U_{CEX}:能使集电极(C)和发射极(E)之间击穿的最小电压。基极(B)开路时用 U_{CEO} 表示,B、E 间接入反向偏压时用 U_{CEX} 表示。在大多数情况下,这两个数据是相等的。

②漏电流 I_{CEO} 和 I_{CEX}:从 C 极流向 E 极的电流。B 极开路时为 I_{CEO},B、E 间反偏时为 I_{CEX}。

(2)在饱和状态时

①集电极最大电流 I_{CM}:GTR 饱和导通时的最大允许电流。

(2)饱和压降 U_{CES}:当 GTR 饱和导通时,C、E 间的电压降。

(3)在开关过程中

①开通时间 t_{on}:从 B 极通入正向信号电流时起,到集电极电流上升到 $0.9I_{CS}$ 所需要的时间。

②关断时间 t_{off}:从基极电流撤销时起,到 I_C 下降至 $0.1I_{CS}$ 时所需的时间,如图 3-44 所示。

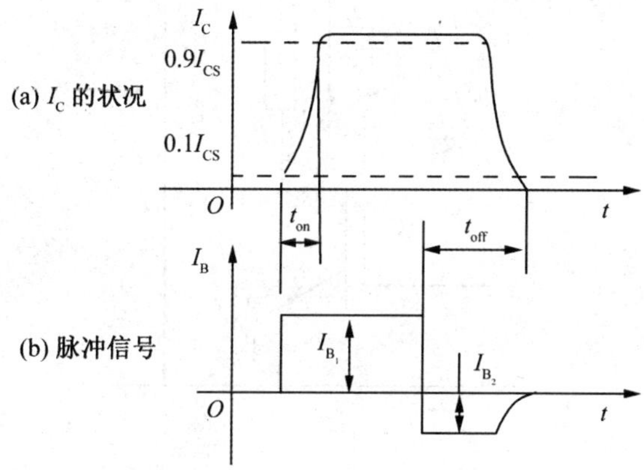

图 3-44　GTR 的开关时间

开通时间和关断时间将直接影响到 SPWM 调制时的载波频率。通常,使用 GTR 作为逆变管时的载波频率低于 2kHz。

3.4.2.4　变频器用 GTR 的选用

(1)U_{CEO}

U_{CEO} 通常按电源线电压 U_L 峰值的 2 倍来选择,即

$$U_{CEO} \geqslant 2\sqrt{2}U_L$$

在电源线电压为 380V 的变频器中,应有 $U_{CEO} \geqslant 2\sqrt{2} \times 380V = 1074.8V$,故选用 $U_{CEO} = 1200V$ 的 GTR 是适宜的。

(2) I_{CM}

I_{CM}按额定电流 I_N 峰值的 2 倍进行选择，即

$$I_{CM} \geqslant 2\sqrt{2} I_N$$

上述选择原则也适用于其他各类用于逆变器的器件。

由于 GTR 是用电流信号进行驱动的，所需驱动功率较大，故基极驱动系统比较复杂，且工作频率难以提高，这是其不足之处。

3.4.3 绝缘栅双极型晶体管(IGBT)

3.4.3.1 基本构成

IGBT 是 MOSFET(MOS 场效应晶体管)和 GTR 相结合的产物，其主体部分与晶体管相同，也有集电极(C)和发射极 (E)，但驱动部分却和场效应晶体管相同，是绝缘栅结构，其符号和基本接法如图 3-45 所示。

和 GTR 一样，根据变频器的工作特点，IGBT 旁边也并联一个反向连接的续流二极管，并且也常做成双管模块和六管模块，如图 3-46 所示。

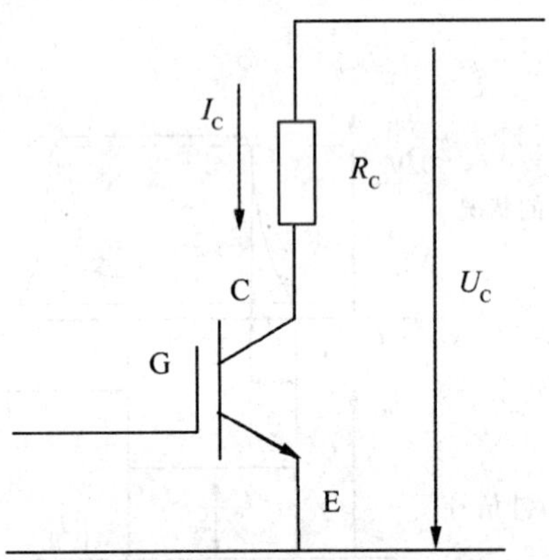

图 3-45 IGBT 的基本电路

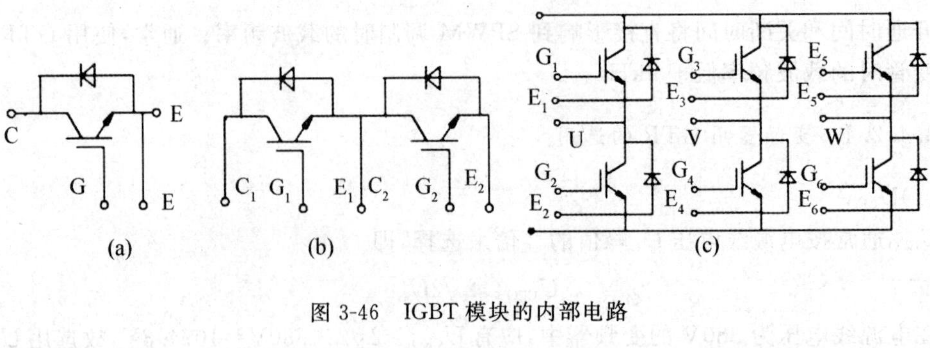

图 3-46 IGBT 模块的内部电路

3.4.3.2 工作特点

IGBT 的工作特点是:控制部分与场效应晶体管相同,控制信号为电压信号 U_{GE},输入阻抗很高,栅极电流 $I_G=0$,故驱动功率很小。而其主电路部分则与 GTR 相同,工作电流为集电极电流 I_C。

至今,IGBT 的击穿电压已达 1200V,集电极最大饱和电流已超过 1500A,由 IGBT 作为逆变器件的变频器容量已达 250kV・A 以上。此外,其工作频率可达 20kHz,由 IGBT 作为逆变器件的变频器的载波频率一般都在 10kHz 以上,故电动机的电流波形比较平滑,基本无电磁噪声。

目前,在新系列的中小容量变频器中,IGBT 已处于绝对优势的地位。

3.4.3.3 驱动电路

IGBT 驱动电路已经集成化,其内部结构大同小异。这里介绍其中的一种——EXB850 集成驱动电路,如图 3-47 所示。

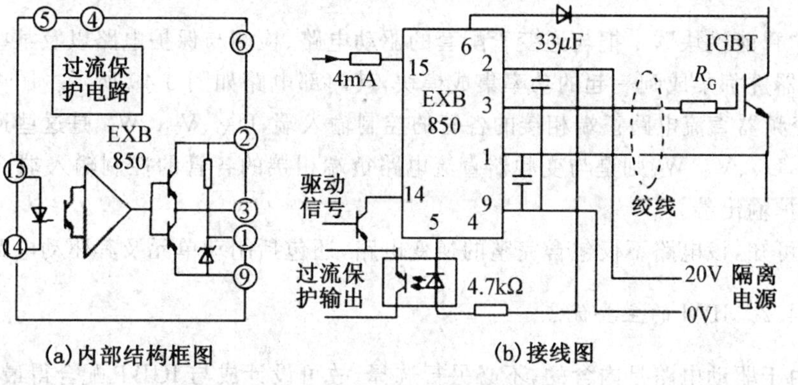

(a) 内部结构框图　　(b) 接线图

图 3-47　EXB850 驱动集成电路

图 3-47(a) 为 EXB850 集成驱动电路的内部结构框图。图中,1 号引脚和 9 号引脚之间的稳压管用于在 IGBT 截止时,在 IGBT 的发射极(E 极,接 1 号引脚)与栅极(G 极,接 3 号引脚)之间加入反向偏置电压,以保证 IGBT 的可靠截止。

图 3-47(b) 为 EXB850 集成驱动电路与 IGBT 之间的接线图。由图可以看出,IGBT 的过电流保护信号是从集电极上取出的。这是因为,IGBT 在饱和状态下的集电极—发射极电压(U_{CE})与集电极电流 I_C 的大小是密切相关的,如图 3-48 所示。

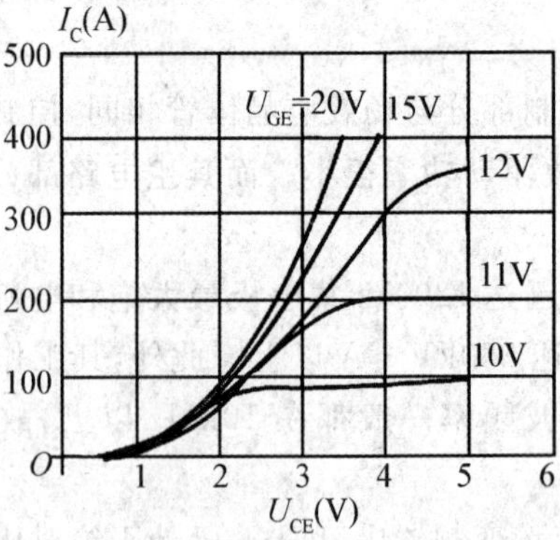

图 3-48 U_{CE}和 I_C的关系

3.4.4 智能模块(IPM)

3.4.4.1 基本结构

所谓“智能模块”,是把与逆变管配套的驱动电路、检测与保护电路以及某些接口电路等和功率器件都集成到一起的功率集成模块,其内部电路如图 3-49 所示。图中,U_P、V_P、W_P是与变频器直流电路正端相接的各管的控制输入端,U_{FO}、V_{FO}、W_{FO}是这些逆变管的保护输出端,U_N、V_N、W_N则是与变频器直流电路负端相接的各管的控制输入端,FO 是它们共同的保护输出端。

由图可知,该电路不仅包含完整的逆变电路,还包括制动单元及其驱动电路。

3.4.4.2 IPM 的主要优点

(1)由于驱动电路是内含的,不必另行选择,故可设计成与 IGBT 配合得最好的电路,并且由于驱动电路与 IGBT 之间的距离很短,更加提高了其工作可靠性。

(2)内含的保护电路不但十分完善,并且由于其电流、电压及温度的检测都在内部进行,既十分方便,也极大地提高了检测的灵敏度和准确性。

(3)进一步缩小了体积,节省了使用者设计电路的时间。

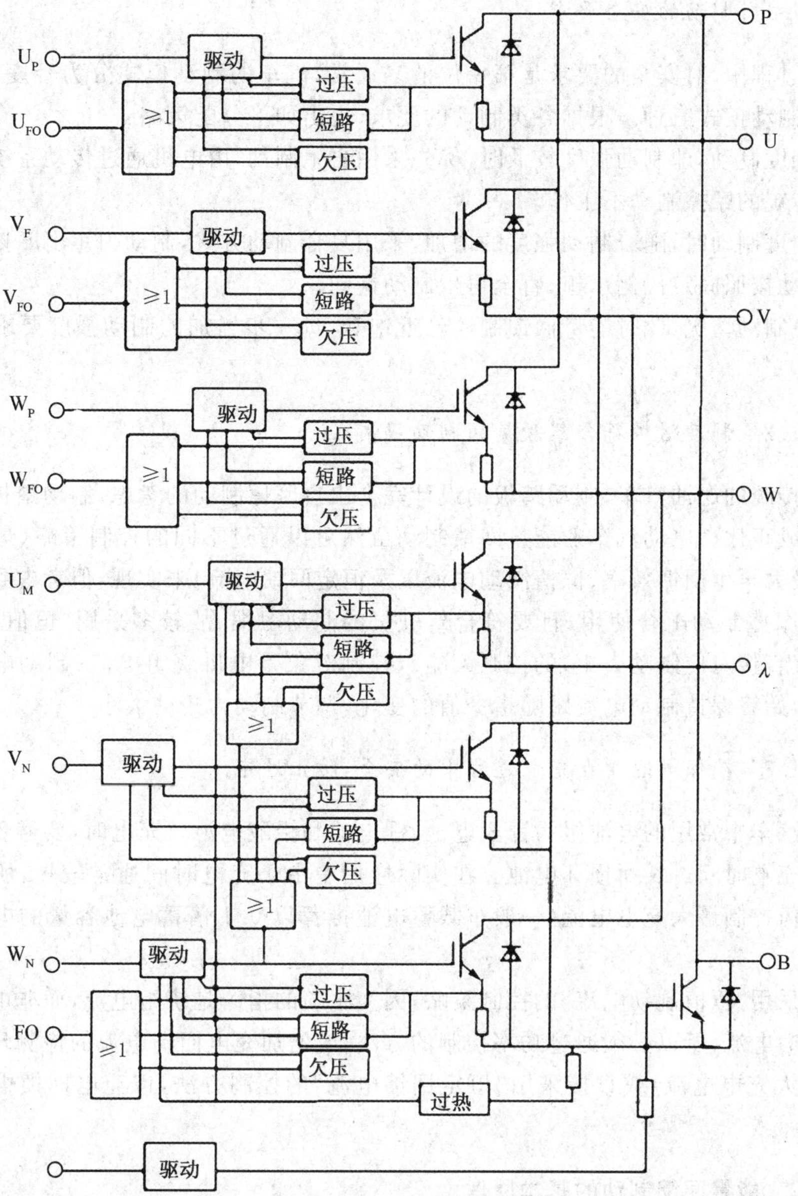

图 3-49　IPM 的内部电路

3.5　电动汽车上的能量回馈制动控制系统

3.5.1　能量回馈制动控制的要求

在实际的使用过程中，能量回馈制动系统必须满足以下的一些要求和习惯：

3.5.1.1 制动的安全要求

制动过程中，对安全的要求是第一位的。通常，汽车的制动模式分为轻度制动、中度制动和急制动模式三种。根据各类制动的要求，提出如下分配策略：

(1)轻度制动，即制动强度较低时，优先采用再生制动，由电机通过传动系统单独提供制动力，传统的摩擦制动不工作。

(2)中度制动时，随着制动强度的增加，采用复合制动方式，制动力矩由摩擦制动和能量回馈制动按照固定比例承担，直至再生制动饱和。

(3)急制动情况，此时能量回馈制动已近饱和，进一步增加的制动强度要求由摩擦制动提供。

3.5.1.2 制动踏板符合驾驶员的制动习惯

对于传统的燃油汽车，制动踏板的设计完全出自摩擦制动的考虑，制动踏板的深度同制动力矩成正比。电动汽车的能量回馈制动虽然可以通过不同的控制策略(最大再生回馈功率、最大再生回馈效率、恒值制动电流以及恒定回馈电流)来实现，但考虑到能量回馈必须要同摩擦制动配合使用，且要符合驾驶员的制动习惯，故较多采用“恒值制动电流”(制动电流直接对应制动力矩)的控制策略。控制对象是电机绕组电流(制动电流)，在制动过程中，始终保持制动电流跟随指令值的变化，调节制动力矩的大小。

3.5.1.3 确保电池组在充电过程中的安全，防止过充

电动汽车中常用的电池组为镍氢电池、锂电池和铅酸电池。充电时，要避免因充电电流过大或充电时间过长而损坏电池。在实际应用中由于充电时间通常较短，所以主要考虑的是如何控制最大充电电流(一般车载蓄电池推荐以 0.1 倍蓄电池容量的电流容量充电)。

如果采用“恒值制动电流”的控制策略，因为跟随的指令是绕组电流，而非电池组两端的充电回馈电流，所以必须通过功率控制的方法，或增加充电回馈电流的检测环节来监测电池组最大充电电流，或直接采用“恒定回馈电流”的控制方法，以充电回馈电路作为指令值。

3.5.2 能量回馈制动的基本原理

电动汽车制动时，电动机作发电机运行，可使车轮制动或减速时的能量转化成电能回馈到蓄电池(向蓄电池充电)，即电动机输出能量。

电动机的输出电压为

$$U=E_f-I_sR_s \tag{3-31}$$

输出电流为

$$I_d=\frac{U}{R_d}=\frac{E_f-I_sR_s}{R_d}<R_c \tag{3-32}$$

阻力转矩为

$$M_d = C_m \varphi I_d \leqslant C_m \varphi I_c \tag{3-33}$$

电动机产生阻力转矩 M_d 使车辆减速。由于电动机的回馈电流受电池的充电电流制约，车辆制动或减速时的能量有 40%～60%是可以回收的，其中只有 10%～20%可转化成电能向蓄电池充电。

电动车辆电动机作发电机运行构成再生制动，使车辆的动能得以回收有两种情况：一是电动车辆下坡时，电动机的转子转速因阻力减小而提高，当超过最高允许转速时，应转入再生制动状态；二是车辆减速时，将车辆动能转换成电能，反馈到电源中去。

实现再生制动应满足两个条件：一是电动机应运行在发电状态；二是发电机产生的电能(由制动能量转换而来)应通过适当的电路反馈到蓄电池，即电动机产生的电压必须高于蓄电池的电压。

电动汽车能量回馈制动时会有两种情况：一是制动初期电动机转速高，产生的电动势高于蓄电池电压，采用三相整流回馈方式；二是电动机转速低，产生的电动势低于蓄电池电压，采用斩波升压回馈方式。

3.5.3　三相整流回馈方式

电动汽车制动或减速时，电动机在汽车惯性拖动下，按原方向继续运转，电动机处于发电机运行状态，在电枢绕组中也要产生感应电动势，感应电动势大小为 $E_f = C_e \Phi n$，方向与电动机输入电流的方向相反。若电动机的转速高于电动机的额定转速，则产生的感应电动势 E_f 与电源电压基本相等，可采用三相整流回馈方式，如图 3-50 所示。

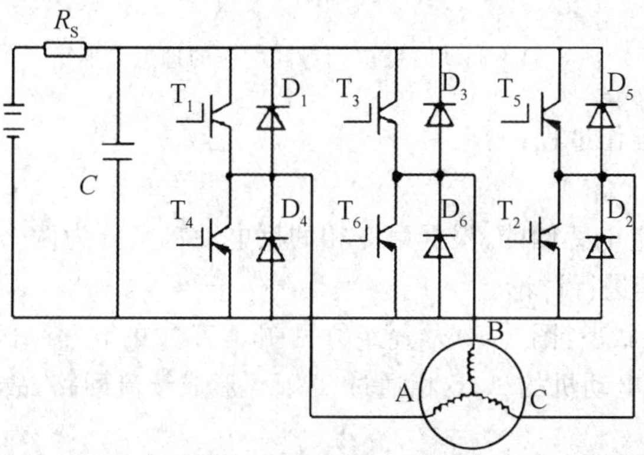

图 3-50　三相整流回馈方式

逆变驱动电路逆变管 T_1、T_2、T_3、T_4、T_5、T_6 受控关闭，D_1、D_2、D_3、D_4、D_5、D_6 组成三相整流电路，向电池回馈能量。

3.5.4　斩波升压回馈方式

电动汽车制动或减速时，若电动机的转速低于电动机的额定转速，则产生的感应电动势 E_f 小于电源电压，电动机无法向蓄电池充电。为充分利用电动机的能量，可采用斩波升压方式提高电压，实现能量回馈。斩波升压回馈可分为半桥斩波和全桥斩波两种方式。以下说明半桥斩波的工作方式。

在半桥调制的回馈制动方式中，逆变器只有处于下桥臂的 3 个功率管（T_2、T_4、T_6）有 PWM 开关动作，而上桥臂的 3 个功率管（T_1、T_3、T_5）总是截止的，T_2、T_4、T_6 各导通 120°。

以电机转子霍尔位置状态为 101 时为例，具体说明一个周期内电流的变化过程。此时 T_4 接受 PWM 信号，三相反电势及电流的理想波形如图 3-51 所示。

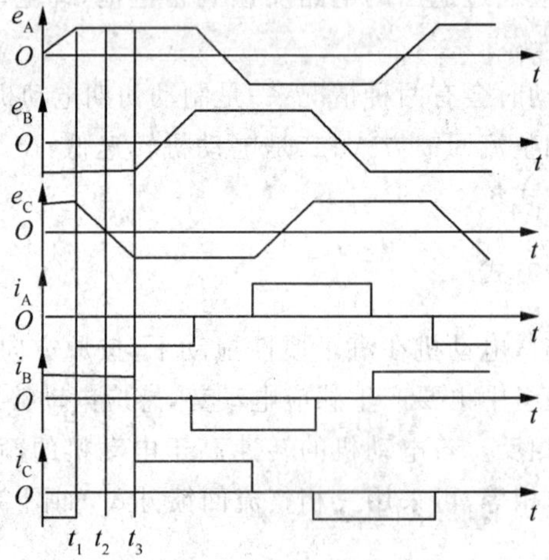

图 3-51　制动时反电动势和电流的理想波形

半桥斩波升压的工作过程：

(1)升压过程

当 T_4 导通时，绕组电感储能，根据第三相的反电动势又分为两个不同状态（$e_C>0$ 和 $e_C\leqslant 0$）。下面分别对其进行讨论。

①$e_C>0$ 时的系统状态：图 3-52 为 $e_C>0$（见图 3-51 中的 $t_1\sim t_2$ 区间）时的系统状态。由于反电动势的存在，电动机的 A、B 相通过 T_4、D_6 形成续流回路，故电动机中点电势 $U_O=0$。

此时因为 $0<e_C<U_d$，所以 D_2、D_5 被反向偏置，因此可知，$I_C=0$，外界的动能以磁场能的形式储存在电感中。

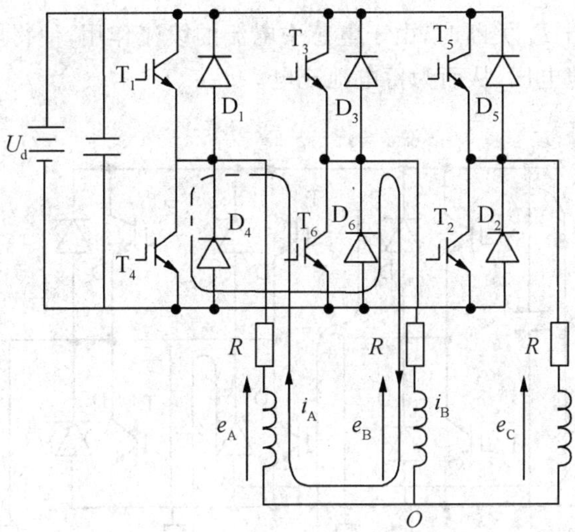

图 3-52　$e_C>0$ 时的系统状态图

②$e_C\leqslant0$ 时的系统状态：图 3-53 为 $e_C\leqslant0$（见图 3-51 中的 $t_2\sim t_3$ 区间）时的系统状态，此时 D_2 被正向偏置，所以 $i_C>0$，电机的 A、B、C 三相形成续流回路，电感储能。但是根据无刷直流电机的方波控制策略，此时 C 处于非导通期间，由此可以看出，半桥调制方式存在非换向区的第三相导通现象。

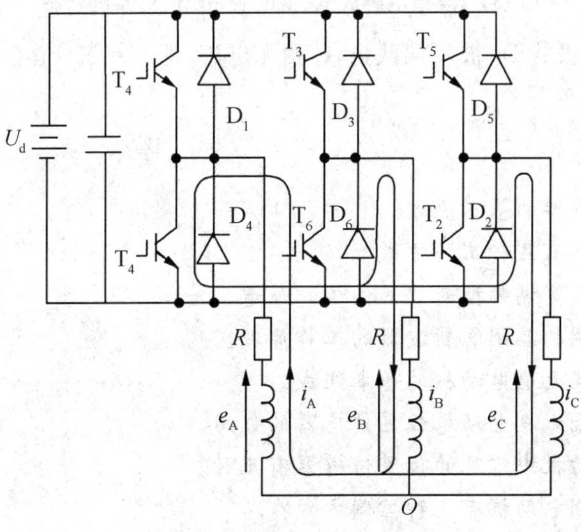

图 3-53　$e_C\leqslant0$ 时的系统状态图

由于反电动势的存在，无论在储能时的哪个时段，三相电流幅值均会逐渐增大，电动机的动能一部分以磁场能的形式储存在绕组电感中，另一部分以热能的形式消耗在电阻上。

(2)充电过程

如图 3-54 所示，当 T_4 关断时，由于电感中电流的续流作用，使得电感的感应电势与反电势之和大于蓄电池电压，从而为蓄电池充电。

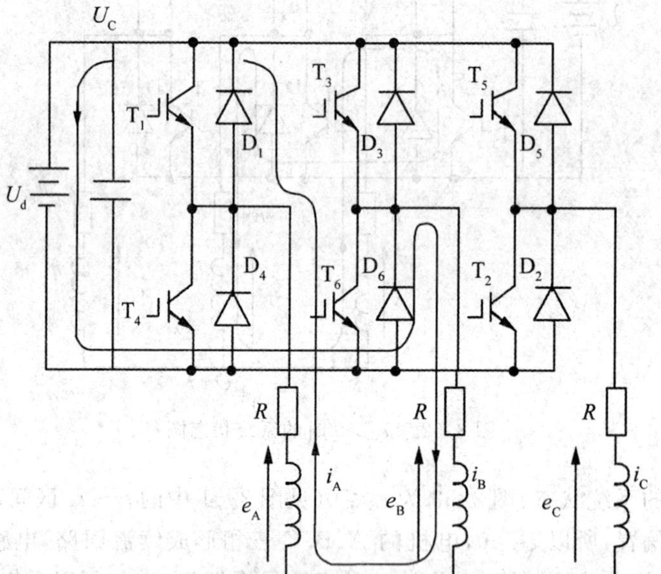

图 3-54　绕组电感放电、蓄电池充电时的系统状态

此时，$e_C > e_B$，二极管 D_2 被反偏截止，C 相无电流，即 $i_C = 0$。充电电压随着 i_A 的减小而减小，直至 i_A 减小到零。

复习思考题

1. 简述直流斩波器的基本原理。
2. 直流斩波电路有几种工作方式？
3. 简述晶闸管定宽调频型斩波器的工作原理。
4. 简述脉宽可调的晶闸管斩波器的工作原理。
5. 简述三相直流无刷电动机的基本组成。
6. 简述三相直流无刷电动机位置传感器的作用。
7. 直流无刷电动机中常见的位置传感器有几种？
8. 三相直流无刷电动机有几种控制方式？
9. 变频调速的原理是什么？
10. 简述变频器的分类。
11. 分析直—交变频器电路的组成及工作原理。
12. 变频器最常用的调制方式有几种？
13. 什么是脉幅调制？什么是脉宽调制？各有什么特点？
14. 简述脉幅调制。

15. 什么是正弦波脉宽调制？正弦波脉宽调制有几种方法？
16. 实施正弦波脉宽调制的基本要求是什么？
17. 简述能量回馈制动控制的要求。
18. 简述半桥斩波升压回馈的工作过程。

第4章 车载能源与能源管理系统

4.1 电动汽车用动力电池概述

电动汽车所需要的理想能源应该是:①有持续稳定的大电流放电,能够保证汽车保持一定的行驶速度;②有短暂大电流放电的能力,保证汽车在加速、上坡时有足够的动力;③能一次性提供足够的能源,保证汽车有一定的行驶里程。

通过几十年的努力,符合上述条件的新型电池不断地被研制出来,并且涵盖物理电池、生物电池和化学电池三大类。物理电池是指利用物理原理制成的电池,其特点是能在常温常压条件下进行能量转换,如太阳能电池、核能电池和温差电池;生物电池是利用生物酶、微生物或叶绿素做成的电池,如微生物电池、生物太阳能电池;化学电池是一种直接把化学能转化为电能的电池。目前世界上研发的电动汽车电池最成功的就是化学电池。化学电池因选用材料、电池的工作性质和储能方式的不同可分为三大类,而这三大类又可具体细分为很多小类,如图 4-1 所示。

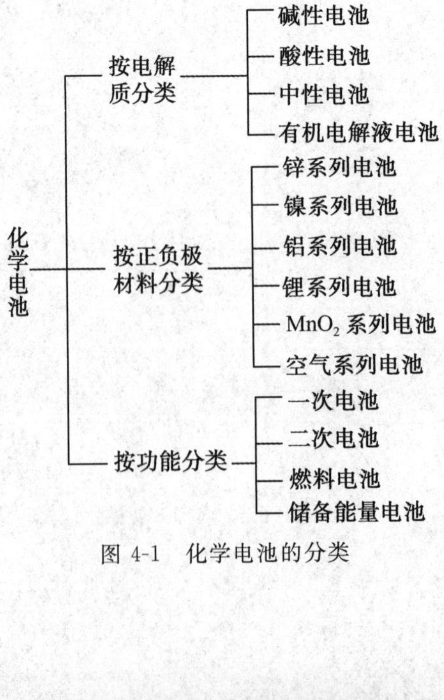

图 4-1 化学电池的分类

4.1.1　化学电池的组成

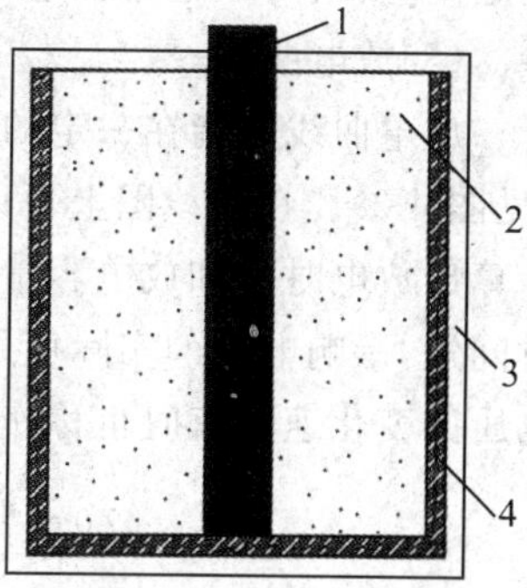

图 4-2　化学电池的组成
1—正极　2—电解质
3—外壳　4—负极

化学电池一般由电极(正极、负极)、电解质、隔膜和容器(外壳)四部分组成(见图 4-2)。电极是电池的核心部分,一般由活性物质和导电骨架组成。所谓"活性物质",是指能够通过化学变化释放出电能的物质。导电骨架主要起传导电子和支撑活性物质的作用。如铅酸蓄电池负极板上的铅为活性物质,燃料电池质子交换膜上的氢为活性物质。单个电池或电池组上常标有"+"、"-",这是指示电池的正极端和负极端,便于使用者分辨和外电路接线,以免接错。

电解质通常为固体或液体,液体电解质常称为电解液,一般是酸、碱、盐的水溶液;固体电解质一般为盐类,由固体电解质组成的电池称为"干电池"。

4.1.2　电池的性能指标

4.1.2.1　电池的开路电压

电池处于断路状态时,电池两极之间的电位差被称作开路电压,可用高内阻电压表或万用表测量。电池的开路电压主要取决于构成电池的材料特性。同一系列电池的开路电压基本相同,仅因材料批次和环境变化有些差异,但相差不大。随着存储时间的加长,电池的开路电压会有所下降,这是电池的自放电引起的,每种电池都有自放电特点,正常情况下下降幅度不大。

4.1.2.2　电池的内阻

电池的内阻是指各组成部分的电子导电阻力、离子导电阻力及接触电阻之和。电池的内阻越小,电池工作输出电流时电池内部的压降就越小,电池将输出较高的工作电压和较大的电流,输出的能量也就越大。

4.1.2.3　电池的工作电压、终止电压、放电曲线

(1)工作电压

电池的工作电压是指电池放电时电池两极之间的电位差,也叫"放电电压或端电压"。工作电压总低于开路电压,因为开路电压等于工作电压和电池内压降之和。电池的工作电压与放电制度有关。所谓"放电制度",是指电池放电时所规定的各种条件,主要包括放电方式、放电电阻、放电电流、放电时间、终止电压及放电环境温度等。

(2)终止电压

终止电压是指电池放电时电压下降到不宜再继续放电的最低工作电压。终止电压与电池类型及放电条件有关。一般在低温及大电流放电时,终止电压低些,因为大电流放电时电极极化快,活性物质不能得到充分利用,电池电压下降较快;小电流放电时,终止电压

规定高些，因为小电流放电时电极极化小，并且活性物质能充分利用。

(3)放电曲线

放电曲线是指在一定的放电条件下连续放电时，电池的工作电压随时间的变化曲线(见图 4-3)。在曲线图上可以表征出电池放电过程的变化情况，同时也可通过放电曲线计算出放电时间和放电容量。放电时率小者，其工作电压下降速度快，终止电压低，放电时间短，影响电池的实际使用效果。工作电压下降速度慢，往往能输出较多的能量。工作电压的变化速度有时也称作“放电曲线的平稳度”。

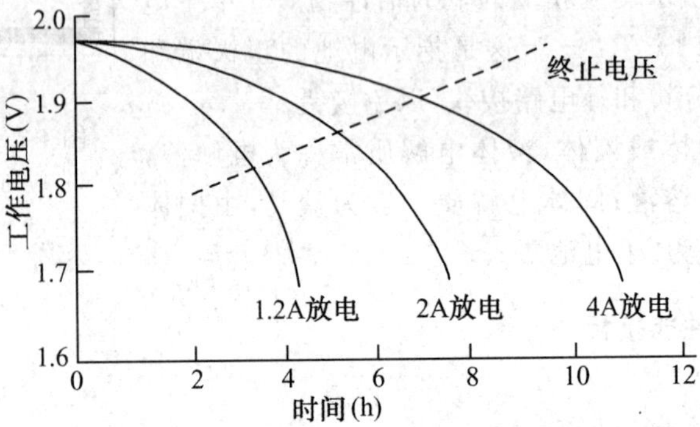

图 4-3　不同电流情况下的放电曲线

4.1.2.4　电池的容量

电池的容量是指在一定放电制度下，电池输出的电量或有效工作时间。电池容量表示电池储存的电量多少，一般用安培小时表示，简称安时(A·h)。电池容量可分为理论容量、实际容量、额定容量和标称容量。

(1)理论容量

理论容量是根据蓄电池活性物质特性，根据法拉第定律计算出的理论值，一般用质量容量 A·h/kg 或体积容量 A·h/L 表示。

(2)实际容量

实际容量是指在一定条件下蓄电池所能输出的电量，它等于放电电流和放电时间的乘积，即 $C=I\times t$。

(3)额定容量

额定容量是指在一定标准规定的放电条件下电池应该放出的最低限度的容量。额定容量一般作为商品质量信誉承诺的保证，是电池性能应该达到的最低标准。

(4)标称容量

标称容量是指在一定标准所规定的条件下厂家标出的电池应保证具有的存储电量。

4.1.2.5　电池的能量

电池的能量是指在一定的放电条件下电池对外做功时所能输出的电能，单位为 W·h或 kW·h。它可分为标称能量、实际能量、比能量。能量密度也是衡量电池能量的一个重要标准。

(1)标称能量

标称能量是指在一定标准所规定的条件下电池所能输出的能量,它是电池的额定容量与额定电压的乘积。

(2)实际能量

实际能量是指在一定条件下电池所能输出的能量,它是电池的实际容量与平均工作电压的乘积。

(3)比能量

比能量是指单位质量的电池(或电池组)所能输出的能量,单位为 W·h/kg 或 kW·h/kg。比能量越高,汽车一次充电后行驶里程越长。

(4)能量密度

能量密度是指单位体积的电池所能输出的能量,单位为 W·h/L 或 kW·h/L。能量密度越高,汽车的自身质量越轻,车内空间越大,因而承载量越多,经济性越好。

4.1.2.6 电池的功率

电池的功率是指电池在单位时间内所输出的能量,单位为 W 或 kW。电池的功率决定汽车的加速性能和最高车速等。电池的比功率是指单位质量电池所拥有的功率,单位为 W/kg 或 kW/kg。电池的比功率越大,汽车的加速性能、爬坡性能越好,最高车速也越高。电池的功率密度是指单位体积电池所具有的电能功率,单位为 W/L 或 kW/L。功率密度越高,汽车的载重量和车内空间越人。

4.1.2.7 电池的寿命

电池的寿命是用电池的使用时间或充电循环次数表示电池的耐用性。循环充电是指经历一次充电和一次放电过程,称一次循环或一个周期。在一定放电条件下电池容量下降到某一规定值之前,电池所能耐受的循环次数,称为充电电池的循环寿命。在充放电过程中,电池中的化学活性物质都要发生一次可逆性的化学反应,会使活性物质逐渐老化变质,活性度衰减,化学功能减弱,电池的充放电效率逐渐降低,最终报废。蓄电池的循环周期与充电形式、放电形式、电池的环境温度和放电深度有关。所谓“放电深度”,是指放电容量与额定容量的百分比。一般地,放电深度深影响电池的使用寿命,深度浅有利于延长电池的寿命。使用环境的变化,电池组合的均衡性、安装方式的影响,都直接影响电池的寿命。

4.2 铅酸蓄电池

4.2.1 铅酸蓄电池的分类及特点

电动汽车用动力铅酸蓄电池有多种,常见的有干荷电式蓄电池、湿荷电式蓄电池、阀控式蓄电池、免维护蓄电池、胶体型蓄电池、水平板式蓄电池等。

动力铅酸蓄电池与一般启动用的蓄电池不同,它既要求有瞬时大电流放电的特点,又要求有持续大电流放电的能力。动力铅酸蓄电池有以下几个特点：

(1)单格电压高。汽车用铅酸蓄电池的单格额定电压可达 2.0V，开路电压为 2.1V，工作电压为 1.8～2.0V。

(2)比功率和功率密度大，内阻小，长时间可输出大电流。

(3)性能可靠，充放电可逆性好。

(4)循环次数多，寿命长。

(5)结构简单，价格低廉。

4.2.2 铅酸蓄电池的构造

铅酸蓄电池由正极板、负极板、隔板、电池盖、电解液、加液孔盖和电池外壳组成，如图 4-4 所示。正、负极板浸入稀硫酸电解液中成为单格电池。每个单格电池的标称电压为 2V，因此，6 格串联起来成为 12V 蓄电池。

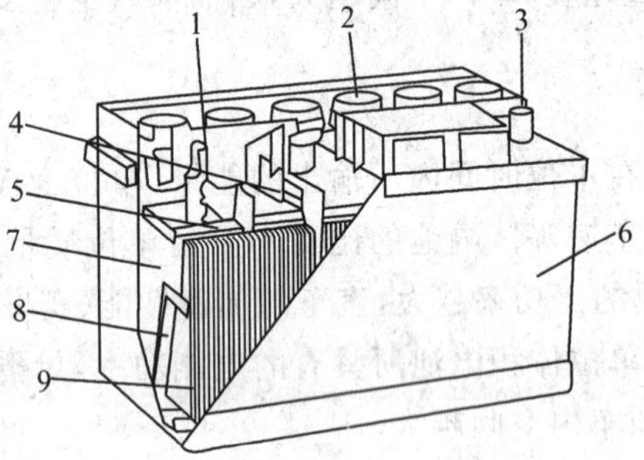

图 4-4 铅酸蓄电池的基本结构

1—负极柱 2—加液孔盖 3—正极柱 4—穿壁连接 5—汇流条

6—外壳 7—负极板 8—隔板 9—正极板

4.2.2.1 极板

(1)构成

极板是电池的基本部件，它的作用是接受充入的电能和向外释放电能。

极板由栅架和活性物质组成，分为正极板和负极板，正极板上的活性物质是棕红色的二氧化铅(PbO_2)，负极板上的活性物质是青灰色的海绵状纯铅(Pb)，如图 4-5 所示。栅架(见图 4-6)一般由铅锑合金铸成，其作用是固结活性物质。

为了降低蓄电池的内阻，改善蓄电池的启动性能，有些铅蓄电池采用了放射型栅架结构。

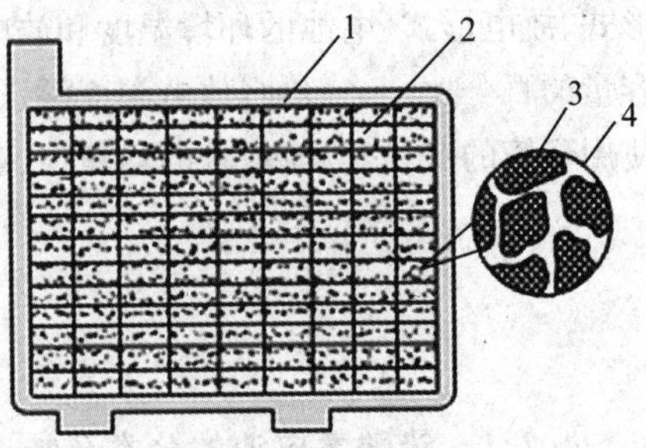

图 4-5 蓄电池的极板结构

1—栅架 2—活性物质 3—颗粒 4—孔隙

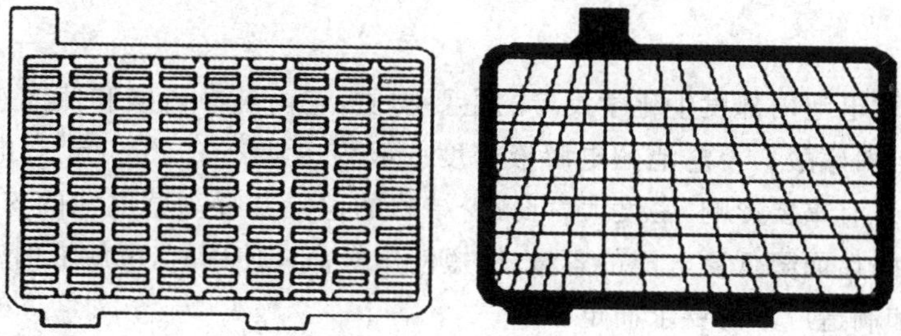

图 4-6　蓄电池的极板栅架

(2)极板的片数

将正、负极板各一片浸入电解液中,可获得 2V 左右的电动势。为了增大蓄电池的容量,常将多片正、负极板分别并联,组成正、负极板组,如图 4-7 所示。

图 4-7　蓄电池极板组

在每个单格电池中,正极板的片数要比负极板少一片,这样每片正极板都处于两片负极板之间,可以使正极板两侧放电均匀,避免因放电不均匀造成极板拱曲。

4.2.2.2　隔板

(1)作用

隔板放置在正、负极板之间,以避免其接触而短路。

(2)要求

应具有多孔性,以便电解液渗透,且化学稳定性要好,要具有耐酸性和抗氧化性。

(3)类型

①木质:价格便宜,但耐酸性差,已很少使用。

②微孔橡胶:性能好、寿命长,但生产工艺复杂、成本高,故尚未推广使用。

③微孔塑料:孔径小、孔率高、薄而软、生产效率高、成本低,所以目前推荐使用。

④玻璃纤维纸浆和玻璃纤维丝绵。

⑤袋式隔板:免维护蓄电池使用较多,它将正极板装入,起到良好的分隔作用,这样可以增大极板面积,进而增大蓄电池的容量。

注意事项:隔板一面平整,一面有沟槽,沟槽应面对着正极板且与底部垂直,以便充放电时电解液能通过沟槽及时供给正极板,当正极板上的活性物质 PbO_2 脱落时能迅速通过沟槽沉入容器底部。

4.2.2.3 电解液

电解液是蓄电池内部发生化学反应的主要物质，它由纯净硫酸和蒸馏水按一定比例配制而成，也叫稀硫酸。蓄电池的电解液密度一般为 1.24～1.30g/cm³。电解液的密度对蓄电池的工作有重要影响，密度大，可减少结冰的危险并提高蓄电池的容量，但密度过大，则黏度增加，反而降低蓄电池的容量，缩短使用寿命。使用时，电解液的密度应根据地区、气候条件和制造厂家的要求而定。

4.2.2.4 外壳

(1)作用

外壳用于盛装极板组和电解液。

(2)要求

耐酸、耐热、耐震动冲击。

(3)材料

硬橡胶、聚丙烯塑料两种。

(4)结构

蓄电池每组极板所产生的电动势大约为 2V，要想获得更高的电动势，通常要使多组极板串联起来。因此，在制造蓄电池外壳时，将一个电池外壳内分成若干个单格，每个单格的底部制有凸筋，用来搁置极板组。凸筋之间的空隙可以积存极板的脱落物质，防止正、负极板短路，如图 4-8 所示。

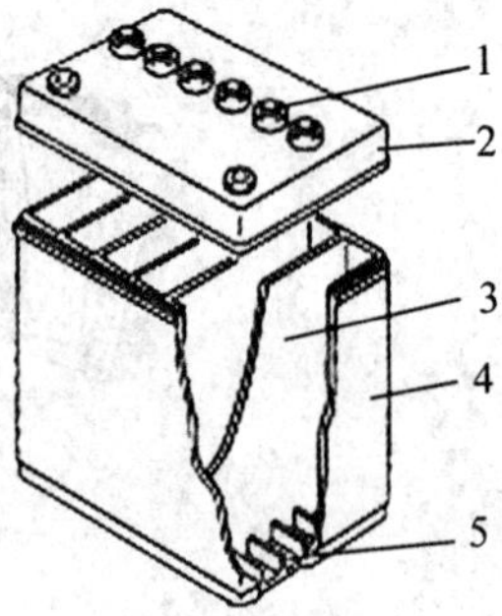

图 4-8 蓄电池外壳

1—注入口 2—盖 3—隔板

4—蓄电池壳体 5—肋条

极板组的连接均采用铅质联条进行串联，可分为两种形式，即传统的外露式连接和当前常见的穿壁式连接。

加液孔用来向蓄电池单格内加注电解液或蒸馏水，加液孔盖上有通气小孔以保证蓄电池内部与大气的压力平衡。

4.2.3 蓄电池的型号

国产蓄电池的型号一般标注在外壳上，分为三段，由五部分组成，形式为：串联的单格电池数—蓄电池类型和特征—额定容量和特殊性能。如：6-QA-105D 表示单格电池数为 6 格，额定输出电压为 12V，额定容量为 105A·h，低温启动性能好的启动用干荷电式蓄电池。其中：

6——串联的单格电池数。

Q——蓄电池的主要用途和类型(Q 为启动用蓄电池；M 为摩托车用蓄电池；JC 为船用蓄电池；HK 为飞机用蓄电池)。

A——蓄电池的特征(无字为干封普通铅蓄电池；A 为干荷电式蓄电池；B 为薄型极板；W 为无须维护)。

105——20h 放电率额定容量。

D——蓄电池的特殊性能(G 表示高启动率蓄电池；S 表示塑料壳体；D 表示低温启

动性能好)。

4.2.4 蓄电池的工作原理

蓄电池的工作过程是化学能与电能相互转化的过程。当蓄电池的化学能转化为电能而向外供电时,称为放电过程;当蓄电池与外界电源相连而将电能转化为化学能储存起来时,称为充电过程,如图 4-9 所示。

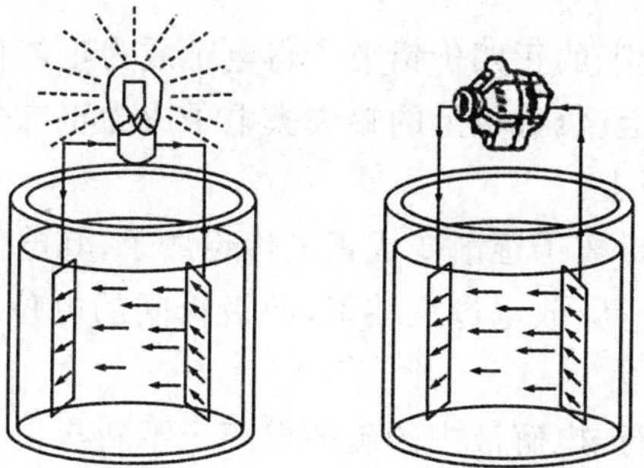

图 4-9 蓄电池的基本工作原理

4.2.4.1 电动势的建立

正极板上的二氧化铅电离为正四价铅离子和负二价氧离子,铅离子附着在正极板上,氧离子进入电解液中,使正极板具有 2.0V 的正电位;负极板上的纯铅电离为正二价铅离子和两个电子,铅离子进入电解液中,电子留在负极板上,使负极板具有−0.1V 的负电位。因此,正、负极板间有 2.1V 的电位差。

4.2.4.2 充电过程

充电时,外接直流电源的正极接蓄电池的正极板,电源的负极接蓄电池的负极板。当直流电源的电动势高于蓄电池的电动势时,电流将以与放电电流相反的方向流过蓄电池。

正极板上,正二价铅离子失去 2 个电子而成为正四价铅离子,再与水反应生成二氧化铅,附着在正极板上,电位升高;负极板上,正二价铅离子得到 2 个电子生成一个铅分子而附着在负极板上[见图 4-10(a)]。从正、负极板上电离出来的硫酸根离子与水中的氢离子结合生成硫酸。

结论:

①充电过程中,正极板上的正二价铅离子失电子成为正四价铅离子,电位上升;负极板上的正二价铅离子得到电子成为铅分子,电位降低。正、负极板间的电位差加大。

②随着充电过程的进行,极板上的硫酸根离子不断进入电解液与氢离子生成硫酸,使得电解液中的硫酸根离子逐渐增多,结果使得电解液的密度不断升高。

4.2.4.3　放电过程

在电位差的作用下，电流从正极流出，经过灯泡流回负极，使灯泡发光。正极板上，正四价铅离子与电子结合生成正二价铅离子，进入电解液再与硫酸根离子结合生成硫酸铅（附着在正极板上）；负极板上，正二价铅离子也同硫酸根离子结合生成硫酸铅（附着在负极板上）[见图 4-10(b)]。

结论：

①放电过程中，正极板上的正四价铅离子得电子成为正二价铅离子，并与硫酸根离子生成硫酸铅附着在正极板上；负极板上的铅失去电子成为正二价铅离子，并与硫酸根离子生成硫酸铅，附着在负极板上。

②正极板上的正四价铅离子逐渐变成正二价铅离子，其电位逐渐降低；负极板上的电子不断流出，其电位逐渐升高，放电过程结束，两极板间的电位差减小为“0”，外接电路中的灯泡“熄灭”。

③随着放电过程的进行，电解液中的硫酸根离子不断与正、负极板上的铅离子生成硫酸铅而附着在极板上，使得电解液中的硫酸根离子逐渐减少。同时，由于正极板上负二价氧离子与氢离子生成水，电解液中的水不断增多，结果使得电解液的密度不断下降。

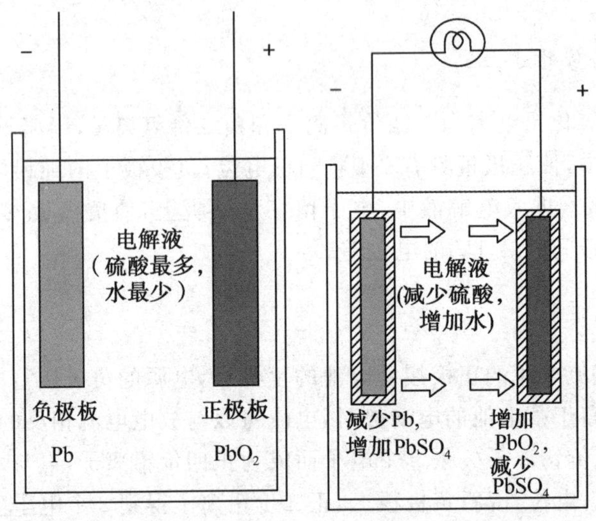

(a)充电过程　　(b) 放电过程

图 4-10　蓄电池的充放电过程

4.2.5　蓄电池的工作特性

蓄电池的工作特性包括静止电动势、内电阻、充电特性和放电特性。

4.2.5.1　静止电动势

蓄电池在静止状态下（充电或放电后静止 2～3h），正、负极板间的电位差称为“静止电动势”，用 $E_0(E_j)$表示。

静止电动势的测量方法有两种：①用直流电压表或万用表的直流电压挡直接测得；②测出电解液密度，然后用经验公式求得。

$$E_0 = 0.85 + \rho_{25℃}$$

式中：E_0 为蓄电池的静止电动势；$\rho_{25℃}$ 为 25℃时的电解液相对密度。

在实际使用中，蓄电池电解液的温度受环境温度的影响，不可能总保持在 25℃，这样就必须将任意温度时的相对密度换算成 25℃时的相对密度。换算公式如下：

$$\rho_{25℃} = \rho_t + \beta(t - 25)$$

式中：ρ_t 为电解液在任意温度下的实测相对密度；β 为相对密度温度系数，$\beta = 0.00075$；t 为实测相对密度时的电解液温度。

4.2.5.2　内电阻

铅蓄电池的内电阻包括电解液电阻、极板电阻、隔板电阻和联条电阻。

(1)极板电阻

正常使用条件下，极板电阻很小，只有极板发生硫化故障时，极板的电阻才明显增大。

(2)电解液电阻

电解液电阻与电解液的温度、密度有关。密度大、温度低，电解液的黏度增大，渗透力下降，电解液的电阻增大。

(3)隔板电阻

隔板电阻主要取决于隔板的材料、厚度及多孔性。

(4)联条电阻

采用穿壁式结构后，联条电阻可以忽略不计。

4.2.5.3　充电特性

蓄电池的充电特性是指在恒流充电过程中，蓄电池的端电压 U、电动势 E 和电解液密度随时间变化的规律，如图 4-11 所示。

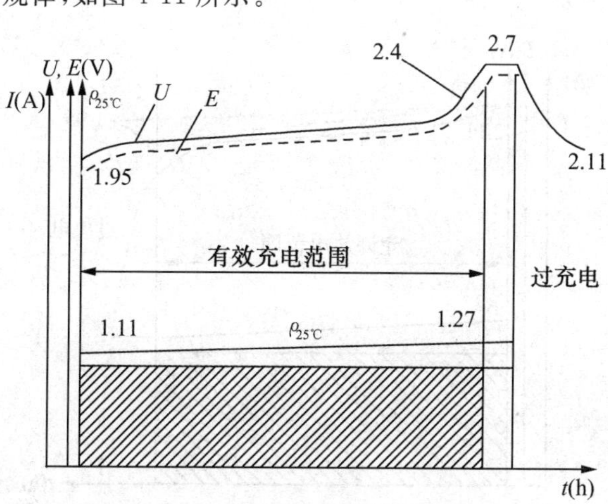

图 4-11　蓄电池的充电特性曲线

蓄电池的充电过程可分为以下四个阶段：

(1)迅速上升阶段

开始充电时，在极板的孔隙表层中首先形成硫酸，且来不及向外扩散，致使孔隙中的电解液密度增大。此阶段蓄电池的端电压和电动势迅速增大。

(2)稳定上升阶段

充电至孔隙中产生硫酸的速度和向外扩散硫酸速度相同时，蓄电池的端电压和电动势随整个容器内电解液密度的上升而缓慢上升。

(3)急剧上升阶段

端电压上升至2.3～2.4V时，极板上可能参加变化的活性物质大多恢复为二氧化铅和铅，若继续充电，则电解液中的水被电解成H_2和O_2，以气泡形式放出，形成“沸腾”。但是氢离子在负极板处与电子的结合不是瞬时完成的，于是在负极板处就积聚了大量的氢离子，使电解液与极板间产生了附加电位差(0.33V)，因而端电压上升到了2.7V。

(4)急剧下降阶段

端电压上升到2.7V后应停止充电，若继续充电，则称为过充电。过充电会产生大量的气泡从极板孔隙中冲出，导致活性物质脱落，蓄电池的容量下降。

停止充电后，电源电压消失，积聚在负极板周围的氢离子形成氢气逸出，孔隙内的硫酸向外扩散，电解液混合均匀，端电压迅速下降到稳定值。

(5)充电终了

充电终了的标志是：电解液呈沸腾状(氢气和氧气的溢出)；电解液密度上升至最大值，且2～3h内不再上升；单格电池的端电压上升至最大值(2.7V)，且2～3h内不再上升。

4.2.5.4 放电特性

蓄电池的放电特性是指恒流放电时，蓄电池的端电压、电动势和电解液密度随时间变化的规律，如图4-12所示。

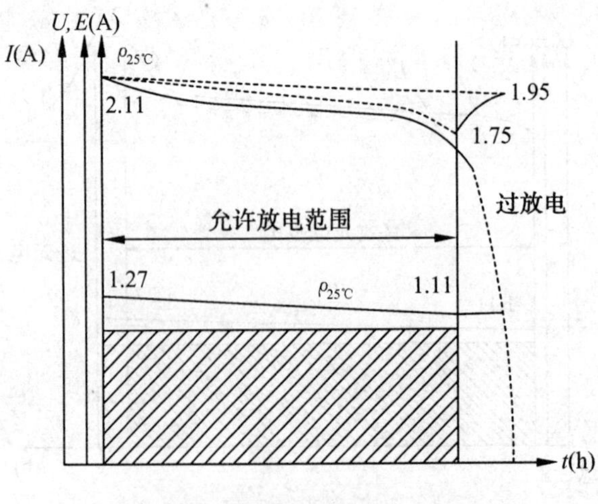

图4-12 蓄电池20h的放电特性曲线

蓄电池的整个放电过程可分为以下四个阶段：

(1)开始放电阶段

开始放电时，化学反应在极板孔内进行，首先消耗的是极板孔内的硫酸，而该范围内硫酸很有限，此时外围硫酸又来不及向内补充，所以极板孔内电解液密度迅速下降(电动势迅速下降)，端电压迅速下降。

(2)相对稳定阶段

随着极板孔隙内电解液密度的不断下降,孔隙内外电解液的密度差不断增大,在密度差的作用下，硫酸向孔隙内的扩散速度也随之加快，从而使放电电压和放电电流得以维持。当孔隙外补充的硫酸和孔隙内部消耗的硫酸基本相等时，极板孔隙内外的密度差将基本保持一定。此时孔隙内电解液密度将随着孔隙外电解液密度一起下降，端电压也按近似直线规律缓慢下降。

(3)迅速下降阶段

以下三个方面的原因导致了端电压迅速下降。

①当放电接近终了时，孔隙外电解液密度已大大下降，孔隙外硫酸向孔隙内补充的速度减慢，离子的扩散速度下降。

②随着放电时间的延长，极板表面硫酸铅的数量增多，使孔隙变小，将极板活性物质与电解液隔离开来。

③硫酸铅本身的导电性能差。放电时间越长,硫酸铅越多，内阻越大。通常把端电压急剧下降的临界点(端电压约为 1.17V) 称为“放电终了”。若此时仍继续放电，端电压会很快下降到 0，所以必须停止放电。

(4)电压回升阶段

停止放电后，由于放电电流为 0，故内阻上的压降为 0。因有足够时间让硫酸渗入到极板孔隙内，使电解液混合均匀，所以端电压回升到与此时电解液密度相对应的电动势数值。

蓄电池放电终了，停止放电后，端电压回升是一种表面现象，在没有充电前，若重新接通电路继续放电，电压急剧下降到 0 的现象又会出现。

(5)放电终了

放电终了的特征是:单格电池电压下降到放电终止电压值(20h 放电率放电时,此值为 1.75V);电解液的相对密度下降到最小许可值,约为 1.11。

4.2.6　蓄电池的容量及其影响因素

4.2.6.1　蓄电池的容量

蓄电池的容量是指蓄电池在完全充足电的情况下,在允许放电的范围内对外输出的电量,单位为安培小时(A·h)。

完全充足电的蓄电池在电解液平均温度为 25℃的情况下,以 20h 放电率连续放电至单格电压降至 1.75V 时所输出的电量称为“额定容量”。

如一只启动型蓄电池,在电解液平均温度为 25℃的情况下,以 4.5A 放电电流连续放电 20h 后，单格电压降至 1.75V，则它的额定容量为 $Q=4.5\times20=90$(A・h)。

4.2.6.2 影响因素

蓄电池的容量与活性物质的数量、极板的厚薄、活性物质的孔率、极板的结构、生产工艺、放电电流、电解液温度、电解液密度等因素有关。

(1)放电电流

放电电流对蓄电池容量的影响如图 4-13 所示。

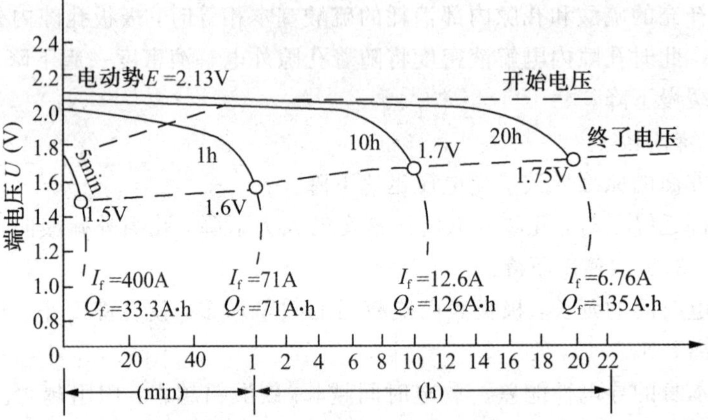

图 4-13 放电电流对蓄电池容量的影响

放电电流越大，蓄电池的容量就越低。放电电流过大，则单位时间内参加反应的活性物质及硫酸量增多，极板孔隙内硫酸消耗量过快，极板外部的硫酸来不及渗入到极板的内部，使得极板孔隙内的电解液密度下降过快，蓄电池的端电压下降过快，提前到达终止电压。由于硫酸来不及渗入到极板的内部，反应在极板的表面进行，生成的硫酸铅也附着在极板的表面，阻碍硫酸渗入极板，则极板内部的活性物质得不到充分利用，蓄电池的容量减小。

(2)电解液的温度

电解液的温度对蓄电池容量的影响如图 4-14 所示。电解液的温度较高时，黏度会增大，渗透能力下降，致使蓄电池的容量减小；电解液的温度较低时，电解液的溶解度和电离度也会降低，同样加剧蓄电池容量的下降。寒冷地区使用时应注意蓄电池的保温。

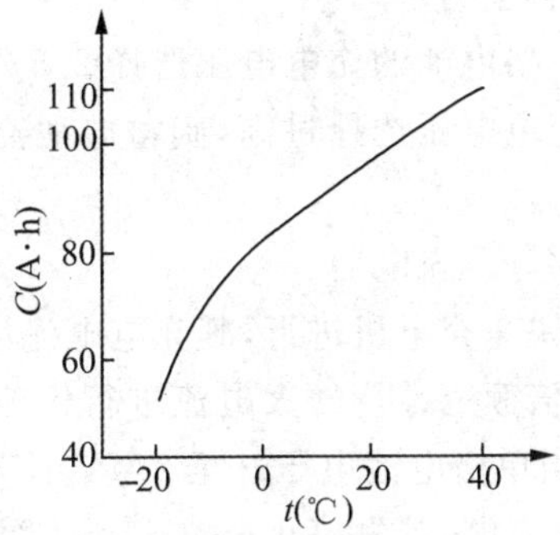

图 4-14　电解液的温度对蓄电池容量的影响

(3)电解液的密度

适当增加电解液的密度,电解液的内阻减小,其渗透能力有所提高,有利于增加蓄电池的容量。但密度过高时,由于电解液的黏度增加,其内阻也增加,渗透能力反而有所降低,引起蓄电池的容量下降。因此,电解液的密度偏低时,蓄电池的容量、放电电流可以提高。所以,冬季在电解液不结冰的前提下,尽量采用低密度的电解液。

(4)电解液的纯度

电解液中的一些杂质会腐蚀极板上的栅架、沉附于极板上形成局部电池产生自放电。

(5)结构因素

蓄电池极板的表面积越大,极板片数越多,参加反应的活性物质就越多,容量就越大。另外,极板越薄,活性物质的多孔性越好,则电解液向极板内部的渗透越容易,活性物质利用率就越高,输出容量也就越大。

4.2.7　蓄电池的充电

4.2.7.1　充电方法

蓄电池的充电方法可分为定流充电、定压充电和脉冲快速充电。

(1)定流充电

充电过程中,使充电电流保持恒定的充电方法,称为“定流充电”。

特点:

①充电过程中,充电电流恒定,但充电电压是变化的(充电过程中,蓄电池的端电压不断升高,为保证充电电流的恒定,充电电源电压或调节负载应随时变化)。

②充电电流的大小可根据充电类型及蓄电池的容量确定。

③不同端电压的蓄电池可以串联充电。

④充电时间长。

(2)定压充电

充电过程中,加在蓄电池两端的电压保持不变的充电方法,称为“定压充电”。

特点:

①充电过程中,充电电压保持不变(充电开始时,充电电流很大,随着蓄电池电动势的

不断升高，充电电流逐渐减小，直至为零）。

②充电电压的选择：一般单格电池的充电电压选择 2.5V（若充电电压选择过低，则蓄电池出现充电不足的现象；若充电电压选择过高，则蓄电池充足电后还会继续充电，此时的充电则为过充电）。

(3)脉冲快速充电（亦称为“分段充电”）

脉冲快速充电必须用脉冲快速充电机进行，其充电电流波形如图 4-15 所示。脉冲快速充电的过程是：先用 0.8～1 倍额定容量的大电流进行恒流充电，使蓄电池在短时间内充至额定容量的 50%～60%，当单格电池电压升至 2.4V 且开始冒气泡时，由充电机的控制电路自动控制，开始脉冲快速充电，首先停止充电 25ms（称为“前停充”），然后再放电或反向充电，使蓄电池反向通过一个较大的脉冲电流（脉冲深度一般为充电电流的 1.5～3 倍，脉冲宽度为 150～1000μs），然后再停止充电 40ms（称为“后停充”），以后的过程为：正脉冲充电—前停充—负脉冲瞬间放电—后停充—正脉冲充电……依此循环进行，直至充足电。

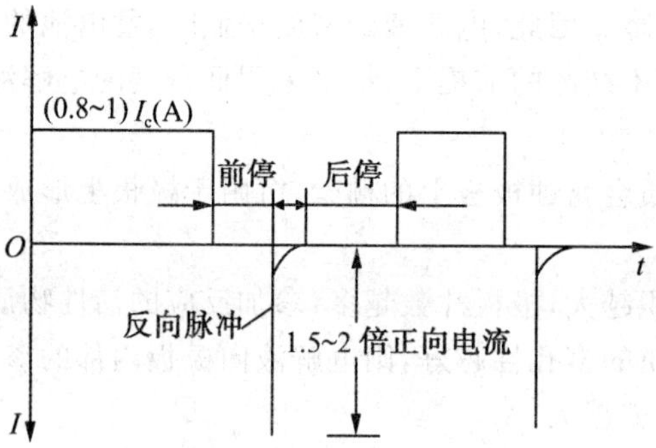

图 4-15　脉冲快速充电电流波形

特点：

①充电速度快、充电时间短（一次初充电只需 5h）。

②可以增加蓄电池的容量（充电过程中，化学反应充分，且加深了化学反应的深度，并可使极板去硫化明显，因此，蓄电池的容量增加）。

③去硫化效果好。

④充电过程中产生大量气泡，对活性物质的冲刷力强，易使活性物质脱落，蓄电池的使用寿命下降。

4.2.7.2　充电种类

(1)初充电

新蓄电池或修复后的蓄电池（更换极板）在使用前的首次充电称为“初充电”。

①选择初充电规范：第一阶段的充电电流约为蓄电池容量的 1/15，充电至电解液中有气泡析出，单格端电压达到 2.4V；第二阶段的充电电流约为蓄电池容量的 1/30。

注意：充电过程中要经常测量电解液的密度和温度。如果电解液的温度超过 40℃，则应将电流减小；如果温度继续上升至 45℃，则应停止充电，适当采取冷却措施以降低电解液的温度。

充电接近终了时，如果电解液的密度不符合规定，应用蒸馏水或相对密度为 1.40g/cm³ 的电解液调整，调整后再充电 2h。

①充足电的标志：蓄电池电解液产生大量气泡，呈沸腾状态；蓄电池电解液的密度及单格端电压达到规定值，且连续 3h 不变。

(2)补充充电

蓄电池在使用过程中，若符合下列条件应进行补充充电：

①电机运转无力、灯光比平时暗淡。

②电解液的密度下降至 1.15g/cm³ 以下。

③单格电池的电压下降至 1.75V 以下。

④储存不用近一个月的蓄电池。

选择充电规范：第一阶段的充电电流约为蓄电池额定容量的 1/10；第二阶段的充电电流约为蓄电池额定容量的 1/20。

充足电的标志：电解液呈沸腾状态；电解液密度和蓄电池端电压达到规定值，且连续 3h 不变。

4.2.8　干荷电式蓄电池

干荷电式蓄电池是指极板组在干燥状态下仍能长期保存自身电荷的蓄电池。这种蓄电池的负极板的活性物质在铅中配有一定比例的抗氧化剂，如松香、羊毛脂、油酸、有机聚合物和脂肪酸等。经深化处理后，使活性物质形成较深层的海绵状结构，再经防氧化浸渍处理，极板表面附着了一层极薄的保护膜，提高了抗氧化性能，最后经惰性气体或真空干燥处理。经过这样的处理后，负极板上的海绵状纯铅在空气中长期干存而不氧化，在反应中获得的大量负电荷不至于消失。以上就是干荷电式蓄电池具有长期保存其电荷功能的原因。

4.2.9　湿荷电式蓄电池

湿荷电式蓄电池与普通蓄电池所不同的是它采用极板群组化成，化成后将极板浸入相对密度为 1.35(15℃)、内含 0.5%(质量比)硫酸钠的稀硫酸溶液中浸渍。硫酸钠在负极板活性物质表面起抗氧化作用，经离心沥酸后，不经干燥即进行组装密封。

湿荷电式电池极板和隔板仍带有部分电解液，蓄电池内是湿润的，所以叫“湿荷电式蓄电池”。

4.2.10　免维护型蓄电池

免维护型蓄电池是指在使用寿命期限内，除要保持表面清洁外，不需其他维护的蓄电池。这与它自身的结构特点密切相关。

(1)免维护型蓄电池采用低锑合金或铅钙合金做极板栅架。因为栅架含锑少或不含锑，提高了氢在蓄电池负极、氧在正极析出的低电位，从而有效地保存了蓄电池中的水分，也有效地减少了蓄电池的自放电，这使得蓄电池在使用过程中不需要补加蒸馏水。

(2)采用密封式隔板。这样就可以有效地避免正极板上活性物质的脱落，延长蓄电池的使用寿命。

(3)采用内装饰密度计。从密度计指示器指示的不同颜色，可以判断蓄电池的存电状态及液面高度。

(4)采用安全通气装置。这使得蓄电池可避免其内部硫酸气与外部的火花直接接触，防止爆炸。另外，通气塞处还装有催化剂钯，可把氢气和氧气催化化合成水，重新流回到蓄电池中，从而保持了水分。

(5)联条采用穿壁式连接。这种连接方式可以减小蓄电池的内阻，提高蓄电池的容量。

4.2.11 胶体型蓄电池

胶体型蓄电池是指其电解液是由稀的硫酸钠溶液和硅酸溶液混合成胶状物质的蓄电池。这种蓄电池因为其电解液的流动性不强，所以在储存、保管、运输及使用过程中都比较安全，但其容量与普通蓄电池相比有所降低。

4.2.12 水平式蓄电池与双极式蓄电池

为了克服比能量低和续驶里程短的问题，不少研究者对铅酸蓄电池进行了各种改造，例如利用双极式技术对原铅酸蓄电池进行改造，取得了一定效果。所谓“双极式”，是将原蓄电池的隔板去掉，正、负极板合一，一面涂正极板活性物质，另一面涂负极板活性物质，如图 4-16 所示。据报道，英国一家公司用钛化合物 Ebonox 作电极制成的铅酸蓄电池比能量达到 60W·h/kg，几乎接近镍氢、锂电池的比能量。如果在技术上突破的话，价格低廉的铅酸蓄电池会大力推动电动汽车的推广和普及。

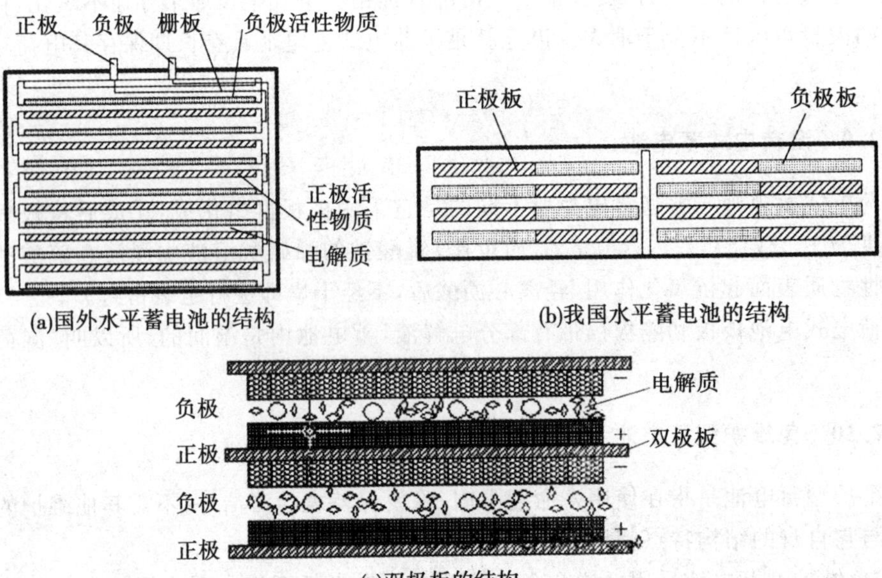

图 4-16　双极式电池的结构

我国《汽车工程》杂志 2006 年 9 月刊登了一篇电动客车动力系统研究的论文，文中介绍了一种“水平铅酸蓄电池”，它与一般铅酸蓄电池不同的结构部分是电极板。极板是用轻型玻璃丝为基体与铅一起挤压成柔软的铅丝，再用这些丝编制成网络，铺在特制的化学物质上，构成双网极板，最后将这些双网极板组合，水平放置在电池壳里组成电池组，如图 4-16(a)所示。图 4-16(c)为双极板的结构示意图。我国极板与国外的不同，其一半为正极板，另一半为负极板，组成电池时互相错开，如图 4-16(b)所示。水平放置的作用是保证极板上的活性物质最大限度地参与化学反应。电池壳上装有控制阀，防止电池中产生的气体膨胀，损坏电池。水平蓄电池与普通铅酸蓄电池的性能比较如表 4-1 所示。用一组额定容量 C=85A·h，U=12V 的水平蓄电池进行充放电试验。用大电流 5 倍额定容量 5C，300A 恒流限压，充电 30min 就可以充到 80%的额定容量，3h 即可充满。用 300A 电流放电可持续 12min，容量达到 65A·h。试验温度变化 20℃～30℃，不影响电池性能。

表 4-1　　水平蓄电池与普通铅酸蓄电池的性能比较

性能指标	普通铅酸蓄电池	水平蓄电池
容量效率（%）	65～90	99.75
能量效率（%）	55～75	81.4
比能量(W·h/kg)	33	41
比功率(W/kg)	300	380

4.3　电动汽车用碱性电池

碱性电池采用氢氧化钾溶液替代了硫酸溶液，与同容量的铅蓄电池相比，其体积小，寿命长，能大电流放电，但成本较高。碱性蓄电池按极板活性材料可分为铁镍、镉镍、锌银蓄电池等系列。以镉镍蓄电池为例，碱性蓄电池的工作原理是：蓄电池极板的活性物质在充电后，正极板为氢氧化镍[$Ni(OH)_3$]，负极板为金属镉(Cd)；而放电终止时，正极板转变为氢氧化亚镍[$Ni(OH)_2$]，负极板转变为氢氧化镉[$Cd(OH)_2$]，电解液多选用氢氧化钾(KOH)溶液。

碱性电池主要以电解质酸碱性来区分，属于此类的主要有：镍氢($Ni\text{-}H_2$)电池、镍金属氢化物(Ni-MH)电池、镍镉(Ni-Cd)电池、钠硫(N-S)电池、钠氯化镍($Na\text{-}NiCl_2$)电池、镍锌(Ni-Zn)电池、镍铁(Ni-Fe)电池、锌空气电池。这些电池大多数都被选为电动车辆的动力电池。目前被业界看好或受到重视的有镍氢($Ni\text{-}H_2$)电池、镍金属氢化物(Ni-MH)电池、锌空气电池、钠氯化镍($Na\text{-}NiCl_2$)电池等。以下将进行逐一分析。

4.3.1　镍氢电池

镍氢($Ni\text{-}H_2$)电池属于碱性电池，它的许多基本特性和镍镉(Ni-Cd)电池相似，但镍氢电池不存在重金属污染问题，称为“绿色电池”。20 世纪 70 年代，荷兰 Philips 公司成功运用 $LaNi_5$ 储氢合金开发了镍氢电池，但是由于其容量衰减太快，故进展很慢。20 世纪

80 年代，Philips 公司制成了 $LaNi_{2.5}CO_{25}$ 储氢合金材料，成功研制了镍氢电池。20 世纪 90 年代，随着电动汽车尤其是混合动力汽车研究开发的需要，镍氢电池向高能量动力电池的方向迅速发展。

镍氢电池的充放电反应机理可以由图 4-17 来说明。镍氢电池正极的活性物质为 NiOOH（放电时）和 $Ni(OH)_2$（充电时），负极的活性物质为 H_2（放电时）和 H_2O（充电时），电解质一般采用 KOH 碱性水溶液。充放电时镍氢电池的负极化学反应、正极化学反应和总反应方程如下：

负极反应：

$$M+H_2O+e^- \longrightarrow MH_x+OH^-$$

正极反应：

$$Ni(OH)_2+OH^- \longrightarrow NiOOH+N_2O+e^-$$

总反应：

$$M+Ni(OH)_2 \longrightarrow MH_x+NiOOH$$

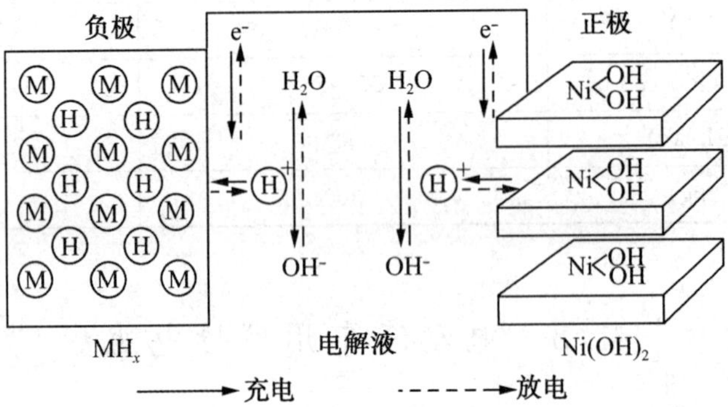

图 4-17　镍氢电池的工作原理

目前镍氢电池所能达到的性能指标为：单体电池的标称电压为 1.2V，能量密度（3h）为 55～70W·h/kg，功率密度为 160～500W/kg，快速充电从满容量的 40%充到 80%为 15min，工作温度为－30℃～＋50℃，循环使用寿命超过 1000 次。

镍氢电池的优点是：能量密度、功率密度均高于铅酸电池和镍镉电池，循环使用寿命在实际电动汽车用电池中是最高的；快速充电和深度放电性能好，充放电效率高；无重金属污染，全密封免维护。

镍氢电池的缺点为：成本高，价格为相同容量铅酸电池的 5～8 倍；单体电池电压低（1.2V）；自放电损耗大；对环境温度敏感，电池组热管理任务重。

镍氢电池的充放电特性以松下电池公司生产的 MHB-100（12V/100A·h）电车用电池的充放电特性曲线（见图 4-18）来说明。图 4-18(a)为充电时的曲线，图 4-18(b)为放电时的曲线。由曲线可看出，充放电受充放电流和温度影响比较大。如若采用大恒流充电时，端电压高，电池的温度也高，以 20A 放电时，比能量为 70W·h/kg，以 100A 放电时，比能量反而比 20A 时低 5%，温度却高 15℃，电池寿命可达 1000 次循环，可实际行驶 1.5×10^5 km。

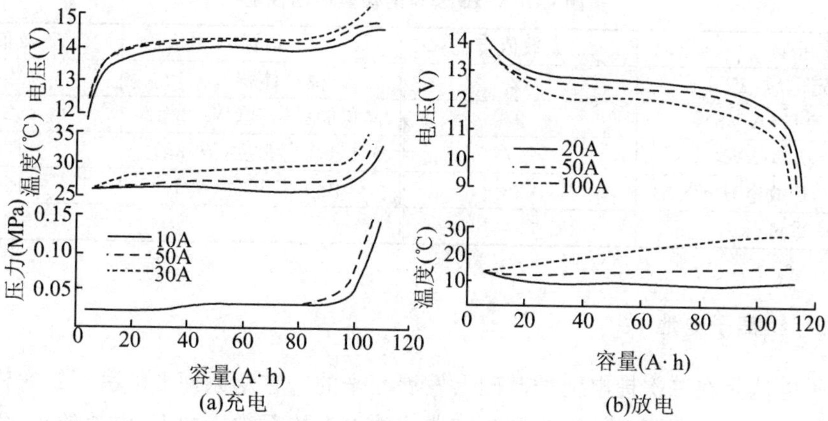

图 4-18　镍氢电池的充放电特性

近几年来，随着混合动力汽车的产业化和燃料电池汽车的研制开发，镍氢电池受到了非常普遍的关注。随着镍氢电池技术的不断发展，其能量密度、功率密度、循环寿命和快速充电能力会大幅度提高，价格将会降低。许多公司都把镍氢电池作为今后混合动力汽车和燃料电池汽车使用的首选电池。

世界上最早的两款商业化混合动力汽车丰田 Prius 和本田 Insight 配备的都是镍氢动力电池。世界上最早的两款商业化电动汽车——日本丰田公司的 RAV4 EV 和本田公司的 EV PLUS 配备的也是镍氢动力电池。目前镍氢动力电池已经批量生产，主要厂商有美国 Ovoic、法国 Saft、日本 Panasonic、德国 Varta 等。

国内镍氢电池的主要研制单位可查阅国家"863"电动汽车重大专项的相关资料。国外主要电池公司镍氢电池的性能指标如表 4-2 至表 4-4 所示。

表 4-2　　日本 Panasonic 公司的镍氢电池性能

项目	EV95	EV28	EV6.5
容量(A・h)	95	28	6.5
额定电压(V)	12	12	7.2
质量(kg)	18.7	6.5	1.1
能量密度(W・h/kg)	63	53	44
功率密度(W/kg)	200(80%DOD)	300(80%DOD)	500(50%DOD)

表 4-3　　法国 Saft 公司的镍氢电池性能

电池型号	NH12.2	NH12.4
额定容量(A・h)	96	109
能量密度(W・h/kg)	66	70
功率密度(W/kg)	150	162

表 4-4　　美国 COBASYS 公司的镍氢电池性能

指标	数值	指标	数值
额定电压(V)	12	模块体积(L)	1.28
额定容量(A·h)	9	体积能量密度(W·h/L)	52
额定功率(kW)	2.7	质量功率密度(W/kg)	1125
额定能量(1C 放电)(W·h)	125	体积功率密度(W/L)	2100
模块重量(kg)	2.4		

4.3.2　锂离子电池

锂离子电池是在二次锂电池的基础上发展起来的。它从原理上解决了二次锂电池安全性差和充放电寿命短两个技术难题。其典型的电池体系构成如下：电池的正、负极均由可以嵌入和脱出 Li^+ 的化合物或材料组成，其中，正极：锂化跃迁金属氧化物($LiMO_2$，M-Co、Mn或 Ni 等跃迁金属)；负极：可嵌入 Li^+ 的碳(形成 Li_xC)；电解质：有机溶液或固体聚合物。

在充放电过程中锂离子电池的反应方程式如下：

正极：

$$LiMO_2 \longrightarrow Li_{1-x}MO_2 + xLi^+ + xe^-$$

负极：

$$C + xLi^+ + xe^- \longrightarrow Li_xC$$

锂电子电池的表达通式为：

$$Li_xC + Li_{1-x}MO_2 \longrightarrow C + LiMO_2$$

锂离子电池的工作原理如图 4-19 所示(以 Co 金属为例进行说明)。在电池充电时，Li^+ 从正极脱出，经过电解质嵌入负极；电池放电时，Li^+ 则从负极脱出，经过电解质再嵌回正极。电池的操作过程实际上是 Li^+ 在两电极之间来回嵌入和脱出的过程，故锂离子电池也称为“摇椅式电池”。由于锂离子在正负极中有相对固定的空间和位置，因此锂离子电池充放电反应的可逆性很好。

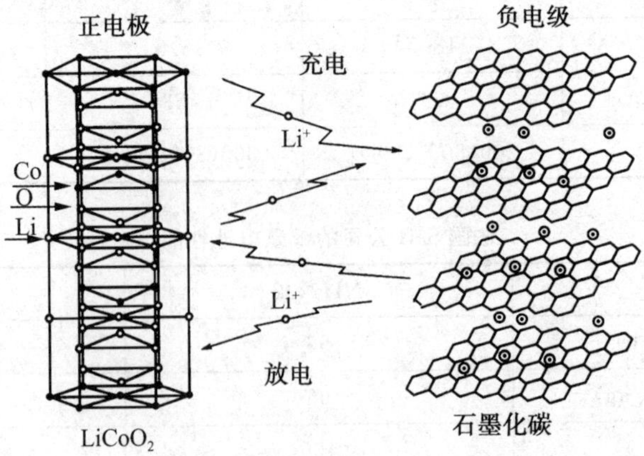

图 4-19　锂离子电池的工作机理

锂离子电池的特点主要有：①密度高，是 Ni-MH 电池的 1.5～2 倍；②电压高，端电压可达 3.7V，是 Ni-MH 电池端电压(1.2V)的 3 倍；③无污染；④循环寿命长，大于 1000 次；⑤负载能力大，可以大电流连续放电；⑥安全性好，使用了改良的负极材料，克服了充电过程中锂枝晶生长的问题，大大提高了安全性。

锂离子电池是所有可充电电池中综合性能最优的一种新型电池。与其他电池相比，锂离子电池应用于电动汽车时，在容量、功率方面均具有较大优势。国内外许多单位对锂离子电池在电动汽车方面的应用都表现出特别的关注。1995 年，日本索尼能源技术公司(Sony Energytec. Co.)与日产汽车公司(Nissan Motor)联合研制成功用锂离子电池组驱动的电动汽车。索尼公司研制的车用锂离子电池有两种：一种是用于电动汽车(EV)、容量为 100A・h 的圆柱形高能量电池，8 只电池串联成一个模块，12 个模块组成完整的车用电池组；另一种是用于混合动力电动汽车(HEV)、容量为 22A・h 的圆柱形高功率型电池，虽然其能量密度仅为 62W・h/kg(仅为前者的 56.4%)，但其功率密度为 800W/kg(是前者的 2.7 倍)。表 4-5 列出了这两种电池的主要技术指标。

日本近年来一直在大力研究锂离子电池。日本政府在 2002～2006 年设立了国家级锂离子研究项目，主要目标是研制用于"燃料电池汽车"及其他电动汽车用的锂离子电池。日本的主要电池厂商，包括日立(Hitachi-HVE)、汤浅(GS-Yuasa)、松下(Panasonic)，都是该项目的成员。在 2006 年，日立、汤浅、松下公司受资助研究的锂离子电池的性能指标如表 4-6 所示。

表 4-5　日本索尼公司电动汽车用锂离子电池的技术指标

性能参数	圆柱形单体电池		方形组合电池	
	高能量型	高功率型	高能量型	高功率型
重量(kg)	3.3	1.2	29	12.5
尺寸(mm)	ϕ67×410	ϕ50×250	292×150×140	220×300×160
工作电压(V)	3.6	3.6	28.8	28.8
额定容量(A・h)	100	22	100	55
能量密度(W・h/kg)	110	62	100	55
功率密度(W/kg)	300	800	300	700
循环寿命(次)	1200	1200	1200	1200

表 4-6　日本研制的锂离子电池的技术指标

项目	日立	汤浅	松下
容量规格(A・h)	15	10	7
质量功率密度(W/kg)	2100	2340	2600
质量能量密度(W・h/kg)	69	80	78

法国 Saft 公司受美国能源部资助，一直在进行锂离子电池的研究工作。表 4-7 所示为 Saft 公司在 2003 年向美国能源部提供的锂离子电池的性能。与 FreedomCAR 项目对储能电源的目标要求相比，除了成本外，Saft 公司的锂离子电池都已经达标。

表 4-7　Saft 公司在 2003 年研制的高性能型锂离子电池的性能

性能	当前锂离子电池	系统目标
质量功率密度(18s 放电)(W/kg)	900	625
体积功率密度(W/L)	1450	780
质量能量密度(W·h/kg)	75	75
寿命(年)	15	15
产量为 10 万套/年时的价格(美元/套)	是目标值的 2～4 倍	500

目前锂离子电池的能量密度、放电率、充放电寿命及密封性等，均可以满足美国 USABC制定的电动汽车用动力电池的中期目标。当前，锂离子电池仍然存在的主要问题是：快充放电性能差、价格高和过充放电保护问题。在过充或滥用的条件下，锂离子电池可能发生火灾或爆炸。因此，为确保锂离子电池的安全性，必须使用电池管理系统。此法虽然有效，但会增大电池的成本和体积。

4.3.3　镉镍电池

镉镍电池是采用金属镉作负极活性物质、氢氧化镍作正极活性物质的碱性蓄电池。正、负极材料分别填充在穿孔的附镍钢带(或镍带)中，经拉浆、滚压、烧结、化成或涂膏、烘干、压片等方法制成极板；用聚酰胺非织布等材料作隔离层；用氢氧化钾水溶液作电解质溶液；电极经卷绕或叠合组装在塑料或镀镍钢壳内。

4.3.3.1　镉镍电池的结构与工作原理

镉镍电池的工作原理如图 4-20 所示。

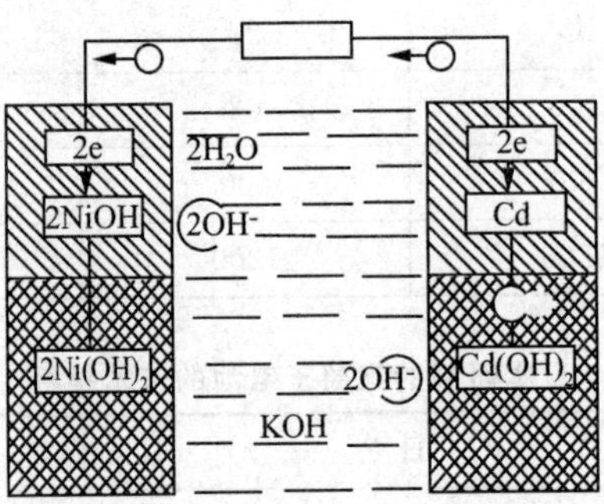

图 4-20　镉镍电池的工作机理

镉镍电池的电池表达式为：

$$(-)Cd \mid KOH(NaOH) \mid NiOOH(+)$$

电池反应为：

放电时：

$$Cd+NiOOH+H_2O \longrightarrow Ni(OH)_2+Cd(OH)_2$$

充电时：

$$Ni(OH)_2+Cd(OH)_2 \longrightarrow Cd+NiOOH+H_2O$$

总反应式为：

$$2Ni(OH)_3+Cd = 2Ni(OH)_2+Cd(OH)_2$$

电解液是密度为 1.20～1.27g/cm^3 的氢氧化钾溶液，其只作电流的传导，浓度基本不变，因而不能根据电解液的浓度大小来判断其充放电程度。镉镍电池充电后，负极的活性物质是金属镉 Cd，正极的活性物质是氢氧化镍。放电时，负极活性物质 Cd 给出两个电子，与电解液里的两个氢氧根离子 OH^- 相化合，生成氢氧化镉。两个电子由负极流出，经过外电路的负载，到达正极。在正极，两个氢氧化镍分子接受两个负电荷以后，在水的参与下，生成两个氢氧化亚镍 $Ni(OH)_2$ 分子和两个氢氧根离子。在电解液中，两个氢氧根离子携带着两个负电荷由正极向负极迁移。镉镍电池的标准电动势为 1.33V，工作电压为 1.20～1.25V，放电终止电压为 1.0V，充电终止电压不高于 1.60V。其比能量为 30W·h/kg，循环寿命达 2000 次，使用寿命为 20 年，在所有蓄电池中是寿命最长的。

4.3.3.2　免维护镉镍电池的特点

免维护镉镍电池已用于汽车，作为启动电源。它在上述镉镍电池的基础上采用了以下技术措施：

(1)蓄电池容量受正极限制。负极容量一般比正极容量高 40～50，以确保正极产生的氧气在蓄电池内部被负极过剩的镉所吸收。

(2)采用了高强度的薄形极板，尽量增大电化学反应表面积，以保证蓄电池具有优越的大电流放电性能。

(3)采用透气性好、吸碱性好的材料作隔膜，并且保持有适量的电解液，使蓄电池既无游离的电解液产生，又能够满足电化学反应的需要。

(4)采用高强度的工程塑料外壳，使蓄电池不变形。因为在蓄电池的化学反应中，为了加速循环，要保持蓄电池内有一定的压力，一般为 0.05～0.08MPa。

(5)采用高灵敏度的二次安全排气阀，保证使用安全，提高蓄电池的使用寿命。高灵敏度排气阀既能在到达规定的临界压力时自动开启排气，又能灵活地自动关阀。

镉镍电池的标称电压为 1.2V，有圆柱密封式(KR)、扣式(KB)、方形密封式(KC)等多种类型。它具有使用温度范围宽、循环和储存寿命长、能以较大电流放电等特点，但存在“记忆”效应，常因规律性的不正确使用造成电性能下降。

大型袋式和开口式镉镍电池主要用于铁路机车、矿山、装甲车辆、飞机发动机等作启动或应急电源。圆柱密封式镉镍电池主要用于电动工具、剃须器等便携式电器。小型扣式镉镍电池主要用于小电流、低倍率放电的无绳电话、电动玩具等。由于废弃镉镍电池对环境的污染，该系列的电池将逐渐被性能更好的金属氢化物镍电池所取代。

4.3.4　锂铁电池

目前国内外研究的铁电池有高铁电池和锂铁电池两种。高铁电池是一种以合成稳定的高铁酸盐(K_2FeO_4、$BaFeO_4$等)作为高铁电池的正极材料制作的,是具有能量密度大、体积小、重量轻、寿命长、无污染等特点的新型化学电池;锂铁电池主要是磷酸铁电池,开路电压为1.78~1.83V,工作电压为1.2~1.5V,比其他一次电池高0.2~0.4V,而且放电平稳、无污染、安全、性能优良。

高铁作为电池的正极材料时,该电极反应为三电子反应,电池的电势以及能量都比传统的锌锰电池高。此外,这种材料价格低廉,对环境无污染,因此受到电化学界的广泛关注。

高铁酸盐物质在电池反应中可以得到3个电子,所以有相对较高的容量。从表4-8可以看出,高铁酸锂的理论容量高达601A·h/kg,高铁酸钡的理论容量也有313A·h/kg,而MnO_2的容量为308A·h/kg。

表4-8　　不同铁电极材料的性能比较

电极材料	K_3FeO_4	Na_3FeO_4	Li_3FeO_4	Ag_3FO_4	Ba_3FeO_4	MnO_2
分子量(kg/kmol)	198	166	134	336	257	87
理论容量(A·h/kg)	406	485	601	240	313	308

4.3.4.1　锂铁电池的工作原理

锂铁电池的全名是磷酸铁锂锂离子电池,由于其性能特别适合于动力方面的应用,因而也有人叫它"锂铁动力电池"(以下简称"锂铁电池")。

(1)锂铁电池的工作原理

锂铁电池的内部结构如图4-21所示。左边是橄榄石结构的$LiFePO_4$作为电池的正极,由铝箔与电池正极连接,中间是聚合物的隔膜,它把正极与负极隔开,但锂离子可以通过而电子不能通过,右边是由碳(石墨)组成的电池负极,由铜箔与电池的负极连接。电池的上下端之间是电池的电解质,电池由金属外壳密闭封装。

锂铁电池在充电时,正极中的锂离子通过聚合物隔膜向负极迁移;在放电过程中,负极中的锂离子通过隔膜向正极迁移。锂离子电池就是因锂离子在充放电时来回迁移而命名的。

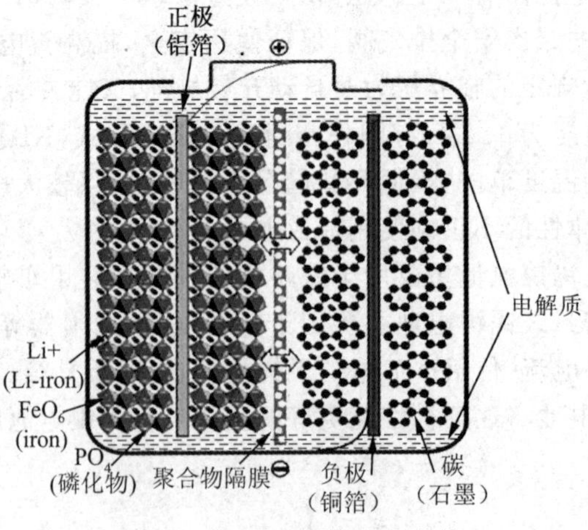

图4-21　锂铁电池的内部结构

(2)锂铁电池的主要性能

锂铁电池的标称电压是 3.2V、终止充电电压是 3.6V、终止放电电压是 2.0V。由于各个生产厂家采用的正负极材料、电解质材料的质量及工艺不同，锂铁电池在性能上会有些差异。例如同一种型号(同一种封装的标准电池)，其电池的容量有较大差别(10%～20%)。

4.3.4.2　锂铁电池的特点

(1)效率输出：标准放电为 2～5C，连续高电流放电可达 10C，瞬间脉冲放电(10s)可达 20C。

(2)高温时性能良好：外部温度 65℃时内部温度则高达 95℃，电池放电结束时温度可达 160℃，电池的结构安全、完好。

(3)即使电池内部或外部受到伤害，电池不燃烧、不爆炸，安全性最好。

(4)极好的循环寿命，经 500 次循环，其放电容量仍大于 95%。

(5)过放电到 0V 也无损坏。

(6)可快速充电。

(7)成本低。

(8)对环境无污染。

4.3.4.3　锂铁电池的放电特性及寿命

锂铁电池作为铁电池的一种，一直受到业界朋友的广泛关注(也有人说锂铁电池其实就是锂离子电池的一种)。下面以型号为 STL18650 的锂铁电池为例，来具体说明一下锂铁电池的放电特性及寿命。

STL18650 的锂铁电池(容量为 1100mA · h)在不同的放电率时其放电特性如图4-22所示。最小的放电率为 0.5C，最大的放电率为 10C，五种不同的放电率形成一组放电曲线。由图 4-22 可看出，不管哪一种放电率，其放电过程中电压均是很平坦的(即放电电压平稳，基本保持不变)，只有快到终止放电电压时，曲线才向下弯曲(放电量达到 800mA · h以后才出现向下弯曲)。在 0.5～10C 的放电率范围内，输出电压大部分在 2.7～3.2V的范围内变化。这说明该电池有很好的放电特性。

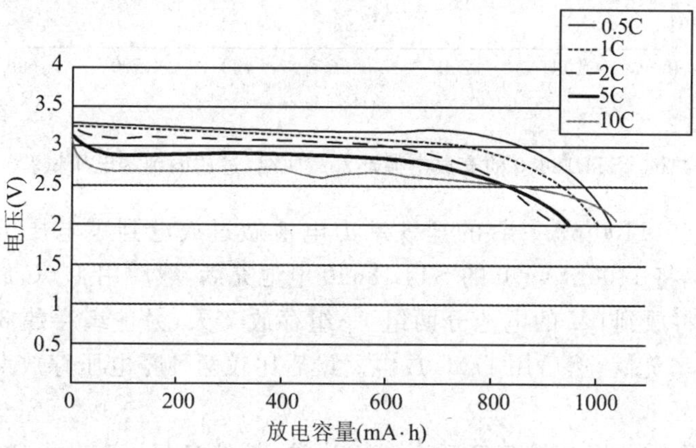

图 4-22　STL18650 的放电特性

容量为 1000mA·h 的 STL18650 在不同温度条件下(－20℃～＋40℃)的放电曲线如图 4-23 所示。如果在 23℃时放电容量为 100%,则在 0℃时的放电容量降为 78%,而在－20℃时降到 65%,在＋40℃放电时其放电容量略大于 100%。由图 4-23 可看出,STL18650 锂铁电池可以在－20℃下工作,但输出能量要降低 35%左右。

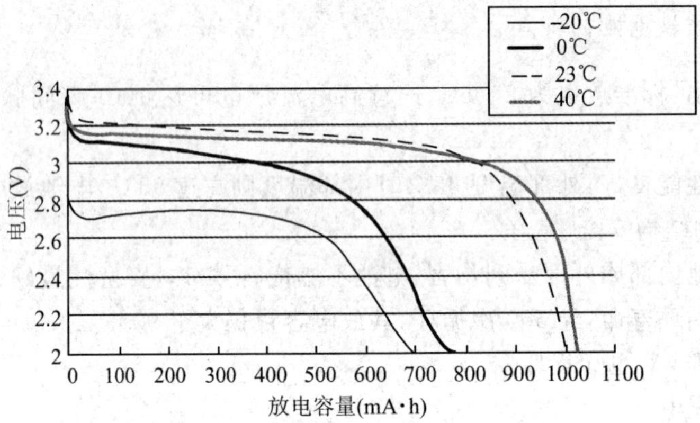

图 4-23　STL18650 在不同温度条件下的放电曲线

STL18650 的充放电循环寿命曲线如图 4-24 所示。其充放电循环的条件是:以 1C 充电率充电,以 2C 放电率放电,历经 570 次充放电循环。从特性曲线可看出,在经过 570 次充放电循环后,其放电容量不变,说明该电池有很高的寿命。

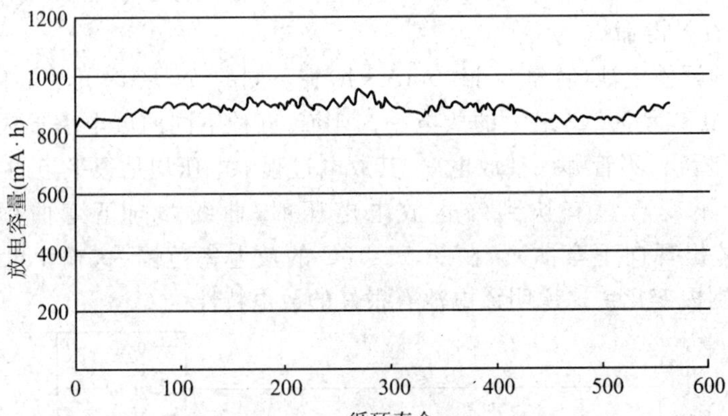

图 4-24　STL18650 的充放电循环寿命曲线(过放电到零电压试验)

采用 STL18650(1100mA·h)的锂铁动力电池做过放电到零电压试验。试验条件为:用 0.5C 充电率将 1100mA·h 的 STL18650 电池充满,然后用 1.0C 放电率放电到电池电压为 0V。再将放到 0V 的电池分两组:一组存放 7 天,另一组存放 30 天,存放到期后再用 0.5C 充电率充满,然后用 1.0C 放电。最后比较两种零电压存放期不同的电池的差别。

试验的结果是:零电压存放 7 天后电池无泄漏,性能良好,容量为 100%;存放 30 天后,电池无泄漏,性能良好,容量为 98%;存放 30 天后的电池再做 3 次充放电循环,容量又恢复到 100%。

试验说明该电池即使出现过放电(甚至到 0V),并存放一定时间,电池也不泄漏、损坏。这是其他种类锂离子电池不具有的特性。

4.3.5　空气电池

所谓“空气电池”,是指用氧气作正极的活性物质,常用金属作负极的活性物质的一种电池。它的电解质为碱性(KOH)。因为作负极的金属材料可选性很多,所以空气电池的种类也很多,一般以选作负极材料的金属名为电池名的第一个字,后面加空气电池即为电池名,如用锌作负极的空气电池即叫“锌空气电池”,用铝作负极材料的称为“铝空气电池”。因为锌材料易得,价格不高,故锌空气电池产品较多。

4.3.5.1　锌空气电池的结构

锌空气电池的结构如图 4-25 所示。其中图 4-25(b)为空气极板的放大图,由该图可知,空气极板由四层组成:一为隔离层;二为催化剂层,是表面改性的活性炭或炭黑材料;三为集电层,用导电良好的金属网和塑料制成;四层为空气扩散层,用纤维素做扩散纸。催化剂层和空气扩散层之间有用聚四氟乙烯树脂做的含水层,成品的锌空气电池由一组单体电池串联而成。车载锌空气动力电池组还包括空气流通保障系统和电池组热管理系统,确保动力电池组能够长期稳定运转。空气流通保障系统调节进入锌空气电池阴极的空气量,当不使用电池时可以自动切断空气。热管理系统主要是用来保证锌空气电池组能够可靠工作。

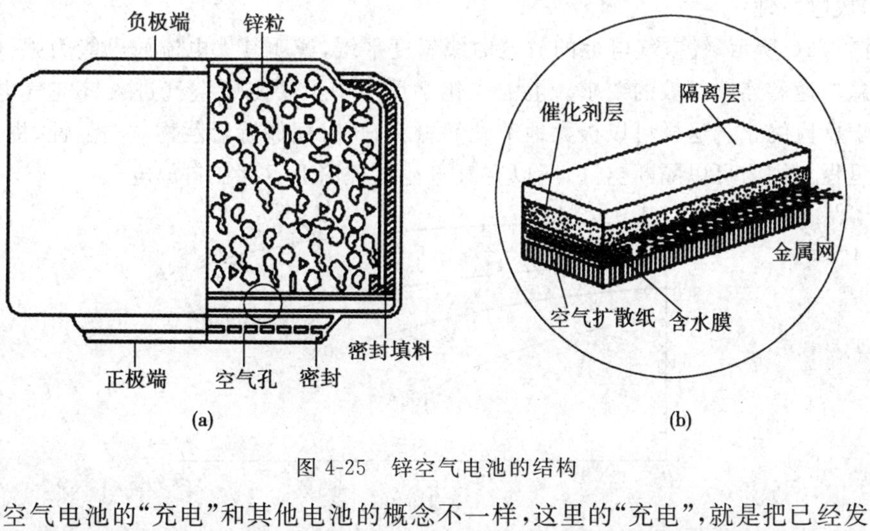

图 4-25　锌空气电池的结构

锌空气电池的“充电”和其他电池的概念不一样,这里的“充电”,就是把已经发生过化学反应生成氧化锌的锌粒清除出来,重新填入锌粒而已,方法简单,时间不长。车载锌空气动力电池组通常采用机械式充电模式,即用变换锌板或锌粒电解质的办法。更换下来的氧化锌在专门的工厂进行回收和处理,实现锌的再循环。这种特殊的“充电”一般换一次仅需数分钟时间，如更换一块 20kg 的电池块仅需 1 分钟 40 秒。因此，只要在公路沿线设置锌板或锌粒匣以及电解质容器匣的机械式整体更换站，其效果如同现在内燃机汽车的加油站，可为车主提供很大的便利。

4.3.5.2 锌空气电池的工作原理

锌空气电池以锌(Zn)为负极，以氧气为正极，以氢氧化钾(KOH)溶液为电解质。锌空气电池的化学反应与普通碱性电池类似，在特殊催化剂的作用下，当电池放电时，锌摄取输送炭块内从空气中吸附到的氧气，锌和氧气发生化学反应生成氧化锌(ZnO)，其化学方程式如下(放电过程)：

负极：

$$Zn + 2OH^- \longrightarrow ZnO + H_2O + 2e^-$$

正极：

$$\frac{1}{2}O_2 + H_2O + 2e^- \longrightarrow 2OH^-$$

总反应：

$$Zn + \frac{1}{2}O_2 \longrightarrow ZnO$$

锌空气电池的特点是：正、负极之间发生的化学反应是不可逆的，不像其他形式的碱性电池，没有充电过程，反应过的物质要清除掉，所以锌金属的消耗量较大。锌空气电池的工作电压为 1.1～1.4V。

4.3.5.3 锌空气电池的放电特性及特点

(1)放电特性

如图 4-26 所示，锌空气电池的放电曲线斜度平缓，说明其大电流放电能力强，能够满足汽车急加速和连续爬坡的要求。电池在化学反应中只要阻断空气进入锌空气电池，即可使化学反应终止。这样可以极大地节约锌材料，长时间保持活性物质的活性，提高汽车的行驶里程。因为可以隔断空气，所以空气电池在理论上不存在自放电。

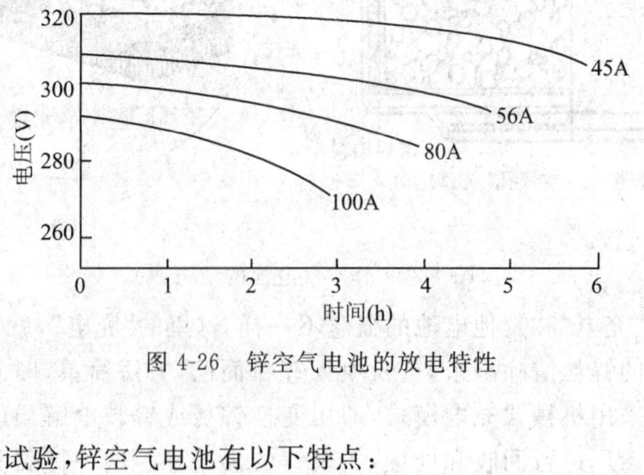

图 4-26 锌空气电池的放电特性

(2)性能特点

经过实车路试试验，锌空气电池有以下特点：

①比能量大，锌空气电池的理论比能量为 1350W·h/kg，现在电池的比能量为 180～230W·h/kg；能量密度为 230W·h/L。

②采用机械充电模式，充电时间只需几分钟。

③性能稳定，单电池有良好的一致性，可以深度放电，电池容量不受放电强度和温度的影响，可以在 −20℃～80℃的环境条件下工作。放电时不产生压力，没有气体生成，可以实现密封免维护，便于电池组能量管理。

④安全性好，锌可以再生使用，制造成本低。

同时，锌空气电池也存在不足。锌空气电池对水分、二氧化碳非常敏感，如果湿度相对发生变化，电池的特性也会发生相应变化。锌空气电池的临界相对湿度约为 60%，如果偏离过高就会严重影响电池的使用效果。经研究，如果湿度小于 60%，电池会失去水分，大于 60%时水分又会过多，电池可能出现泄漏。随空气进入的二氧化碳将会与电解质 KOH 发生化学反应，使电解液酸化，生成碳酸（或亚碳酸）盐在电极上结晶，阴极会受到损坏，并会有堵塞空气通路的危险。

4.4　物理电池

物理电池和化学电池最大的不同点在于，其储存能量、释放能量时不发生化学变化。目前，电动汽车常用的物理电池主要有超级电容和飞轮电池两种。本书主要讨论超级电容。

电容器是一种电荷的储存装置，当电源的电压作用在电容器的两端时，电源的电荷就储存在电容器中。利用电容器的这一特性在电动汽车上进行储能，可以提供车辆行驶时所需的电能。

超级电容也称为“电化学电容器”、“双电层电容器”，是一种新型储能装置，可以在大电流下快速充放电，提供很大的瞬时充放电功率，循环寿命长，工作电压和温度范围宽，其结构如图 4-27 所示。

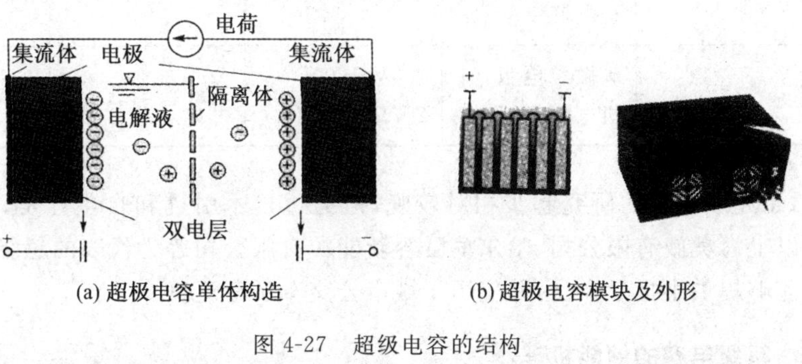

(a) 超极电容单体构造　　(b) 超极电容模块及外形

图 4-27　超级电容的结构

4.4.1　超级电容的研究现状

经过近 30 年的发展，人们沿着不同方向进行超级电容的研发工作，各种类型的超级电容性能也有了很大提高。表4-9列出了近年来世界主要的超级电容生产商和研究机构的发展水平。其中美国Maxwell公司、韩国Ness公司、俄罗斯ESMA公司以及一些日本公司等已经实现了超级电容的批量化生产,可以向市场提供性能稳定的实用化产品且成本将继续降低。

表4-9　近年来各国超级电容的发展水平

国家	公司/研究机构	使用技术	电容参数	比能量(W·h/kg)	质量比功率(W/kg)
美国	Maxwell	碳微粒电极,有机电解液	3V,800～2000F	3～4	200～400
		铝箔附着碳布电极,有机电解液	3V,130F	3	500
	LOS Alamos国家实验室	导电聚合物电极,有机电解液	2.8V,0.8F	1.2	2000
俄罗斯	ELIT	碳微粒电极,硫酸电解液	450V(多个单体),0.5F	1.0	900～1000
	ESMA	混合型碳电极,KOH电解液	1.7V(单体),17V(模块),50000F	8～10	80～100
日本	Panaconic	碳微粒电极,有机电解液	3V,800～2000F	3～4	200～400
	NEC	碳微粒电极,水基电解液	5～11V(多个单体),1～2F	0.5	5～10
法国	Saft	碳微粒电极,有机电解液	2.8V,3500F	6	3000
韩国	Ness	碳微粒电极,有机电解液	2.3V,1200F 2.7V,5000F	5.8	5200

我国对于超级电容的研究起步相对较晚,但通过技术引进和自主开发,发展速度很快,出现了以上海奥威有限公司、哈尔滨巨容新能源有限公司等为代表的超级电容研发和生产单位,能够提供小批量样品,并应用于城市公交车示范运行。

4.4.2　超级电容的储能机理

超级电容的正式名称是电化学电容,这是一种介于电解质电容器(用薄的氧化膜作介质的电容器)和电化学蓄电池之间的新型储能元件。其储能方式与传统电容器不同,传统电容器由电极和电介质构成,电极间的电介质在电场作用下产生极化效应而存储能量,而电化学电容器则不存在介质，它依靠电解质与电极接触界面上形成的特有双电层结构储存能量。电化学电容的容量远大于传统电容器，达到 $10^3 \sim 10^4$F。

德国物理学家亥姆霍兹(Helmholtz)在进行固体与液体界面现象的研究中发现，当导体电极插入电解液中时，导体电极即与电解液接触，由于库仑力、分子间作用力(范德华力)或原子间作用力(共价力)的作用，其表面上的净电荷将从溶液中吸引部分不规则分配的带异种电荷的离子，使它们在电极/电解质溶液界面的溶液一侧，距电极一定距离排成一排，形成一个电荷数量与电极表面剩余电荷数量相等而符号相反的界面层，从而形成一层在电极上，另一层在溶液中的两个电荷层，称为"双电层"，如图 4-28 所示。由于界面上存在一个位垒，两层电荷都不能越过边界彼此中和。双电层结构将形成一个平板电容器。

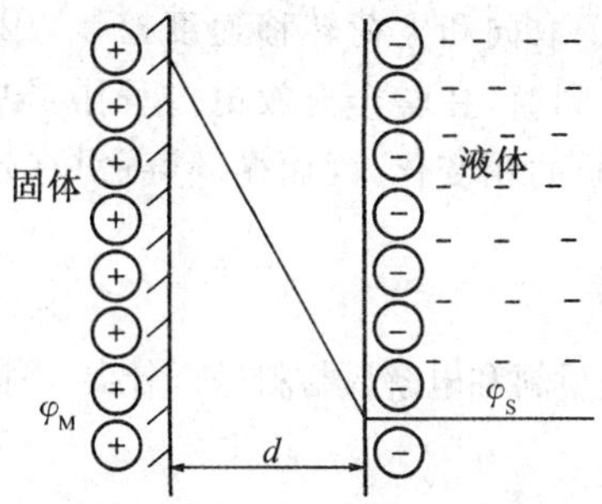

图 4-28　双电层电容器的电荷及电位分布

如果用 C 表示双电层的电容量，则其计算公式为

$$C = Q/\Delta\varphi_{M-S} = Q/\varphi_a \tag{4-1}$$

式中：$\Delta\varphi_{M-S}$为固体与液体之间双电层的电位差，$\Delta\varphi_{M-S} = \varphi_M - \varphi_S$；$\varphi_M$、$\varphi_S$ 为固体侧、液体侧的电位；Q 为双电层的电荷量；φ_a 为从零电荷电位算起的电极电位。

则电容器存储的能量为

$$E = 0.5CV_W^2 \tag{4-2}$$

式中：V_W 为电容器的最大工作电压。

根据电容量的计算公式，双电层电容与电极表面积成正比，与双电层厚度成反比。在强电解质的浓溶液中，双电层厚度的数量级为 0.1nm，选择适当的具有高比表面积的电极材料，可以得到很大的电容量，从而提高超级电容的能量密度。于是，人们将目光集中在具有很大表面积的碳基材料上。从 1954 年 Beck 首次申请了以活性炭作为电极材料的双电层电容器专利以后，对碳基超级电容电极材料的研究已进行了五十多年，主要集中在制备具有较高比表面积和较小内阻的多孔碳基材料方面进行改性研究，包括活性炭、炭黑、纳米碳纤维、碳气凝胶、纳米碳管、玻璃碳、网络结构活性炭以及某些有机物的炭化产物等。

碳电极电化学电容器的电容主要来源于界面双电层。从理论上来说，活性炭材料的比表面积越高，相应的比容量也应该越大，但是实际上测得的容量与比表面积之间并不是完全的线性关系，有些比表面积较小的碳材料反而具有较大的比容量。同时，完全的双电层电容是难以实现的，电极的表面上往往还会发生一些氧化还原过程。对于采用高比表面细微颗粒制成的碳电极,在产生双电层电容的同时,往往伴有电极表面发生的电化学法拉第氧化还原过程。这在一定程度上是由于碳电极表面的 sp^2、sp^3 杂化键造成的。另外,碳电极表面通常有醌式结构的存在,这些具有氧化还原性的官能团会发生化学反应而提供法拉第准电容,这也是实测电容与根据双电层电容预测的电容相差较大的原因之一。后来人们有意识地利用法拉第准电容储能原理,设计出其他类型超级电容,比如金属氧化物电极超级电容、有机导电聚合物电极超级电容等,利用电极上的氧化还原反应来存储能量,可以提高电容器的工作电压,从而极大地提高了超级电容的比能量。后面将对这种电容进行比较详细的介绍。法拉第准电容和双电层电容的另一个区别在于:双电层电容在充电过程中需消耗电解液,而法拉第准电容在整个充放电过程中电解液的浓度保持相对稳定。法拉第准电容不仅在电极表面产生,而且还可在整个电极内部产生,其最大充放电性能由电活性物质表面的离子取向和电荷转移速度控制,因此可在短时间内进行电荷转移,即可获得更高的比功率。同时,在整个充放电过程中,电极上没有发生决定反应速度与限制电极寿命的电活性物质的相变化,因而循环寿命长(超过 10 万次)。

4.4.3 超级电容的分类

超级电容可以根据其电极材料和电解质材料进行分类,不同的超级电容具有不同的特性。

4.4.3.1 根据电极材料分类

根据电极材料的不同,超级电容可以分为三类:碳电极双电层超级电容、金属氧化物电极超级电容和有机聚合物材料电极超级电容。

(1)碳电极双电层超级电容

这种电容主要使用多孔碳材料作为电极,比如活性炭或白炭黑的碳布、碳粉和碳纤维等。碳电极的主要优点在于材料来源广泛、成本低、加工技术成熟、活性面积大。作为电极的碳粉、碳布、碳纤维等材料,其活性面积可以达到 $2500m^2/g$。近年来随着纳米碳管研究的进一步深入,碳电极的活性面积进一步加大。例如,采用直径为 8nm 的纳米碳管制备的厚度为 25.4μm 的薄膜电极,比电容达到 49~113F/g(39.2~90.4F/cm^3)。尽管碳电极超级电容具有以上优点,但也存在随着活性面积的增大,其稳定性和导通性随之降低的缺点。图 4-29 是碳电极超级电容的充放电曲线。

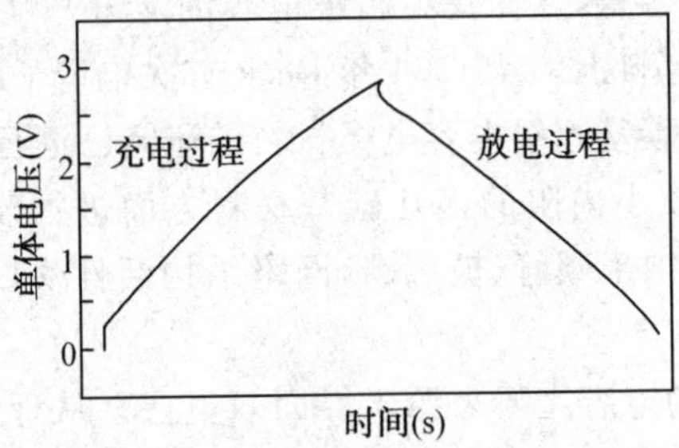

图 4-29 碳电极超级电容的充放电曲线

(2)金属氧化物电极超级电容

以金属氧化物作为电极材料的超级电容利用法拉第效应来存储能量。这种电容器使用 RuO_2、IrO_2 等金属氧化物作为电极，充放电时在电极上会发生一系列的氧化还原反应，其中，Ru(Ir)的化合价会在 3～6 价之间变化。图 4-30 是金属氧化物超级电容的充放电曲线。从充放电曲线可以看出，这种电容器具有某些蓄电池的充放电特性。与碳电极相比，金属氧化物电极的电导率比碳大两个数量级，因此金属氧化物电极超级电容可以实现非常高的质量比容量。此外，金属氧化物超级电容的循环寿命、充放电性能也相当好。这种超级电容的缺点是电极材料成本太高，且对电解液有限制，电容的额定电压值较低。混合型超级电容是金属氧化物超级电容和碳电极超级电容的混合产物。其一方面可以解决碳电极电容器比能量较小的问题，另一方面可以降低超级电容的成本。近年来，俄罗斯研究机构对碳镍电极体系超级电容的研究取得了很大进展。

(3)有机聚合物材料电极超级电容

这种电容器使用有机聚合物作为电极材料，经过杂化处理，利用法拉第准电容效应来存储能量。其作用机理是：通过在电极上的聚合物膜中发生快速可逆的 n 型或 p 型掺杂和去掺杂氧化还原反应，使聚合物达到很高的储存电荷密度，从而产生很高的法拉第准电容来储存能量。其较高的工作电位是源于聚合物的导带和价带之间有较宽的能隙。有机聚合物电极超级电容的放电曲线如图 4-31 所示。

使用有机聚合物电极超级电容可以同时提高超级电容的质量比能量和质量比功率两个指标，现在其已逐渐成为研究热点。这种电容的缺点在于有机聚合物材料容易产生膨胀变形，而在长期循环充放电过程中会出现性能恶化，稳定性较差。

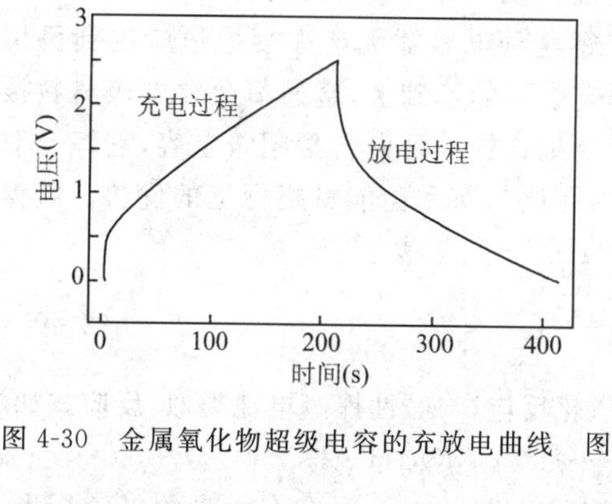

图 4-30　金属氧化物超级电容的充放电曲线

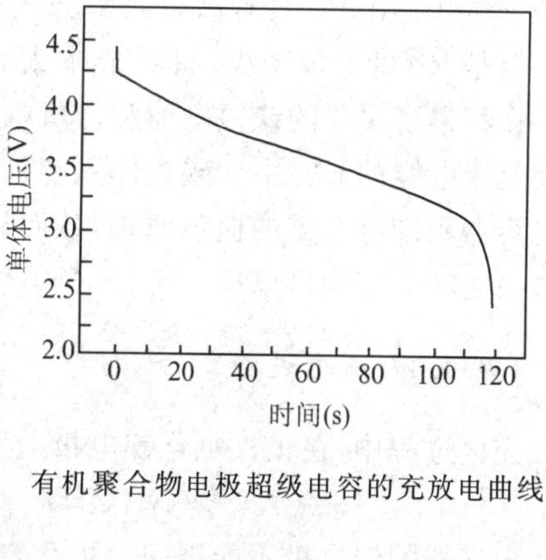

图 4-31　有机聚合物电极超级电容的充放电曲线

4.4.3.2　根据电解液的类型分类

根据电解液的不同可以将超级电容分为两类：有机电解液超级电容和水基溶液超级电容。

(1)有机电解液超级电容

超级电容中使用有机电解液的最大好处是可以提高超级电容单体的电压，使之达到 2V 以上，电容电压可以稳定在 2.3V，瞬时甚至可以达到 2.7V。因此，使用有机电解液的超级电容比能量比较高，可以达到 18W·h/kg。这种电容器的缺点是使用的有机电解液必须采用特殊的净化工艺，且电极上必须覆盖特定涂层以避免对电极的腐蚀；因为电解液的电离比较困难，所以等效内阻较大，通常是水溶液的20倍以上，甚至达到50倍，因此比功率指标较低。

(2)水基溶液超级电容

水基溶液的最大优点是内阻很低，导通率高，这使得超级电容可以获得较高的比功率指标。水基溶液的第二个优点是提纯和干燥加工工艺简单，成本低廉，从而可降低超级电容的总成本。水基溶液超级电容的缺点在于单体电压较低，一般无法超过2V，这就限制了这种超级电容比能量的提高。

目前，能够在电动汽车上应用的超级电容主要有两种：一种是以活性炭为正负极材料的“碳基超级电容”，另一种是以氧化镍为正极、活性炭为负极的“杂化超级电容”。碳基超级电容是目前技术最为先进、商业化最为成功的超级电容。而氧化镍/活性炭杂化超级电容技术则为俄罗斯的ESMA公司所独有。

4.4.4 碳镍体系超级电容

目前使用碳镍体系超级电容的较多，这里将对其储能原理进行比较详细的介绍。

碳碳体系的双电层超级电容中使用两块相同的碳电极串联连接，整个电容器的容量只能得到一块电极上电容量的一半。选择金属氧化物替代一块碳电极，可以使得一块电极的电压发生变化时，另一块极板不发生极化或极化程度很小，这样不仅可以提高电容量，还可以更加充分地利用法拉第准电容效应存储能量。这种复合系统即被称为“双电层—准电容器”或“混合型超级电容”。对于替换碳电极的金属电极材料，要求必须具有良好的可逆性。RuO_x 具有高导通率、低衰退性能以及良好可逆性的特点，是一个很好的选择。但是Ru的储量稀少，材料成本太高，使得这种电容器无法大规模地应用到民用领域。在积累了多年的镍镉电池和镍氢电池研究成果的基础上，金属氧化镍电极材料被引入到超级电容的研究中。碳镍体系超级电容就是这样一种混合型超级电容，它综合双电层电容器和准电容器的储能原理，从而显示出在比功率和比能量指标上的优势。碳镍体系超级电容的结构可以用“(+)NiOOH|KOH|C(−)”来表示。

4.4.4.1 充电过程

充电过程中，在正极氧化镍电极上发生氧化反应，与碱性镍氢电池类似，反应式如下：

$$Ni(OH)_2 - e^- \longrightarrow H^+ + NiOOH$$

电容器的镍电极不能被完全极化，充电完成70%～80%时会有大量的氧气析出，析出的量随温度的升高而增加。这是由氧化镍电极中电荷分布不均匀，边界部分过充造成氧化镍分解而产生的。氧化镍正极上的电压达到0.45～0.49V时，电极边界部分的电压已经达到0.51～0.6V，这会造成电解液中产生氧原子。增加充电时间和充电电流密度都会导致更多氧原子的产生并释放到电解液中，在一定条件下会释放出氧气。

在负极上，碳电极依然是通过双电层效应来存储能量。当负极板上的电压达到−0.3～−0.4V时，双电层结构中主要是K^+聚集在与电解液相接触的相面上。随着负极板上的电压逐渐增加，达到−0.75～−0.85V时，双电层结构中开始出现H^+。电压较低时，

双电层结构中的 H^+ 会被碳电极所吸附，继续增加负极上的电压会造成 H_2 的析出。

4.4.4.2 放电过程

在放电过程中，正极上的 NiOOH 转变成氧化镍，负极上的双电层结构逐渐减弱直至消失。在整个充放电过程中，氧化镍电极都显示出良好的可逆性。

通过以上分析，可以找到碳镍体系超级电容的三种电压工作范围：

(1)无额外反应区

在这个区域内电容的电动势 E_{MF} 为

$$E_{MF}=\varphi_+-\varphi_-=0.49V-(-0.4)V=0.89V$$

(2)电极上有部分额外反应区

有气体产生，但可以被电极活性表面吸附的工作区，在这个区域内电容的电动势为

$$E_{MF}=\varphi_+-\varphi_-=0.55V-(-0.85)V=1.4V$$

(3)气体析出的工作区域

$$E_{MF}=\varphi_+-\varphi_-=0.65V-(-1.05)V=1.7V$$

这些计算表明，这种碳镍体系超级电容的最大电压为0.8～1.7V。通过使用高纯度电解液，控制极板厚度以及提高烧结、固化等工艺水平，可以使超级电容单体在最高电压1.6V条件下稳定工作而无气体析出。图4-32是这种碳镍体系超级电容的结构。目前的研究重点是进一步提高碳电极的比表面积，提高比容量，以及将有机电解液引入到这种体系结构，进一步提高单体电压，从而提高电容器的比能量指标。

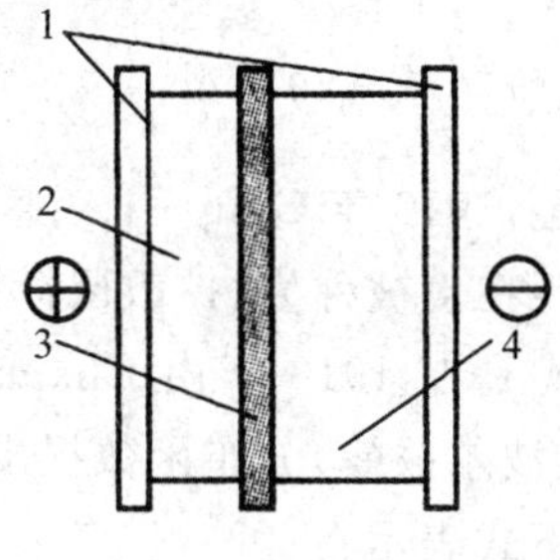

图4-32 碳镍体系超级电容单体的结构

1—不锈钢整流板 2—NiO_x 单体 3—纸质隔膜 4—碳电极

4.4.5 超级电容的理论模型

双电层电容器的基本原理是根据固液界面间的电容特性建立的。这种特性是由 Helmholtz 在1853年发现的。双电层电容器存储能量是通过静电作用下的固液表面所产生的空间电荷实现的。这种空间电荷就称为“双电层”，而且其厚度在纳米级以下。基于 Helmholtz 双层结构，人们提出了多种理论模型来描述电容的特性。

4.4.5.1 Helmholtz 双层模型

Helmholtz 是第一个研究固液界面电容特性的人。他认为，电荷均匀分布在固液交

界面两边，如图 4-33 所示，在这种情况下，双电层的表面电容可以由下式计算：

$$C^{*}=\varepsilon/d \tag{4-3}$$

式中：ε 为电解质的介电常数；d 为双层结构的间距，在 Helmholtz 模型中，此值应等于电解质的分子直径。

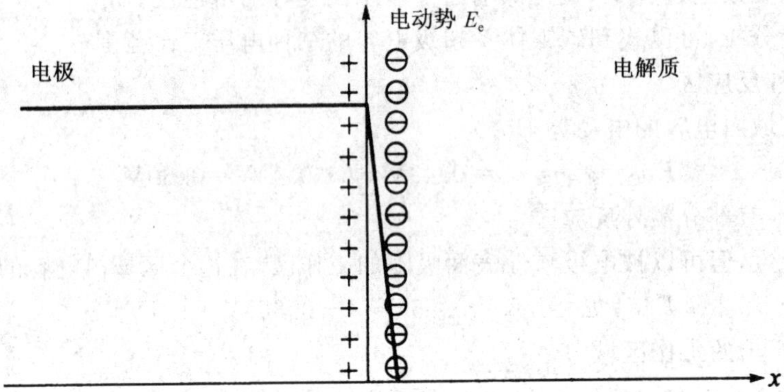

图 4-33 Helmholtz 双层模型

Helmholtz 双层模型相当简单，它提出容量和接触面大小成正比，和间距成反比，这给后人指明了提高电容性能的方向。这个模型的不足之处在于认为电荷均匀分布(这一点在电解液一侧是不可能实现的，因为电解液的导电性差)，且没有考虑电解液传导特性的影响。在应用中，电容器的实际表面电容往往会比实验结果大一个数量级以上。

4.4.5.2 Gouy 和 Chapman 的双层结构模型

为弥补 Helmholtz 模型的不足，1910 年 Gouy 引入随机热运动模型，考虑了离子电荷在电解液中的空间分布。该模型现在也被称为“扩散层模型”，如图 4-34 所示。

Gouy 的扩散层数学计算公式是在 1913 年由 Chapman 提出的。这个公式是根据 Poisson(泊松)方程和 Boltzmann(波尔兹曼)分布函数提出的，在单一电场的作用下，电极与电解质之间的表面电容可以由下式表示：

$$C_{\mathrm{d}}^{*}=z\sqrt{\frac{2qn_0\varepsilon}{u_{\mathrm{T}}}}\mathrm{ch}\left(\frac{z\Psi_0}{2u_{\mathrm{T}}}\right) \tag{4-4}$$

式中：z 为电解质中的离子原子价；n_0 为电解液热力平衡后阴离子和阳离子的浓度；ε 为电解质的介电常数；q 为基本电荷；u_{T} 为热力学电势单位，$u_{\mathrm{T}}=RT/q$；R 为波尔兹曼常数；T 为绝对温度；Ψ_0 为表面电动势。

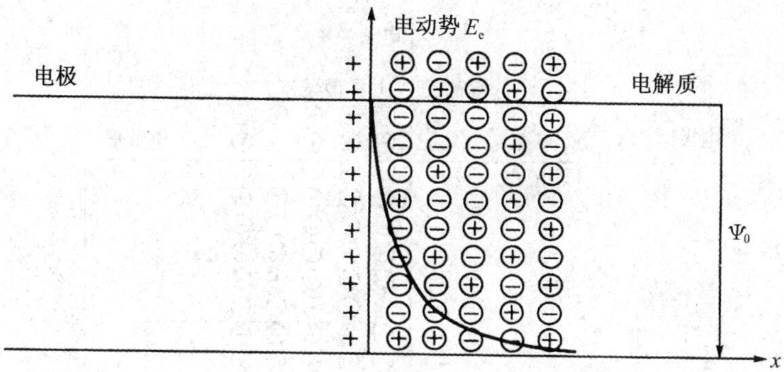

图 4-34　Gouy 和 Chapman 扩展层结构模型

在 25℃时，水溶液电解质表面电容与表面电动势的关系曲线如图 4-35 所示。由图可见，Gouy 和 Chapman 模型除了在稀电解液、低电势的情况下以外，均夸大了与双电层有关的电容，这是由于把离子作为点电荷后，有些离子就可以无限接近界面。

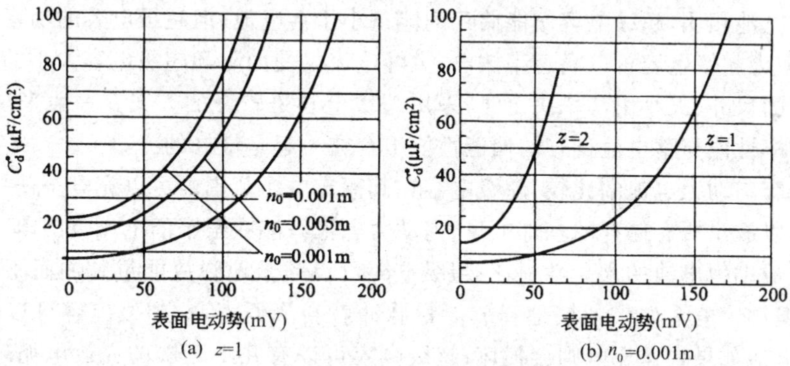

图 4-35　表面电容与表面电动势的关系曲线

4.4.5.3　Stern 的双层结构模型

1924 年，Stern 改进了 Gouy 和 Chapman 的模型，他在前述模型的基础上又引入了离子和溶剂分子尺寸，并将充电区域分为两个部分：一部分是前述模型的扩散层，表面电容是 C_d^*；另一部分是致密层，由电极表面吸附的离子构成，表面电容是 C_C^*，如图 4-36 所示。

双电层的表面电容 C^* 由上述两部分电容串联组成，由下式计算：

$$\frac{1}{C^*}=\frac{1}{C_C^*}+\frac{1}{C_d^*} \tag{4-5}$$

式中：C_d^* 可以通过公式(4-4)计算得到，只是将 Ψ_0 换成 Ψ_d 即可。可见，在低电势时，C_d^* 对双电层的总电容的影响较大，但在 Ψ_d 大于某一热动力学单位时，特别是电解液较浓时，C_d^* 的影响就可以忽略不计。

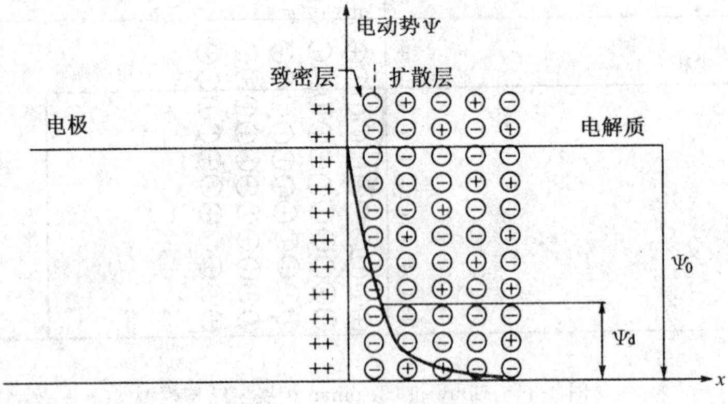

图 4-36 Stern 的双层结构模型

4.4.6 超级电容的特点

与同样尺寸的传统电容相比,超级电容所能储存的能量远远大于传统电容。但与同样尺寸的蓄电池相比,超级电容所能储存的能量小于蓄电池,但超级电容的功率性能却优于蓄电池,因为超级电容可以高速率放电,尖峰电流仅受内阻和超级电容大小的限制。故在储能装置的尺寸、大小由功率决定时,采用超级电容是较好的方案。一般来说,超级电容极好的功率性能与蓄电池良好的储能性能组合在一起是最好的方案。

超级电容与动力电池的比较:超级电容在其额定电压范围内可以充电至任一电压值,而放电时可以放出所有储存的全部电量,但动力电池只能在很窄的电压范围内工作,而且过放电会造成动力电池的永久性损坏;超级电容可以频繁地释放能量脉冲而不会产生有害的后果,但动力电池如果频繁地释放能量脉冲就会降低寿命;超级电容可以极快地充电,而动力电池如果快速充电则会损坏;超级电容可以有几十万次的充放电循环寿命,而动力电池只有几百次或几千次循环寿命。铅酸电池、超级电容和普通电容的性能比较如表 4-10 所示。

表 4-10　　铅酸电池、超级电容和普通电容的性能比较

性能	铅酸电池	超级电容	普通电容
充电时间	1～5h	0.3～30s	10^{-3}～10^{-6}s
放电时间	0.3～3h	0.3～30s	10^{-3}～10^{-6}s
比能量(W·h/kg)	40	1～10	＜0.1
比功率(W/kg)	约 100	＜10000	＜100000
充电/放电效率	0.70～0.85	0.85～0.95	＞0.95
循环寿命	500～1000	＞500000	＞500000

4.4.7　超级电容组的电压均衡问题

超级电容组的电压由串联的电容器数量决定，而功率则是由并联的电容器数量决定。超级电容和动力电池类似，每个超级电容单体的电压范围为1～3V(和电容器类型有关)，所以，需要将超级电容串联使用才能得到所需的电压。理想状态时，每个超级电容单体性能应该是一致的，即每个超级电容单体的电压是一样的。但是，由于制造误差、自放电率等因素，电容器单体之间的电压是有差异的。在制造时和整个产品寿命周期内，电容值的变化和泄漏电流将影响电容器电压的分布，所以，使用超级电容单体管理电路来提高串联使用的超级电容单体的性能和寿命是最有效的管理超级电容单体的方法(另一种管理方法是把过压的单体放电达到保护超级电容的目的，但会产生其他问题)。一个好的均衡电路可以对异常的单体迅速作出响应。超级电容单体的平衡方法有两种，即被动均衡式(见图4-37)和主动均衡式(见图4-38)。

4.4.7.1　被动均衡电路

(1)电阻直接与超级电容并联的结构

这种方式如图4-37(a)所示，在每个超级电容单体上并联一个电阻来抑制泄漏电流，实际上，就是使用公差很小的电阻强制单个模块的电压一致。

超级电容在充电过程中，内阻决定充电电流的大小以及最终电压。超级电容充电之后，自放电内阻是一个重要参数，用一个小的电阻就可以实现超级电容单体之间的电压平衡。电阻阻值应比超级电容的内阻大许多，但比自放电电阻小。不同的电阻值，其电压的平衡过程可能花几分钟到几小时。

这种方法最适合低负荷运行工况，如UPS电源，充电电流不大，充电时间长，可以延长超级电容的使用寿命。该方法具有结构简单和低成本的优点，最大的缺点是在外电阻上产生很大的功率损失，这个损失与电阻值和电流大小有关。

如果充电时间足够长，可以完成均衡过程，该电路在汽车上也可应用，但是用峰值功率进行充电时可能会引起过压，这个电路对防止过压无能为力。

(2)开关控制的电阻并联的结构

这种方式如图4-37(b)所示，它在上一种结构的电阻上串联一个开关，当单体电压高于预先设定的电压值时，开关接通；当单体电压低于预先设定的电压值时，开关关闭。这种结构需要测量单体电压，会增加成本。

(3)采用DC/DC变换器的结构

这种方式如图4-37(c)所示，它在相邻的单体之间接入DC/DC变换器，平衡单体的电压。除变换器的损失外，该结构没有其他损失，效率高于上述两种平衡方式。但由于硬件实现和控制成本高的原因，这种结构没有引起人们太多的兴趣。

(4)采用齐纳(Zener)二极管的结构

这种方式如图4-37(d)所示，它在单体上并联一个齐纳二极管，只要达到齐纳二极管的工作电压，单体电压就保持不变。这种结构的主要缺点是二极管的功率损失很大，而且二极管本身的电压与温度有很大关系，所以无法大量使用。

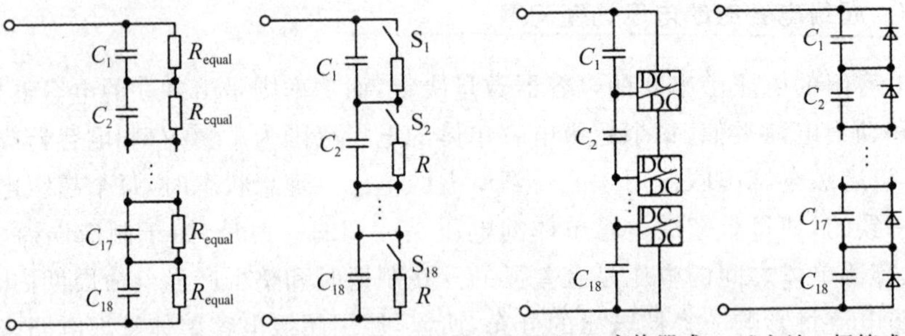

(a)电阻直接并联式 (b)开关控制的电阻并联式 (c)DC/DC变换器式 (d)齐纳二极管式

图 4-37 被动均衡电路

4.4.7.2 主动均衡电路

主动均衡电路如图 4-38 所示。主动均衡需要的时间比被动均衡需要的时间短,电压分配精确相等,而且寄生损失小。

如果达到极限电压,电路通过一个并联在超级电容上的小功率电阻的旁路作用进行均衡。这个电阻的作用与被动均衡式相同,但是,由于均衡电流大,均衡的过程很短。在低于极限电压时,电阻不起作用,充电电流可以很大。在旁路部分起作用时,电流可以较高,但是这要受并联电阻的限制(一般上限电流达 1A)。因此,这个电路不能在车辆上应用,因为车辆制动时,制动回馈产生的充电电流远大于 1A,这会损坏整个电路。

图 4-38(b)是使用辅助电流源的结构,即用两个辅助电流源调节超级电容的充放电电流,根据充放电时超级电容的电压确定均衡电流。

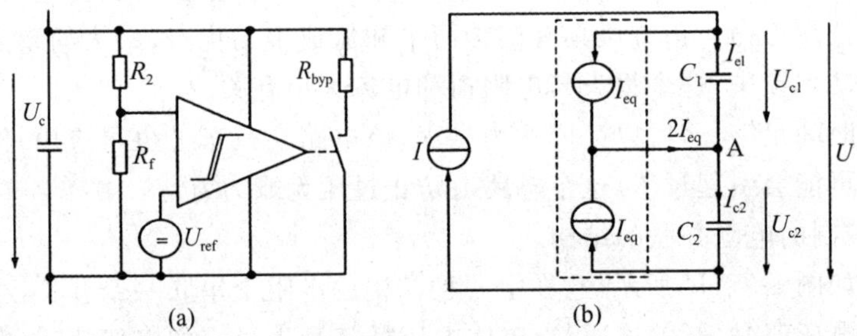

图 4-38 主动均衡电路

4.4.8 超级电容在车辆上的应用

近年来,超级电容逐渐成为研究热点,其在混合动力系统、低温启动系统以及车辆 42V 电源系统中都得到了应用,全球各大汽车制造商纷纷将超级电容应用到汽车上。

西门子公司在柴油机混合动力城市客车上,将超级电容用于制动能量回馈系统。德国电子科技研究所、卡尔思鲁额大学与奥芬博格技术学院合作,进行了一个超级电容作为电动车辅助储能系统的试验。为此在 MB180 型电动车上安装了辅助储能装置,由 105 个

DLC 组成(松下公司的 POWERCAP 型,1500F/2.3V)并配备检测装置来采集动态试验中功率流的参数。同时,使用 ChenTEK 公司生产的 ZOXY 型高能锌空气电池作为电动车的主动力源。德国的大众公司和苏黎世瑞士联邦科技研究院等一些合作伙伴共同开发了燃料电池混合动力项目,大众公司在 BORA 轿车中,试用超级电容。其样车于 2002 年 3 月在日内瓦汽车展中向公众展示。日本的本田公司在其开发的燃料电池混合动力车 FCX-V3 中,使用超级电容作为辅助储能元件以提高其动态响应性能和动力性能。马自达公司开发的 FC-EV 燃料电池混合动力电动车原型车中,使用超级电容作为辅助能量回收系统的储能元件。Nissan 公司开发了一种商品化的混合动力柴油机卡车,使用超级电容回收制动能量以及辅助主动力源工作。日本 Oshkosh 卡车公司开发出混合驱动的重载军用卡车,使用柴油机作为主动力,以 400kW 发电机和超级电容组为辅助动力。电子燃料公司(EFC)在开发的燃料电池公共汽车中,使用了超级电容组,提高行驶里程总数近 25%。

除了主要汽车公司外,很多学校和科研机构中的研究小组也在开展超级电容在车辆上的应用研究,其中美国南加州大学、罗马特里大学、瑞士中心应用科学大学等都做出了各有特色的方案。超级电容在车辆中的应用正处在从概念车到商品化生产车型的过渡阶段。

超级电容在混合动力电动车上的实际应用前景十分广阔,但是,目前超级电容在价格方面还没有优势可言,需要进一步提高性能和降低成本。

4.5　燃料电池

简单地说,燃料电池(Fuel Cell)是一种将存在于燃料与氧化剂中的化学能直接转化为电能的发电装置。它从外表上看有正负极和电解质等,像一个蓄电池,但实质上它不能“储电”而是一个“发电厂”。燃料电池的概念是 1839 年 G. R. Grove 提出的,至今已有 170 多年的历史。

4.5.1　燃料电池概述

4.5.1.1　燃料电池的组成

单元燃料电池由阳极、阴极、电解质、隔膜和附件构成(见图 4-39)。燃料在阳极氧化,氧化剂在阴极还原。如果在阳极上连续供应气态燃料,而在阴极上连续供给氧气(或空气),就可以在电极上连续发生电化学反应,并产生电动势,如果接入负载,就会有电流产生。燃料电池与其他电池的发电机理不尽相同,它的燃料和氧化剂不是储存在电池内,而是储存在电池外部的储罐内。它工作时需要不间断地向电池内输入燃料和氧化剂,并同时排出反应生成物。

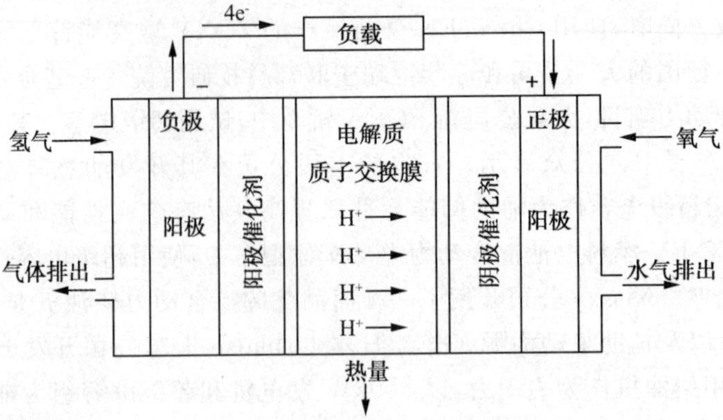

图 4-39 燃料电池的结构示意图

燃料电池阳极的作用是为燃料和电解液提供公共界面，并对燃料的氧化反应产生催化作用，把反应中产生的电子传输到外电路或者先传输到集流板后再向外电路传输。燃料电池阴极的作用是为氧气和电解液提供公共界面，对氧气的还原反应产生催化作用，从外电路向氧电极的反应部位传输电子。由于电极上发生的反应为多相界面反应，电极一般采用多孔材料并涂有贵重金属铂作催化剂。电解质的作用是输送燃料电极和氧电极在电极反应中所产生的离子，并能阻止电极间直接传递电子。隔膜的作用是传导离子，组织电子在电极间直接传递和分隔氧化剂与还原剂。隔膜必须是抗电解质腐蚀和绝缘的物质，并且有良好的湿润性。

燃料电池的输出电压是阴阳电极的电势差。当外电路 $I=0$ 时，称为开路电压；当 $I\neq0$ 时，称为端电压。端电压低于开路电压的现象称为极化。电池输出电流时阳极电位的损失称为阳极极化，同理，阴极电位的损失称为阴极极化。一个电池的极化包括阴极极化、阳极极化和欧姆极化三部分。

4.5.1.2 燃料电池的特点

燃料电池十分复杂，涉及化学热力学、电化学、电催化、材料科学、电力系统及自动控制等学科的有关理论，具有发电效率高、环境污染少等优点。总的来说，燃料电池具有以下特点：

(1)能量转化效率高

它直接将燃料的化学能转化为电能，中间不经过燃烧过程。目前燃料电池系统的燃料—电能的转换效率为 45%～60%，而火力发电和核电的效率为 30%～40%。

(2)对环境污染小

有害气体 SO_x、NO_x 及噪音排放都很低，CO_2 排放因能量转换效率高而大幅度降低，无机械振动。

(3)燃料适用范围广

(4)积木化强

规模及安装地点灵活，燃料电池电站占地面积小，建设周期短，电站功率可根据需要由电池堆组装，十分方便。

(5)负荷响应快，运行质量高

燃料电池在数秒钟内就可以从最低功率变换到额定功率，非常适合作汽车动力。

4.5.1.3　燃料电池的分类

燃料电池种类繁多，常见的分类方法有三种：一是直接式，其燃料（如氢和甲醇）直接与氧化剂作用；二是间接式，其燃料不是直接用氢或甲醇，而是通过某种方法把某种富氢化合物转变成氢后再供给电池；三是再生式，把燃料电池反应生成的水通过某种方法分解为氢和氧，再使其重新进行反应。

直接式燃料电池按工作温度的高低可分为高、中、低三类。工作温度在 750℃以上的为高温燃料电池；在 200℃～750℃的为中温燃料电池；低于 200℃的为低温燃料电池。也有按温度分为四类的，即 25℃～100℃、100℃～300℃、500℃～1000℃、1000℃以上。

按照电解质类型的不同可分为：

(1)碱性燃料电池(AFC)

该电池的工作温度大约为 80℃，已被广泛用于太空飞船和潜艇上，在一些小型货车上也在试验。

(2)固态聚合物燃料电池[SPFC，又称“质子交换膜燃料电池”(PEMFC)]

该电池的工作温度为 60℃～130℃，所采用的质子交换膜是一种固态高分子材料，具有非常优异的质子（氢离子）传导性。现在最常用的是杜邦公司的产品 Nafion。Nafion 原来用于氯碱工业，后来被应用在质子交换膜燃料电池上。催化剂以 Pt 为主用重整气体作为燃料时则必须使用 Pt/Ru 合金催化剂。由于这些催化剂价格高，为了节约成本，现在多将这些催化剂涂覆在特殊的活性炭上，制成所谓 Pt/C 或 Pt-Ru/C。这种电解质膜极薄，故具有较高的功率重量比，加上工作温度低、启动时间短，因此这种燃料电池适用于运输车辆。这种燃料电池在降低成本方面很有潜力，可期待在 5～10 年内实现商业化。

(3)磷酸盐燃料电池(PAFC)

该电池的能量转换效率近似为 40%，工作温度为 200℃左右，适合商业和轻工业使用。目前商业上已可得到 200kW 的系统，意大利和日本已经分别建立了 1.3MW 和 11MW 的试验性工厂，但它们的成本仍然很高（约 2500 欧元/kW）。

(4)熔融碳酸盐燃料电池(MCFC)

该电池的能量转换效率近似为 55%，工作温度为 650°C 左右，可同时提供热和电。目前还有一些技术问题没有解决，如腐蚀和可靠性等问题，可能还需 5～10 年后才能商业化。一种 2MW 的系统已经建立并在进行验证性试验，但可靠性仍是问题。

(5)固体氧化物燃料电池(SOFC)

该电池的效率比较高，工作温度为 700℃～1000℃。在荷兰已建立了一个 100kW 的工厂，但原料与成本仍需研究。

质子交换膜燃料电池由于具有工作温度低、功率密度大、启动快、使用寿命长、结构简单等特点，因此得到迅速发展。据预测，质子交换膜燃料电池可能是继磷酸盐燃料电池之后最早实现商业化的燃料电池。

4.5.1.4 燃料电池的效率

燃料电池利用各种物质获得氢，并使之与氧气反应发电，反应的结果是生成水和释放出热量。因为气体比液体具有的能量大，所以该反应是放热反应。燃料电池之所以能发电，是因为它能把排出的热量转变为电能。如果将化学反应释放出的热量全部用于发电，那将是100%的效率，但实际上总有能量损失。例如在温度25℃和一个标准大气压条件下，燃料电池可以发电的理论热量占释放出的总热量的83%，实际上由于电极反应阻抗、电极导体和电解质阻抗，发电效率不可能达到83%，电池的实际电动势总是低于理论电动势，如图4-40所示。

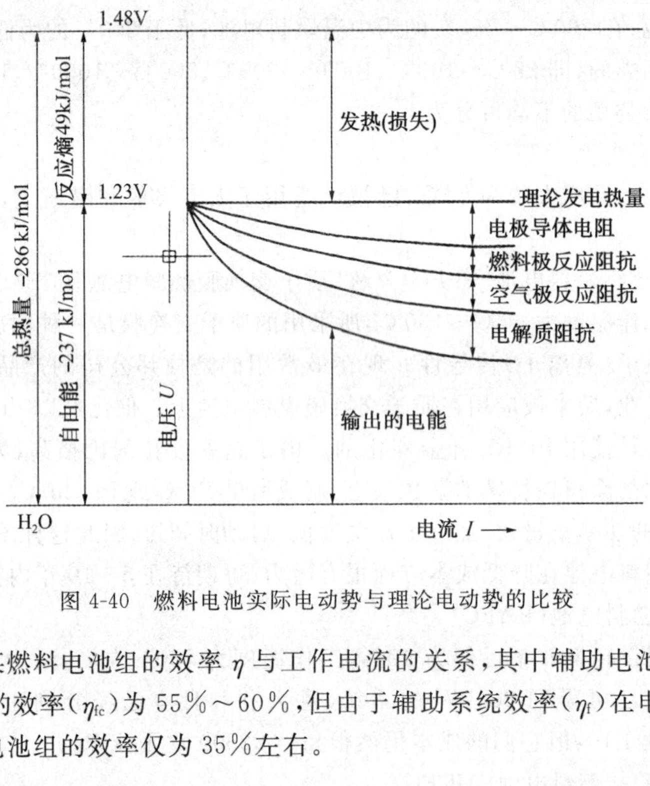

图 4-40 燃料电池实际电动势与理论电动势的比较

图4-41为某燃料电池组的效率 η 与工作电流的关系，其中辅助电池组的系统效率（η_f）和燃料电池的效率（η_{fc}）为55%～60%，但由于辅助系统效率（η_f）在电流强度不高时较低，因此燃料电池组的效率仅为35%左右。

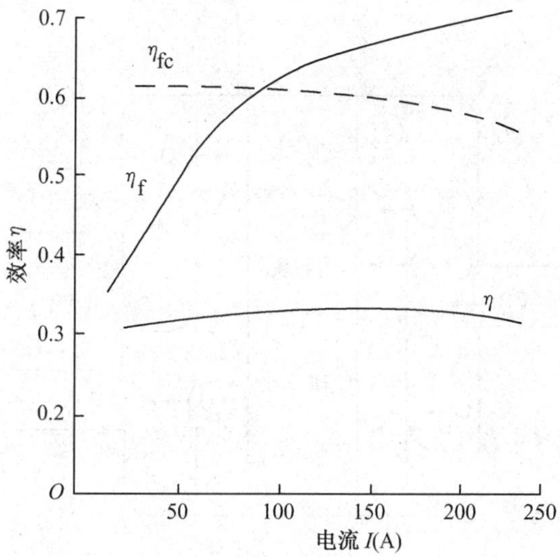

图 4-41 某燃料电池效率与工作电流的关系

4.5.2 质子交换膜燃料电池

质子交换膜燃料电池是指以质子交换膜作电解质和隔离材料的燃料电池。质子交换膜燃料电池的工作温度低于 100℃，是电动汽车的理想动力电源。

质子交换膜燃料电池是最早被用于空间飞行试验的燃料电池，早期的质子交换膜燃料电池的发展一直受到昂贵的、必需的结构材料和含量高的铂催化剂的困扰，研究困难。后来在加拿大 Ballard(巴拉德)公司的带动下，克莱斯勒、福特、通用、本田、丰田、尼桑、大众和富豪等汽车公司都投入了巨资进行此类燃料电池的研究。

4.5.2.1 质子交换膜燃料电池的组成及工作原理

(1)组成

质子交换膜燃料电池由阳极、阴极、质子交换膜、冷却水板和附件组成(见图 4-39)。燃料是氢，氧化剂为氧。质子交换膜的作用是双重的，作为电解质，为氢离子提供通道；作为隔离膜，隔离两极反应气体。质子膜脱水将会使氢离子形成水合物比较困难，燃料电池的电阻增加；水分过多则会淹没电极。这两种情况都将导致电池性能下降，因此优化膜的质子和传输性能及适当的水管理是保证电池性能的关键。

(2)工作原理(见图 4-42)

氢气通过管道或导气板到达阳极，在阳极催化剂的催化作用下，氢分子解离为带正电的氢离子并释放出带负电的电子。氢离子以水合物 CH_3O^+ 的形式穿过电解质到达阴极，电子则通过外电路到达阳极，电子在外电路形成电流。

氧气通过管道或导气板到达阴极，在阴极催化剂的催化作用下，氧与氢离子及电子发生反应生成水。

在质子交换膜燃料电池里，固态酸电解质被水饱和，其中含有游离 H^+，因此能完成

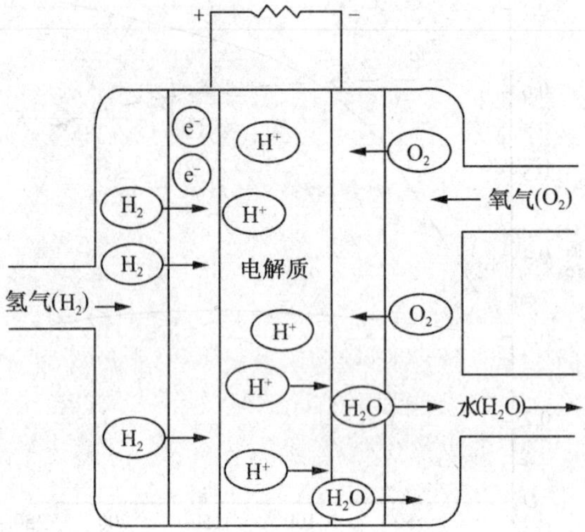

图 4-42　质子交换膜燃料电池的工作原理

氢离子从阳极转移至阴极的任务，但电子是不能穿越电解质膜的。H^+ 也叫质子，因而有“聚合物质子交换膜”(PEM)这个名称。从图 4-43 可以看到，氢燃料流入靠近阳极侧的双极板流道内，氧则流入靠近阴极侧的双极板流道内。

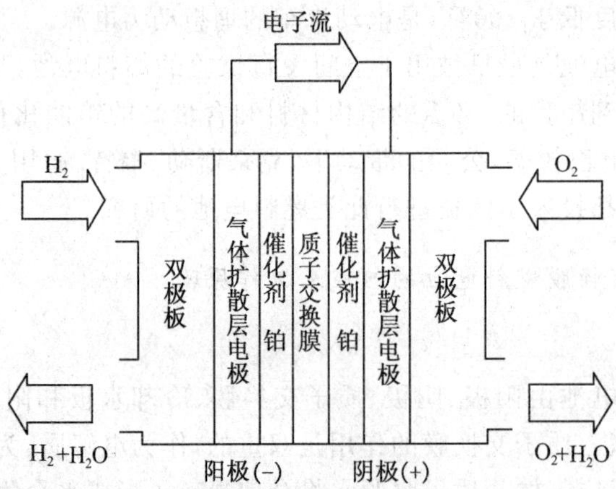

图 4-43　质子交换膜燃料电池的结构

在阳极，氢分子首先会与电极表面的催化剂 Pt 接触，被分裂并键合在 Pt 表面，形成弱的 H—Pt 键。氢分子分裂后，使得氧化反应发生，每一个氢原子释放其电子，此电子沿外电路运动，到达阴极，在外电路形成电流。而剩下的氢离子黏附在膜表面的水分子上，形成水合氢离子 H_3O^+，这些水合氢离子离开 Pt 催化剂，穿越膜材料到达阴极，Pt 催化剂又获得自由，可以接待下一批氢分子。

阳极反应：

$$2H_2 \longrightarrow 4H^+ + 4e^-$$

在阴极，进入燃料电池的氧分子也是首先与电极表面的催化剂 Pt 接触，氧分子被分裂并键合在 Pt 表面，形成弱的 O—Pt 键，使得还原反应能够发生。然后每一个氧原子离开 Pt 催化剂，与来自外电路的两个电子和从膜穿过来的两个质子化合成一个水分子。至此，氧化还原反应完成，阴极上的催化剂再一次获得自由，等待下一批氧分子的到来。

阴极反应：

$$O_2 + 4e^- + 4H^+ \longrightarrow 2H_2O$$

氢和氧在燃料电池里同时发生两个"半反应"：一个是在阳极发生的氧化反应(失去电子)；另一个是在阴极发生的还原反应(得到电子)。这两个反应构成了一个总的氧化还原反应，反应生成物为水。

总反应：

$$2H_2 + O_2 \longrightarrow 2H_2O$$

阳极发生的反应过程放出电子并产生氢离子 H^+，同时释放出能量；而在阴极反应的过程中，氧气与来自阳极的电子以及来自电解质的 H^+ 形成水。要使这两个过程连续不断地发生，就必须使阳极产生的电子通过一条外电路到达阴极，同时，H^+ 也必须穿过电解质膜到达阴极才能实现。图 4-44 是质子交换膜燃料电池单体的原理示意图。电池单体电压只有 0.7V 左右，为了获得足够高的工作电压，需将多个燃料电池单体串联在一起，形成燃料电池堆。

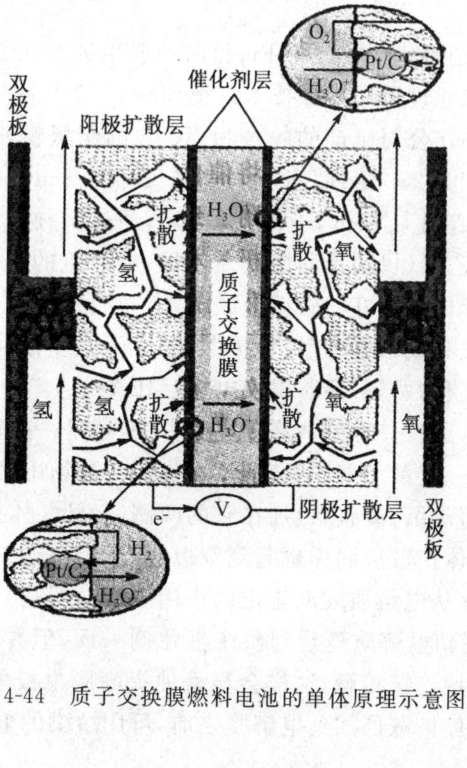

图 4-44　质子交换膜燃料电池的单体原理示意图

4.5.2.2　质子交换膜电极

(1)单极板质子交换膜电极

质子交换膜电极是燃料电池的核心部件，膜电极通常由电极(又称“气体扩散层”)、催化剂层、电解膜层等组成，如图 4-45 所示。

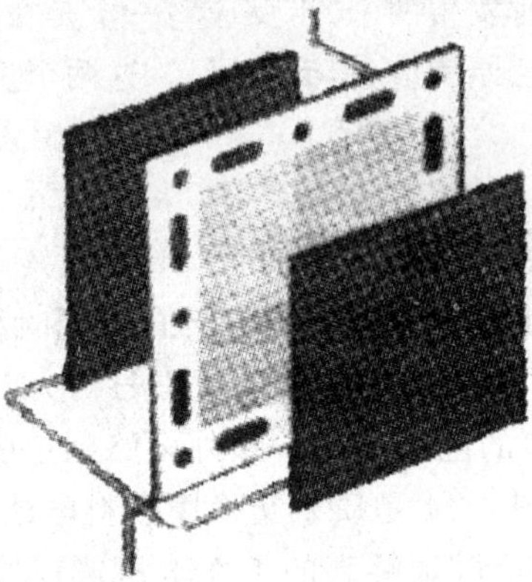

图 4-45　单极板质子交换膜电极

阳极和阴极所采用的催化剂一般为 Pt，目前一般用量为 0.2mg/cm^2。为了获得很大的催化剂层表面积，可以通过采用某种技术将很细的 Pt 微粒固定在相对较大的炭粉粒子上(如通常使用美国 Cabot 公司生产的牌号为 XC72 的炭黑粉，当炭黑粒子尺寸为 30nm 时，其每克重量的表面积为 280m^2；而当炭黑粒子尺寸为 15nm 时，其每克重量的表面积为 1475m^2)。炭黑粒子起到支撑 Pt 的作用。然后，通过某种技术将带有催化剂 Pt 的炭黑粒子添加一些聚四氟乙烯(目的是利用其疏水性，将产生的水驱赶到表面，以便蒸发)，将它们固定在多孔性、导电性很好的碳纸或碳布上。这种多孔性材料保证气体能很好地扩散到催化剂处，这样便制成了电极(气体扩散层)。下一步是经过某种复杂的工艺过程将这种电极固定到电解膜的两侧，便制得膜电极(MEA)。

除了上述方法之外，还有一种制造膜电极的方法，这是一种直接在电解膜上建立电极的方法。将催化剂混入一定量的聚四氟乙烯，再将此混合物用滚压、喷洒或印刷等方法附加到电解膜上，最后再将碳纸(或碳布)加在它的两侧，起到气体扩散层(电极)和保护催化剂薄层的作用。这个气体扩散层同样也起到双极板与“炭粒支撑催化剂”之间的电路连接的作用，以及把产生的水从电解质表面排出的作用。

在图 4-46 中可以看到电解质蔓延到整个催化剂外面，但并没有把它覆盖住，只是使催化剂和电解质之间直接连接接触，这样会显著地提高膜电极的性能，为此，在把电极热压到电解膜之前或将气体扩散层加到电解膜之前，可用熔融的电解质来刷一下。

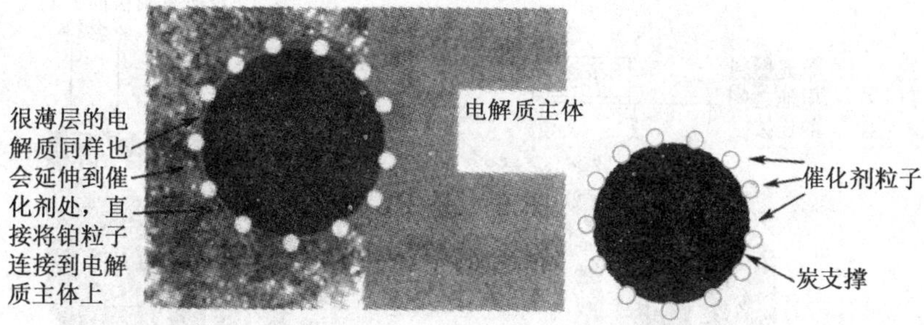

图 4-46　炭粒支撑催化剂与电解质接触

气体扩散层材料选用碳纸或碳布都是可以的。如果想把单个燃料电池做得很薄、很紧凑，通常选用碳纸（如 Toray 牌子的碳纸用得很广）。碳布较厚，而且多多少少会吸收一些水。由于在装配双极板时，它们会填满小的间隙，因而可简化机械装配。但它们的轻微膨胀会嵌入到双极板上的气体扩散通道里去。如果这些通道做得很窄时影响就会很大。

质子交换膜燃料电池的电解质改进过多次，起初是碳氢化合物，后改用氟代聚苯乙烯膜，现在广泛使用的膜是杜邦公司生产的 Nafion 系列质子交换膜，这种膜制造成本高，价格昂贵。我国在“863”计划中也开展了燃料电池的研究，并获得了突破性的关键技术。如清华大学研制的列管式电极、北京金能公司研制的 GBFC 含氟质子交换膜最薄的为 1mil（1000mil＝25.4mm），生产有 1.5、2、2.5 几种规格，得到了业界的认可，而且还出口美国、日本等十多个国家。含氟质子交换膜各向同性，酸容量和含水率都高，功率密度大，拉伸强度大，线膨胀系数小。大连新源公司生产的燃料电池组储电能力达 40kW，由 74 节组成，输出电压为 40～55V，输出电流为 150A，输出功率为 7.3kW，体积为 92cm×590cm×126cm。质子交换膜燃料电池采用气体扩散型电极，衬底是涂有憎水层的多孔性碳布。印度电化学能量研究中心采用喷涂浸渍法制作了性能良好的铂载量为 0.1mg/cm^2 的膜电极。美国 LANL 公司试验用的单个电池中，膜电极上铂载量下降到 0.05mg/cm^2，大大降低了制造成本，为实用化创造了条件。

（2）双极板质子交换膜电极

由于单元燃料电池的工作电压一般只有 0.7V，因此，要保证正常使用，必须将它们串联起来。对于单极板质子交换膜电极，每一个阳极的边缘连接一根导线到相邻燃料电池的阴极上，用这种方法连接，电子必须流经各电极面才能到达两端集流板的边缘，如图 4-47(a)所示。但是，由于每个燃料电池的工作电压很小，故一个很小的电压降都会使输出电压减少，除非导线和电极的导电性非常好，否则只有电流非常小时，才不会造成有影响的电压降，所以这种方法不实用。

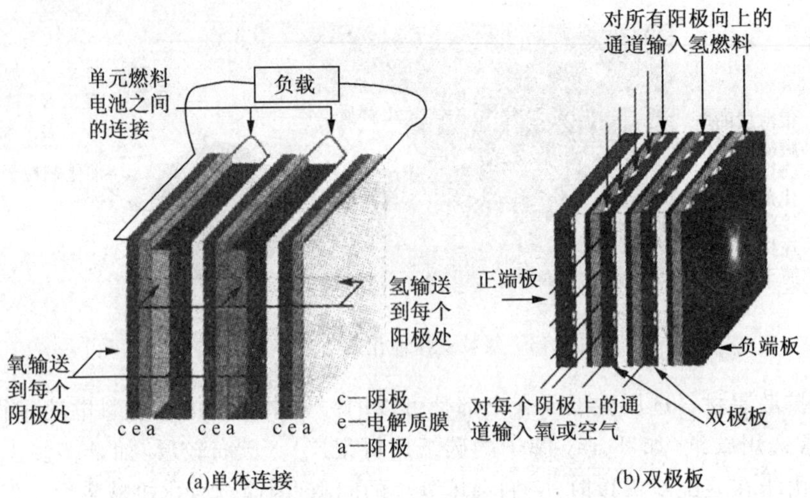

图 4-47　燃料电池单体连接与双极板

采用双极板是实现燃料电池内部连接的好方法，双极板的两个侧面分别与相邻燃料电池的阴极和阳极接触，同时它还起到把氢送到阳极和把氧或空气送到阴极的作用。比较图 4-47(a)和(b)所示结构可以看到，有了双极板之后，电流可在整个电极表面流过，而不仅仅在边缘上。此外，电极也得到了牢固支撑，整个结构更加坚固。

但是，设计双极板不是一件简单的事。双极板是燃料电池中的一个关键组件，在燃料电池系统总成本中占有很大比重。双极板的好坏对燃料电池的尺寸、重量、成本、性能、效率有极大影响。一个设计和构思好的双极板必须满足以下要求：

①有极好的导电性，与电极有尽可能大的接触面。

②保持反应气体相互隔离，没有泄漏。

③反应气体流动通道阻力要小，尽量减少功率消耗。

④均匀地将流态复杂的反应气体、水蒸气分布在电极表面。

⑤容易使空气从膜电极上带走反应产生的水和使水蒸发。

⑥必须保证燃料电池堆能很好地冷却。

⑦体积小，容易大量制造，大量生产时公差要求尽可能低。

图 4-48 是巴拉德公司所采用的双极板结构，它的两侧面刻有流道，气体从双极板的一角流入，流经分布在侧面上的流道，使气体可与整个电极表面接触，然后流到板上相对的一角而排出。

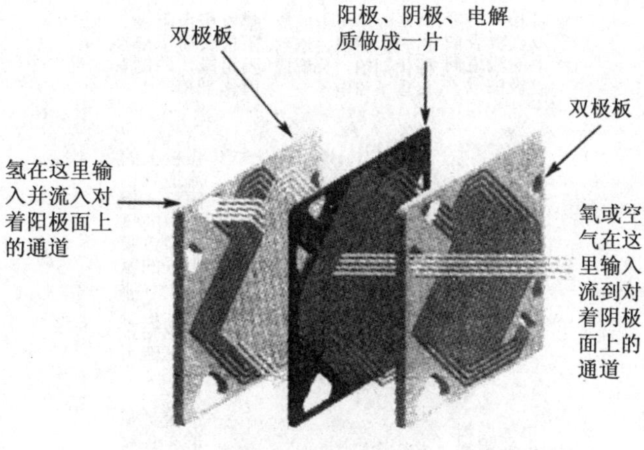

图 4-48　巴拉德公司的双极板结构

这种结构由于阴极、电解质、阳极做成了一片，故非常薄。燃料电池堆的体积主要由双极板决定，双极板越薄，电池堆的体积越小。双极板的材料可以采用石墨或其他材料，其上的沟槽和孔等可以用数控机床加工，也可用成形办法加工。

燃料电池的单体结构如图4-49所示，将其串联起来形成的燃料电池堆的结构如图4-50所示。图 4-51 为巴拉德公司生产的燃料电池堆，图 4-52 是交换膜燃料电池组(堆)的水气供排方式。

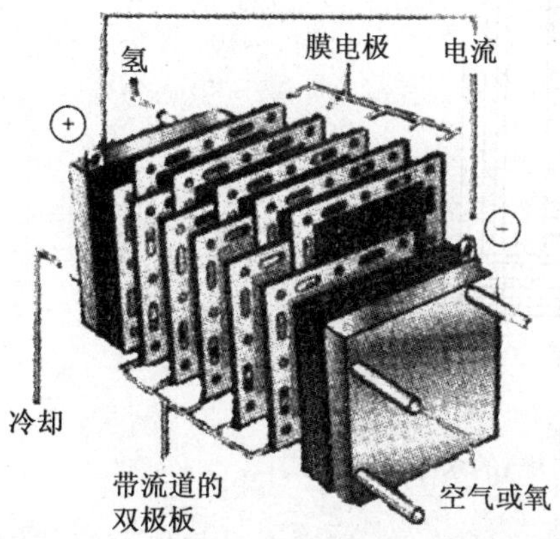

图 4-49　燃料电池的单体结构

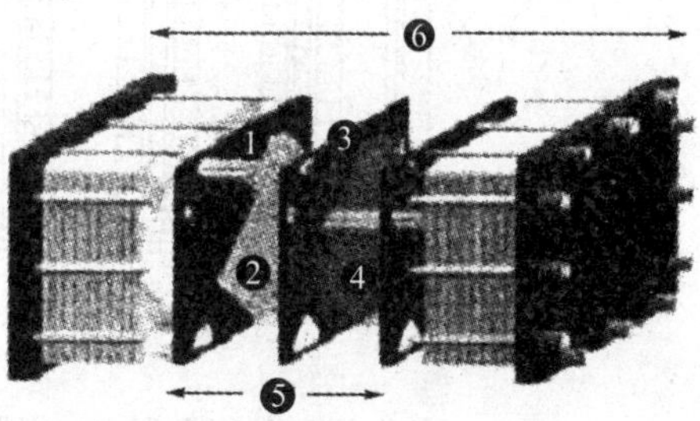

图 4-50　燃料电池堆的结构

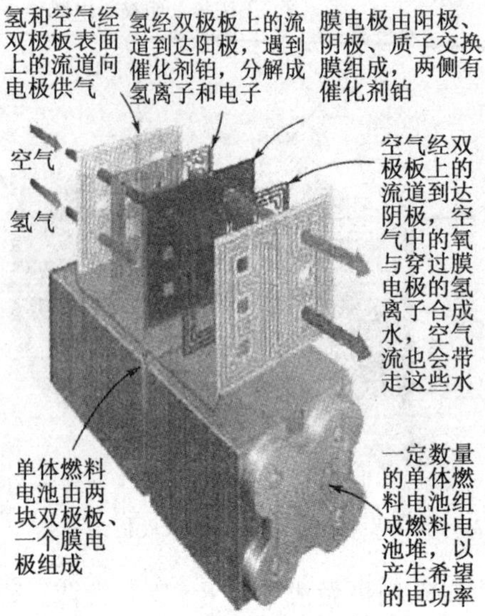

图 4-51　巴拉德公司生产的燃料电池堆

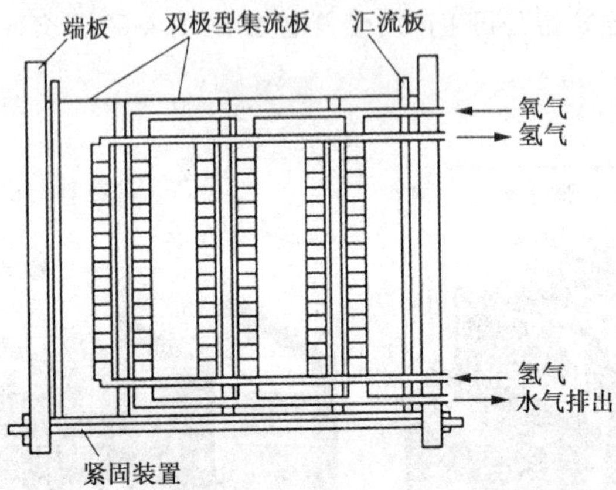

图 4-52　交换膜燃料电池组(堆)的水气供排方式

图 4-53 和图 4-54 分别是通用 Hy-wire 和通用 Hy-wire 氢动三号的电池组结构。通用氢动三号由 200 块相互串联在一起的燃料电池块组成的电池组产生电力，通过 68L 的氢气储存罐向燃料电池组提供氢气。电池组所产生的电能输入电动机后，通过功率为 60kW 的三相异步电机驱动车辆行驶，并几乎不产生任何噪音。氢储存罐分为两种：一种罐内储存的是温度为－253°C 的液态氢；另一种罐内储存的是承受最高压力可达 70MPa 的高压氢气。一次充气行驶里程分别可达 400km 和 270km。

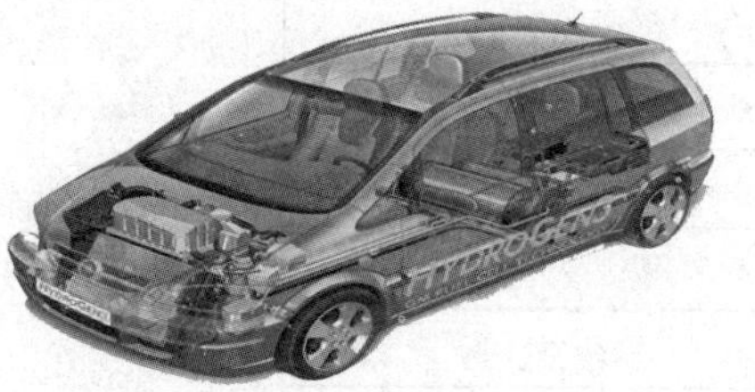

图 4-53　通用 Hy-wire

图 4-54　通用 Hy-wire 氢动三号的电池组结构

4.5.2.3　燃料电池的性能指标

表 4-11 列出了美国能源部对峰值功率为 50kW 的燃料电池确定出的性能指标。美国通用汽车公司开发的 2001 型燃料电池，由于在水管理和空气系统方面的特殊设计，2001 年时质量功率密度已达 1.25kW/kg，体积功率密度为 1.75kW/L 左右，常用负荷下的效率可达 65%。另外，其燃料电池空气供给系统（主要是无油空压机）消耗功率低，噪声很小，图 4-55 是其燃料电池堆的效率曲线。与传统燃料电池堆的效率曲线相比，其低负荷区效率明显提高。传统燃料电池由于空气供给系统（空压机）消耗功率不是随负荷输出的减少而线性降低，在低负荷时空压机消耗的功率所占比例增大造成整个系统效率降低。

表 4-11　　峰值功率为 50kW 的燃料电池的性能指标

特性①	单位	2000 年	2004 年
堆系统的功率密度②	W/L	350	500
堆系统的比功率	W/kg	350	500
25%峰值功率时的堆系统效率	%	55	60
峰值功率时的堆系统效率③	%	44	48
贵金属载用量	g/kW	0.9	0.2
成本④	美元/kW	100	35
耐久性(<5%功率降低)	h	>2000	>5000
瞬时性能(从 10%～90%功率的时间)	s	3	1
−40℃时冷启动到最大功率时间	min	5	2
20℃时冷启动到最大功率时间		1	0.5
CO 允许值(稳态)	10^{-6}	100	1000
CO 允许值(瞬态)		500	5000

注：①含燃料电池堆及水、热、空气管理等辅助系统，不含燃料处理和输送。

②指净功率(即堆功率减辅助系统功率要求)。

③效率：FC 输出能量/按氢燃料的低热值计算的能量。

④大批量生产：500000 部/年。

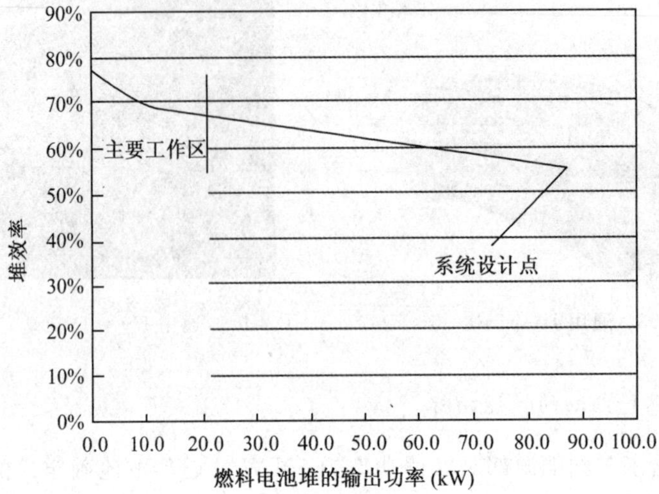

图 4-55　通用公司 2001 型燃料电池堆的效率曲线

4.5.3　燃料电池组

4.5.3.1　燃料电池组的系统组成

燃料电池组系统主要由电池堆、氢气、氧气供给装置，增湿器及去离子水供给装置，冷却装置，尾气及生成物水排放装置组成。图 4-56 是一个燃料电池组试验系统装置示意图。其中，氢气由高压气瓶提供，氧气由鼓风机提供，氢气和氧气经减压再通过增湿器增湿之后，分别进入电池组的阴极和阳极进行反应发电。反应物随着尾气排出，水收集后排放，电池温度通过循环水量来调节。

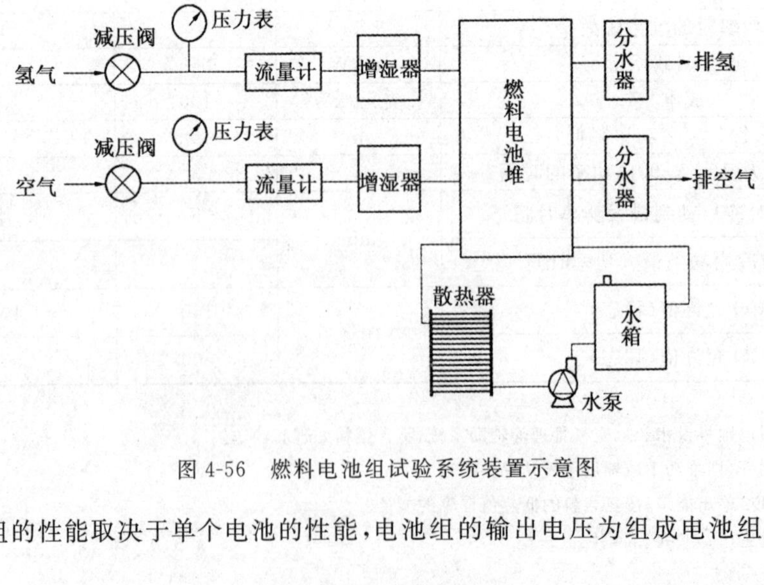

图 4-56　燃料电池组试验系统装置示意图

电池组的性能取决于单个电池的性能，电池组的输出电压为组成电池组的各单体电压之和，电池组的寿命取决于先损坏的单体电池的寿命。因此，单个电池性能的均匀性对电池组影响很大，应设置检测装置在线检测各单体电池的输出电压，保证电池性能完好。

低温质子交换膜燃料电池根据输入空气的压力分为常压型和增压型两种类型。理论分析得知，在燃料电池里，分压为 p_H 的 1molH_2 与分压为 p_O 的 $\frac{1}{2}$mol O_2，产生分压为 p_{H_2O} 的 1mol H_2O 水时，能够得到的开路电压 E 为

$$E=E_0+(RT/2F)\ln(p_H p_O/p_{H_2O}) \tag{4-5}$$

式中：R 为气体常数，$R=8.314$J/(K·mol)；T 为温度(K)；F 为法拉第常数，$F=96485$ C/mol。

式(4-5)称为“能斯特等式”(Nernst equation)。由此式可知，提高反应气体氢和氧的分压可使电压提高。类似内燃机系统通过采用排气涡轮增压来提高发动机的功率密度，燃料电池系统也可通过提高反应气体压力的方法来增加它的功率密度。这种燃料电池系统称为“增压式燃料电池系统”。而反应气体的压力大约为 1 个大气压的燃料电池系统称为“常压式燃料电池系统”。下面将分别加以介绍。

4.5.3.2　增压式燃料电池系统和常压式燃料电池系统

(1)增压式燃料电池系统

图 4-57 是一种增压式燃料电池系统结构示意图。图中质子交换膜燃料电池堆有两个进口和两个出口，分别与氢回路(阳极)、空气回路(阴极)相连接。来自储氢罐的氢经调压阀、射流泵进入阳极入口 In1，图示系统对氢采取过量供应，从阳极出口 Out1 排出的氢又重回到射流泵，实现氢的循环回收。射流泵的结构如图 4-58 所示。

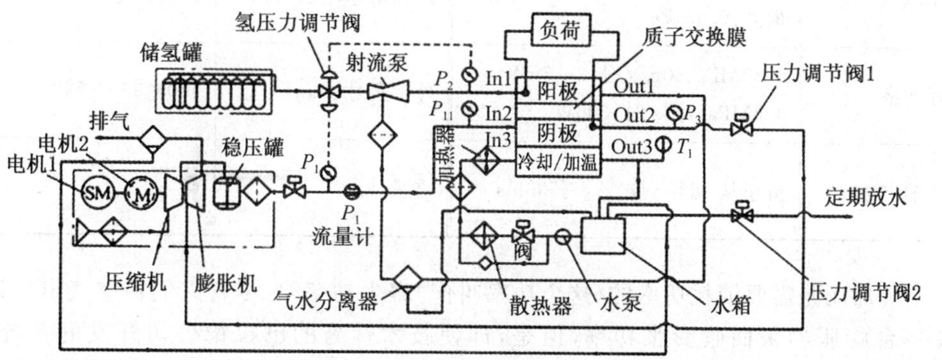

图 4-57　增压式燃料电池系统结构示意图

图 4-57 中的压缩机与膨胀机安装在同一根传动轴上，燃料电池启动时，压缩机由电机 1 驱动(由启动电池供电)，将空气经稳压罐压入阴极入口 In2。燃料电池启动后，压缩机转换为由燃料电池供电的电机 2 驱动，电机 2 比电机 1 功率大、电压高。通过控制电机 2 的转速调节空气流量，以满足空气过量系数 λ 和功率需求。

空气过量系数 λ 取得越大，压缩机消耗功率越大，燃料电池输出的净功率越小，效率越低。为了提高燃料电池系统的效率，除了根据燃料电池工作条件来合理优选 λ 值外，还

使阴极出口 Out2 排出的气体进入膨胀机进口，利用排出气体中的剩余能量借膨胀机来驱动压缩机，实现能量回收。膨胀机排出的气体经气水分离器排入大气。

在增压式燃料电池系统里，压缩机是十分关键的部件，它可以选用的类型很多，有双螺杆式、罗茨转子式、叶片式等。

为了提高系统效率，将压缩机和膨胀机组合使用，在完成压缩空气的同时实现回收排气中的能量，降低功率消耗。“压缩—膨胀机”系统动态响应时间快、尺寸紧凑、重量轻、成本低。

图 4-59 是美国科罗拉多州 Vairex 公司在美国能源部资助下，专为 PEM 燃料电池研发的“压缩—膨胀机”系统样机外形。其主要参数如表 4-12 所示。

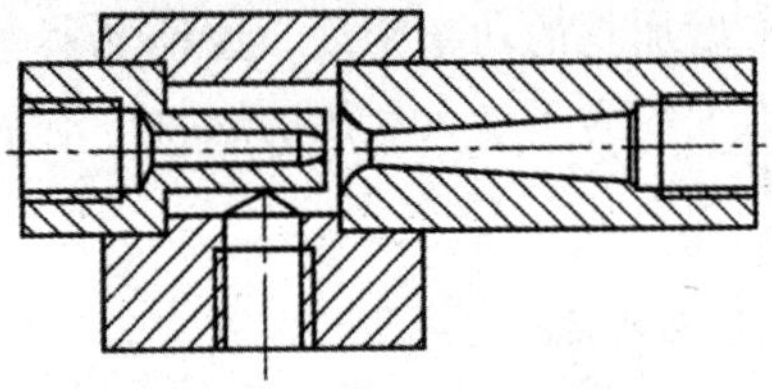

图 4-58 射流泵的结构

图 4-59 Vairex 公司的“压缩—膨胀机”样机外形

表 4-12 Vairtx 公司的“压缩—膨胀机”系统特性参数

系统特性参数	性能指标	系统特性参数	性能指标
工作压力	标准：0.1～0.35MPa 最大：0.5MPa	适用功率范围	40～80kW
消耗功率	0.32MPa、80g/s 时，3～5kW 0.2MPa、7g/s 时，500W	外形尺寸(mm)	330×330×540
流量响应速度	流量从 30%～90%，≤500ms	重量(kg)	40

空气加压是需要消耗功率的(这个功率叫作“寄生功率”)，尽管人们在空气出口这一侧装一台膨胀器来回收膨胀功率，但是，即使技术优秀的巴拉德公司开发的系统，在 0.3MPa的压力下工作时仍然有大约 20%的总功率消耗在辅助系统里，其中主要是消耗在空气压缩机上。压缩—膨胀机系统不仅体积大而复杂，且价格高。为了尽量减少寄生功率，压缩机的使用也限制了可以进入阴极的过量空气总量。

通过增压虽然提高了功率密度，但系统的总效率却降低了。针对此缺点，美国 UTC 公司开发了常压式燃料电池系统。该系统的寄生功率仅为燃料电池发出功率的 5%左右。图 4-60 为这两种燃料电池的系统结构比较。

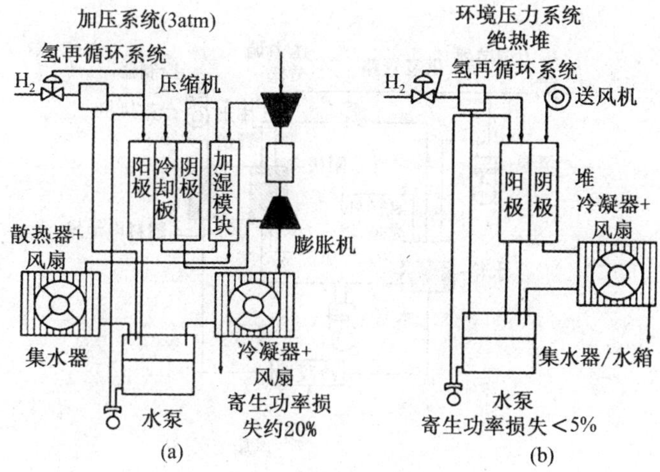

图 4-60　常压式和增压式燃料电池系统的结构比较

(2)常压式燃料电池系统

常压式燃料电池系统有以下特点：

①阳极处直接用液态水对膜加湿，保证电解膜充分含水。

②阴极处供应近似常压式的空气，寄生功率损失小、系统效率高，如图 4-61 所示。

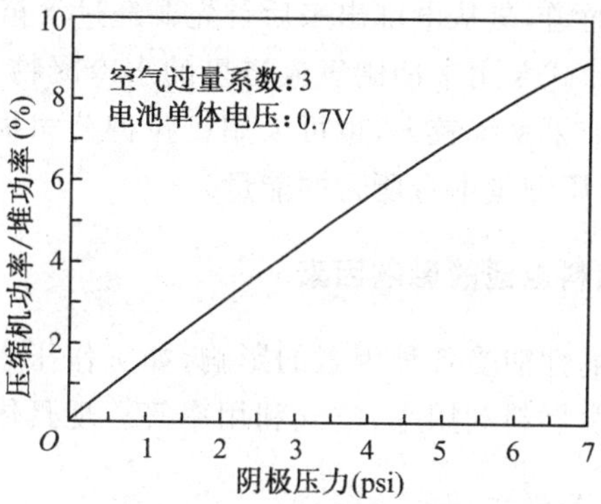

图 4-61　空气压缩机功率与电池堆功率的比值与阴极压力的关系(1psi=6894.76Pa)

③对阴极供应的是不加湿的空气流，系统不需要加湿模块，流道中液态水量很少，所以压力降很低，一般小于 152mm H_2O。

④为了去除阴极处生成的水，供应给阴极的空气流量很大，所以不会积累大量的水。

⑤通过直接蒸发流场中进入反应气体里的水使燃料电池堆冷却，使冷却系统大大简化。

⑥由于是低压系统，堆与系统的密封、管接头、管道等容易处理。

常压式燃料电池系统的基本结构如图 4-62 所示。

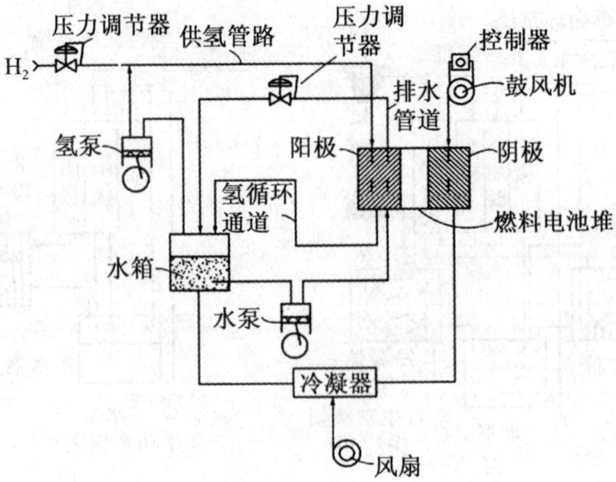

图 4-62 常压式燃料电池系统的基本结构

系统中膜片式水泵将水送到阳极的水道里，以便对电解质膜直接用液态水加湿，从理论上讲，供应水流量只需等于蒸发所需流量，但为了保持连续流动并除去气泡，可使水微微地循环。为了维持阳极处双极板上水通道内的压力略高于氢通道内的压力，防止水被氢替代，在出水管路上设有一只背压阀，使电堆内水压力大于氢管路中的压力。从图4-62中可以看到有一条氢循环通道，氢从电堆出来后首先要经过水箱，然后经装在通道上的膜片式泵回到阳极进口。膜片式泵用来冲刷氢流道里的水冷凝物，否则堆内某些地方可能会缺乏要参与反应的氢。如果系统较大，也可采用巴拉德公司提出的办法利用喷射泵来使氢循环，这种方法可利用压缩氢本身所含的能量。

4.5.4 质子交换膜燃料电池的影响因素

质子交换膜燃料电池的性能受各种因素的影响，如工作压力、工作温度、反应气体条件、质子交换膜的质地厚度、燃料利用率、空气利用率等。现具体分析一下这些因素的影响程度。

4.5.4.1 电池电压的影响

图 4-63 揭示了电流密度为 500mA/cm^2 时，电压与工作压力的变化关系。由图可知，工作压力增加，电压增加，但在低温条件下，增加得更快。

4.5.4.2 温度的影响

输出电压随温度变化的曲线如图 4-64 所示。输出电压不一定随着温度的上升而成线性变化，它还与空气极的催化剂活性程度、固体高分子膜的增湿状态等有关。由图可知，电流密度小，输出电压高时，温度影响不明显。

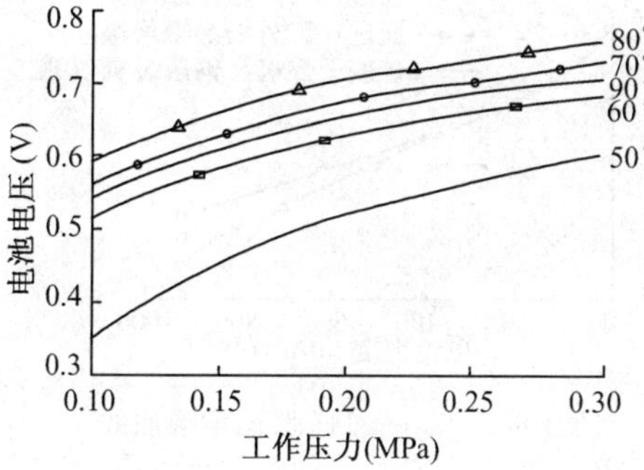

图 4-63　电压与工作压力的变化关系

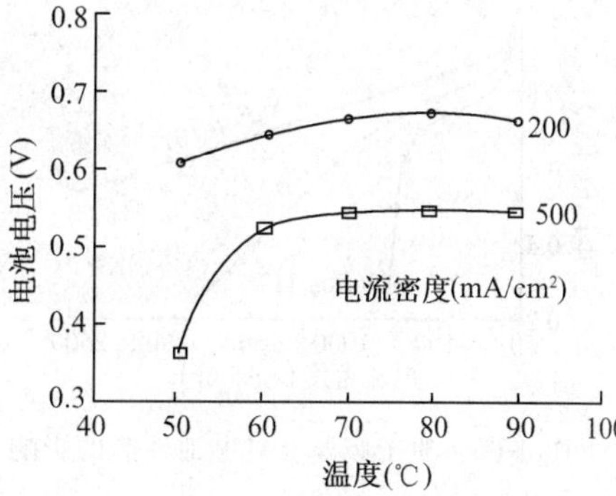

图 4-64　输出电压随温度的变化关系

4.5.4.3　质子交换膜厚度的影响

目前广泛使用的质子交换膜是 Nafion 膜和全氟膜。Nafion 膜是一种由全氟磺酰、氟烯醚单体与四氟乙烯共聚获得的不溶性全氟磺酰氟树脂。Nafion 的制造过程分两步，首先用树脂热塑型成膜，再水解并用氢离子交换钠离子。杜邦公司生产的 Nafion 膜厚度如表 4-13 所示。膜的厚度不同，电池的内阻不同。图 4-65 是质子膜厚度对电池性能的影响曲线。膜厚度越薄，输出电压越高。图中 Nafion 117、Nafion 113、Nafion 101 膜厚度依次递减，而输出电压却依次增加。

表 4-13　杜邦公司生产的 Nafion 膜厚度

膜的型号	Nafion 115	Nafion 113	Nafion 112	Nafion 101
厚度(mm)	0.183	0.089	0.051	0.025

4.5.4.4　电池反应气增湿的影响

氢离子以水合物 CH_3O^+ 的形式穿过电解质，膜的电导率与水分多少有正相关，水含量高，质子就容易穿过。图 4-66 是 Nafion 115 膜的增湿曲线，它与增湿的方式、材料、温度有关。如果反应气不增湿，电池性能会下降，当工作温度高于 70℃时，电池不能稳定工作。当增湿不足或过度增湿时，电池的电压也会降低(见图 4-67)。在增湿的条件下，每使用 1h，输出电压会下降 60μV。所以在使用过程中，为了使电池能长期稳定地工作，应抑制由于增湿不足而引起质子膜劣化或因增湿过剩而导致催化剂层中的碳元素析出。

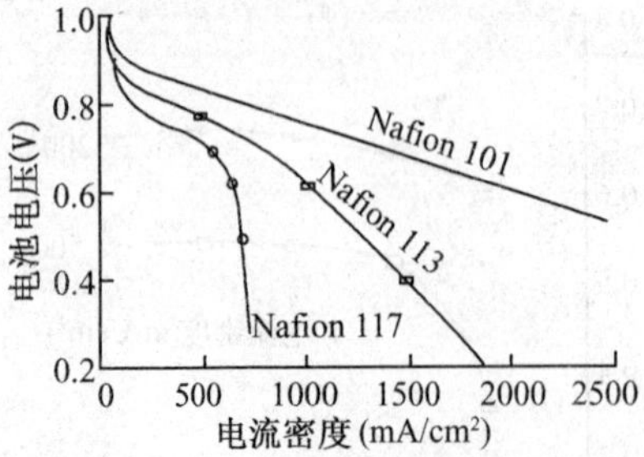

图 4-65 质子膜厚度对电池性能的影响

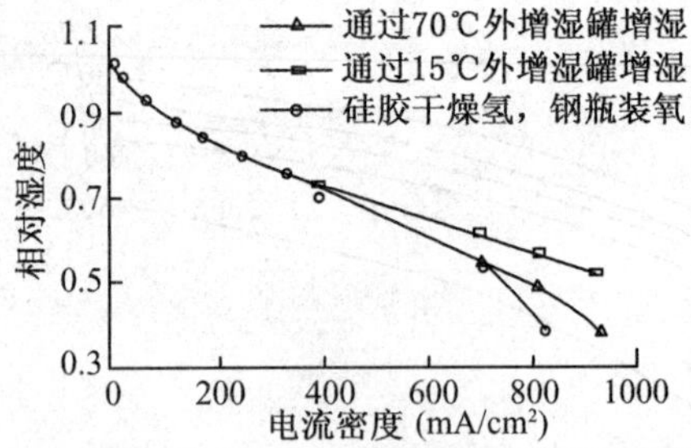

图 4-66 Nafion 115 膜的增湿曲线

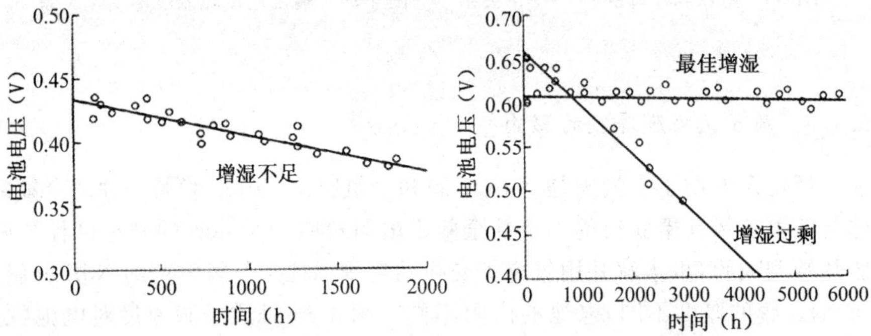

(a) (b)

图 4-67 增湿对输出电压的影响

4.5.4.5 氧化剂的影响

当氧化剂为纯氧、电流的密度为 1650mA/cm^{2}时，输出电压为 0.5V，输出功率密度为 0.82W/cm^2，如图 4-68(a)所示；当氧化剂为空气、电流密度为 610mA/cm^{2}时，输出电压为 0.64V，输出功率密度为 0.39W/cm^2，如图 4-68(b)所示。由图可看出，纯氧作氧化剂比空气作氧化剂效率高。

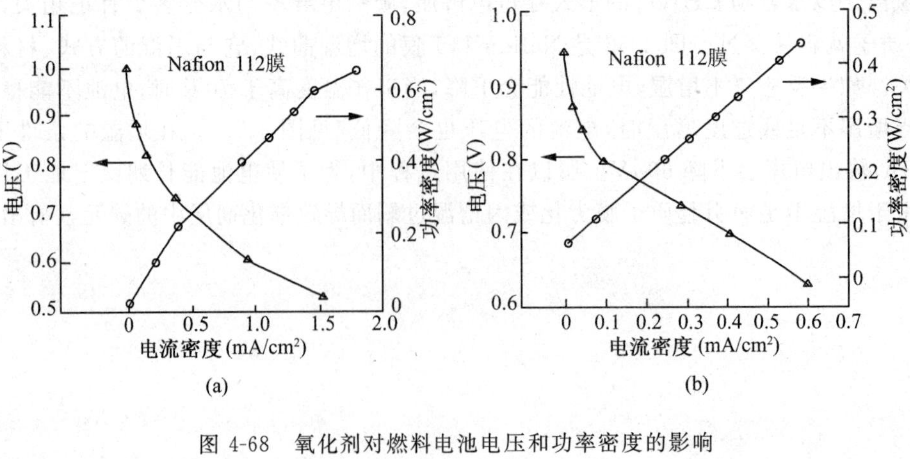

(a) (b)

图 4-68 氧化剂对燃料电池电压和功率密度的影响

复习思考题

1. 什么是动力电池？有什么特点？
2. 电池的性能指标有哪些？
3. 试述电池的开路电压、端电压、标称电压。
4. 铅酸蓄电池的容量如何表示？
5. 什么是比能量、比功率？有什么意义？
6. 什么是能量密度、功率密度？有什么意义？
7. 试述铅酸蓄电池的充放电特性。
8. 碱性电池有什么特点？
9. 试述镍氢电池的结构、工作原理。
10. 试述镍氢电池的充放电特性。
11. 试述钠氯化镍($Na\text{-}NiCl_2$)电池的工作原理及特点。
12. 试述锌空气电池的结构、工作原理和优缺点。
13. 锂离子电池的正负极材料是什么？
14. 试述锂离子电池的工作原理。
15. 什么是物理电池？它与化学电池有什么不同？
16. 试述超级电容的机理及其在电动汽车上的应用前景。
17. 燃料电池分为哪几类？
18. 试述燃料电池的基本结构。
19. 试述质子交换膜燃料电池的结构特点和工作原理。
20. 什么是直接甲醇燃料电池？
21. 试述甲醇燃料电池的结构和工作原理。
22. 什么是电动汽车的能源管理系统？

第5章　纯电动汽车

5.1　纯电动汽车概述

纯电动汽车是完全由可充电电池(如铅酸电池、镍镉电池、镍氢电池或锂离子电池)提供动力源的汽车。

电动汽车与普通汽车的主要区别是动力源的改变。纯电动汽车是一种最好的“零污染”或“超低污染”的车辆,它没有噪声和振动,操作性能好,远远地优于内燃机汽车,是当前开发和研制取代内燃机汽车的首选车型。图5-1为小型电动汽车的外观图。纯电动汽车虽然已有130多年的悠久历史,但由于其一直仅限于在某些特定范围内应用,故市场较小。主要原因是各种类别的蓄电池普遍存在价格高、寿命短、外形尺寸和重量大、充电时间长等严重缺点。

图5-1　小型电动汽车

5.1.1　纯电动汽车的基本组成

纯电动汽车由车载电源、电池组管理系统、电源辅助设施、电动机、控制器、底盘、车身七部分组成。由于其电动机具有良好的牵引特性,因此蓄电池汽车的传动系统不需要离合器和变速器。车速控制由控制器通过调速系统改变电动机的转速即可实现。

5.1.1.1　车载电源

纯电动汽车一般是以由多个12V或24V的电池串、并联形成的动力电池组作为动力源，动力电池组的电压为155～400V，用周期性的充电来补充电能。动力电池组是纯电动汽车的关键装备，它储存的电能及其自身的质量和体积对纯电动汽车的性能起决定性影响，也是发展纯电动汽车过程中主要研究和开发的对象。目前常用的动力电池主要有铅酸电池、镍镉电池、镍氢电池、锂离子电池、高铁电池等可充电电池。

(1)车载电源的布置形式

动力电池组在纯电动汽车上占据很大一部分有效的装载空间，在布置上有相当的难度，通常有“集中”布置和“分散”布置两种形式。通用公司的EV-1采用了Delco电池组，采用“集中”式布置形式，动力电池组的支架为T形架(见图5-2)。T形架装在车辆的地板下面和行李舱下面的车架上，动力电池组固定在T形架上，有很好的稳定性，它从车辆的尾部安装。在T形架上装有动力电池组的通风系统、电线保护套等，用自动和手动断路器在车辆停车和车辆出现故障时切断电源，保证高压电路的安全。

日本丰田汽车公司的RAV4 EV是将动力电池组用支架固定在纯电动汽车的车架上，动力电池组由24节12V的镍氢电池组成，总电压为288V。动力电池组分成若干个“小组”，呈“分散式”布置在车架上，然后串联起来，这样可以充分利用车辆底盘上的有效空间。动力电池组的分散布置形式如图5-3所示。动力电池组布置在纯电动汽车地板下面是最常见的布置方法，这样方便安装和拆卸。

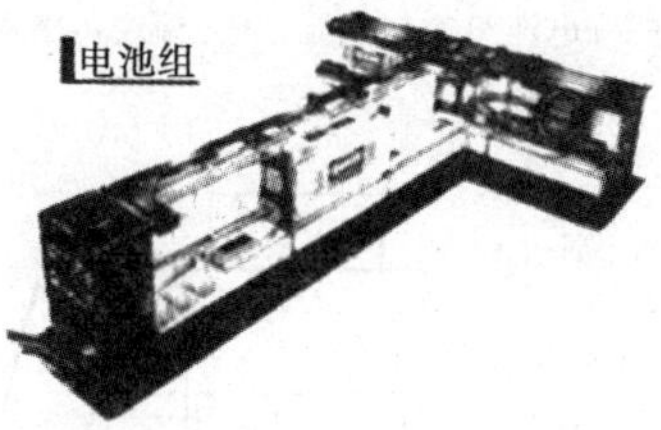

图5-2 EV-1动力电池组的集中式布置方式

图5-3 RAV4 EV动力电池组的分散式布置形式

(2)车载电源的散热方式

纯电动汽车使用的动力电池组在工作时会有发热现象，为确保电池正常工作，延长使用寿命，必须有良好的散热系统。纯电动汽车使用的动力电池组散热系统分为自然通风散热和强制通风散热两种形式。对于小型低压纯电动汽车，由于电池少，功率低，电池组发热量低，一般采用自然通风散热可满足散热要求。

对于大功率、高电压纯电动汽车，电池必须采取强制通风来进行冷却，这样才能保证电池组正常地工作和延长蓄电池的寿命。另外，在纯电动汽车上由于动力电池组布置在车架不同的位置上，各处的散热条件和周围环境都不同，这些差别也会对电池充放电性能和电池的使用寿命造成影响。为了保证每个电池都能有良好的散热条件和环境，将纯电动汽车的动力电池组装在一个强制冷却系统中，以保证各个电池的温度保持一致或相接近及各个电池的周边环境条件相似。

电池组强制通风冷却系统主要由风管道、风扇、空气滤清器、动力电池组 ECU 和温度传感器等组成。其按送风方式可分为水平强制送风冷却系统（见图 5-4）和垂直强制送风冷却系统（见图 5-5）。

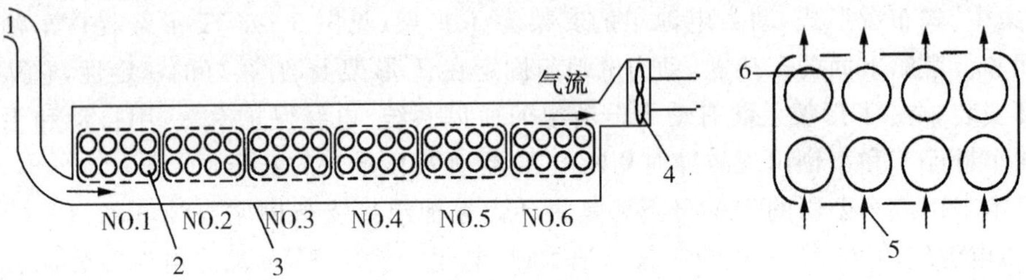

(a)动力电池组的强制通风系统及动力电池组的分组布置　(b)分组电池组的局部通风情况

图 5-4　水平强制送风冷却系统

1—空气吸入管道　2—分电池组　3—动力电池组密封支架　4—冷却风扇　5—分电池组冷却气流　6—温度传感器

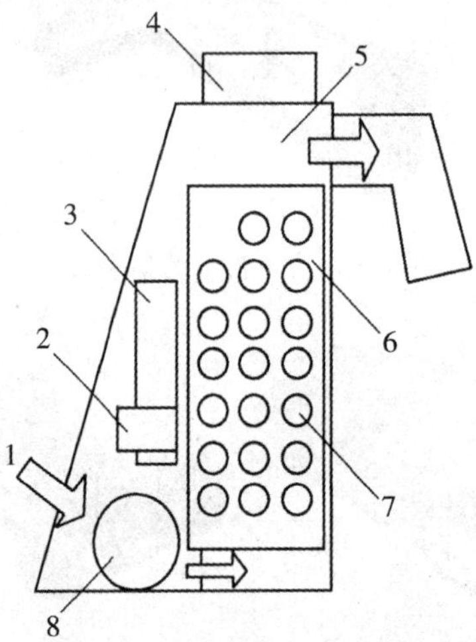

图 5-5　垂直强制送风冷却系统

1—冷却空气吸入管道　2—温度传感器　3—电池组管理 ECU　4—充电器　5—电池组通风箱　6—单元蓄电池　7—分电池组　8—风扇

在某些电池工作时，会产生较高的温度，可以充分利用其产生的热量用于取暖和挡风玻璃除霜等，使热量得到管理与应用。

5.1.1.2　电池组管理系统

动力电池组管理系统要承担动力电池组的全面管理，一方面保证动力电池组的正常运作，显示动力电池组的动态响应并及时报警，使驾驶员能随时掌握动力电池组的情况；另一方面要对人身和车辆进行安全保护，避免因电池引起的各种事故。

(1)动力电池组管理系统的基本功能

动力电池组管理系统一般采用先进的微处理器进行控制，通过标准通信接口和控制模块对动力电池组进行管理，一般有以下几方面：

①动力电池组的管理、监视：对动力电池组双向的总电压和电流、动力电池组的温升进行管理、监视，并通过液晶显示或其他显示装置，动态显示总电压、电流、温升的变化，避免动力电池组过充电或过放电，使动力电池组不会受到人为的损坏。

②单节电池的管理：对动力电池组中的单节电池的管理，可以及时发现单节电池的电状态，对单节电池动态电压和温度的变化进行实时测量，以便及时发现单节电池存在的问题，并采取有效的防范措施。

③剩余电量的估计和诊断：动力电池组管理系统应具有对剩余电量的估计和故障诊断功能，能够有效地反映和显示剩余电量。目前对剩余电量的估计误差一般在 10%左右。配备故障诊断专家系统，可以早期预报动力电池组的故障和隐患。

(2)动力电池组管理系统的组成

动力电池组管理系统的基本组成如图 5-6 所示。带有温度测量装置的动力电池组管理系统的基本组成如图 5-7 所示。它是利用损坏的电池在充电过程中电池的温度高于正常电池温度的原理，用温度传感器来测定和监控每一个电池在充电过程中的温度是否在允许的正常范围内。如果发现某个电池的温度处于不正常状态，剩余电量显示也不正常时，即刻向动力电池组管理系统反馈这个电池的相应信息，并由故障诊断系统预报动力电池组的故障。

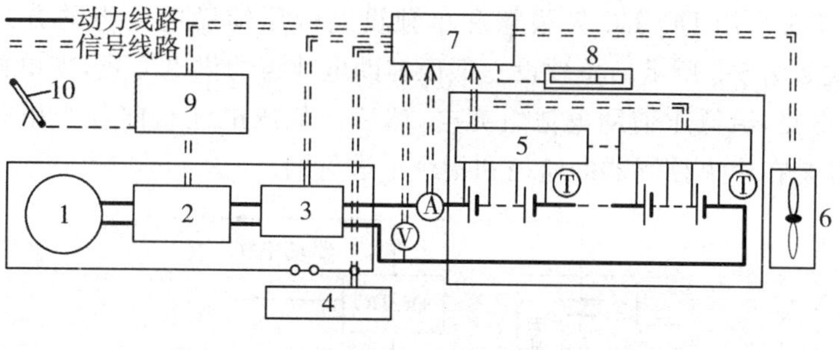

图 5-6　动力电池组管理系统的基本组成

1—电动机　2—逆变器　3—继电器箱　4—充电器　5—动力电池组　6—冷却风扇

7—动力电池组管理系统　8—剩余电量 SOC(里程)显示器

9—车辆中央控制器　10—驾驶员控制信号输入

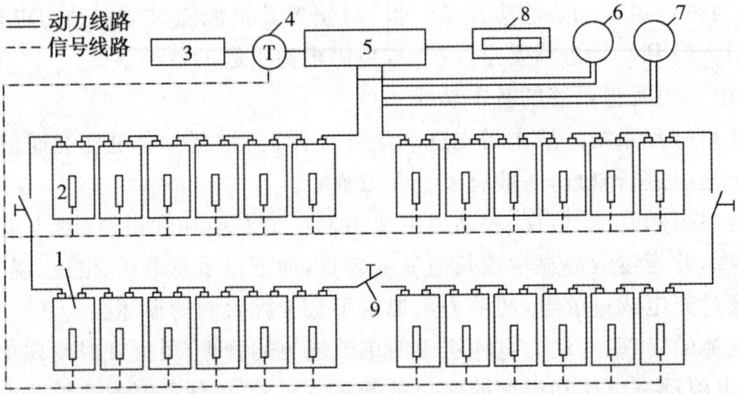

图 5-7　带有温度测量装置的动力电池组管理系统的基本组成

1—分电池组　2—温度传感器　3—故障诊断器　4—温度表　5—动力电池组管理系统
6—电压表　7—电流表　8—剩余电量 SOC(里程)显示器　9—断路线

5.1.1.3　电源辅助设施

纯电动汽车唯一的动力源一般是由多个 12V 或 24V 的电池串联形成的动力电池组，它一般是电压为 155～400V 的高压直流电源。为了便于向一些低压用电设备供电，动力电池组还有 DC/DC 转换器。

为降低造价，纯电动汽车制动系统、照明系统、信号系统、刮水器、喷淋器、电动车门、电动车窗、音响、电视、多媒体、安全气囊、防撞系统、导航系统、车载电话等，都采用了传统内燃机汽车上的部件，且采用 12V 或 24V 的低压电源。因此，纯电动汽车的电池组还需要供应 12V 或 24V 的低电压，作为纯电动汽车的仪表、照明和信号等的工作电源。

纯电动汽车常采用 DC/DC 转换器和单独设立低压辅助电池组的方式提供低压电源，其供电方式如图 5-8 所示。单独设立低压辅助电池组的供电方式，需单独设立DC/DC 转换器或充电电路，给低压辅助电池组充电，然后由低压电池组向各个用电装置提供电能，全部过程都是在中央控制器的监控和指令下进行的。

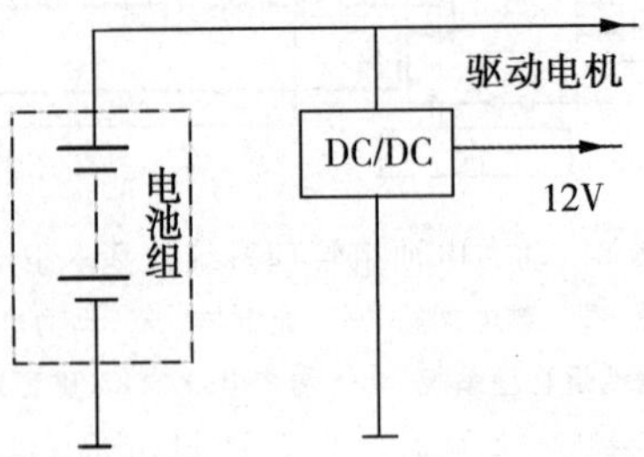

图 5-8　DC/DC 供电方式

在纯电动汽车上，还有空调系统的空压机、动力转向系统的油泵和制动系统的真空泵等，也需要动力电池组提供动力电能。空调系统的空压机如果用动力电池组供给电能，对纯电动汽车的动力性影响很大，会使其续驶里程减少近 30%，故一般采用智能控制系统，在纯电动汽车启动、加速、爬坡和停车时，控制空调系统停止运转，以节约电能。

5.1.2 纯电动汽车的控制策略和控制系统

纯电动汽车的控制策略和控制系统如图 5-9 所示。

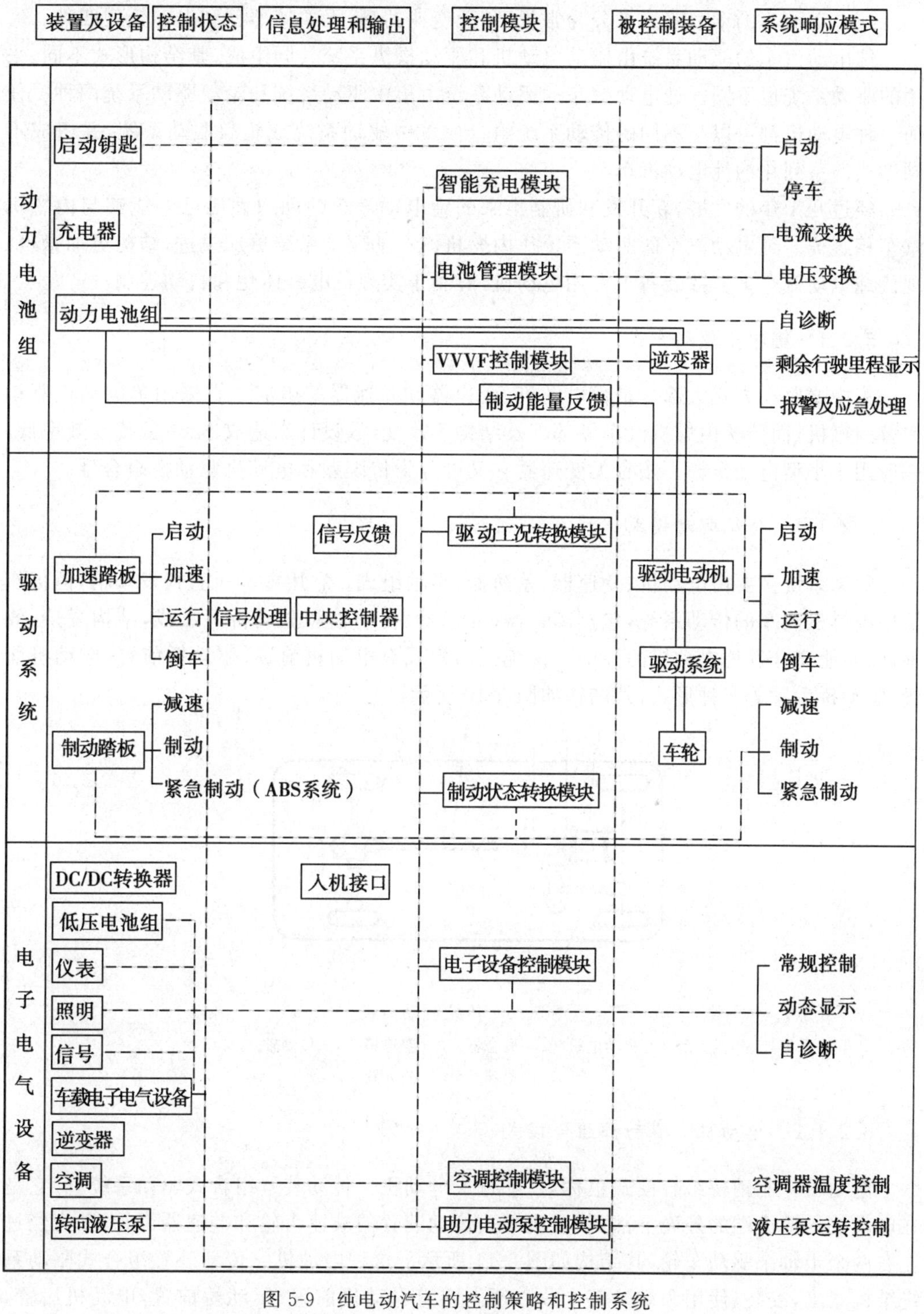

图 5-9 纯电动汽车的控制策略和控制系统

5.2 纯电动汽车的动力布置形式

纯电动汽车的动力路线可分为常规型、无变速器型、无差速器型和电动轮型四种。

纯电动汽车的驱动系统由驱动电动机和驱动操纵系统共同组成，其结构形式不同，采用的驱动系统也不同。纯电动汽车的驱动系统由集中驱动系统和轮毂驱动系统两种。任何一种电动机都可以与不同的传动系统组合成集中驱动系统或轮毂驱动系统，并组成不同形式的系列化的纯电动汽车。

经过几十年的发展，新开发和研制出来的纯电动汽车的动力性能已经能够与内燃机汽车相媲美。纯电动汽车的驱动系统比内燃机汽车的驱动系统更加先进，结构更加紧凑。现代纯电动汽车大多数装备了专用电动机，有利于实现机电一体化和自动控制。

5.2.1 集中式驱动方式

集中式驱动方式大部分是由电动机、变速器和差速器等组成。它采用单电动机驱动代替内燃机，而传统内燃机汽车零部件及结构不改变，故设计制造成本低，但传动效率低，一般用于小型电动车辆。按有无变速器它又可分为传统型和电动机驱动桥组合型。

5.2.1.1 传统驱动模式

驱动系统主要由电动机、变速器、差速器、半轴组成。它用电动机替代发动机，但仍然采用内燃机汽车的传动系统，包括离合器、变速器、传动轴和驱动桥等总成，结构复杂，效率低，不能充分发挥电动机的性能。传统驱动模式有电动机前置、驱动桥前置，电动机前置、驱动桥后置等多种形式，其结构如图 5-10 所示。

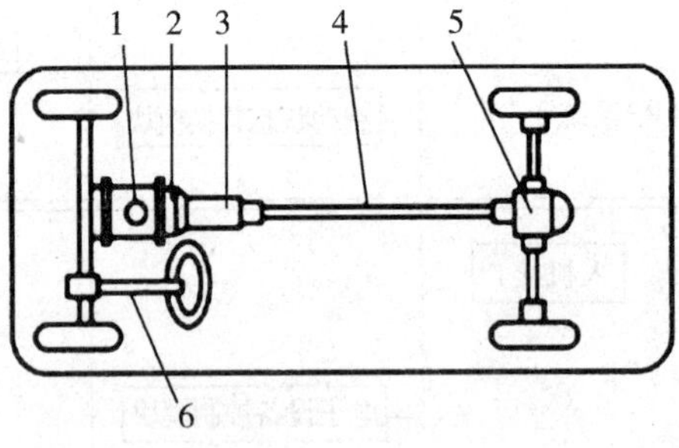

图 5-10 传统驱动模式

1—驱动电机 2—离合器 3—变速箱 4—传动轴

5—差速器 6—导向装置

5.2.1.2 电动机—驱动桥组合模式

电动机—驱动桥组合模式也称为“平行式电动机—传动装置组合式驱动系统”。它是在电动机的输出端的外壳下部，装置机械式传动装置的减速齿轮和差速器齿轮，动力经过左右两个半轴来驱动车轮，其结构如图 5-11 所示。这种电动机—传动装置组合式驱动系统结构紧凑，安装、使用和维护都十分方便。它有电动机前置、驱动桥前置，电动机后置、驱动桥后置等驱动模式。

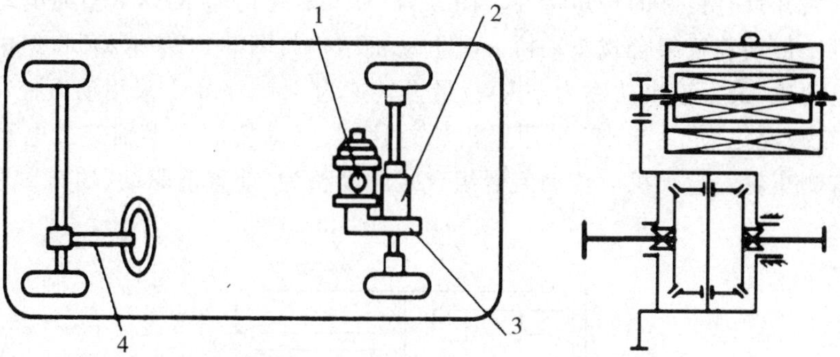

图 5-11　电动机—驱动桥组合模式

1—驱动电机　2—差速器　3—减速齿轮　4—导向装置

图 5-12 为美国通用汽车公司的电动机—传动装置组合式驱动系统组成。电动机通过减速齿轮、差速器驱动左右两驱动轮。

图 5-12　美国通用汽车公司的电动机—传动装置组合式驱动系统组成

1—电动机　2—减速齿轮　3—差速器齿轮　4—传动齿轮箱外壳

5.2.1.3　同轴式电动机—传动装置组合式驱动桥模式

同轴式电动机—传动装置组合式驱动桥的电动机是一种特殊的空心轴的电动机，在电动机一端的外壳中安装传动装置的减速齿轮和差速齿轮。差速器带动左右两个半轴，其中右半轴是通过电动机的空心轴与车轮相连，左半轴通过左端外壳与车轮相连接，如图 5-13 所示。电动机—传动装置组合成一个整体驱动桥，形成“机电一体化”驱动桥的传动系统，使纯电动汽车的传动系统更加紧凑，簧载质量大大地减轻，有利于提高车辆的平顺性。

图 5-14 为美国福特汽车公司的同轴电动机—传动装置组合式驱动桥。其电动机为交流电动机，功率为 67kW、最大转速为 11000r/min，用高频脉宽调制对驱动系统进行控

制,效率高、噪声低,采用减速比为 1∶10.45 的高效单级减速齿轮和星形齿轮差速器,转速变化范围大并且有良好的转矩特性。图 5-15 为丰田公司的 RAV4 型纯电动汽车的同轴式电动机—传动装置组合式驱动桥。其电动机结构与图 5-14 基本相同,但电动机采用永磁同步电动机,最大输出功率为 50kW、最大转速为 4600r/min,采用动力控制器进行控制,减速齿轮减速比为 1∶9.45,采用锥齿轮差速器,驱动桥的右半轴穿过电动机的空心轴来驱动右侧车轮。电动机—传动装置组合式驱动桥为“前置前驱动”的布置形式。

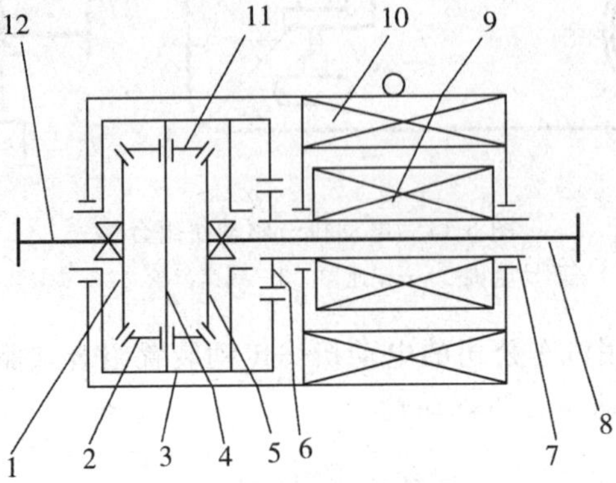

图 5-13　同轴式电动机—传动装置组合式驱动桥

1、5—半轴齿轮　2、11—行星齿轮　3—差速器壳　4—行星轮支架　6—减速齿轮　7—空心电机轴　8、12—传动轴　9—电机转子　10—电机定子

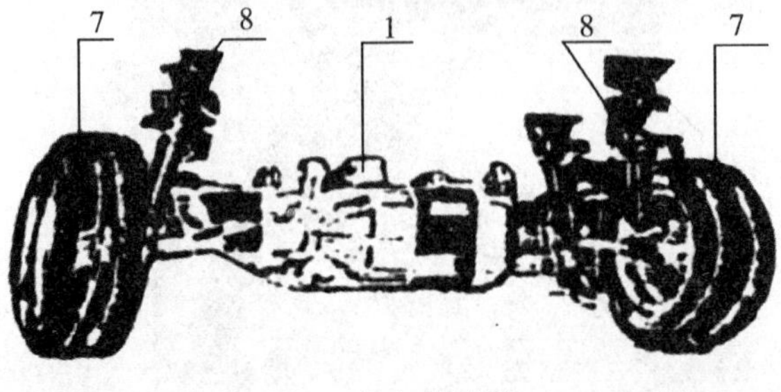

(a) 外形图

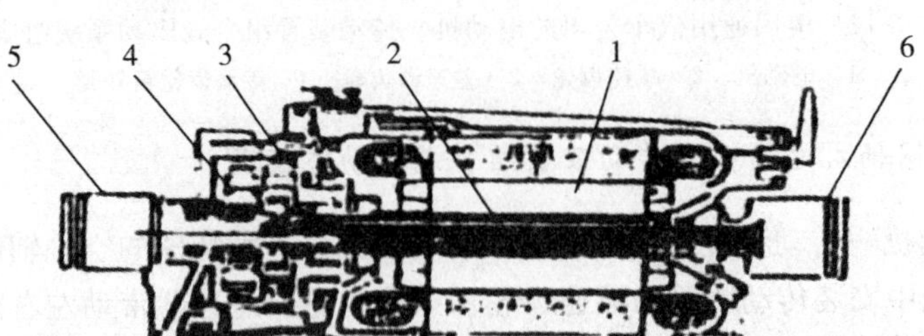

(b) 结构图

图 5-14　美国福特汽车公司的同轴电动机—传动装置组合式驱动桥

1—交流电动机　2—电动机的空心轴　3—减速齿轮　4—差速器齿轮　5—左半轴　6—右半轴　7—左右车轮　8—左右悬架

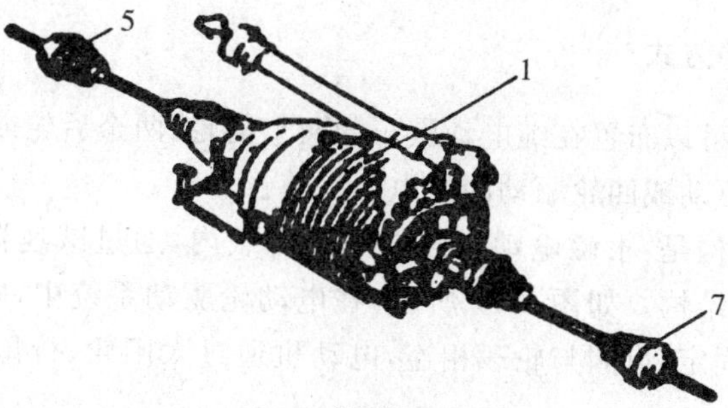

(a)外形图

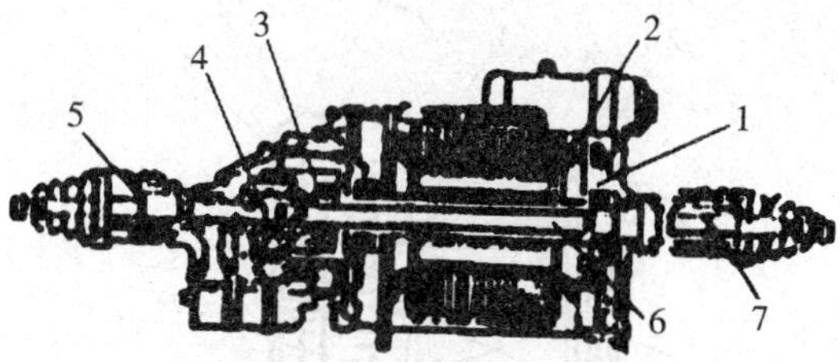

(b)结构图

图 5-15　丰田公司的 RAV4 型纯电动汽车的同轴式电动机—传动装置组合式驱动桥

1—电动机　2—电动机的空心轴　3—减速齿轮　4—差速器齿轮

5—左半轴　6—传动装置箱外壳　7—右半轴

5.2.1.4　双联式电动机共同驱动的整体驱动桥模式

双联式电动机共同组成整体驱动桥的传动系统，取消了齿轮传动机构，完全实现了“机电一体化”传动方式。它由左、右两个永磁电动机直接通过半轴带动车轮转动。左、右两个电动机由中央控制器的电控差速模块控制，形成机电一体化的差速器，使驱动系统的结构大大地简化，质量大大地降低，它要比一般机械式差速器可靠和轻便。图 5-16 为由两个永磁电动机组成的双电动机驱动系统的结构示意图。双电动机驱动桥传动系统与相同功率的单电动机驱动桥传动系统相比较，电动机的直径要小得多，因此可以将双联式电动机驱动桥布置在纯电动汽车的地板下面，这样更加有利于车辆的整体布置。但双联式电动机的轴向长度要长一些。

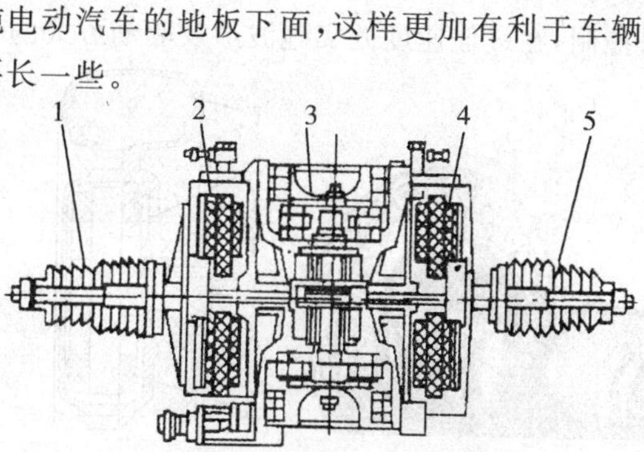

图 5-16　双电动机驱动系统的结构

1—左半轴　2—左驱动电机　3—电控差速器　4—右驱动电机　5—右半轴

5.2.2 轮毂驱动方式

电动轮驱动系统可以布置在纯电动汽车的两个前轮、两个后轮或四个车轮的轮毂中，成为前轮驱动、后轮驱动或四轮驱动的纯电动汽车。

电动轮的一般结构是：永磁电动机装在车轮轮毂内，通过减速器减速后，驱动轮毂。减速器常采用行星轮结构。如图 5-17 所示，在电动轮驱动系统中，电动机转子轴与太阳轮相连，行星轮支架固定，齿圈与轮毂相连，电动机通过太阳轮、行星轮、齿圈减速增扭后驱动轮毂。

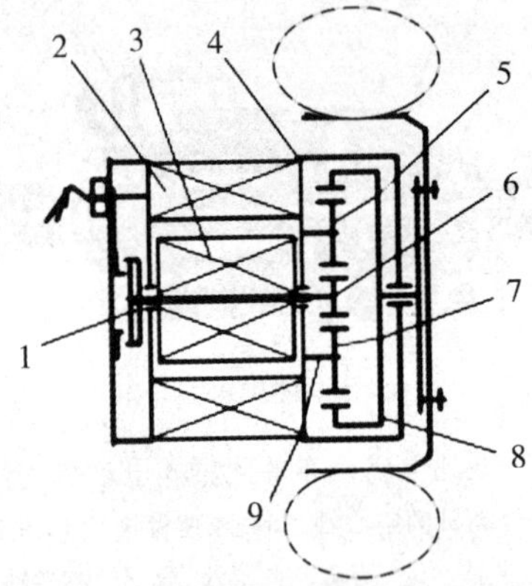

图 5-17 电动轮驱动系统的基本结构

1—转子位置传感器 2—电机定子 3—电机转子 4—外壳

5、7—行星轮 6—太阳轮 8—行星轮圈 9—行星轮支架

图 5-18 为哈尔滨工业大学爱英斯电动汽车研究所研制开发的 EV96-1 型电动汽车的电动轮驱动系统。在车轮的轮毂内，装置永磁电动机，工作时电动机驱动车轮。电动机为“多态电动机”，采用双边耦合的混合式磁路结构，使电动机兼有同步电动机和异步电动机的双重特性。电动轮的额定功率为 6.8kW，最大功率为 15kW，最大转矩为 25N · m，最大转速为 1600r/min，质量为 35kg，采用空气冷却。电动机具有恒转矩区和恒功率区，用 IGBT、PWM 等控制器来控制，在最佳速度处实施波形及驱动方式的切换。

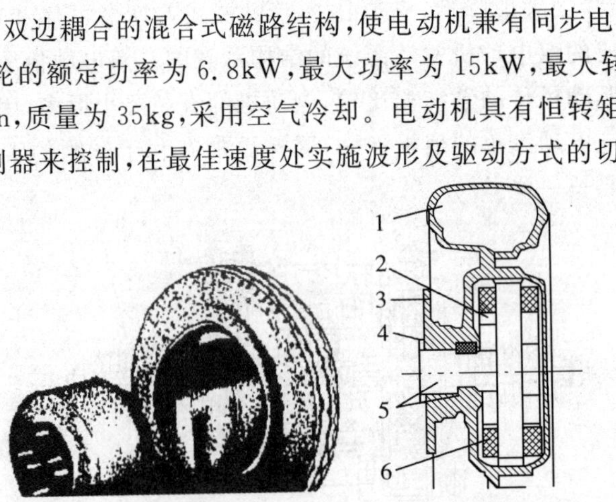

(a) 电动轮的外形　　(b) 电动轮的基本结构

图 5-18 EV96-1 型电动汽车的电动轮驱动系统

1—轮胎 2—永久磁铁 3—制动盘 4—衬套 5—轮轴 6—电动机线圈绕组

5.3　纯电动汽车的实车介绍

20世纪60年代以来，世界各国和各大汽车公司，相继开展了纯电动汽车的研究、开发研制和试验等大量工作，并且研制了多种概念车、样车和商品车。这里将介绍一些在20世纪90年代后期和21世纪初期所开发和研制的纯电动汽车样车和纯电动汽车商品车。

5.3.1　清华大学EV6580型电动小型客车

清华大学是我国最早开发和研制纯电动汽车的单位，早在1996年北京国际纯电动汽车展览会上就展出了EV6580型电动小型客车，以后又为多家汽车制造厂开发和研制了多种纯电动汽车、燃料电池汽车和混合动力汽车。

EV6580型电动小型客车的整车质量为2250kg，载客数为16人，电池的比能量为40W·h/kg，最高车速为80km/h，一次充电续驶里程为：放电深度为80%时为155.6km，放电深度为60%时为116.7km。

EV6580型小型客车采用12节12V、150A·h(5h)的管式铅酸电池，动力电池组布置在车架上，7节在左侧，5节在右侧。在EV6580型小型客车上，配置有不同的电动机，有永磁无刷电动机、永磁有刷电动机和直流并激电动机等。各种电动机具有不同的特性，通过对不同电动机的使用试验来进行比较，以取得不同的试验数据。

永磁电动机的最大功率为45kW，电动小型客车的最高车速为80km/h，续驶里程为120km(40km/h恒速时)。控制器采用大功率IGBT器件和PWM进行控制，并装有微处理器监控系统，对动力电池组的运行状况和剩余电量进行监控。EV6580型电动小型客车的特点：是对6500系列小型客车进行的改装，保持了6500系列小型客车的车身布置和传动系统，有利于快速制造系列的电动小客车。

5.3.2　中国远望YW6120DD型电动大客车

中国远望集团总公司于1996年在北京国际纯电动汽车展览会上展出了我国研制和制造的YW6120DD型电动大客车。其满载总质量为17t，采用四组串联、密封免维护铅酸动力电池组，总电压为384V，总能量为114kW·h，总质量为4t的动力电池组布置在前后轮之间的车架下面。IGBT矢量控制逆变速器的电压输入范围为270～380V，最大限定电流为600A。双绕组交流电动机的峰值功率为173kW，额定功率为150kW，额定转矩为34N·m。动力系统的速度范围宽，低速转矩大。

5.3.2.1　YW6120DD型电动大客车的主要技术性能

中国远望集团总公司生产的YW6120DD型电动大客车的主要性能如表5-1所示。

表 5-1　　中国远望集团总公司生产的 YW6120DD 型电动大客车的主要性能

项目			单位	YW6120DD
尺寸参数	总长		mm	11940
	宽度		mm	2450
	高度		mm	3200
	轴距		mm	6000
	轮距	前轮	mm	2046
		后轮	mm	1800
质量参数	乘员数		人	51
	整备质量		kg	14200
	整车质量		kg	17260
电池组	类型			铅酸电池
	电池数量		个	28
	工作电压		V	336

项目		单位	YW6120DD
电动机	类型		三相交流感应电动机
	最大功率	kW	173
	额定功率	kW	150
	最高转速	r/min	13000
	最高车速	km/h	90
	最大爬坡度	%	8
性能参数	0~40km/h加速时间	s	20
	续驶里程(40km/h匀速)	km	150
	最小转弯直径	m	23
	接近角	度	9
	离去角	度	9.4
	一级踏步离地高度	mm	300
	每千米耗电量	kW·h	0.8

5.3.2.2　YW6120DD 型电动大客车的动力系统

(1)动力电池组

YW6120DD 型电动大客车用 28 节单体电池串联组成动力电池组，总电压为 336V。YW6120DD 型电动大客车的动力电池组除主要向驱动电动机提供电能外，还要向转向系统的电动油泵、空调系统的压缩机和风扇等提供动力电源。系统控制单元(SCU)的电池管理模块控制动力电池组电压范围为 250～400V。热管理系统对动力电池组的温度进行监控，保证车载电源系统正常运行。动力电池组安装在车架的两侧专用架上，保证了动力电池组的稳定性。

(2)DC/DC 转换器

在 YW6120DD 型电动大客车上，用 DC/DC 转换器将动力电池组的 336V 高压直流电转换为 12V 的低压直流电，输入辅助电池组 APC 中，输入的电压范围为 230～450V，输出的电压为 15V，电压的调整率为 12%，转换效率为 90%，辅助电池组 APC 设有电流过载和过热保护装置。不论电动大客车处于哪种工况，控制系统均依靠 12V 低压辅助电池组为 SCU 提供控制电流，保证 SCU 正常工作。

5.3.2.3　YW6120DD 型电动大客车的驱动系统

(1)驱动电动机

YW6120DD 型电动大客车采用美国 Northrop Grumman 公司的油冷却三相四极交

流电动机(见图 5-19),电动机的额定功率为 150kW,最大功率为 173kW,最高转速可达到 13000r/min。电动机的尺寸为直径 280mm,长度 500mm,质量为 100kg,体积小、质量轻、噪声低。电动机为独立双绕组,每个绕组都是用 IGBT 功率桥驱动。电动机的外壳用镁合金挤压成型,内部采用油冷却,用射流技术散发运转时产生的热量。所有的电气连接都是全天候的,能够适应驱动电动机周边和罩内严酷的环境条件,由系统控制单元(SCU)中的驱动电动机控制模块进行控制,保证了驱动电动机运转的可靠性。在车辆制动时,电动机能够再生制动,回收制动时的反馈量。

图 5-19　油冷却交流感应电动机

(2)减速器

YW6120DD 型电动大客车采用美国 Northrop Grumman 公司的链条式减速器,其速比为 4.3∶1,主要功能是减速、增矩,完全可以满足 YW6120DD 型电动大客车的加速和爬坡性能的要求。传动系统控制模块控制减速器的工作状态和冷却油的温控系统,保证驱动系统的正常运行。

5.3.2.4　YW6120DD 型电动大客车的操纵装置

操纵装置与内燃机的大客车相同,有加速踏板和制动踏板等,加速踏板、制动踏板的机械位移量转换为电信号,输送到中央控制器中。

5.3.2.5　YW6120DD 型电动大客车的控制系统

YW6120DD 型电动大客车采用的控制系统包括系统控制单元 SCU、矢量控制的逆变器、人机接口和故障诊断系统等,对电动大客车的驱动系统、能耗分配、制动反馈和故障检测等进行监控和处理。

(1)系统控制单元(SCU)

系统控制单元(SCU)装在行李舱中,采用美国 Northrop Grumman 公司的耐高、低温的系统控制单元控制器。控制单元主要是一个微处理器装置,在电动大客车运行过程中,不断地采集驾驶员对加速踏板、制动踏板的操作电信号,转变为转矩信号输入到控制单元中。系统控制单元电路用矢量控制和 PWM 技术,控制逆变速器使直流电转换为频率可变、电压可调的三相交流电,最大输出电流为 640A,并能够随 IGBT 功率桥的温度升高自动调整输出电流和输出功率,控制电动机实现四象限的运行,回收再生制动时的能量。中央控制电路中设有电流过载、过电压、不足电压和过热保护装置，以及运行放电和反馈充电的管理模块。系统控制单元还通过装在电动机上的旋转变压传感器，将电动机的转动方向、转速和转子与定子相对位置等变化参数，随机反馈到中央控制电路中，经微处理器矢量控制计算处理，通过驱动电路调整两个IGBT功率桥的输出电流，达到不同驱动模式的转换，实现启动、加速、倒车和制动等控制。

(2)人机接口

人机接口是系统控制单元与仪表板上显示屏幕的纽带，它主要用于各种信号的驱动，包括动力电池接口、再生制动能量控制开关等。在仪表板显示屏幕上，驾驶员可以清晰地看到电流表、电压表、油温表、油压表等所显示的电流、电压、油温和油压等数值和曲线，以及出错信息和故障报警等信号。

(3)熔断丝盒

熔断丝盒内装有7个30A的熔断丝，3个用于动力电池组充电电路保险，2个用于空调设备电路保险，1个用于冷却油泵和动力转向电路保险，1个用于气泵电路保险，以保证电源和用电设备的用电安全。

(4)冷却系统

YW6120DD型大型客车的电动机、减速器和行李舱通过采用循环油进行强制冷却。冷却系统包括AF93型5kW小型逆变速器、电动机、油泵、过滤器、冷却管路、散热器和3个冷却风扇等总成和零部件。当点火钥匙接通后，系统控制单元通过冷却系统控制模块，检测冷却系统冷却油的压力，当压力正常时，启动油泵和冷却风扇进行冷却油的循环，如果在3s内检测油压不正常时，会立即停止电动机的运转，切断动力电源并报警。

5.3.2.6 YW6120DD型电动大客车的车身

YW6120DD型电动大客车采用了全新的流线型车身制造，外观美观、大方，并采用电热预应力张拉蒙皮工艺，车身填料发泡工艺，车厢地板平整，车架采用整体承载式框架式，便于动力电池组的装卸与维修。在车厢内布置了舒适、豪华的航空座椅，靠背角可以调整，面料柔软，手感良好。内饰豪华，装有空调、暖气、阅读灯、音响设备等。动力电池组布置在前后车轮之间的车架下面，采用电动机和传动系统、驱动桥整体组合式的动力系统及电动机后置、后轮驱动的驱动模式。整车质心较低，行驶时稳定、平顺。

5.3.2.7 YW6120DD型电动大客车的制动系统和制冷系统

(1)制动系统

YW6120DD型电动大客车的制动系统由两部分组成，即在制动踏板上安装了一个位移传感器，前1/3的位移控制为再生能量回馈制动，后2/3的位移控制为气制动。当驾驶员开始轻踩制动踏板时，系统控制单元根据踏板传感器输出的电信号，切断动力电池组的输出电流，并将再生制动时的能量转换为电能，储存到动力电池组中。再生制动电流达400A，足以满足一般情况下的电动大客车制动时的要求，再生制动的能量可以使电动大客车的续驶里程提高约20%。再生制动不需要利用制动片与制动鼓的摩擦力，没有摩擦制动时引起的热量消耗和制动材料磨损引起的污染。当紧急制动时，驾驶员用力踩制动踏板，系统控制单元根据踏板输出的电信号，立即转换为机械式制动，使电动大客车紧急制动。即使在机械制动时，再生制动仍然起制动作用。机械制动包括AF93型5kW小型逆变速器、电动机、压缩机、储气罐、制动总泵、制动管路、制动分泵、制动蹄片和制动鼓等总成和零部件，基本与内燃机的制动系统相同。它由动力电源通过一个小型逆变速器转换为交流电，带动压缩机工作。当点火钥匙接通后，系统控制单元根据检测的储气罐压力，对空气压缩机的电动机进行控制，当空气压力低于4.5kPa时，即启动压缩机工作；当空气压力高于8.0kPa时，即停止压缩机工作，保证有足够压力。再生制动和机械ABS制动控制全部由系统控制单元控制制动系统控制模块来实现。

(2)制冷系统

YW6120DD型电动大客车装有美国Thermo King公司的电动汽车节能空调，空调系统包括交—交逆变器、空调压缩机、膨胀阀、蒸发器、管理系统和冷凝器等总成和零部件，交—交逆变器同时供给蒸发器和冷凝器的风扇电能。系统控制单元控制制冷系统控制模块，能够在汽车启动时自动关闭空调系统，并根据气温变化和检测到的动力电池组的剩余电量来控制空调系统的工作，当动力电池组剩余电量较少时，会自动停止空调系统的工作。

5.3.3　美国通用汽车公司EV-1型电动轿车

美国通用汽车公司EV-1型电动轿车的总质量为1328kg，最高车速为128km/h，续驶里程为128km。由于车身的造型为流线型，采用轻金属和碳纤维增强树脂等复合材料制造车身覆盖件和底盘零部件，车辆的空气阻力系数为0.19，车轮滚动阻力系数为0.0048。EV-1型电动汽车可以说是当前技术最先进的纯电动汽车。

5.3.3.1　EV-1型电动轿车的技术性能

EV-1型电动轿车的整备质量为1328kg，动力电池组的质量为533kg，最高车速为128km/h，0～96km/h的加速时间为9s，使用85%的电池组电量时，EV-1的城市循环行驶里程为112km，高速公路行驶里程可达144km。它可以回收再生制动能量，是效率高、动力性良好的“零污染”电动轿车。在行驶过程中，驱动系统对加速踏板产生响应，自动调节EV-1的行驶速度，不需要换挡，速度变化过程平稳。

5.3.3.2　EV-1型电动轿车的动力系统

(1)动力电池组

EV-1采用Delco公司的免维护调压阀式密封铅酸电池组(见图5-20)。该电池组用气体再化合技术保证免维护功能；用吸附玻璃垫层吸附溢出的电解液，从而保证电解液不会溢出到电池壳外面；用带火焰消除器的单向压力阀允许气体逸出等，实现了电池的免维护。另外，EV-1还可以

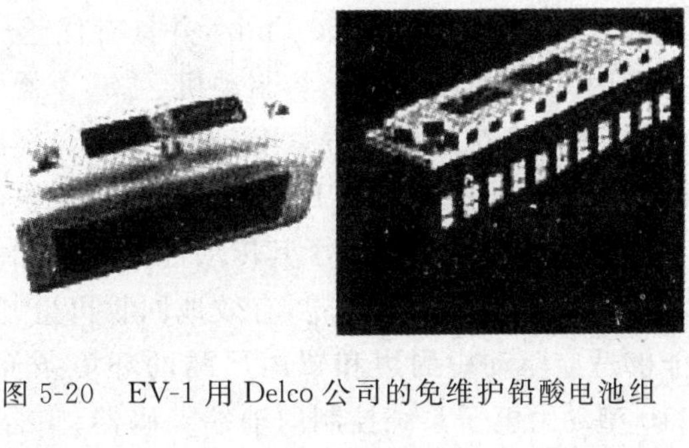

图5-20　EV-1用Delco公司的免维护铅酸电池组

采用通用公司的镍氢动力电池，其比能量为 70W·h/kg，能量密度为 160W·h/L，在 50%放电深度时比功率为220W/kg，在 80%放电深度时比功率为 200W/kg，一次充电后续驶里程达到 265km。镍氢电池能比其他电池更好地保存能量，寿命可达到600 次循环；在发生错误的过充或过放电时有良好的“错容”能力，并且可以与不同型号的电池兼容；快速充电性能良好，能够控制在最理想的条件下进行充电。镍氢电池报废后可被安全回收，动力电池组用 T 字形支架稳固地安装在车架上，保证动力电池组的稳定性。T 字形支架可以从车辆后部抽出，便于动力电池组的安装和维修。在 EV-1 中，110 型动力电子系统中采用动力电池组管理模块对动力电池组进行管理，动力电池组除主要向驱动系统提供电能外，还要向转向系统的电动油泵、空调系统的压缩机和电扇等提供动力电源。动力电池组管理系统能够检测到动力电缆的松动和逆变速器盖的松动，在 25ms 内作出反应，用自动和手动断路器装置立即切断各个关键系统的电源，保证整车高压系统的安全性。动力电池组管理模块的分流器模块检测动力电池组的电流，控制动力电池组的充电、放电的全过程；动力电池组热管理系统和冷却通风系统模块对动力电池组进行热管理，对电线保护套松动、动力电池组的电压和温度进行测量和控制，保证车载电源系统能够正常运行，以优化动力电池组的性能和延长寿命；自我检测和自我保护系统模块将动力电池组的技术状况的信息随时反馈到中央控制器中，并由中央控制器作出相应的处理。

(2)充电器

Delco 的感应式充电器按照美国 SAE 推荐的电动车辆感应式充电耦合的标准进行设计，每单元充电系数有不同的级别，最高为 120kW，整体效率达到 90%。它没有直接连接的电路，并与地面绝缘，只有充电板正确地插入车载充电口时，才有电能输入。它具有全天候的充电功能，能够耐水、雪、冰、脏物或灰尘，保证安全可靠地进行充电，产品经过了 UL 和 FCC 验证。用智能控制模块控制随车感应式耦合充电系统，采用可分式绝缘变压器产生磁场，因此能够在全天候的条件下对 EV-1 动力电池组进行充电。目前所采用的磁感应式 6.6kW 充电系统，充电时间为 2～3h。新开发的 50kW 快速充电系统只需 10～15min，就可以达到 80%的电量，可供 EV-1 行驶 90～100km。EV-1 制动时，回收再生制动能量向动力电池组充电，全部过程都是由中央控制器管理。

5.3.3.3 EV-1 型电动轿车的驱动系统

在 EV-1 中，驱动电动机控制模块控制 Delco 公司供应的驱动电动机。驱动电动机为液体冷却式交流感应电动机，有宽广的调速范围和优异的转速特性，最大功率为 100kW，最高转速为 1600r/min，并具有优越的转速范围和转矩特性。Delco 的驱动电动机采用机电一体化设计，将驱动机、主减速器驱动桥的轻质铝合金差速器和半轴等组合成整体，驱动系统结构十分紧凑，通用性好。轻质铝合金制造的差速器既轻巧又坚固，车桥的驻车锁止器能够保证 EV-1 在驻车时可靠锁止。Delco 的驱动电动机的液体冷却系统和润滑油循环系统提高了其传动性能和传动效率，性能更好，寿命更长。Delco 的驱动电动机可以实现四象限运转，有效地回收再生制动时的能量。所有电气连接都是全天候的，能够适应驱动机周边和罩内严酷的环境条件。一体化 Delco 驱动单元装有由 Delco 的 110 型动力电子系统控制的轴端编码器、啮合模式开关、油压开关、温度传感器等监控系统,保证了驱动单元的平稳性和可靠性。

5.3.3.4　EV-1 型电动轿车的操纵装置

EV-1 型电动轿车的操纵装置有加速踏板、制动踏板等。加速踏板、制动踏板的机械位移量转换为电信号后输入 Delco 公司制造的混合动力模块中,驱动系统即产生"油门响应",不需要换挡,运转平稳,符合驾驶员的操作习惯。

5.3.3.5　EV-1 型电动轿车的控制系统

EV-1 采用 Delco 750A 混合动力模块和 Delco 动力电子系统作为控制装置。

(1)750A 混合动力模块

EV-1 采用 Delco 750A 混合动力模块作为控制单元技术装备,由于具有 750A 强大的额定电流,在大功率的条件下不需要再并联功率模块。

Delco 750A 混合动力模块的控制器中采用整体式连接。在最小化的回路中采用快速恢复二极管,提高了系统的性能。先进的导体材料具有优异的高温性能和功率循环容量,可优化电流分配和多维大电流硅耦合,使系统的热性能更高,可靠性更优越,使用寿命更长。大功率端子有利于低电感汇流排的实现,混合动力模块的电感系数非常小,尖峰电压非常低,漏电电流很小,开关损失更低,可以提高开关的频率,而且不需要配置缓冲吸收电路。750A 混合动力控制模块的微处理器采用可再编程存储器,具有转矩控制、巡航控制、电子限速、加速踏板标定、过电压/欠电压限值、诊断和自我检测等多种功能。驱动系统统一装置在驱动系统箱体内,采用冷却系统冷却以保证工作的可靠性。

(2)110 型动力电子系统模块

EV-1 采用 Delco 的 110 型动力电子系统(逆变速器可提供 110kW 的功率)对整个车辆的动力进行控制。110 型系统可以在动力电池的额定直流电压为 270～350V 之间正常工作,推荐在充电时的最高电压不超过 430V,在再生制动能量回收时电压不超过 405V。在 110 型动力电子系统中,逆变速器是采用专门设计的、装于 EV-1 的行李舱内、特殊环境条件下的绝缘栅双极 750A 的 IGBT 大功率管,可提供的功率为 110kW、输出电流为 400A。逆变速器以正弦波输出,能在0～600Hz范围内进行精确的控制,控制交流感应电动机的转速达到16000r/min,实现即时加速踏板响应并实现无级变速,使 EV-1 的最高车速达到 128km/h,并且启动平稳,有优良的加速性能和爬坡性能。驱动电动机还能够实现四象限运行,在制动时能够转换为发电机发电,回收再生制动能量,增加续驶里程。不论在驱动模式还是在再生制动模式的工况下,都能实现对电机的高效率的控制。由于再生制动能量的回收,可以增加的 EV-1 的续驶里程为总续驶里程的 1/5～1/4。110 型动力电子系统带有可再编程存储器和微机控制系统,可以根据驾驶员通过对操纵装置的输入量,进入 110 型动力电子系统,经过微机控制系统处理,并通过输出接口输送到各个控制模块中去,对整车进行综合控制。它具有通过不同的控制模块来控制加速踏板的标定、电子限速、巡航控制、力矩控制、力矩指令滤波、过电压和欠电压的限值、诊断和自我检测等多种功能。

5.3.3.6 EV-1 型电动轿车的 DC/DC 转换器和低压电池组

在 EV-1 中，110 型动力电子系统中的辅助功率控制模块的功率为 4.2kW，控制 DC/DC转换器和低压辅助电池组，承担从动力电池组向低压辅助电池组的充电和管理，然后由低压辅助电池组向各个用电装置提供电能。在 4.2kW 的辅助功率模块中，其中 1.5kW的功率经过 DC/DC 为辅助电池组充电，供各种低压电器用电，0.8kW 用于挡风玻璃除霜加热，1.9kW 用于暖风和空调系统压缩机和风扇用电。各种监控装置，包括编码器、传感器、油压开关和啮合模式开关等组成了整个控制系统。全部过程都是在中央控制器的控制指令和低压电池组的控制模块的监控下进行的。12V 的电池组提供整车低压电气系统和控制系统用电。在 EV-1 上，照明系统、信号系统、仪表板、刮水器、喷淋器、电动车门、电动车窗、音响、电视、多媒体、安全气囊、防撞系统、导航系统、车载电话等，都采用低压电源。

复习思考题

1. 纯电动汽车由哪几部分组成？
2. 车载电池有几种布置形式？
3. 车载电池有几种散热方式？
4. 简述动力电池组管理系统的基本功能。
5. 简述动力电池组管理系统的组成。
6. 纯电动汽车的动力路线可分为几种形式？
7. 纯电动汽车的集中式驱动方式有哪几种？各有何特点？
8. 简述电动轮驱动系统的基本结构。

第 6 章　混合动力电动汽车

6.1　混合动力电动汽车概述

本章所介绍的混合动力电动汽车(Hybrid Electric Vehicle,简称 HEV)是指一种将发动机和电动机组合起来作为汽车动力系统的汽车。

混合动力电动汽车采用了两种模式的驱动系统:发动机驱动系统和电动机驱动系统,两种系统共同驱动车辆行驶。

6.1.1　混合动力电动汽车的组成

混合动力电动汽车一般由发动机、发电机、储能装置、电动机、功率转换装置和控制装置等组成。

6.1.1.1　发动机

发动机可采用四冲程内燃机(汽油/柴油)、二冲程内燃机(汽油/柴油)、转子发动机和斯特林发动机等。转子式发动机燃烧效率比较高,排放比较洁净。一般车常采用四冲程内燃机。采用不同的发动机可组成不同的混合动力电动汽车。

6.1.1.2　电动机

电动机可采用直流电动机、交流感应电动机、永磁电动机和开关磁阻电动机等。随着混合动力电动汽车的发展,直流电动机已经很少采用,多数采用感应电动机和永磁电动机,开关磁阻电动机也得到重视,作为混合动力电动汽车的驱动电机。采用不同的电动机可组成不同的混合动力电动汽车。

6.1.1.3　电池

储能装置是混合动力电动汽车的辅助能源,只有在混合动力电动汽车用电动机启动发动机或电动机辅助驱动时使用。混合动力电动汽车可选用不同的蓄电池、燃料电池等储能器。

6.1.2 传统内燃机车辆的能量利用情况

为了理解混合动力电动车辆为什么能节能，首先分析传统内燃机车辆的能量利用情况。图 6-1 为美国一辆典型的中级乘用车（发动机排量为 3.0L 左右）的能量流动图，其中括号内数字是在公路行驶时的数据，右边方框内的“动能”是指车辆加速时获得的能量，此能量在车辆减速时消耗于制动、滚动阻力、空气阻力等方面。由此可知，并非车辆的全部动能都可以再生回收。

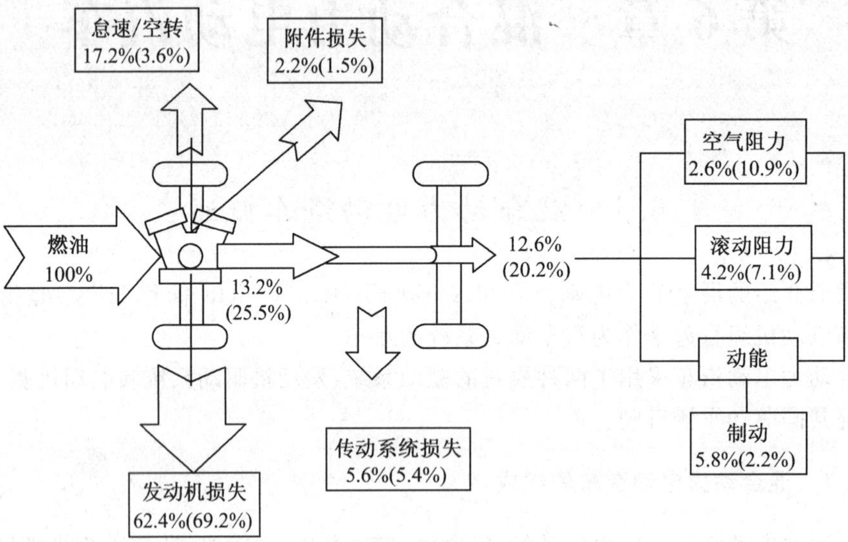

图 6-1 内燃机车辆的能量流动

图 6-1 中各有关数据的说明如下：

（1）在公路行驶循环工况下，由于换挡机会少且很少使用制动，因而怠速损失最小。这种最理想的工况下也只有燃油总能量的 1/5（20.2%）作为汽车行驶必需的有用功，用来克服汽车行驶过程中的空气阻力、滚动阻力、惯性阻力和上坡阻力，驱动汽车行驶。

（2）在城市循环工况下，怠速和制动损失相当高，怠速损失可以达到 17.2%，相当于燃油总能量的 1/6，而车辆运动的动能通过制动产生热，制动损失相当于燃油总能量的 5.8%，占用来克服各种行驶阻力所需能量的 46%，当交通拥挤时这两方面的损失还要高。

（3）在城市行驶循环工况下，空气阻力损失约为克服各种行驶阻力所需能量的 1/5；而在公路行驶循环工况时，空气阻力损失约为克服各种行驶阻力所需能量的一半。

（4）传统车辆的内燃机自身要消耗燃油总能量的 62%～69%，这不仅因为热机的效率很低，还由于发动机内部的活塞、曲轴、阀门等运动零件有摩擦损失。

（5）对于大多数家用传统小客车，按照美国的相关标准和用车习惯，发动机功率必须满足车速从 0～96km/h（60mile/h）的加速时间为 12s 的要求，以及在 88km/h（55mile/h）车速下爬 6.5%的坡道的要求，两者相比，爬坡要求的功率仅为车辆加速要求功率的 60%

～70%。因此，发动机峰值功率一般是根据车辆加速性要求来确定的，此功率通常比巡航车速功率大 5 倍以上，即在车辆大部分运行期间发动机的负荷率很低、效率很差。在车辆制动、滑行以及十字路口短时停车等怠速工况时，大功率发动机怠速所需的燃油量更大。此外，大功率发动机的重量较大，也会引起车辆滚动阻力和惯性阻力的增加。当然，通过采用多挡变速器可以使整个车速范围内发动机都工作在相当窄的发动机高效区速度范围内，但这样会增加变速器的成本。

6.1.3　混合动力电动汽车的优点

（1）采用混合动力后可按平均需用的功率来确定内燃机的最大功率，此时处于油耗低、污染少的最优工况下工作。大功率内燃机功率不足时，由电池来补充；负荷小时，富余的功率可发电给电池充电，由于内燃机可持续工作，电池又可以不断得到充电，故其行程和普通汽车一样。目前，混合动力轿车（相当于普通型轿车和中级型轿车）的燃油消耗率在 3L/100km 左右，废气中所排放的有害气体达到“超低污染”的排放要求。

（2）因为有了电池，可以十分方便地回收制动时、下坡时、怠速时的能量。

（3）在繁华市区，可关停内燃机，由电池单独驱动，实现“零排放”。

（4）有了内燃机可以十分方便地解决耗能大的空调、取暖、除霜等纯电动汽车遇到的难题。

（5）可以利用现有的加油站加油，不必再投资。

（6）可让电池保持在良好的工作状态，不发生过充、过放，延长其使用寿命，降低成本。

6.1.4　混合动力电动汽车系统存在的不足之处

（1）重量较大。一般来说，尽管混合动力电动汽车使用的能源装置比性能类似的传统车辆功率小、重量轻，但是其总重量比传统车辆大，因为它附加了另一套储能装置、电机等元件。

（2）电气效率损失大。在大多数混合动力系统中，电能、机械能通过一些部件（储能元件、发电机等）来回地转换导致效率损失增加。此外，电机在城市工况下行驶时，经常会遇到低速、低负荷工况，其效率也会降低。因此，需要认真地选择功率元件以及控制策略，保证电气效率损失最小。例如并联混合系统可以选用额定功率比较小、过载能力大的电机，这样相对车辆的低速、低负荷状态而言，可使电机处于高负荷工作。

（3）存在车辆某些性能降低的可能。混合动力车辆通常采用功率较小的车载动力总成（OBPU），当车辆需要最大功率时，再用蓄电池或其他能量储存装置来补充 OBPU 功率的不足。这样做就隐含了一个问题，因为能量储存装置的容量总是有限的，如果能量储存装置的能量消耗到某一极限值，车辆的某些动力性能就会降低。

（4）结构复杂，成本高。

6.1.5　混合动力电动汽车驱动系统的节能潜力

就总的能量效率而言，混合动力车辆比传统车辆有以下优点：

（1）再生制动。混合动力车辆在车辆制动时，可利用驱动电机以发电机模式工作来回收制动能量，而传统车辆的机械制动使这部分能量转化为热而损失掉。

(2)车载动力总成(OBPU)可以更有效地工作，甚至可以消除或大大减少怠速工作状态。混合动力车辆可利用能量储存装置去吸收 OBPU 多余的输出功率，或补充 OBPU 功率的不足，这两种办法使发动机的转速和负荷避开低效率区域，使其转速和负荷只工作在最大效率下。例如，当混合动力车辆遇到红灯等怠速停车时，可以通过控制系统关闭发动机，消除发动机怠速运转，此时可用车上的另一储能装置(例如蓄电池)为空调、车灯等提供辅助动力，或者通过控制系统让发动机工作在比怠速功率高的状态下(较高的效率状态下)，而将超过辅助系统所需的功率去对储能装置充电。当在怠速状态下关闭发动机时，可以用驱动电机非常迅速地重新启动发动机。

(3)车载动力总成(OBPU)可以更轻、更小，因为车上另一套储能装置可以提供一部分功率。在某些情况下，OBPU 的功率大小可根据最大持续功率而不是短时间的加速功率来决定，从而混合动力车辆 OBPU 的额定功率比传统车辆大大降低，这就使得在大多数行驶工况下，发动机工作在高效率的额定功率附近。另外，发动机重量的减轻也会为燃油经济性带来一些好处。

(4)有选择多种 OBPU 的余地。在传统车辆上所采用的内燃机，通过多挡变速器速比的合理选择，可使它与车辆各种负荷要求有效地匹配(称为“静态匹配”)，同时在车辆负荷变化时，这种发动机也能迅速地增加或减少其功率，具有与变化负荷很好的动态匹配能力，从而能够满意地完成其任务。其他动力源(见表 6-1)与车辆负荷的静态和动态匹配能力都不如内燃机。

表 6-1　　几种车载动力源的比较

动力源类型		燃料	优点	缺点	排放	混合动力方式	
						串联式	并联式
热力发动机	传统发动机	汽油或柴油	成本低，技术成熟	重量大，噪声较大	最差	能	能
	CNG 或 LPG 发动机	CNG 或 LPG	排放改善，技术成熟	需新建加气站	中等	能	能
	微型涡轮机	可选用的燃料种类多	寿命长，维护量少，比功率大	价格贵，比力矩低	很低	能	不能
燃料电池	质子交换膜	氢	无污染	价格贵	极低	能	不能

6.1.6　混合动力电动汽车的排放问题

在控制排放方面，混合动力汽车有若干优点，其降低排放的主要途径如下：

6.1.6.1　纯电动模式运行

混合动力电动汽车一般设计成具有纯电动运行模式。这种混合动力汽车在进入车辆和人口密集的城市中心时，可以关闭其发动机以纯电动方式工作，达到“零排放”，到了郊区时可重新启动发动机。这种车辆还可在晚上或停车时利用电网的电充电，类似于纯电动汽车的情况。

6.1.6.2　降低发动机排放

混合动力电动汽车可采用电动起步，当车速达到预定值或车辆负荷达到预定水平时才启动发动机，尽量使发动机工作在远离排放差的区域；采用功率小的发动机意味着混合动力汽车比起传统车辆来，在常见负荷下，可在较高额定功率下工作，效率更高、污染最小；动力电池的功率缓冲能力可使发动机缩短冷启动时间，从而减少冷启动时的排放。

混合动力车还可以在停车、滑行、低负荷、制动或蓄电池 SOC 到最大值时关掉发动机，取消发动机怠速，而当需要发动机输出力矩时重新启动，这样可以取消怠速时的排放，降低整车排放污染。

6.2　混合动力系统的结构形式

根据内燃机与电动机动力输出形式的不同，混合动力系统分为串联式混合动力系统、并联式混合动力系统和混联式混合动力系统。凡是同时有两种驱动车辆的动力源，车轮可同时或单独由内燃机或电动机驱动，则为并联式混合动力系统；仅用电动机直接驱动车轮，但向电动机供应能量的能量源有两种（如可充电电池以及使用燃油的车载动力总成或燃料电池），则为串联式混合动力系统；车轮可同时或单独由内燃机或电动机驱动，内燃机也可驱动发电机给电池（电动机）提供能量，则称为混联式混合动力系统。

6.2.1　串联式混合动力系统

串联式混合动力驱动系统的结构如图 6-2 所示。其结构特点是发动机带动发电机发电，发出的电能给电池充电，或通过电动机控制器输送给电动机，由电动机产生电磁力矩驱动汽车行驶，在发动机与传动系统之间通过电动机实现动力传递。

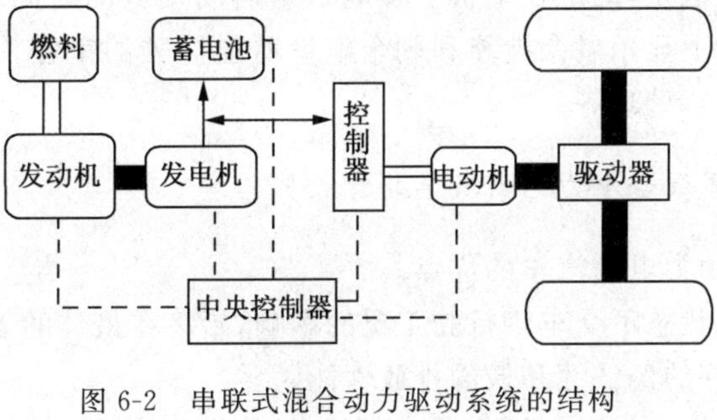

图 6-2　串联式混合动力驱动系统的结构

6.2.1.1 动力电池组

动力电池组是串联式混合动力电动汽车的基本动力源,也是发电机与电动机之间的储能装置。其功能是起到功率平衡的作用,即当发电机发出的功率大于电动机所需的功率时(如汽车减速滑行、低速行驶或短时停车等工况),发电机向电池充电;而当发电机发出的功率低于电动机所需的功率时(如汽车起步、加速、爬坡、高速行驶等工况),蓄电池则向电动机提供额外的电能,补充发电机功率的不足,满足车辆峰值功率的要求。

6.2.1.2 发动机—发电机组

发动机—发电机组是串联式混合动力电动汽车的辅助动力系统,发动机带动发电机发电,所发出的电能输入动力电池组并储存在动力电池组中或直接通过功率变换器供给驱动电动机。发动机始终保持稳定运转和在一定范围内的功率输出。故它可以在最佳工况下工作,从而比传统内燃机车辆的排放要低,燃油经济性要好,同时能延长纯电动车辆的行驶里程。中央控制器根据动力电池组所储存的电能和电量消耗情况反馈的信息,用多能源动力总成控制模块控制发动机的启动或关闭。发动机—发电机组所提供的电能能够有效地延长串联式混合动力电动汽车的行驶里程。

发动机可以是内燃机,也可以是其他不适用于直接驱动车轮的发动机,例如微型燃气轮机、斯特林发动机等。发动机—发电机组作为一个整体也可以是燃料电池系统。发动机—发电机所输出的平均功率与蓄电池为满足峰值功率要求而提供的补充功率之间的比例,通常由车辆的应用特点决定,特别要考虑车辆行驶循环的需求。

6.2.1.3 驱动电动机

串联式混合动力电动汽车动力电池组输出的电能和发动机—发电机组输出的电能都是提供给同一个驱动电动机来驱动汽车行驶。

6.2.1.4 中央控制器

中央控制器中的计算机根据串联式混合动力电动汽车的行驶工况,对动力电池组的放电进行模拟或仿真,随机检测动力电池组的储电状态,用动力电池组管理模块对动力电池组的放电和电量减少的情况进行模拟,并根据动力电池组和驱动电动机反馈的信息计算动力电池组的剩余电量,确定发动机—发电机组启动发电的时间和发电运行时间。控制系统能够在仪表板上显示剩余电能和剩余电量所能行驶的里程,并对动力电池组的安全管理和紧急事故进行处理等。

6.2.1.5 串联式混合动力电动汽车的特点

(1)串联式混合动力电动汽车的优点

①发动机的工作状态不受车辆行驶工况的影响,始终在最佳的工作区域内稳定运行,因此,发动机具有良好的经济性和低的排放性能。

②发动机与电动机之间无机械连接,整车的结构布置自由度较大。各种驱动系统元

件可以放在最适合于它的车辆位置，例如在低地板公共汽车上，可以将发动机—发电机组装在车尾部或其他部位并采用电动轮驱动方式，从而降低地板高度。

③由于电机的功率大，制动能量回收的潜力大，从而提高能量效率。

(2)串联式混合动力电动汽车的缺点

①发电机将发动机的机械能量转变为电能，电动机又将电能转变为机械能，还有电池的充电和放电都有能量损失，因此，发动机输出的能量利用率比较低。串联式混合动力电动汽车的发动机能保持在最佳工作区域内稳定运行。但这一特点的优越性主要表现在低速、加速等行驶工况，而车辆在中、高速行驶时，由于其电传动效率较低，抵消了发动机效率高的优点。

②电机是唯一驱动汽车行驶的动力装置，因此，电机的功率要足够大。此外，蓄电池一方面要满足汽车行驶中峰值功率的需要，以补充发电机输出功率的不足；另一方面要满足吸收制动能量的要求，这就需要较大的电池容量。所以，电机和蓄电池的体积和重量都比较大，使得整车重量较大。

根据以上特点，串联式混合动力电动汽车更适用于市内低速运行的工况，而不适合高速公路行驶工况。

6.2.2　并联式混合动力系统

并联式结构有内燃机和电机两套驱动系统，它们可分开工作，也可一起协调工作，共同驱动。所以并联式混合动力电动汽车可以在比较复杂的工况下使用，应用范围比较广。并联式结构由于电机的数量和种类、传动系统的类型、部件的数量(如离合器的数量)和位置关系(如电机与离合器的位置关系)的差别，具有明显的多样性。其结构可划分为两种形式，即单轴式和双轴式。

6.2.2.1　单轴式并联混合动力系统

单轴式并联混合动力系统的结构如图 6-3 所示。内燃机通过主传动轴与变速器相连，电机的转矩通过齿轮与内燃机的转矩在变速器前进行复合，传到驱动轴上的功率是两者之和。这种形式称为“转矩复合”。单轴式混合动力系统的转速、转矩关系如下：

$$T_s=(T_e+KT_m)\eta \tag{6-1}$$

$$n_s=n_e=n_m/K \tag{6-2}$$

式中：T_e、T_m、T_s 分别为发动机、电机和变速箱的输入转矩；n_s、n_e、n_m 分别为变速器输入轴、发动机和电机的转速；η 为传动效率；K 为传动比。

在单轴式结构中，内燃机、电机和变速器输入轴之间的转速成一定比例关系。在汽车运行中，随着路况和车速的变化，这些转速会随着变化。输出转矩的变化可以通过公式(6-1)中的转矩关系，在发动机转矩保持恒定的条件下，通过调节电机的转矩而获得。

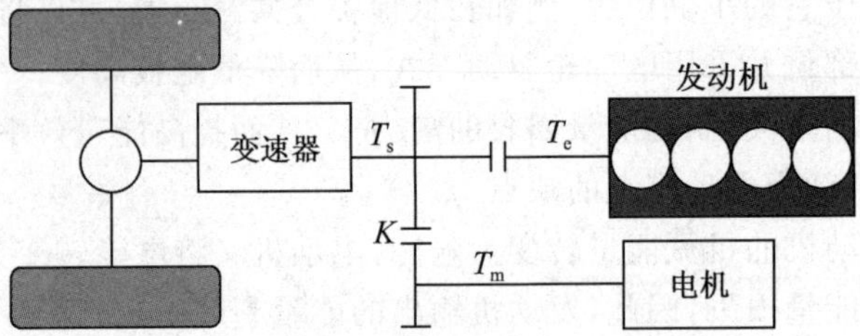

图 6-3　单轴式并联混合动力系统的结构

以下介绍几种典型的采用单轴式混合动力结构的样车。

(1)奥迪 DUOⅢ

图 6-4 是奥迪 DUOⅢ混合动力系统简图。奥迪 DUOⅢ有两套系统驱动前轮:其一是 1.9L 的 TDI 4 缸涡轮增压直喷柴油机(额定功率为 66kW),在发动机和变速器之间有自动控制离合器;其二是三相永磁同步电动机(额定功率为 21.6kW),通过速比为 2∶3 的减速器与五挡手动变速器相连。电动机还可以作为发电机在车辆制动时回收能量,或由柴油机驱动发电。

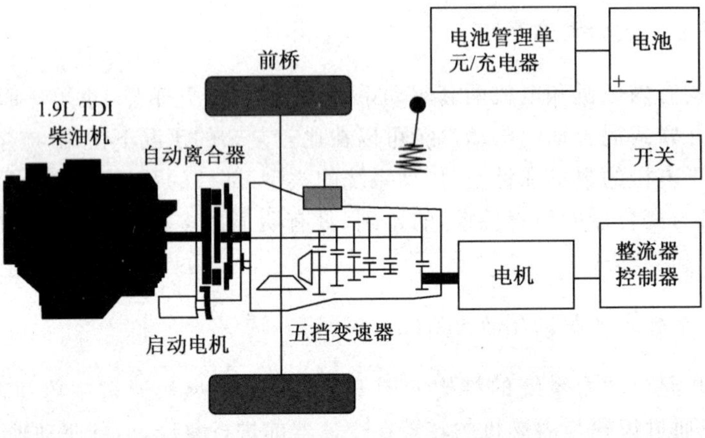

图 6-4　奥迪 DUOⅢ混合动力系统简图

奥迪 DUOⅢ有三种操作模式,可以通过开关来切换:

①纯柴油机驱动模式适用于恒速巡航行驶工况。

②纯电动模式适用于排放敏感区。

③混合驱动模式,这是主要的工作模式,车辆的控制系统根据加速踏板的位置和驾驶员希望得到的速度而自动在前面两种模式间切换。

在 80km/h 的速度以下由电机驱动,如果加速踏板的行程不超过某个设定的点,仍将保持在电动模式;如果需要额外的动力,比如超车时,加速踏板行程超过设定点,柴油机自动启动,当转速增加到与所选挡位速度和目前车速相一致时,便可平稳地切换至柴油机驱动模式,而关闭电机。在所需动力变小时,例如在超车后正常行驶时,车辆控制系统使车辆重新切换到电动模式,然后关闭发动机。

在电动模式下,最高车速为 80km/h,0～50km/h 的加速时间需要 10.5s;电池的容量可以在欧洲城市循环工况(ECE)下行驶 36km,以 50km/h 的恒速行驶 50km。实际上,车辆在行驶过程中可以随时在电动机和发动机驱动两种模式下切换,所以没有行驶里程的限制。通常一次加油可以行驶 700km,最高车速为 170km/h,从静止加速到 100km/h 需要 16s。

(2)本田 Insight

在日本和美国汽车市场上已经投入商业化生产的混合动力汽车,是日本本田公司的 Insight,其采用的并联式混合动力系统也称为“一体化电动机/发电机助力系统”,如图6-5所示。该车采用了转矩复合的方式,其手动五挡变速车创造了 3L 汽油行驶 105km 的记录(按日本标准 10～15 工况),而装备无级变速器的同一车型也创下了 3L 汽油行驶 96km 的好成绩。

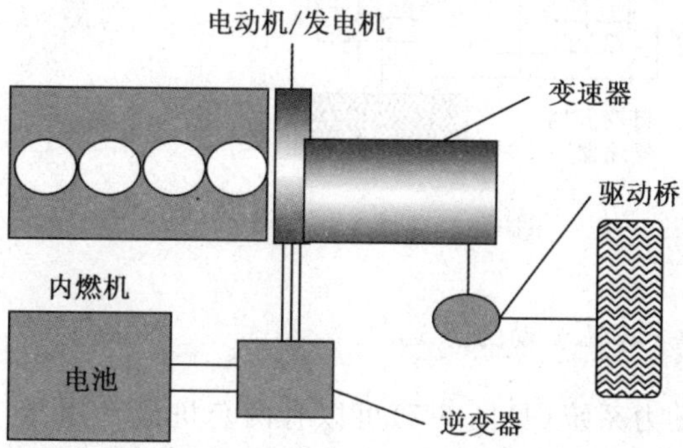

图 6-5　本田公司 Insight 并联式混合动力系统

Insight 的动力系统以汽油机为主动力,电机为辅助动力,动力分配比为 9∶1。在车辆启动和加速时,辅助电机发挥了低速大转矩的优点,以弥补汽油机低速转矩低、启动加速差的缺点;在减速和制动时,电机作为发电机工作,实现制动能量回收功能;在车辆短时间停车时,发动机关闭取消怠速,在加速踏板踩下后重新启动。

此系统结构简洁、紧凑,重量轻,成本低,电机只在启动和加速等少数工况下工作,镍氢电池模块仅重 20kg。它采用精心设计的排量为 1L 的 3 缸 12 气门低摩擦的“极端稀薄燃烧”汽油机;改进驱动方式,尽可能保证发动机工作在最佳工况。采用全铝设计的车身结构,风阻系数极低的车身造型使 Insight 在排放、动力性和经济性上都取得较佳效果。

(3)福特

福特公司设计的低能量存储混合动力方案(LSR)与本田 Insight 的混合动力系统类似,它的系统结构如图 6-6 所示。其特点是:发动机是车辆的主动力,在发动机和变速器之间有一个既可作为电动机也可作为发电机的启动/发电机(S/A)。S/A 由专门设计的交流变频器模块驱动,电池采用容量小而轻的镍氢电池(22kW,1.1kW · h)。因为电动机的特殊位置和很低的电池容量,车辆不能采用纯电动模式运行。

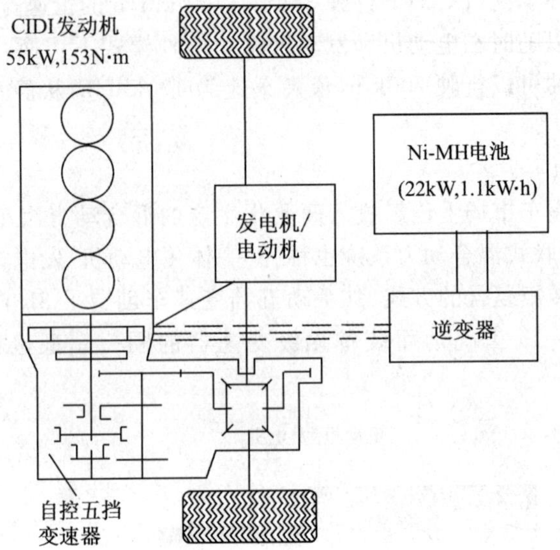

图 6-6 福特 LSR 方案的结构

6.2.2.2 双轴式并联混合动力系统

双轴式并联混合动力系统(见图 6-7)可以有两套机械变速器:内燃机和电机各自与一套变速机构相连,然后通过齿轮系进行复合。在这种结构中,可以通过调节变速机构调节内燃机、电机之间的转速关系,使发动机的工况调节变得更灵活,当采用行星差动系统作为动力复合机构时,行星差动动力复合机构有两个自由度,可以实现两个输入部件的转速复合,以确定输出轴的转速,而各个部件间的转矩保持一定的比例关系,这种功率复合形式称为“速度复合”。双轴式并联混合动力系统的结构复杂是一个很大的缺点。

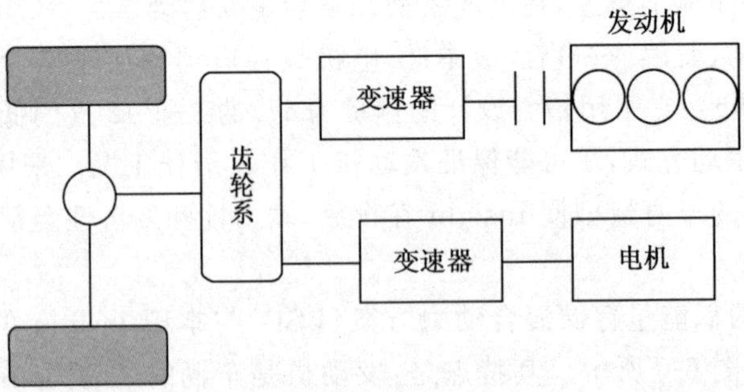

图 6-7 双轴式并联混合动力系统

6.2.2.3 并联式混合动力电动汽车(PHEV)的特点

(1)优点

①并联式混合动力电动汽车只有发电机和电动机/发动机两个动力总成,两大动力总成本身的功率可以等于 50%～100% 的车辆驱动功率,比串联式混合动力电动汽车

(SHEV)的三个动力总成的功率、质量和体积要小很多。

②发动机驱动模式是并联式混合动力电动汽车的基本驱动模式,从发动机到车轮之间的动力传递过程中,除摩擦损耗外,没有机械能—电能—机械能的转换过程,能量转换总的综合效率要比串联式混合动力电动汽车高。由于在车辆需要最大的输出功率时,电动机/发电机可给发动机提供额外的辅助动力,因此,并联式混合动力电动汽车的发动机可以选择功率较小的发动机,燃料经济性比串联式混合动力电动汽车要高。

③电动机/发动机是并联式混合动力电动汽车的辅助动力,根据多能源动力总成匹配的要求,可以选择较小功率的发动机,与此相应的驱动电动机的质量和体积较小,与它们配套的动力电池组的容量也较小,使整车整备质量大大降低。

④发动机用电动机/发电机作为启动机、飞轮的辅助动力装置。电动机/发电机可以带动发动机启动,在发动机运转时起平衡作用,消除发动机的振动,调节发动机的输出功率,使发动机基本稳定在高效率、低污染的状态下运转。发动机带动电动机/发电机发电,所发出的电能向动力电池组充电,用于补充动力电池组的电能,延长续驶里程。

(2)缺点

①发动机驱动模式是并联式混合动力电动汽车的基本驱动模式,需要配备与内燃机汽车相同的传动系统,在总布置上基本与内燃机汽车相同,动力性能接近于内燃机汽车,发动机的工况会受到并联式混合动力电动汽车行驶工况的影响,发动机有害气体的排放高于串联式混合动力电动汽车。

②发动机驱动模式需要装置离合器、变速器、传动轴和驱动器等传动总成,另外还有电动机/发电机(驱动电动机)、动力电池组,以及动力组合器等装置,因此,并联式混合动力电动汽车的多能源动力系统结构复杂,布置和控制困难。

6.2.3 混联式混合动力系统

混联式混合动力系统既可以在串联混合模式下工作,也可以在并联混合模式下工作,它是两种模式的综合。这就要求有两个电机、一个比较复杂的传动系统和一个智能化控制系统。

混联式混合动力系统的结构如图 6-8 所示。其工作原理如下:发动机发出的功率一部分通过动力混合装置经机械传动系统至驱动桥;另一部分则驱动发电机发电,发出的电能输送给电动机或蓄电池,电动机的力矩同样也可通过传动系统传送给驱动桥。混联式混合动力系统的控制策略是:在汽车低速行驶时,驱动系统主要以串联模式工作;当汽车高速稳定行驶时,则以并联工作模式为主。

混联式混合动力系统的结构形式和控制方式充分发挥了串联式和并联式的优点,能够使发动机、发电机、电动机等部件进行更优化的匹配,在结构上保证了在更复杂的工况下使系统工作在最优状态,因此更容易实现排放和油耗的控制目标。与并联式相比,混联式的动力混合形式更复杂,对动力复合装置的要求更高。目前的混联式结构一般以行星齿轮机构作为动力复合装置。

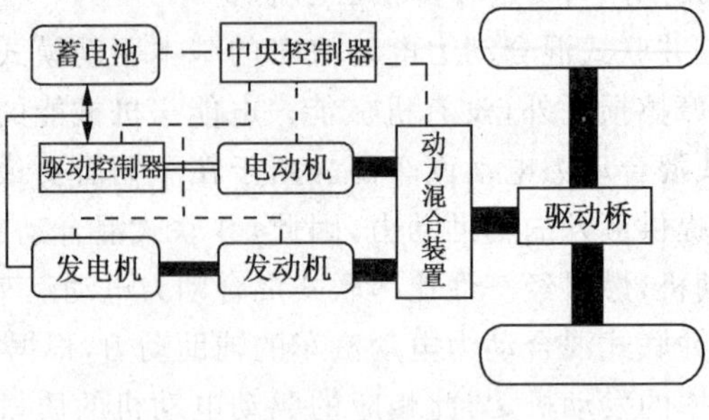

图 6-8　混联式混合动力系统的结构图

丰田公司在 Prius 车型中采用了这种方案。图 6-9 为丰田公司 Prius 车的驱动系统结构示意图，被公认为是目前最成功的结构。

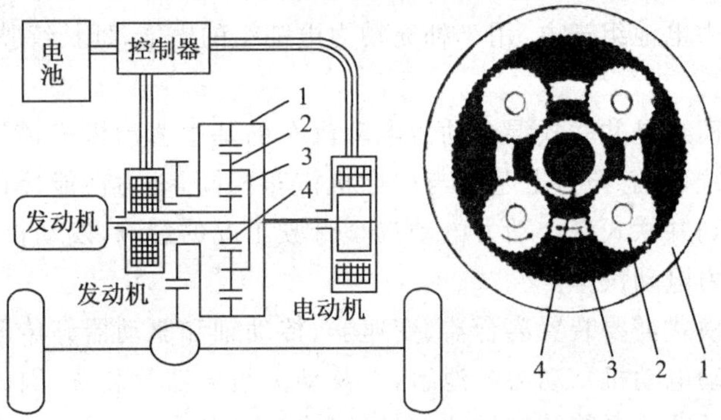

图 6-9　丰田公司 Prius 车的驱动系统结构示意

1—齿圈　2—行星轮　3—行星轮支架　4—太阳轮

该系统采用单排行星机构作为功率分配与复合装置，此行星机构中发动机与行星轮支架 3 相连，通过行星齿轮将动力传给齿圈 1 和太阳轮 4，太阳轮轴与发电机相连，齿圈轴与电动机轴相连。功率分配装置将发动机的一部分转矩（大约为 70%）直接传递到驱动轴上，将另一部分转矩传送到发电机上。发电机发出的电将根据指令或用于给电池组充电，或用于驱动电动机以增加驱动力。

单排行星机构三个元件转速之间的关系为

$$n_m + n_g(z_s/z_r) = (1 + z_s/z_r)n_e \tag{6-3}$$

式中：n_m 为电动机转速；n_g 为发电机转速；n_e 为发动机转速；z_s 为太阳轮齿数，为 30；z_r 为齿圈齿数，为 78。

由式(6-3)可知，这三个元件的转速之间存在线性关系，如图 6-10 所示。图中的三条垂直虚线，从左至右分别代表发电机（太阳轮）、发动机（行星架）、电动机（齿圈）的转速坐标。

由式(6-3)可知，n_g、n_m、n_e 三个转速中有两个确定后，第三个也就知道了。因此图中在两个垂直坐标上确定两点，将其连线与第三轴相交所得之点就是要求的转速。水平线 A 表示车辆静止不动，发动机、电动机、发电机也都静止，转速为零。当要启动发动机时，发电机兼作启动马达的作用，使发动机启动，如直线 B，同时马上使电动机工作以引起车辆运动。C 说明一般行驶情况下，发动机提供的功率足够，不需要发电机产生电力。当车辆从巡航车速开始加速时，发动机转速提高，发电机转速也提高，发电机输出增加，同时电动机对驱动桥输出额外的功率以帮助车辆加速，如 D 线。该系统可以通过控制发电机转速来改变发动机转速。此外，发动机输出功率的一部分，经发电机给电动机用于额外的加速功率，因而不需要传统的变速器系统。当车辆滑行时，不需要发动机功率，同时发电机反转，如 E 线。这种结构可以有非常灵活的控制策略，因此可以实现对混合动力能量和功率流的最优控制。

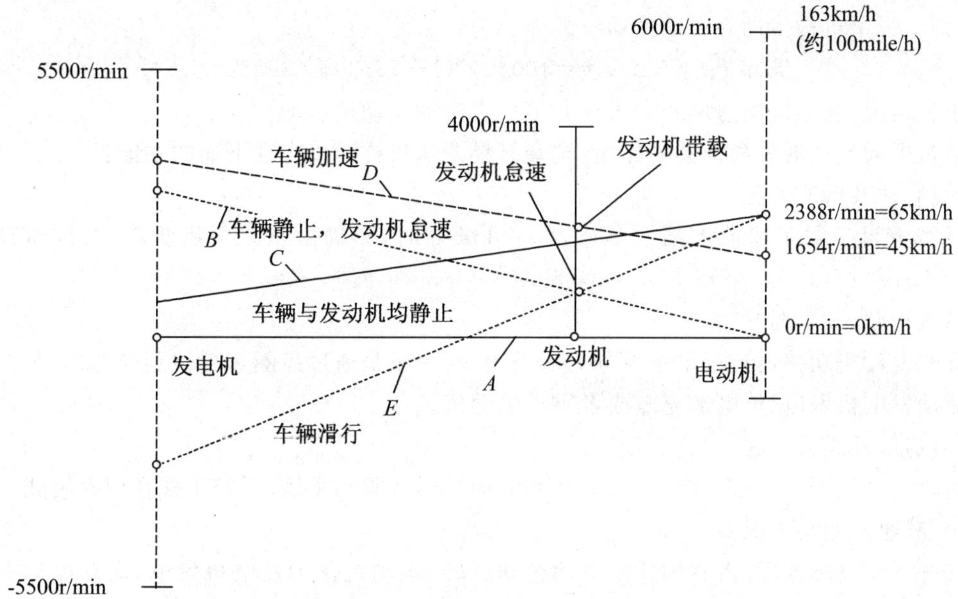

图 6-10　发电机、电动机和发动机转速之间的关系

从式(6-3)和图 6-10 可以看到，当齿圈转速(也就是电动机转速或车辆速度)确定时，通过调节发电机转速来调节发动机转速，因此，发动机转速不受车辆行驶条件的制约，发动机工作点可以通过发电机来调节。

不考虑机械损失时，力矩之间的关系如下：

$$T_s = -T_c/(1+z_r/z_s) \tag{6-4}$$

$$T_r = -T_c(z_r/z_s)/(1+z_r/z_s) \tag{6-5}$$

式中：T_s、T_e、T_r 分别为作用在太阳轮、行星架和齿圈上的力矩。

根据发动机、发电机与行星机构各元件的连接关系，可得：

$$T_c = T_e, T_s = T_g$$

式中：T_e 为发动机力矩；T_g 为发电机力矩。

当 $z_s=30$，$z_r=78$，发动机力矩为 100%时有：

$$T_g = -T_e/(1+z_r/z_s) = -100\%/(1+78/30) = -27.8\%$$

由发动机力矩分配给齿圈的力矩 T_r 为：

$$T_r=-T_e(z_r/z_s)/(1+z_r/z_s)=-100\%\times(78/30)/(1+78/30)=-72.2\%$$

以上计算表明，发动机、发电机与作用在齿圈上的力矩是按一定比例分配的。单独考察齿圈受力情况，可以看到，输出给驱动桥的力矩 T_w 是发动机通过行星轮给齿圈的力矩 T_r 和电动机给齿圈的力矩 T_m（T_m 为负时代表制动能量回收）之和。即：

$$T_w=T_r+T_m$$

$$T_w=-T_e(1+z_r/z_s)/(z_r/z_s)+T_m$$

由此可知，已知发动机和电动机的力矩特性后，驱动桥得到的力矩特性就确定了，这样进行车辆牵引特性计算也就不难。

前面提到过与太阳轮相连的发电机还兼作发动机的启动机，若此时它产生 100% 的力矩，则经行星机构传动后启动发动机的力矩为：

$$T_e=T_g(1+z_r/z_s)=100\%\times(1+78/30)=360\%$$

也就是说，发电机的力矩放大了 3.6 倍后去带动发动机启动。

通过不同制动器和离合器的作用，这套行星差速机构可以实现下面的功能：

(1)启动及低速工况

从静止起步到车速低于某一车速，如 30km/h 时，车辆由驱动电机驱动，为纯电动工况。

(2)正常行驶工况

此时发动机功率通过行星系统分为两条路线：一条是通过齿圈直接传到变速器；另一条是驱动发电机发电，给电池充电或者驱动电动机。

(3)加速及爬坡工况

此时电机从蓄电池获得能量，发动机和电动机同时驱动车辆，系统工作在混合模式。

(4)减速及制动工况

在踩下制动踏板后，齿圈轴反拖电动机轴旋转，电动机作为发电机发电，向蓄电池充电，同时产生制动转矩。

(5)电池充电工况

在需要时发动机可以仅驱动发电机向蓄电池充电。

混联式（串并联式）混合动力电动汽车（PSHEV）的特点为：

(1)优点

①混联式混合动力电动汽车是在并联式混合动力电动汽车的基础上，再增加发电机或驱动电动机，因此它是由三个动力总成组成，三个动力总成以 50%～100% 的功率驱动车辆，但比串联式混合动力电动汽车的三个动力总成的功率、质量和体积要小得多。混联式混合动力电动汽车可以有多种多样的驱动模式和混合驱动模式供选择，可以使其节能最佳，有害气体排放达到“超低污染”。

②发动机驱动模式是混联式混合动力电动汽车的基本驱动模式之一，从发动机到车轮之间动力传递过程中，除摩擦损耗外，没有机械能—电能—机械能的转换过程，能量转换的综合效率要比内燃机汽车高。驱动电动机驱动模式也是混联式混合动力电动汽车的基本驱动模式之一，可以独立驱动车辆行驶，在车辆起步时，发挥电动机低速大转矩的特征，带动车辆起步，在城市实现“零污染”的行驶。

（2）缺点

①发动机驱动模式是混联式混合动力电动汽车的基本驱动模式，驱动电动机驱动模式是混联式混合动力电动汽车的辅助驱动模式，混联式混合动力电动汽车的动力性能更接近内燃机汽车。发动机的工况会受到串联式混合动力电动汽车行驶工况的影响，发动机有害气体的排放高于串联式混合动力电动汽车。

②并联式混合动力电动汽车需要配备两套驱动系统，发动机传动系统需要装置离合器、变速器、转动轴和驱动桥等传动总成。另外，还有电动机/发动机、减速器、动力电池组，以及为多能源的动力组合或协调发动机驱动与驱动电动机驱动力的专用装置，因此，并联式混合动力电动汽车的多能源动力系统结构复杂，总布置也更加困难。

③多能源动力的匹配和组合有不同的组合形式，需要装配一个复杂的多能源动力总成控制系统，才能达到高的经济性和"超低污染"的控制目标。

6.2.4　无级变速器动力复合机构在混合动力汽车上的应用

此动力复合机构由无级变速器（CVT）、行星齿轮机构、五个离合器、两个锁止机构、怠速齿轮、控制齿轮和变速齿轮组成，如图 6-11 所示。其中，发动机与无级变速器输入轴相连，通过无级变速器 V 形带进行动力分流。电动机/发电机与无级变速器半轴相连，可进行动力输入或者输出，并通过电机运转，减少 V 形带传动的摩擦损失。怠速齿轮的主要目的是保证半轴齿轮和控制齿轮的转向一致。

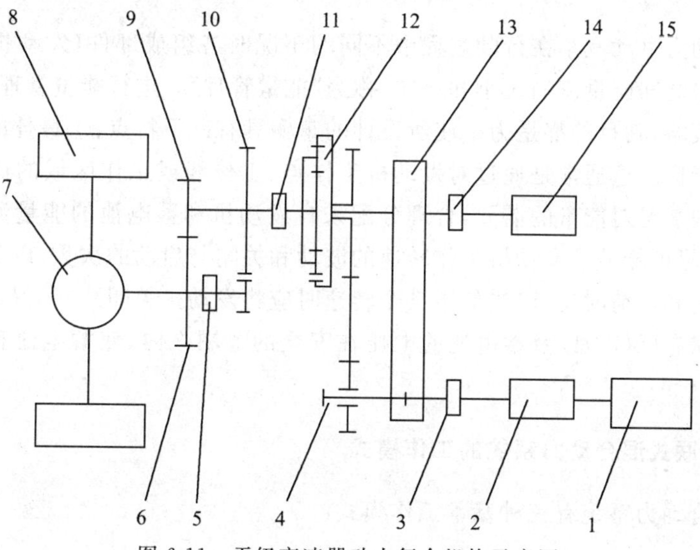

图 6-11　无级变速器动力复合机构示意图

1—电池　2—电动机/发电机　3—离合器 B　4—离合器 D　5—同步器　6—变速齿轮　7—差速器　8—车轮　9—变速齿轮　10—变速齿轮 1　11—离合器 E　12—锁止机构 2　13—变矩器　14—离合器 A　15—发动机

该无级变速器混合动力复合结构可以实现纯电动模式、发动机/电动机充电模式和发动机模式，各模式的变速原理如下：

(1)纯电动模式

发动机停止运行,离合器D接合,即 $n_1=0$。此时该机构的传动比为

$$\frac{n_{out}}{n_{in}}=\frac{\alpha\gamma_1}{1+\alpha}$$

(2)发动机/电动机充电模式

离合器D分离,即 $n_2=0$。此时该机构的传动比为

$$\frac{n_{out}}{n_{in}}=\frac{1}{1+\alpha}$$

(3)发动机模式

在该模式下,离合器D接合,n_1、n_2 都不为0。此时该机构的传动比为

$$\frac{n_{out}}{n_{in}}=\frac{1+\alpha\gamma_1\gamma_2}{1+\alpha}$$

式中:n_{out} 为输出转速;n_{in} 为输入转速;α 为齿圈与太阳轮的齿数之比;γ_1 为控制齿轮转速与半轴转速之比;γ_2 为无级变速器的传动比。

这种新型的无级变速器动力复合机构可实现的运行模式和变速原理具有一定的可行性,虽然结构较为复杂,但实现了混合动力驱动并具有无级变速的优点。

6.3 混合动力电动汽车的能量管理与控制策略

控制混合动力电动汽车在行驶过程中不同的工况时各组成部件(发动机、电机、蓄电池、传动装置等)之间能量流的大小和流向,称为"能量管理"。进行能量管理时,不管采取什么样的管理策略,其目的都是为了使所设计的车辆具有以下特点:①最佳的燃油经济性和最好的排放指标。这通常是通过对发动机工作点、工作线或工作区域的优化设计来实现。②根据行驶工况对能量的需要,合理分配来自发动机和蓄电池的能量流。③在复杂的行驶工况下,尽可能减小发动机工作转速的波动和关闭与启动的次数,以及避免发动机在低于某个转速和负荷时运行(当低于某个转速时应将发动机关闭)。④保证蓄电池始终有合适的荷电状态(SOC)以及蓄电池的电压在安全的范围之内,使蓄电池有良好的使用寿命。

6.3.1 串联式混合动力系统的工作模式

串联式混合动力系统有三种基本工作模式:

6.3.1.1 "恒温器式"工作模式

该模式主要利用电池能量来驱动车辆,仅当电池荷电状态降低到最小限值时,内燃机才开机。同时使内燃机在最高效率区以输出恒定功率的方式工作,当荷电状态回升到最大限值时内燃机关机。这种策略的主要缺点是内燃机的接通和关断会贯穿于车辆运行的整个过程,由于内燃机每次关机期间,内燃机和催化转换装置的温度降低,而导致它们的效率降低。

6.3.1.2　“负荷跟随”工作模式

保持电池的荷电状态在规定的范围之内，内燃机带动发电机工作并尽可能地供应接近车辆行驶所需的电能，电池只起负荷调节装置的作用。这种模式电池的充放电量较小，能量损失最小。这种模式的缺点是内燃机不能工作在最佳转速和负荷下，因此其排放可能变差，效率降低。

6.3.1.3　“动态模式变换”工作模式

该模式是上述两种模式(或控制策略)的一个折中方案。在电池的荷电状态较高时，主要用纯电动模式。而当电池的荷电状态降低到设定的范围内时，内燃机带动发电机工作，考虑到内燃机的排放和效率，将其输出功率严格限制在一定的变化范围内。如果能预测到车辆行程内的总能量需求，则一旦电池中储存了足够的能量，在剩余的行程中车辆就可转换为纯电动模式，到了行程终点正好耗尽电池所允许放出的电能。这种模式或策略也称为“最佳串联混合动力模式”。

6.3.2　并联式混合动力系统的工作模式

并联式混合动力系统主要有两种基本工作模式：

6.3.2.1　内燃机辅助混合动力模式

该模式主要利用电池—电机系统来驱动车辆，仅当以较高的巡航速度行驶、爬坡和急加速时才使内燃机开机。这种控制策略的优点是：大多数情况下车辆都是用电池的电能来工作，车辆的排放和燃油消耗减少，同时，启动马达可以取消而利用车辆的运动来启动内燃机。这种策略的缺点是：由于内燃机每次关机期间，内燃机和催化转换装置的温度降低，而导致它们的效率降低，尾气排放增加。

6.3.2.2　电机辅助混合动力模式

该模式主要利用内燃机来驱动车辆，电机只在两种状态下使用：一是用于瞬间加速和爬坡需要峰值功率时，可使内燃机工作在最高效率区间，以降低排放和减少燃油消耗；二是在车辆减速制动时，电机被用来回收车辆的动能(再生制动)对电池进行充电。该模式的主要缺点是：车辆不具备纯电动模式，以及在行驶过程中若经常加速，电池的电能消耗到最低限度，则会失去“电机辅助”能力，驾驶员会感到车辆动力有所降低。

6.3.3　混合动力系统的能量管理策略

下面以电机辅助并联式混合动力系统(见图 6-12)为例来介绍其工作原理和能量管理策略的一些规则。之所以采用这种表达方式，是便于以后设计控制器时用计算机语言来描述。

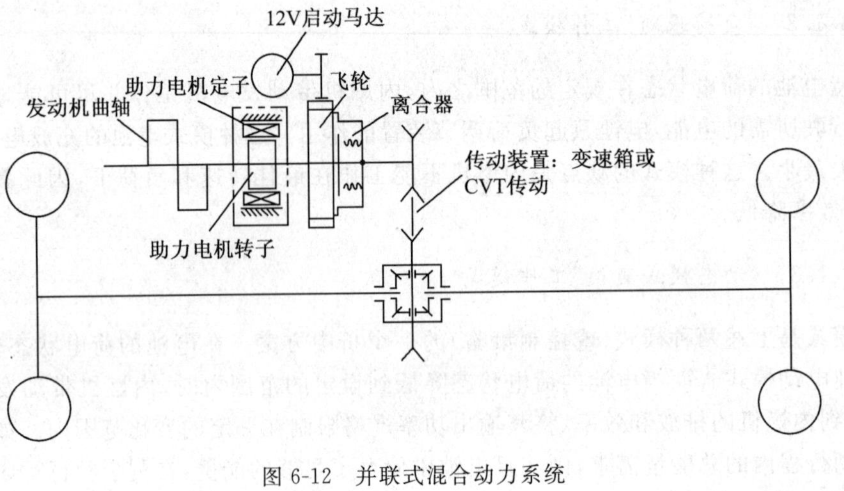

图 6-12　并联式混合动力系统

图 6-13 是一种并联式混合动力系统的控制电路。其中永磁交流助力电机的转子与发动机曲轴连接在一起，其周围是固定的定子。而飞轮又与该助力电机的定子连在一起，离合器则固定在飞轮上。助力电机由 144V 电池组供电，此电池组通过一只马达驱动模块内的 DC/AC 变换装置，与助力电机连接。当车辆需加速或爬坡时，助力电机对发动机助力，以增加车辆驱动功率。当车辆处在制动工况时，车辆带动助力电机发电，发出的交流电经 AC/DC 变换后对 144V 电池组充电。车辆在启动状态时通常是由助力电机来启动发动机，它能迅速使发动机转速达到 1000r/min 以上，有利于改善低速启动发动机时的排放指标。

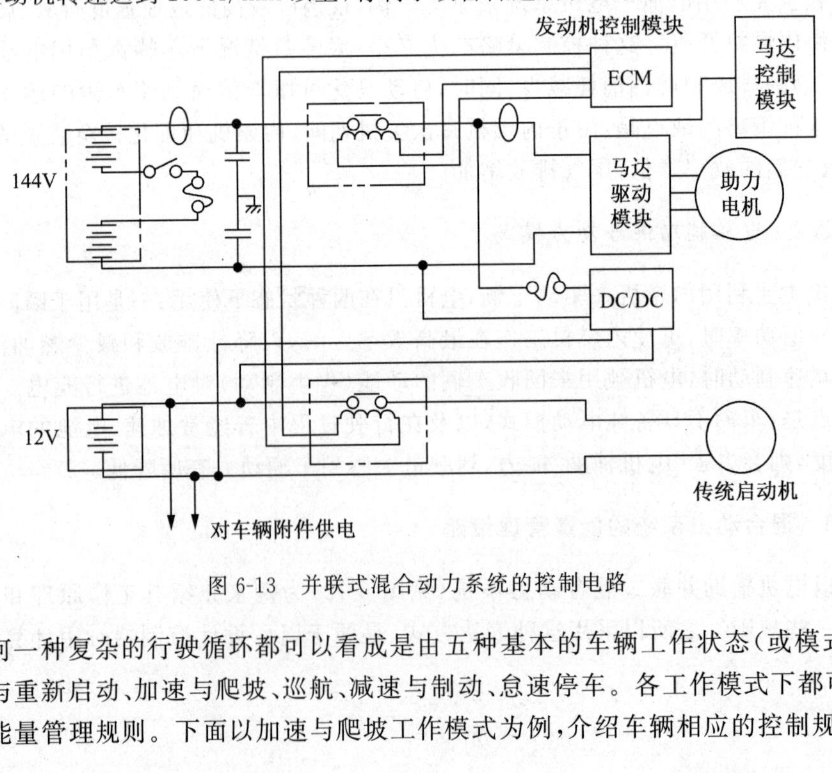

图 6-13　并联式混合动力系统的控制电路

任何一种复杂的行驶循环都可以看成是由五种基本的车辆工作状态(或模式)组成，即启动与重新启动、加速与爬坡、巡航、减速与制动、怠速停车。各工作模式下都可以找出相应的能量管理规则。下面以加速与爬坡工作模式为例，介绍车辆相应的控制规则。

当车辆要加速或需爬坡助力时，则进入加速/助力模式，此时车辆由发动机和动力电池一起驱动，并按下列加速/助力模式的规则工作。

(1)如果动力电池荷电状态较高，节气门阀全开，则助力电机全功率助力；如果动力电池荷电状态较高，节气门阀开得较大，则助力电机部分功率助力。

(2)如果动力电池荷电状态低，节气门阀全开，则助力电机小功率助力；如果动力电池荷电状态降至最低水平，节气门阀全开或部分开，则不允许助力电机助力，但允许助力电机转换成发电机状态并对动力电池充电。

在车辆上，为通过计算机控制来实施这些规则，首先要命令计算机去采集分布在车辆各处的各种相关信息(如车速、发动机转速、电池荷电状态、电压与电流、节气门阀开度、离合器接合还是分离、制动主缸内的压力或制动踏板位置、驾驶员的操作指令及变速器挡位、时间、各种温度等)，并根据这些信息或信息的组合，判断车辆处于何种工作模式或状态，然后根据相应的规则发出动作指令，实现对能量流的管理以及车辆的故障分析。

6.4　混合动力电动汽车的实例

6.4.1　福特公司的“奇迹”(Prodigy)牌低储能(LSR)发动机轴动力混合式 PHEV

福特汽车公司与美国能源部签订的技术开发合同中的目标是开发两种并联式混合动力电动汽车。Prodigy LSR 发动机轴组合式 PHEV 是其中一种。Prodigy LSR 是一种“低储能”型发动机轴动力组合式并联混合动力电动汽车。“低储能”的意义是该车仅用一个容量为 4A·h、体积较小、质量较轻的镍氢电池来储存电能，使得整车质量大大降低，如表 6-2 所示。

表 6-2　Prodigy LSR 发动机轴动力组合式 PHEV 的技术性能

项目	Prodigy		项目	Prodigy	
质量	人数	5 人	发动机	形式	DIATA
	整备质量	1083kg		排量	1.2L
性能	油耗	3.3L/100km		功率	55kW
	续驶里程	1115.4km		最高转速	4100r/min
电池组	类型	镍氢电池		转矩	153N·m
	功率	22kW	电动机/发电机	类型	感应电动机
	能量	1.0kW·h		功率	8kW

Prodigy LSR 发动机轴动力组合式 PHEV 主要是以发动机驱动模式来驱动前轮行驶，发动机的启动是依靠电动机/发电机来带动，发动机不需要启动电动机。当车辆加速或爬坡时，发动机的节气门开度最大，形成发动机和电动机/发电机共同驱动模式，混合动力在发动机输出轴上组合后，带动车轮行驶。制动时，电动机/发电机能够回收再生制动

时的能量，转换为电能储存到动力电池组中。Prodigy LSR 发动机轴动力组合式 PHEV 采用自动离合器，制动时离合器会自动分离，其采用 MTX-75 型五挡变速器(见图 6-14)。

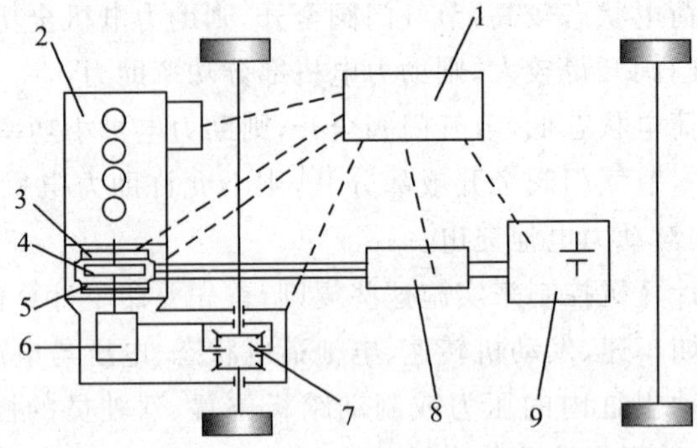

图 6-14　福特公司"奇迹"(Prodigy)牌 LSR-PHEV 结构模型

1—中央控制器　2—发电机　3—自动离合器　4—电动机/发电机
5—离合器　6—变速器　7—驱动桥　8—驱动控制器　9—电池组

6.4.2　福特公司的 PTH 动力混合器动力组合式 PHEV

福特公司研发的 PTH 动力混合器动力组合式 PHEV 是以 MondenCDW-27 为原型车来设计的，在 PTH 动力混合器动力组合式 PHEV 上装有发动机和驱动电机两大动力总成，其总质量为 2000kg。

PTH 动力混合器动力组合式 PHEV 是以一台排量为 1.8L、最大功率为 85kW、转矩为 158N·m 的四气门汽油机为发动机的。发动机输出轴上装置了自动离合器和 MTX-75 型自动五挡变速器，再经过主减速齿轮和差速器，驱动汽车的前轮行驶，电动机/发电机经过动力混合器将动力传递到主减速齿轮和驱动桥来驱动车辆的前轮。采用福特公司的 UX-168 型感应电动机，功率为 56kW，转矩为 190N·m。PTH 动力混合器动力组合式 PHEV 采用的 DAUB 镍氢动力电池组由多个单位电池组成，动力电池组的功率为 45kW，能量为 4kW·h。动力电池组和 DC/DC 转换器布置在电动机/发电机左右两侧的座位下面，发动机与电动机/发电机的功率可在"PTH 动力组合器"上混合，"PTH 动力组合器"是一个用行星齿轮和传动齿轮组合而成的传动机构，用以协调发动机与电动机/发电机在不同驱动模式时的运动和动力输出不发生干扰，使发动机与电动机/发电机输送到差速器上的转速相同。

6.4.2.1　驱动模式

(1)发动机驱动模式

发动机驱动模式是 PTH 动力混合器动力组合式 PHEV 的主要驱动模式，发动机的动力通过自动离合器、自动变速器、PTH 动力混合器和差速器来带动车轮行驶。

(2)电动机/发电机驱动模式

当 PTH 动力混合器动力组合式 PHEV 起步时，动力电池组向电动机/发电机提供电能，充分发挥电动机在低转速、大转矩的特性。在城市或低速行驶时，发动机关闭，由电动机/发电机带动使车辆行驶。在换挡时，发动机的转矩中断，由驱动电动机工作来保持车辆所需要的驱动力。

6.4.2.2　混合动力驱动模式

车辆在加速或爬坡时，在发动机节气门开度最大，发出最大动力的同时，动力电池组向电动机/发电机供给电能并输出最大动力。在 PTH 动力混合器的协调下，发动机和电动机/发电机以混合驱动模式共同驱动车辆行驶。

6.4.2.3　制动能量回收

当车辆在制动时，电动机/发电机转换为发电机，将再生制动能量回收，在再生制动时自动离合器分离。PTH 动力混合器动力组合式 PHEV 的驱动模式如表 6-3 所示。

表 6-3　　PTH 动力混合器动力组合式 PHEV 的驱动模式

汽车工况及驱动模式	汽车驱动模式示意图	动力系统运行情况
车辆从静止起步，驱动电动机驱动模式	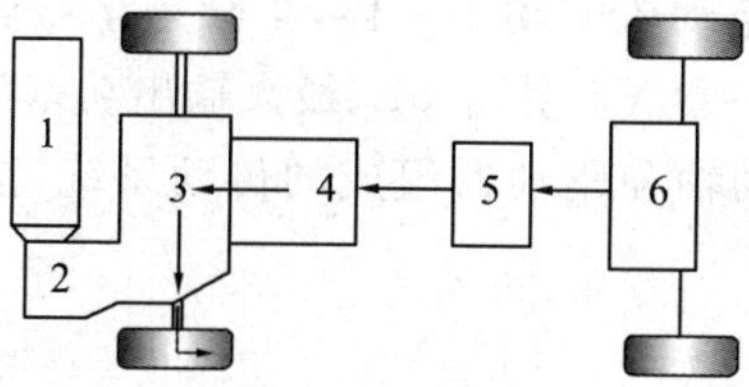	动力电池组提供电能，驱动电动机带动车轮起步 当车辆速度低于一挡速度时，车辆以驱动电动机驱动模式行驶 动力传递路线： 6—5—4—3—7—电动机驱动车轮
车辆一般工况行驶，发动机驱动模式	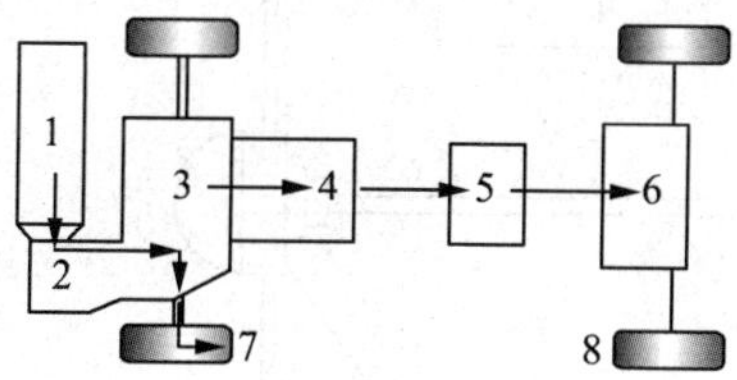	当车辆速度低于一挡速度时，车辆以驱动电动机驱动模式行驶，避免发动机在低效率工况下运行 当车辆速度超过一挡速度时，车辆以发动机驱动模式行驶，保持发动机在高效率工况下运行 动力传递路线： 1—2—3—7—发动机驱动车轮 1—2—3—4—5—6—发电机发电
车辆加速或爬坡时，发动机—驱动电机混合驱动模式	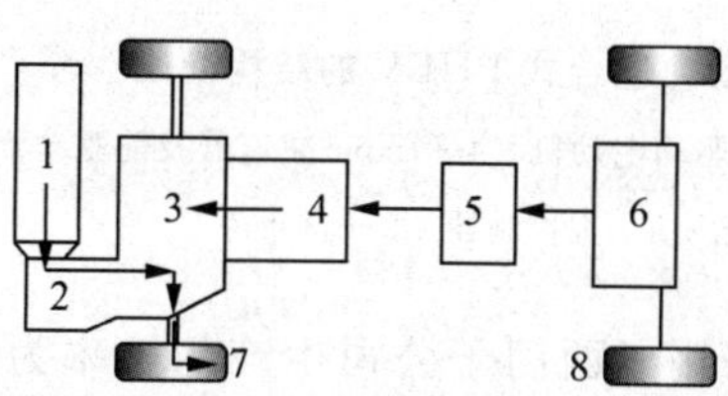	发动机节气门全开，达到允许的最高效率运转工况，带动后轮行驶，同时驱动电动机，也输出最大动力带动前轮行驶，形成混合动力驱动模式，实现四轮驱动 动力传递路线： 1—2—3—7—发动机驱动车轮 6—5—4—3—7—电动机驱动车轮

续表

汽车工况及驱动模式	汽车驱动模式示意图	动力系统运行情况
车辆滑行或制动时，能量回馈辅助制动模式	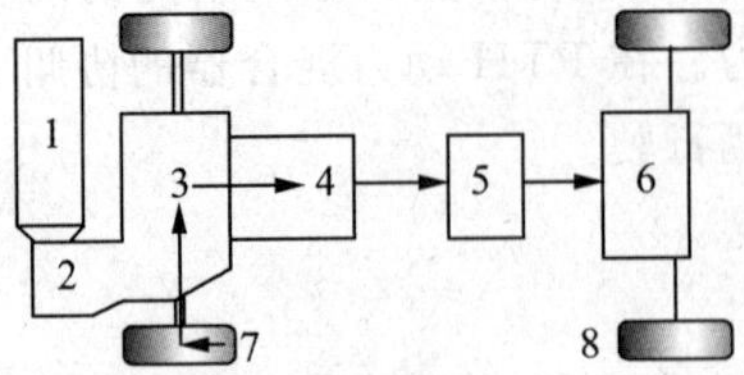	车轮反拖驱动电动机发电，回收部分能量 动力传递路线： 7—3—4—5—6—制动能量回收

注：1—发动机；2—变速器；3—动力混合器；4—电动机/发电机；5—功率转换控制器；6—动力电池组；7—前轮；8—后轮。

6.4.3 克莱斯勒汽车公司 Citadel 牌驱动轮动力组合式 PHEV

克莱斯勒汽车公司 Citadel 牌驱动轮动力组合式 PHEV(见图 6-15)于 1999 年推出，这是一台双重性 PHEV，集发动机驱动和电动机驱动于一体，集豪华车与运动车于一体。Citadel 牌驱动轮动力组合式 PHEV 采用一台 V6 型、3.5L、最大输出功率为 189kW 的发动机，发动机通过离合器、四挡变速器、传动轴和驱动器组成的传动系统，按发动机前置、后轮驱动的模式独立带动汽车行驶。

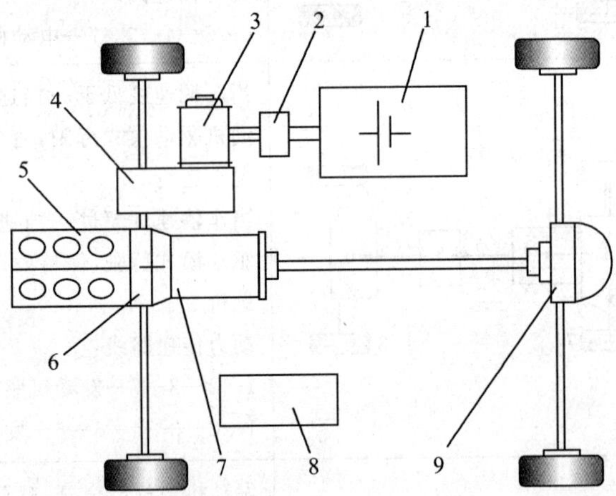

图 6-15　Citadel 牌驱动轮动力组合式 PHEV 的结构简图

1—动力电池组　2—电流转换器　3—驱动电动机　4—Expic 减速器及前驱动桥　5—V6 发动机　7—变速箱　8—主控制器　9—驱动桥

Citadel 牌驱动轮动力组合式 PHEV 采用了西门子公司生产的功率为 52kW 的电动机，通过 Expic 减速器，按电动机前置、前轮驱动的模式独立带动汽车行驶。Citadel 牌驱动轮动力组合式 PHEV 采用了高能电池作为动力电池组，可为 52kW 的电动机提供电能。

Citadel 牌驱动轮动力组合式 PHEV 的驱动模式有以下几种：

（1）发动机驱动模式

发动机驱动模式是 Citadel 牌驱动轮动力组合式 PHEV 的主要驱动模式，发动机通过离合器来带动四挡变速器和传动系统，按发动机前置、后轮驱动的驱动模式使汽车后轮行驶。

（2）驱动电动机驱动模式

当动力电池组向电动机提供电能时，电动机通过减速器带动前轮以电动机前置、前轮驱动的驱动模式使车辆前轮行驶，在用驱动电机驱动模式行驶时，汽车发动机关闭。

（3）混合动力驱动模式

当汽车在加速或爬坡时，发动机节气门开度最大，电动机同时也输出最大动力，发动机独立地驱动后轮、电动机驱动前轮，形成发动机—电动机以四轮复合驱动模式驱动车辆行驶。

（4）再生能量制动回收

当汽车制动时，电动机被转换为发电机将再生制动时的能量回收。

复习思考题

1. 什么是混合动力电动汽车？
2. 简述混合动力电动汽车的主要组成部分。
3. 简述混合动力电动汽车的特点。
4. 简述混合动力电动汽车系统存在的不足之处。
5. 混合动力电动汽车为什么比内燃机汽车排放低？
6. 混合动力电动汽车发动机和电动机有几种组合方式？
7. 简述串联式混合动力电动汽车的特点。
8. 什么是并联式混合动力系统？它在结构上分为哪几种形式？
9. 何谓转矩复合方式？有何特点？
10. 何谓速度复合方式？有何特点？
11. 简述并联式混合动力电动汽车的特点？
12. 什么是混联式混合动力电动汽车？
13. 混联式混合动力电动汽车与串联式混合动力电动汽车、并联式混合动力电动汽车相比各有何特点？
14. 以丰田公司 Prius 车的驱动系统为例，简述其组成与动力混合路径。
15. 简述混合动力电动汽车的能量管理与控制策略的主要目的。
16. 串联式混合动力系统有几种工作模式？
17. 并联式混合动力系统有几种工作模式？

第 7 章　电动汽车的控制部件

7.1　电动汽车的转向系统

7.1.1　电动助力转向系统概述

最早的电动助力转向系统出现在 20 世纪 70 年代中期，当时采用这种系统是为了防止当车辆行驶中发动机突然停止工作失去液压转向助力时，失去对车辆转向的控制，一旦发动机停止工作，用蓄电池供电的电动转向系统立即投入工作。近代电动助力转向系统有了进一步的发展，这主要是因为电动转向与液压转向相比有以下优点：

(1)不转向时，不消耗功率，比液压转向系统可降低燃油消耗 3%左右。

(2)改善车辆操纵性能，助力的大小可以通过控制单元中的软件轻易实现随车速等的变化而改变。

(3)比液压转向系统结构简洁，无油泵、液压油、橡胶软管、油罐等，重量轻，易于安装(尤其对于发动机后置和中置的车辆)。

(4)工作时噪声小，车辆报废时，不需去处理液压油、橡胶软管等，也无液压油的泄漏问题，符合环保要求。

7.1.2　电动转向系统的分类

电动转向系统可分为液压电动转向系统、电动助力转向系统、主动前轮电动转向系统、线控电动转向系统四类。

7.1.2.1　液压电动转向系统

这类转向系统的特点是：转向助力系统仍然采用液压驱动控制方式，但是，液压油泵不是由发动机驱动，而改成由智能电控单元 ECU 控制的高性能直流无刷电机驱动。它们可根据转向需要向液压转向助力器提供压力油。与传统转向助力系统相比，根据不同的车型，油耗大约可以降低 3%，而且车辆的操纵性能也有提高。图 7-1 是 DANA 公司开发的电动转向油泵模块，它们已被成功地应用在 Chevy Silverado 及 GMC Sierra 轻度并联混合动力皮卡的转向系统上。这两种皮卡装有 5.3L 的 V 形发动机、Hydra-Matic 4L60-E 型四速自动变速器、一组 42V 铅酸电池以及一台发电/启动一体化的辅助电机，此电机作发电机使用时可有 14kW 的发电能力。

图 7-1　DANA 公司开发的电动转向油泵模块

这个专门为 42V 系统开发的油泵模块将电机、油泵、电控单元、油箱等集成为一个整体，可以很方便地布置在车辆上任何合适的地方。DANA 公司认为未来 EHPS 将取代传统的液压转向助力系统。

图 7-2 是清华大学电动车辆研究室为完成国家“863”燃料电池大客车项目而开发的电动转向油泵系统，图 7-2(a)为第一代该电动油泵，由一个额定功率为 1.5kW 的直流永磁电机驱动，可输出的最大流量为 17L/min，安全阀的设定压力为 13MPa，其工作由一个专为它设计的控制器控制。该系统已被成功地应用于数辆试验样车上，累计行驶超过 30000km。

开发第二代电动转向油泵时考虑了两种总体结构方案：方案一是将油泵、电机、油箱、滤油器、电机控制器等集成在一起，按此方案研制的样机如图 7-2(b)所示。该方案的优点是没有单独的储油罐，结构紧凑，管路与电路连接简单，只需两根油管与转向助力器连接，油泵浸泡在液压油中，无进油管路，液压油可直接进入油泵进油口，吸油助力最小；缺点是维修时拆装不方便，以及制造成本较高，油泵在结构上改动大。第二种方案是油泵与电机集成在一起，与第一代不同的是电机带安装地脚，省去 L 形安装支座。此外，采用了效率较高的无刷直流永磁电机(方波电机)，如图 7-2(c)所示。

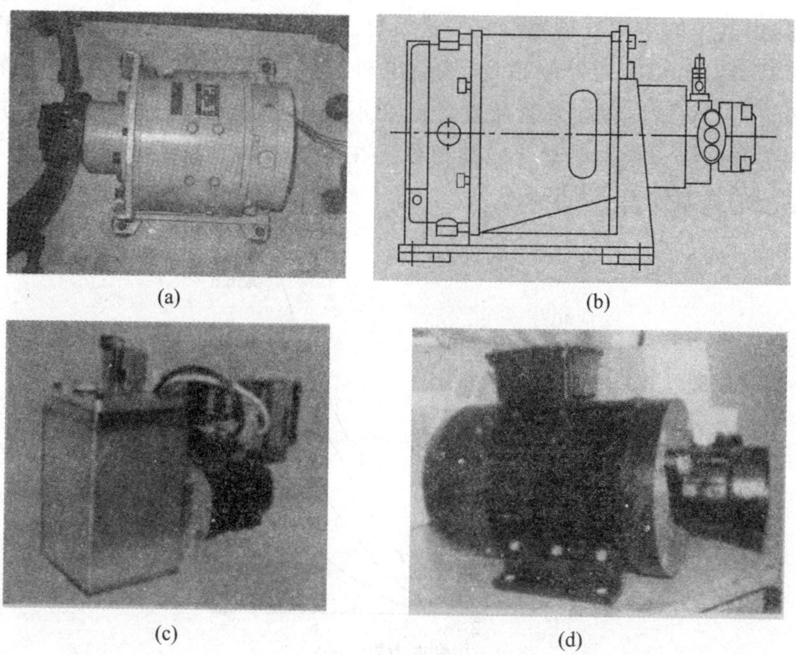

图 7-2　清华大学开发的电动转向油泵系统

7.1.2.2 电动助力转向系统

电动助力转向系统取消了传统的液压油泵、液压助力油缸、油管、液压油、带和带轮等零件,直接由电机对转向系统助力。与液压转向系统相比,燃油消耗可减少4%左右。

图7-3是一种安装在转向柱上的电动助力转向系统,它由一个电机、一个电控单元ECU、一个齿轮齿条式转向器、两个传感器组成。一个为转矩传感器,用于检测驾驶员转动方向盘的力矩,另一个传感器用来检测方向盘的转动方向和转动速度(角度)。一个典型的电动助力转向系统由四个核心部分组成:

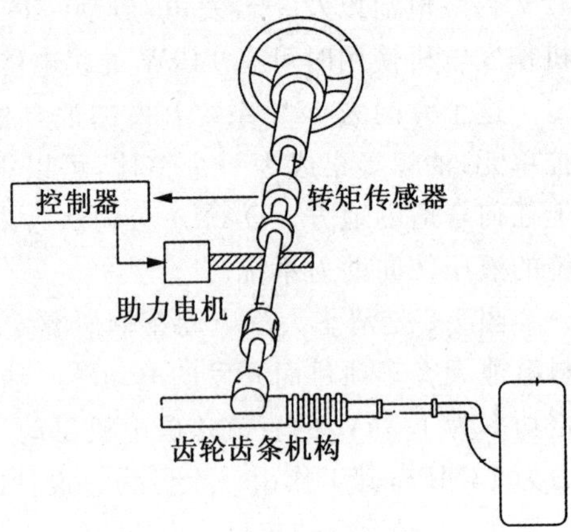

图7-3 一种安装在转向柱上的电动助力转向系统

(1)来自车辆速度传感器的数据。

(2)来自方向盘转动力矩、转动方向、转动角度(速度)传感器的数据。

(3)信号与系统处理单元。

(4)驱动电机及其控制器。

电动助力转向系统的工作原理是:信号与系统处理单元接收来自车辆速度传感器的数据和来自方向盘转动力矩、转动方向、转动角度(速度)传感器的数据后,按预先编制好的算法程序,由其中的中央处理器对它们进行复杂的控制运算与处理,由控制单元向驱动电机及其控制器发出相应的控制指令,然后电机按照所需的力矩和方向提供转向助力。图7-4给出了某电动助力转向系统所设计的在不同车速下,转向助力电流与方向盘转动力矩之间的关系曲线。根据电动转向助力单元在电动转向系统中安装位置的不同,电动助力转向系统的类型如图7-5所示。

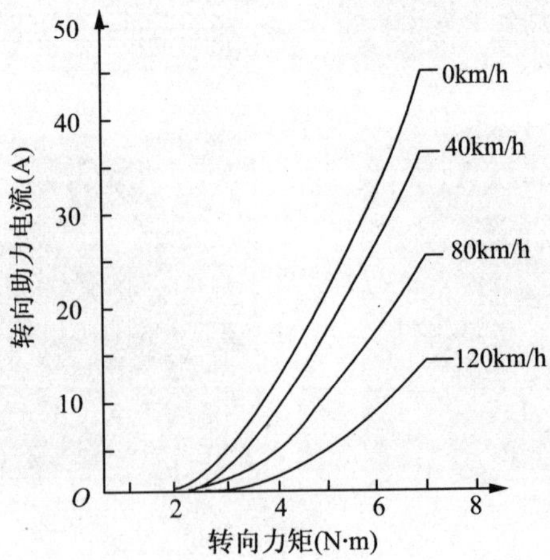

图7-4 转向助力电流与方向盘转动力矩之间的关系曲线

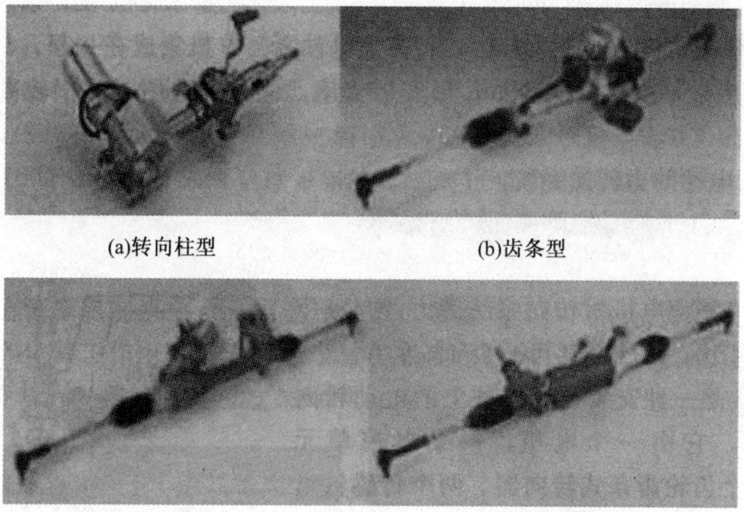

(a)转向柱型　(b)齿条型

(c)小齿轮型　(d)直接驱动型

图 7-5　电动助力转向系统的种类

(1)转向柱型电动助力转向系统

动力辅助单元、控制器、力矩传感器等都装在转向柱上，系统结构紧凑，不论是固定式转向柱还是倾斜式转向柱以及其他形式的转向柱，都能安装。这种结构适用于中型车辆，是典型的电动助力转向系统结构形式。

(2)齿条型电动助力转向系统

动力辅助单元安装在转向机构的齿条上，可以装在齿条的任何位置，增加了结构设计布置的灵活性。动力辅助单元的大减速比使得惯性很小，同时打方向盘的感觉非常好。

(3)小齿轮型电动助力转向系统

动力辅助单元安装在转向机构的小齿轮轴上。如果再将它与可变速比的转向器接合在一起，该系统的操纵特性将会非常好。

(4)直接驱动型电动助力转向系统

转向齿条与动力辅助单元形成一个部件。该系统很紧凑，而且容易将它布置在发动机舱内。由于直接对齿条助力，摩擦与惯性都很小，因而打方向盘的感觉很理想。

直接驱动型电动助力转向系统(见图 7-6)由一个齿轮齿条式转向器、一个齿条与电机组成。电机通过循环球驱动机构推动齿条左右移动。转向传感器安装在输入轴齿轮壳体内。转向传感器实际上有两个：一个为力矩传感器，它将转向力矩的大小及方向转换为电信号；另一个为旋转传感器，它将转动速度与转动方向转换为电信号。壳体内还有一块接口电路，它将这些信号转变成微处理单元能处理的信号。微处理控制单元接收上述信号和来自车速传感器的信号后，经过存储在存储器中程序的处理，由控制单元向驱动电机及其控制器发出相应的控制指令，然后电机按照所需的力矩和方向通过循环球驱动机构，推动齿条左右移动，提供转向助力。

如果方向盘转动到最大转角位置，并保持在此位置，转向助力也达到最大时，控制单元减小供给电机的电流，以防止电机过载和损坏电机。另外，控制单元也提供由于发电机或充电失灵引起的电压冲击，以保护电机。

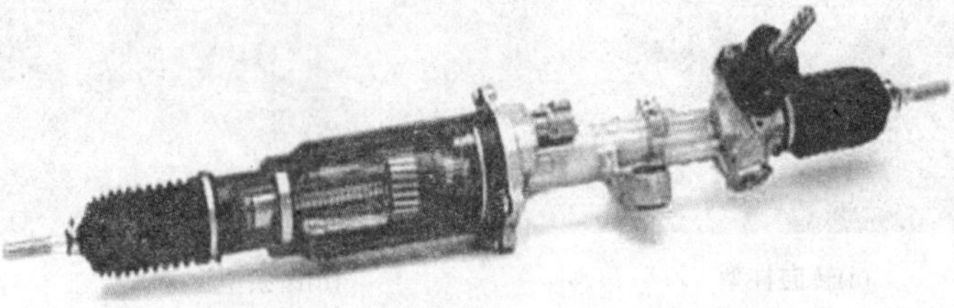

图 7-6　直接驱动型电动助力转向系统

该齿轮齿条转向机构的速比是变化的（见图 7-7），方向盘在中间位置时的速比大于在行程的两端时的速比，改善了转向操作性能。图 7-8 是本田的电动助力转向系统在车上的布置情况。图 7-9 是电控单元 ECU 的框图。

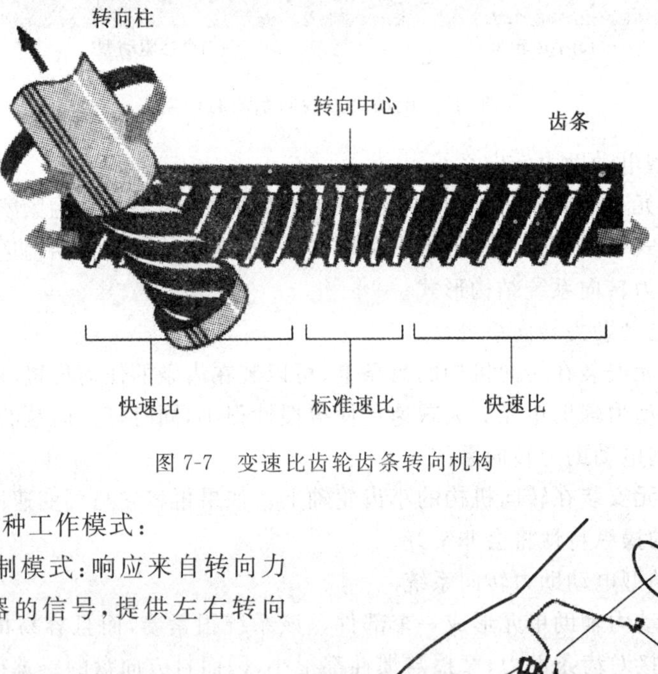

图 7-7　变速比齿轮齿条转向机构

该系统有三种工作模式：

（1）正常控制模式：响应来自转向力矩和旋转传感器的信号，提供左右转向助力。

（2）返回控制模式：在完成转向后，帮助转向回正。

（3）阻尼控制模式：随车速的变化改善路感和对反冲的不良反应进行阻尼。

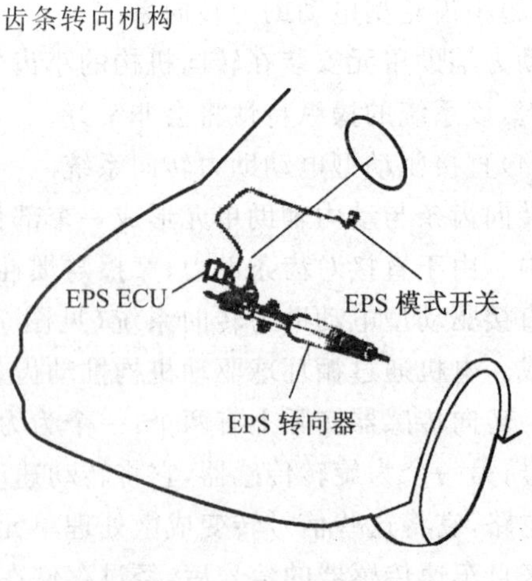

图 7-8　本田的电动助力转向系统在车上的布置

该系统通过监控系统的输入/输出信号和电机的驱动电流，还有故障自诊断功能，如果发生问题，动力单元中的失效安全继电器动作，控制单元就将系统关闭。这样转向助力全部取消，系统回到手动转向，电动助力转向系统报警灯闪烁，向驾驶员报警。

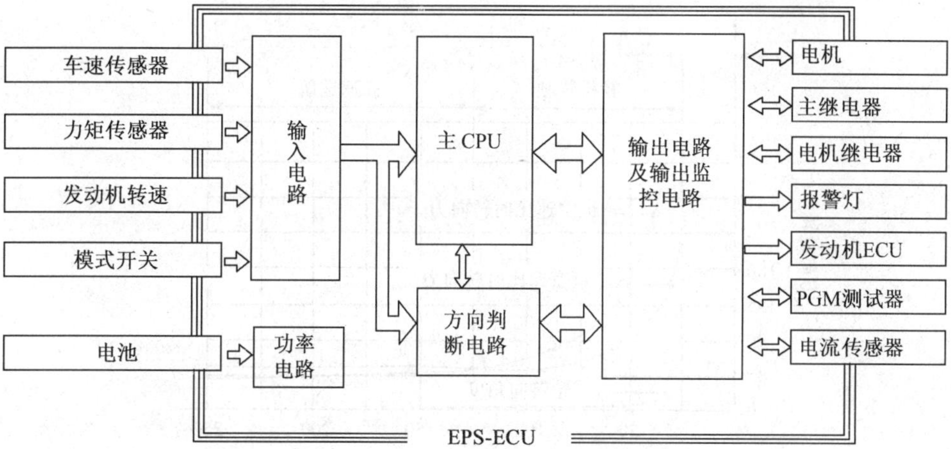

图 7-9　电控单元 ECU 的框图

7.1.2.3　主动前轮电动转向系统

以 BMW 公司的 E60-5 和 E63-6 系列新车型中可选用的主动前轮转向系统(AFS)为例来介绍。当车辆急转弯和停车转向时,这种转向系统不必要求驾驶员把他的胳膊交叉地放在方向盘上;只需要转动很小的方向盘角度就可以轻松地转向(见图 7-10),提高了车辆的操纵性能。

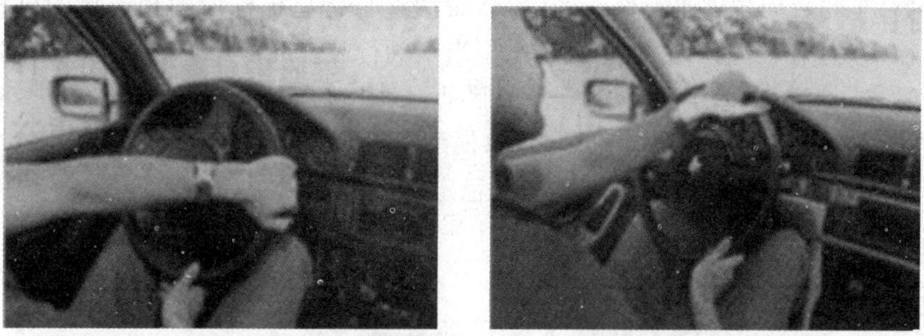

(a)无AFS　　(b)有AFS

图 7-10　主动前轮电动转向系统的转向助力

主动前轮电动转向系统与各种转向助力系统相比,不仅减轻了方向盘的操纵力,还是一种电子化、转向传动比可变的且必要时可与动态稳定控制(Dynamic Stability Control, DSC)配合工作的系统。其转向速比直接与车辆速度、行车模式、道路状况有关(见图 7-11)。在正常道路条件下低速和中速行驶时,方向盘的输入角与前轮转向角比例较小(例如 10∶1),转向感觉变得更为直接,驾驶员只需对方向盘转动很小的角度,就可不费力地使前轮转动较大角度,以增加在交通繁忙的城市道路上的车辆操控性,尤其是提供了停车转向时驾驶车辆的敏捷度。高速行驶时,转向速比变大(例如 20∶1),转向则变得"迟钝",以改善方向稳定性。

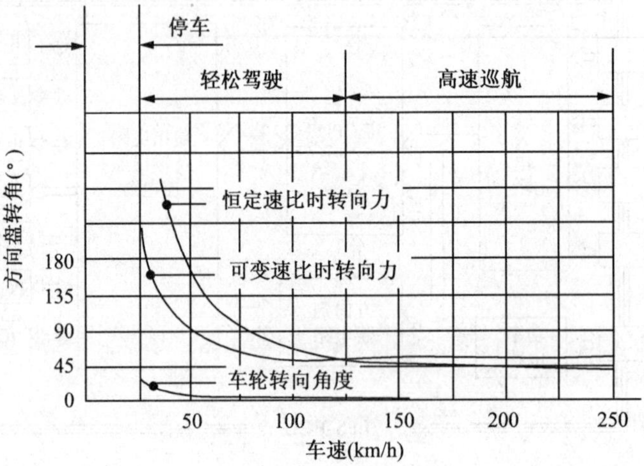

图 7-11　转向速比随行驶条件变化曲线

为了保持人们熟悉的驾驶方式和驾驶感觉，该系统并未采用完全电子化的线控操纵系统，其方向盘与前轮仍是机械地连接，只是在方向盘转向柱与齿轮齿条式转向机构之间安装了一个方向盘和直流无刷电机共同驱动的行星机构(方向盘与太阳轮连接，直流无刷电机与齿圈连接)，如图 7-12 所示。主动前轮电动转向系统中还有两个传感器：一个是方向盘转角传感器，用来测量转动方向盘转速和角度值；另一个是侧滑传感器，用来测量实际车辆的侧滑率。这两个信号通过计算机计算、比较，可以知道车辆是过度转向还是不足转向；决定对车轮转向角度进行修正的量，然后调整与行星机构齿圈相连接的电机转速，改变输入轴(方向盘)与输出轴之间的速比。当车辆行驶在光滑路面或转弯过急出现严重不足转向时，计算机则使内后轮进行适当制动，以对转向特性进行修正(某些系统，如 Bosch 公司的系统，还会减少发动机输出，以便配合)。如果是严重过度转向，则对外前轮进行适当制动，提高车辆转弯时的行驶安全稳定性。

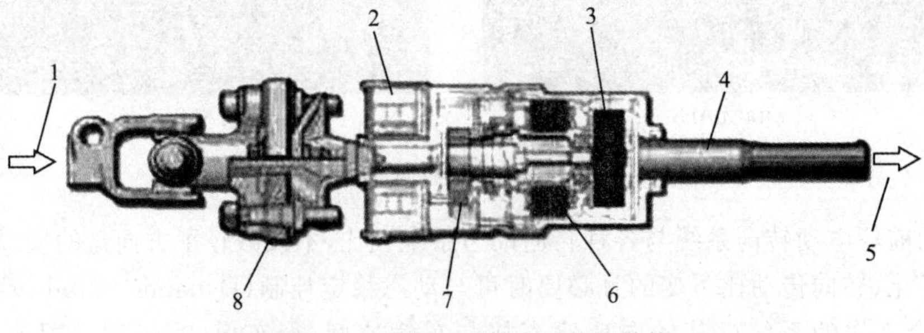

图 7-12　主动前轮电动转向系统的结构

1—方向盘　2—螺旋状电缆　3—行星减速机构　4—输出轴　5—至转向机构
6—直流电动机　7—锁止机构　8—橡胶联轴器

7.1.2.4　线控电动转向系统

线控电动转向系统代表了下一代车辆转向系统的发展方向，这是因为与传统转向系统相比，它去掉了方向盘与车轮之间直接的机械运动学连接，比传统转向系统更节省安装空间，重量更轻，提供了整车设计布置的极大灵活性。同时通过控制算法可以实现智能化车辆转向，使车辆的操纵稳定性有很好保证。线控电动转向系统的概念可以用图 7-13 来说明。

整个系统可以划分为三大子系统：方向盘子系统、车轮转向子系统和电子控制子系统。方向盘子系统包含了提供驾驶员转向输入的传感器，模拟车轮转向阻力、提供路感的部件，使方向盘回正的装置等。车轮转向子系统主要包含有：由电机驱动的车轮转向执行装置、反映车辆当前状态的各种传感器等。整个系统的工作如下：来自方向盘传感器和各种车辆当前状态的信息送给电子控制子系统后，利用计算机对这些信息进行控制运算，然后对车辆转向子系统发出指令，使车辆转向，同时车轮转向子系统中的转向阻力传感器给出的信息也经电子控制子系统传给方向盘子系统中模拟路感的部件。

线控传动系统在飞机上的应用已存在多年，但是由于与汽车转向系统的设计要求不同，因此它们只能提供有限参考。汽车线控转向系统应有自己的结构特点和危险隐患控制策略。

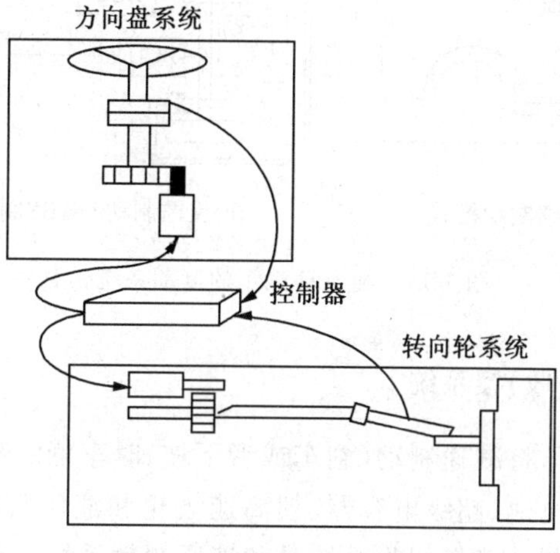

图 7-13　线控电动转向系统的结构

7.2　电动汽车的制动系统

电动汽车的制动系统与内燃机汽车的制动系统不同。由于电动汽车全部或部分采用电动机驱动，制动时可实现能量回收，制动系统一般由电磁制动和机械制动两大部分组成，为使能量回馈最大化，同时又能保证制动效果，制动系统须有一套 PCU 进行统一控制。图 7-14 为纯电动汽车的制动系统组成。

反馈制动是在车辆减速时，由于 PCU 的控制，动力电池组不向驱动电动机提供电能，在车辆传动系统的反拖下，电动机转换为发电机并发电，将电能通过电流转换器转换为直流电，向动力电池组充电，此时，纯电动汽车实现反馈制动模式。液压制动系统包括 ABS 制动系统，是用液压泵操纵的常规制动系统，在液压制动系统中，装有由电动机驱动的真空泵，作为液压制动的助力能源。当车辆在紧急制动时，用液压制动系统制动，保证制动的快速和安全，即使在紧急制动时，也还存在反馈制动的发电功能。反馈制动是纯电动汽车上特有的“节能”装置，可以提高纯电动汽车的行驶里程，内燃机汽车不能实现这个功能。在纯电动汽车制动系统的制动泵上，装有液压传感器和由 PCU 控制的偏位阀，对反馈制动和液压制动进行协调和对制动力实现最佳控制，保证制动模式转换的平稳进行，并使 ABS 制动系统发挥最好的效率。

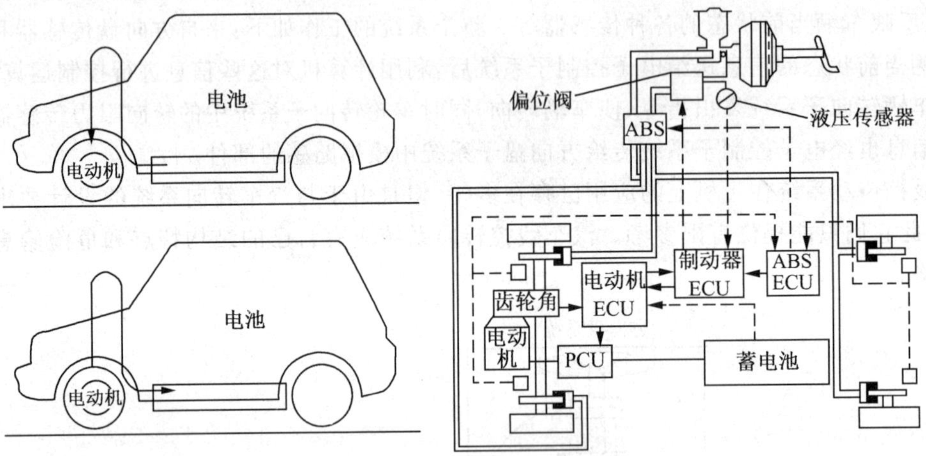

图 7-14　纯电动汽车的制动系统

7.2.1　制动能量回(收)馈系统

在保证安全的前提下，将减速制动(刹车或者下坡)时车辆的部分动能转化为电能，并储存于储能器(如各种蓄电池、超级电容器、超高速飞轮和液压蓄能器等)的系统叫作“制动能量回收系统”。由于制动能量回收系统是和液压制动系统一起工作的，因此常把此二者合称为“制动能量回收—液压制动系统”。当储能器被完全充满时，制动能量回收—液压制动系统就不能起到回收作用，制动力就只能由常规的液压制动系统来提供。制动能量回收—液压制动系统的功用是节约制动能量、回收部分制动动能。

制动能量回收—液压制动系统一般应满足四个方面的要求：

(1)为了使驾驶员在制动时有一种平顺感，液压制动力矩应该可以根据制动能量回收力矩的变化进行控制，最终使驾驶员获得所希望的总力矩。同时，液压制动的控制不应引起制动踏板的冲击，以免引起驾驶员产生不正常的感觉。

(2)为了使车辆能够稳定地制动，前后车轮上的制动力必须很好地分配。

(3)由于在电动汽车上没有发动机驱动的液压泵，所以需要一个电动泵来提高液压。液压制动力矩是电控的，将产生的液压传到制动轮缸上。制动能量回收—液压制动系统需要防止制动失效的机构，为了提高系统的可靠性，满足安全标准，系统一般采用双管路制动。当其中一条管路失效时，另一条管路必须能提供足够的制动力。

(4)为了防止汽车发生滑移,加在前后轮的最大制动力应该低于允许的最大值(主要由滚动阻力系数决定)。

制动能量回收—液压制动系统的组成如图 7-15 所示。图 7-15(a)和图 7-15(b)分别为单轴和双轴驱动的电动汽车的组成图。当驾驶员踩下制动踏板后,制动 ECU 即得到制动信号,电动泵使制动液增压产生所需的制动力,同时,汽车 ECU 也得到回收制动能量信号。制动控制与电动机控制协同工作,确定电动汽车上的制动能量回收力矩和前后轮上的液压制动力。回收制动能量时,制动能量由受控制系统回收,并且反充到蓄电池中。电动汽车上的 ABS 及其控制阀与传统燃油车上的相同,其作用是产生最大的制动力。

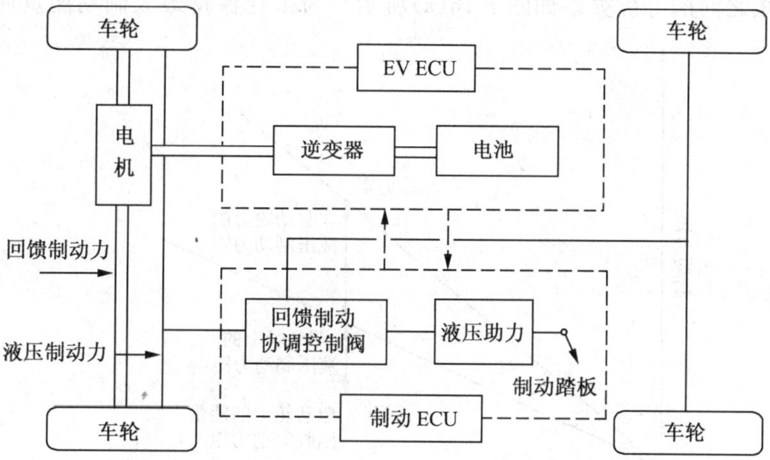

(a)单轴驱动电动汽车制动能量回收—液压制动系统的组成

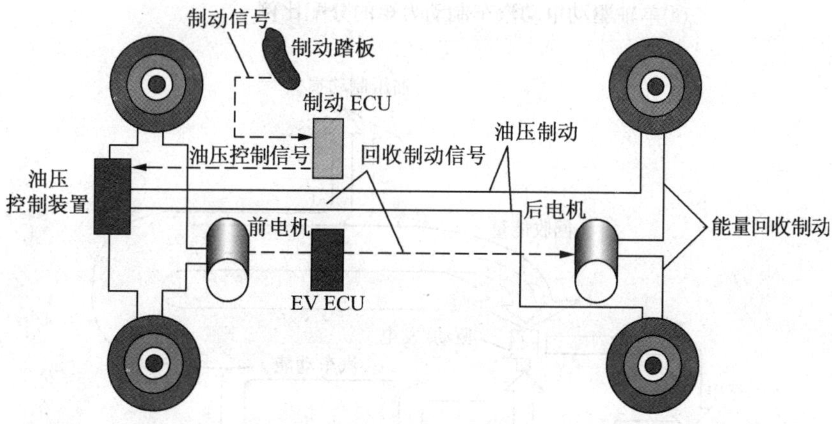

(b)双轴驱动电动汽车制动能量回收—液压制动系统的组成

图 7-15　制动能量回收—液压制动系统的组成

通常,双轴驱动的电动汽车的制动能量回收—液压制动系统回收的能量多于单轴驱动的电动汽车。

当汽车减速、在公路上放松加速踏板行驶或踩下制动踏板停车时,制动能量回收系统就会启动。正常减速时，制动能量回收的最大力矩通常保持在最大负荷状态。电动汽车高速行驶时，其驱动电机一般是在恒功率状态下运行，驱动力矩与驱动电动机的转速或者车辆速度成反比。因此，恒功率下驱动电动机的转速越高，制动能量回收的能量就越低。电动汽车低速时，电动汽车的动能不足以为驱动电动机提供能量来产生最大的制动力矩，因而制动能量回收能力也就会随着车速降低而减小。电动汽车的制动能量回收力矩通常不能像传统燃油车中的制动系统一样提供足够的制动减速度，所以在电动汽车中，制动能量回收系统和液压制动系统通常共同存在。不过应该注意，只有当制动能量回收已经达到了最大制动能力而且还不能满足制动要求时，液压才使制动系统起作用。

电动汽车的总制动力矩是制动能量回收力矩和液压制动力矩之和。单轴驱动电动汽车的制动力矩之间的分配关系如图 7-16(a)所示。为了在保持最大制动能量回收力矩的

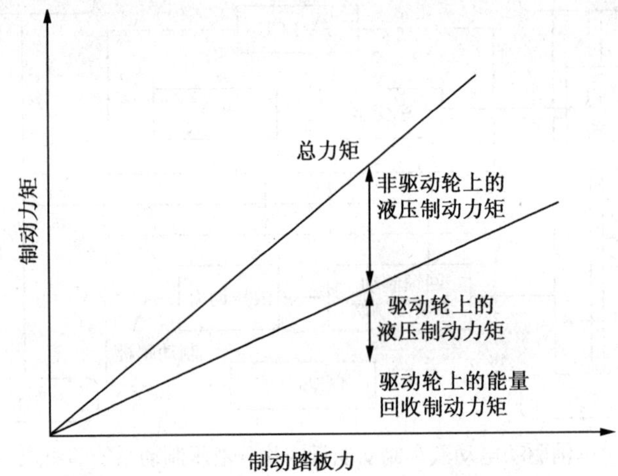

(a)单轴驱动电动汽车制动力矩的分配比例

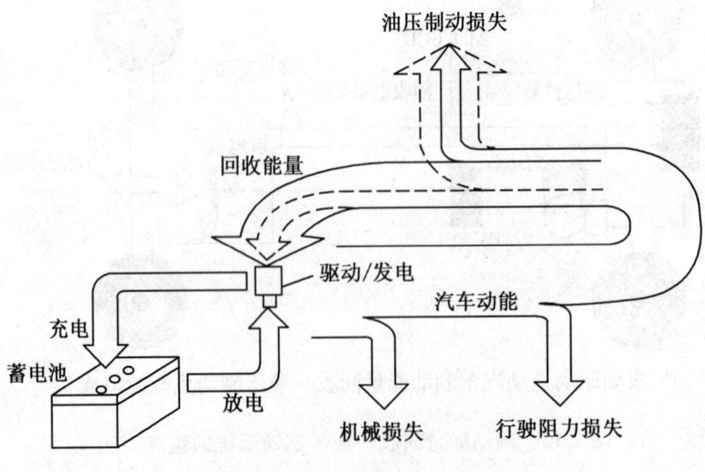

(b)制动能量回收时所损失的能量

图 7-16　制动能量回收力矩与液压制动力矩之间的分配及回收能量的比例

同时，又为驾驶员提供与燃油车相同的制动感，在制动踏板力较小时，只有制动能量回收力矩施加在驱动轮上，并且与制动踏板力成正比；非驱动轮上的制动力则仅由液压制动提供，液压制动力也与制动踏板力成正比。当制动踏板力超过一定值时，最大制动能量回收力矩全部加在驱动轮上，同时液压制动力矩也作用在驱动轮上以获得所需的制动力矩。因而最大制动能量回收力矩可以保持不变，以便能完全回收车辆的动能。

在整个制动能量回收过程中，车辆的动能不可能完全转换为储能器的充电电能。制动能量回收时所损失的能量包括行驶阻力损失（空气阻力损失、滚动阻力损失等）、机械损失（电动机损失、摩擦阻力、转换损失及充电损失等）及制动系统损失等[见图 7-16(b)]。电动汽车采用制动能量回收后实际能回收的能量与汽车的行驶状态和制动能量回收—液压制动系统的结构特点等有关。安装此类系统的电动汽车的续驶里程可提高 10%～15%。

制动能量回收系统一般都需要一个回馈能量制动力和汽车制动系统控制力的协调系统。图 7-17 为常见的协调系统之一，在回路中安装有线性控制阀，为了使回馈系统发挥最大的作用，使回馈制动的转矩控制在最佳值，控制系统应根据车速和蓄电池充电状态连续地控制制动油压。

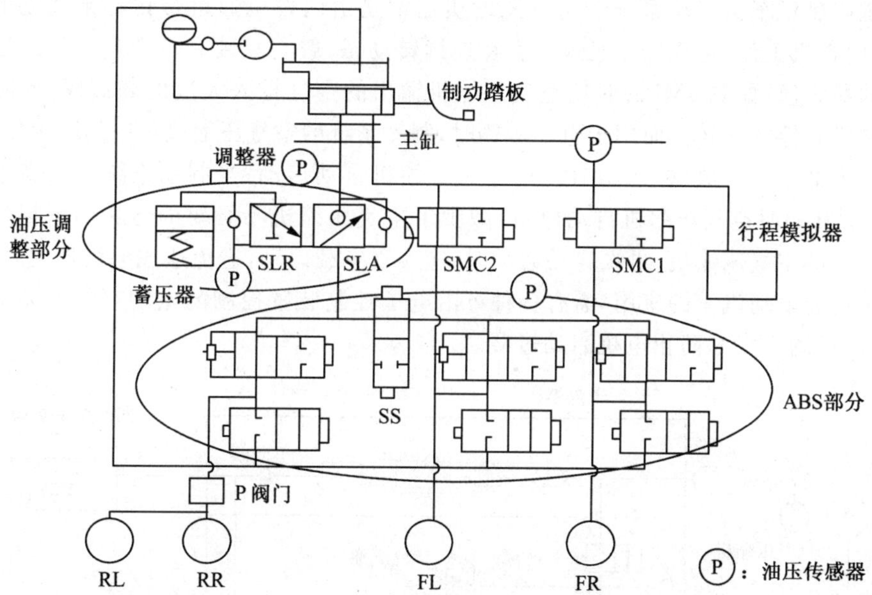

图 7-17　能量回馈制动与制动协调系统

应该指出的是，采用电子制动控制系统 ECB 和车桥间电子控制力分配 EBD 等技术，可提高制动能量的回收比例。图 7-18 为采用了各种新技术的 THS 系统与 THS-Ⅱ系统的制动能量回收比例的比较，由于 ECB 可以不考虑提供与燃油车相同的制动感，因此在制动踏板力较小时，就可回收制动能量，使制动能量的回收范围扩大。可见，制动能量的回收比例随系统不同而呈现出较大差别。

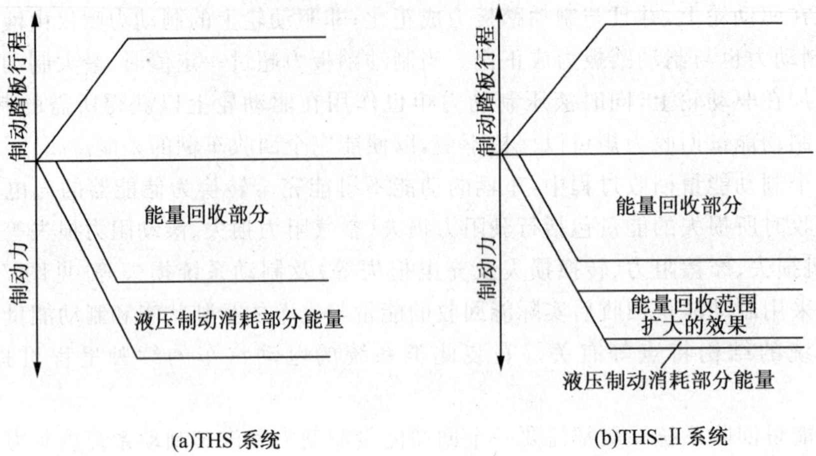

图 7-18　THS 与 THS-Ⅱ系统制动能量回收比例的比较

7.2.2　空气压缩机控制回路

传统内燃机车辆气动系统的空气压缩机通常是由内燃机通过带传动来驱动的。因此,只要内燃机工作,空气压缩机就一直在连续转动,一般它只装有一个当储气罐压力达到规定的最大值(如 0.8MPa)时使空气压缩机输出的空气排入大气的卸载阀,此时空气压缩机并没有停止运转。而用于电动车辆时,制动系统的空气压缩机可以间歇工作,当制动系统压力低于某个值(如 0.6MPa)时空气压缩机自动启动;当制动系统压力高于某个值(如 0.8MPa)时空气压缩机自动停机,减少了空气压缩机不必要的运转功率损失。对于间歇工作的空气压缩机,再次自动启动时,应实现空载启动,避免造成电机带载启动。

为了适合电动汽车的应用,需有一种可由电子控制装置控制的电动空气压缩机启动卸载装置(见图 7-19),防止电机启动过载。

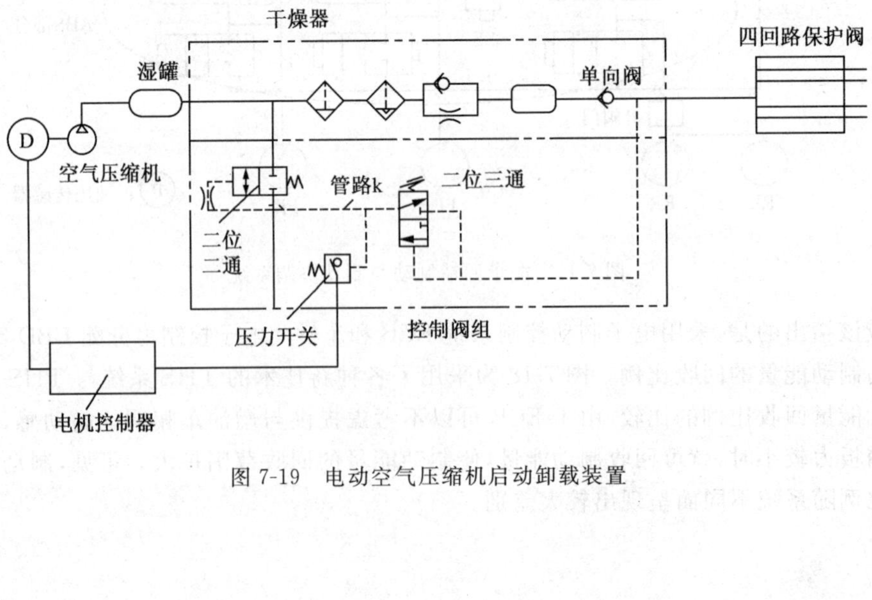

图 7-19　电动空气压缩机启动卸载装置

其工作原理是：当储气罐内压力未达到设定的压力值范围时（例如小于 0.6MPa），二位三通阀处于图示位置，管路 k 与大气相通，压力开关处于闭合状态，电机带动空气压缩机转动，空气压缩机排出的空气经湿罐、干燥器进入储气罐。当压力达到二位三通阀设定的压力值时（如 0.8MPa），二位三通阀切换，使二位二通阀动作，空气压缩机至单向阀（含湿罐、干燥器和管路）的空气经二位二通阀排入大气，同时，压力开关断开，空气压缩机停止供气，此时管路 k 中的气压与储氢罐中气压相同。当储氢罐气压降至二位三通阀设定的滞回压力值时（如 0.6MPa），二位三通阀复位管路 k 中压力与大气压相同，压力开关闭合，空气压缩机重新供气。因此，管路 k 中空气压力在 0.8～0.6MPa 与 0MPa 之间变化。k 管内压力为 0.8～0.6MPa 时，电机断电，空气压缩机停止供气；k 管内压力与大气压相同时，电机通电，空气压缩机重新供气。

另一种电动空气压缩机的控制方案如图 7-20 所示。电机的启动、停止由图中压力开关 3832D-010 控制。当制动系统储气罐中压力降低到压力开关 3832D-010 设定的系统最低压力值时，电机控制器启动电机，带动空气压缩机工作，向制动系统储气罐供气，系统压力上升，达到设定值上限时，引起干燥器与油气分离器动作。在排出油、水的同时，压力开关 3832D-010 断开，电机停转，使空气压缩机停止供气。随着制动系统的使用，当储气罐中压力再次降低到压力开关 3832D-010 设定的系统最低压力值时，电机重新启动，空气压缩机又重新向系统供气。

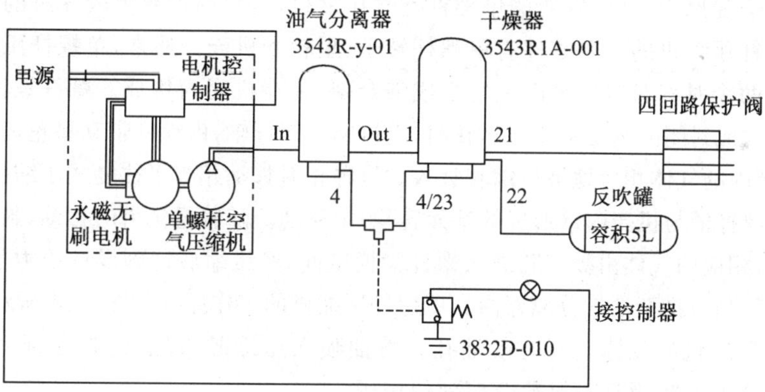

图 7-20　电动空气压缩机的控制方案

7.2.3　电动制动空气压缩机

内燃机车辆的制动空气压缩机通常是往复式结构，并且由内燃机通过带传动驱动，其存在以下问题：振动、噪声大；空气压缩机的冷却、润滑往往与内燃机共用一个系统，工作温度高，冷却较困难；空气压缩机转速随内燃机而变化，只要内燃机运转，空气压缩机就一直在转动。

在某些电动汽车上采用双出轴驱动电机，其一端驱动行走系统，另一端安装一个分动箱，用于带动液压转向油泵、制动空气压缩机以及其他车辆辅助元件。制动空气压缩机和液压转向油泵的工作状况与传统内燃机车辆相似。

为了适合电动汽车的应用，需要一种具有电子控制的电动空气压缩机系统，以克服传统方式的缺陷，并具有功率消耗小、效率高、尺寸紧凑等优点。对其具体有以下几点要求：

(1)气压制动系统的空气压缩机用电机直接驱动，其转速应由一个电子控制装置来控制，与行走驱动电机转速无关，结构紧凑。

(2)空气压缩机应自身带有润滑油泵，可以实现自润滑，当润滑油压力低于某个值或润滑油黏度大、油压过高时，系统能自动报警，实现润滑油温度显示与报警。

(3)空气压缩机可以间歇工作，当制动系统压力低于某个值时，空气压缩机自动启动，并实现空载启动，防止电机过载；当制动系统压力高于某个值时，空气压缩机自动停机，极大地减少空转损失。

图 7-21　电动往复式制动空气压缩机

清华大学电动车辆研究室曾与有关工厂合作开发过一种电机直接驱动的往复式制动空气压缩机(见图 7-21)，用于燃料电池城市客车上。由于噪声和震动大，同时工作温度又高等问题，该空气压缩机不能获得满意的效果。清华大学又进一步与上海佳力仕机械有限公司合作开发了单螺杆车用空气压缩机(见图 7-22)。图 7-23 为最新一代的单螺杆车用空气压缩机。

法国人辛麦恩 1960 年发明的单螺杆空气压缩机，是目前世界上较先进的空气压缩机之一。单螺杆压缩机的主要零件有单螺杆转子、星轮和机壳。通常，单螺杆压缩机由一个圆柱螺杆和两个对称布置的平面星轮组成啮合副，装在机壳内构成。螺杆螺槽、机壳内壁和星轮齿面构成封闭的基元容积。运转时，电机驱动螺杆轴，由螺杆带动星轮齿在螺槽内相对移动，螺槽内的气体相应地被压缩和吸入。这种相对移动相当于往复式压缩机的活塞(星轮)在汽缸(螺杆槽与机壳内壁形成的基元容积)中移动。随着星轮齿的移动，封闭的基元容积发生变化，相应的气体由吸气腔进入螺杆齿槽空间，经压缩后达到设计压力值，由开在壳体上的排气三角口排至油气分离器内。单螺杆压缩机的工作原理如图 7-24 所示。

单螺杆压缩机的壳体上开有喷油孔。将油喷入压缩腔，以起密封各部间隙、冷却气体、吸振、消声及润滑螺杆—星轮摩擦副的作用。

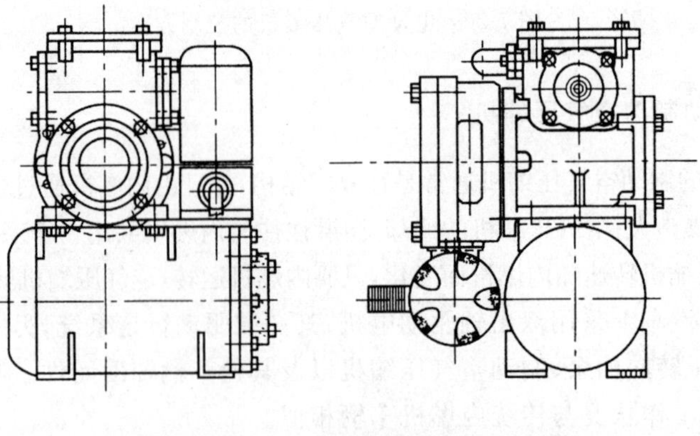

图 7-22　清华—佳力仕单螺杆空气压缩机

图 7-23　单螺杆车用空气压缩机

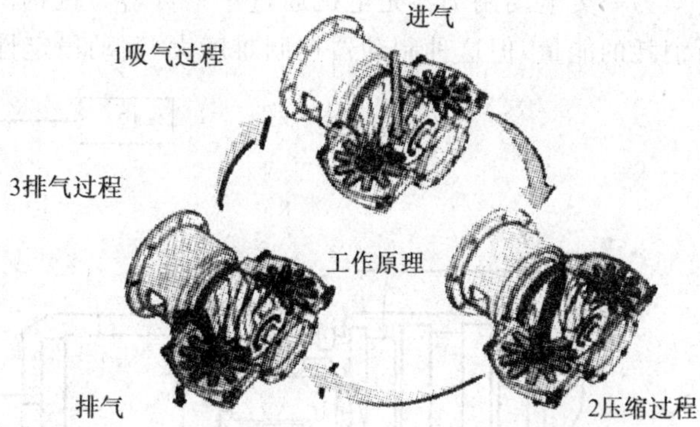

图 7-24　单螺杆压缩机的工作原理

单螺杆空气压缩机的主要优点有：

(1)结构合理

单螺杆空气压缩机的两星轮在螺杆的两侧对称布置，这使单螺杆空气压缩机不仅没有不平衡力，而且作用在螺杆上的轴向力和径向力也互相抵消，因此，蜗杆处于完全平衡状态。这是单螺杆压缩机设计上最显著的特征。和其他回转式压缩机相比，结构尺寸相同时单螺杆压缩机的排气量较大。螺杆的螺槽深度随压力的增高而减少，在排气结束、星轮齿脱离螺槽时，深度为零，不存在余隙容积，容积效率较高。

(2)噪声低，振动小

空气压缩机的噪声主要来源于气流噪声。气流的噪声主要由气流脉动状况形成，单位时间内排气次数越多，气流脉动越小，气流噪声越低。如果机器采用了消声、隔声装置，单螺杆空气压缩机安装空腔内附有吸声材料等，可使其噪声远低于其他空气压缩机品种，比双螺杆空气压缩机可低 10dB 左右。另外，由于空气压缩机处于动平衡运转，因此机器运行平稳，平衡性好，振动小，效率高。

(3)维修周期长

单螺杆压缩机的空气压缩过程无轴向力及径向力推压负荷，轴承寿命可长达 50000h，克服了双螺杆空气压缩机轴承轴封易磨损的缺点，不需经常维修，其耐用程度超过其他类型空气压缩机。

(4)可靠性高、运行费用少、维护简便

单螺杆空气压缩机易损件极少，力平衡性能好，加之有合理的啮合副线型和良好的动力润滑性能，维护简便。调查表明，单螺杆空气压缩机每年的运行保养费用只占同样容积流量的活塞式压缩机的 14%～20%，费用较低。

7.2.4　电动制动器(EMB)

无论是电动盘式制动器(见图 7-25)还是鼓式制动器，其与传统的液压或气动制动器的主要不同在于：施加在制动摩擦片上的作用力不是通过液压油或空气压力实现的，而是通过采用力矩马达驱动行星齿轮系和滚珠丝杠等机构，将力矩马达的旋转运动转变为直线运动，将力矩转变为施加在制动摩擦片上的轴向作用力。

另一类电动制动器是电机通过一个自增力机构间接作用到制动盘上，可以降低系统所消耗的能量，但这种制动器控制难度大，制动稳定性也不如图 7-25 所示电动制动器。

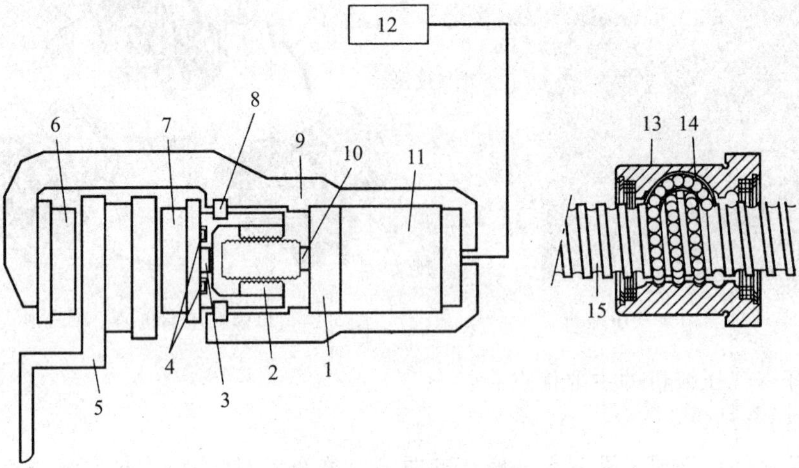

图 7-25　电动盘式制动器

1—减速器　2、13—螺母　3—传感器　4—限位器　5—制动盘　6、7—刹车片
8—弹性复位元件　9—钳体　10、15—丝杠　11—力矩马达　12—控制器　14—滚珠

采用电动制动器后，车辆上可取消液压油泵、空气压缩机、液压与空气管路、电液调节装置等元件；整车质量降低，无制动液，不污染环境，简化了结构，降低了装配和维护的难度。采用电动制动器是车辆制动技术发展的一个方向，研究的关键技术有：

(1)力矩电机的研制。

(2)机械—电子执行机构。

(3)灵敏度高、价格低廉的传感器。

(4)耐高温电子元器件。

(5)可自适应调节的控制算法。

(6)系统容错控制。

(7)高可靠性的电线和连接件。

图 7-26 是两种电动盘式制动器的外形。图 7-27 是一种电动鼓式制动器的外形。

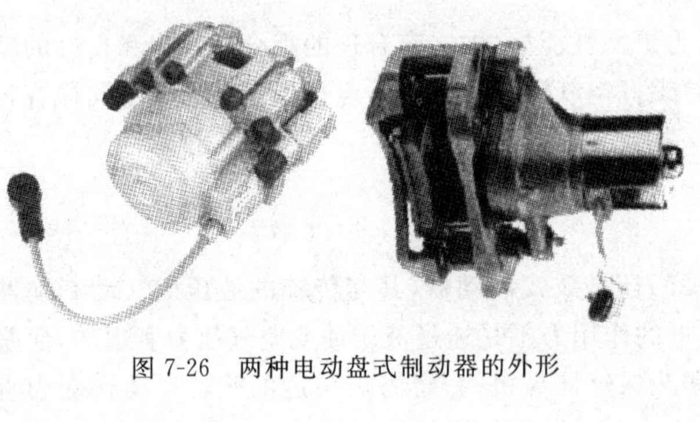

图 7-26　两种电动盘式制动器的外形

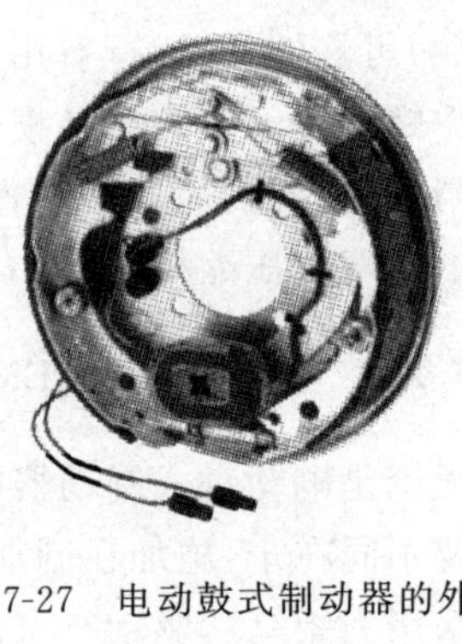

图 7-27　电动鼓式制动器的外形

近年来，国际上大型汽车零配件厂商和汽车制造商，如 Continental Teves、Siemens、Bosch、Eaton、Allied Signal、Delphi、Varity Lucas、Hayes 等对电动制动器制动系统进行了许多研究工作，申请了大量专利。

复习思考题

1. 电动转向与液压转向相比有何优点？
2. 电动助力转向系统分为几类？
3. 简述液压电动转向系统的基本构成、工作原理和优缺点。
4. 简述电动助力转向系统的基本构成、工作原理和优缺点。
5. 电动助力转向系统有几种工作模式？
6. 简述主动前轮电动转向系统的基本构成、工作原理和优缺点。
7. 简述线控电动转向系统的基本构成、工作原理和优缺点。
8. 制动能量回收—液压制动系统一般应满足哪些要求？
9. 简述制动能量回收—液压制动系统的组成及工作过程。

第8章　电动汽车实例

进入20世纪90年代以后，电动汽车的开发更加正规化。汽车快速地从以实用化为前提的研究型实验车向商品化实用车发展。

本章以日本电动汽车为主对电动汽车的开发状况作一概述，并列举电动机及混合动力在电动汽车中的应用实例。

8.1　电动汽车的开发

本节将以20世纪90年代日本电动汽车（其中多为商品化实用车）的开发为例进行介绍。

表8-1是1998年度日本主要销售车辆的驱动系统的分类，由表可看出，在铃木的奥拓EV、Eburry EV、大发的Hijet Van EV等轻型汽车中，均以PM电动机替换了直流电动机，达到了高性能化的目的。

图8-1是东京电动机展览会中展出的纯电动汽车驱动用电动机的分类，由图可以看出，电动机的开发趋势为：直流电动机→异步电动机→PM电动机。这种分类主要以乘用车为对象。近年来，鉴于其他电动机的高性能，直流电动机几乎不再使用。但是在铲车、小型卸货车等电动汽车中仍多采用直流电动机。

对于乘用车，例如丰田RAV4L V EV、日产Runeser EV、本田EV PLUS等各公司全面商品化的电动汽车，其开发和销售又一次出现了普及扩大的趋势。

表 8-1 主要的日本销售电动汽车的驱动系统概要(1998 年度)

分类	车辆名称	公司	电动机类型	额定功率/电压	最大转矩	控制方式	蓄电池类型
轻型汽车	奥拓 EV	铃木	PM	15kW/120V	78. 4N · m (3000r/min)	IGBT 逆变器控制	密封铅酸蓄电池
	Eburrv EV						
	Samber EV 箱式载重汽车	富士重工业	串励直流	14. 6kW/120V	70N · m(400～3600r/min)	MOSFET 斩波控制	密封铅酸蓄电池
	Samber EV Classic						
	Hijet Van EV	大发工业	PM	14kW/240V	73. 5N · m(0～4500r/min)	IGBT 逆变器矢量控制	密封铅酸蓄电池
	Hijet Big EV	大发工业	并励直流	14kW/112V	57. 8N · m (3450r/min)	晶体管斩波控制	开口铅酸蓄电池
	ACURA	M. S. K	直流 ITL-180A	7. 5kW/DC60V	24. 5N · m	斩波控制	铅酸蓄电池
	CITY-Juto5	M. S. K	直流 TTL-180C	12kW/DC72V	41. 2N · m	斩波控制	铅酸蓄电池
小型乘用车	Prairie joy EV	日产汽车	PM	40kW/345V	159N · m	PWM 矢量控制	锂离子二次电池
	Rebel EV	三菱汽车工业	交流 IM	20kW/240V	175. 4N · m(0～2100r/min)	晶体管逆变器矢量控制	铅酸蓄电池
	改进型 Rebel EV	三菱汽车工业	交流 IM	25kW/288V	150N · m(0～3500r/min)	IGBT 逆变器矢量控制	氢镍蓄电池
	RAV4L V EV	丰田汽车	PM	20kW/288V	190N · m(0～1500r/min)	晶体管逆变器矢量控制	密封氢镍蓄电池
	普锐斯(混合动力汽车)	丰田汽车	PM	21kW/288V	304. 8N · m(0～940r/min)	IGBT 逆变器矢量控制	氢镍蓄电池
普通乘用车	Runesel EV	日产汽车	PM	40kW/345V	159N · m	PWM 矢量控制	锂离子二次电池
	EV PLUS	本田技研工业	PM	49kW/288V	274. 4N · m(0～1700r/min)	恒频率/变脉冲控制	密封氢镍蓄电池

续表

分类	车辆名称	公司	电动机类型	额定功率/电压	最大转矩	控制方式	蓄电池类型
小型货物汽车	Bongo EV	马自达	PM	23kW/312V	215.6N·m (0～2080r/min)	IGBT 逆变器矢量控制	密封铅酸蓄电池
普通货物汽车	Elf(送货汽车)	五十铃汽车	并励直流	33.3kW/108V	541.9N·m	IGBT 斩波控制	铅酸蓄电池
	Ranger(配发货汽车)(混合动力汽车)	日野汽车工业	交流 IM	22kW/300V	235.2N·m (600r/min)	变压变频方式控制	铅酸蓄电池
垃圾车	Ranger(垃圾车)(混合动力汽车)	日野汽车工业	交流 IM	22kW/300V	235.2N·m (600r/min)	变压变频方式控制	镉镍蓄电池
小型客车	Elf resort-type EV	五十铃汽车	并励直流	33.3kW/108V	338.1N·m	IGBT 斩波控制	铅酸蓄电池
	考斯特(Coaster)(混合动力汽车)	丰田汽车	交流 IM	22kW/288V	405N·m (0～1000r/min)	晶体管逆变器矢量控制	密封铅酸蓄电池
大客车	Pully Van(大客车)(混合动力汽车)	日野汽车工业	交流 IM	30kW/300V	470.4N·m (600r/min)	变压变频方式控制	铅酸蓄电池
	Seregar(混合动力汽车)	日野汽车工业	交流 IM	22kW/300V	343N·m (600r/min)	变压变频方式控制	铅酸蓄电池

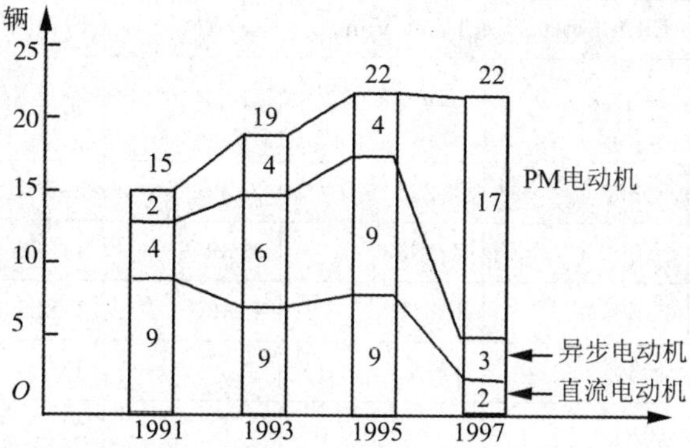

图 8-1　东京电动机展览会中展出的纯电动汽车驱动用电动机的分类

8.2　直流电动机的应用实例

8.2.1　技术动向

直流电动机具有以下特点：

(1)电枢电流使转矩瞬时变化时控制电路比较简单，可以达到缩短开发周期的目的。

(2)带有并励绕组的直流电动机很容易进行弱磁控制。

(3)带有串励绕组的直流电动机可以得到与电动汽车所需相近的转矩—速度特性。

(4)由于带有换向器、电刷、转子，要取得高转速的电动机的高效率化较困难。

(5)电刷的存在容易引起振动从而产生电刷缝隙，会引起整流效果恶化、寿命减少等问题。

由于以前对交流电动机进行高性能控制较困难，故多采用直流电动机。目前，电动机正渐渐由直流过渡到交流。但是，对于注重高控制性能的小型车辆，仍多使用直流电动机。

表 8-2 为采用直流电动机的电动汽车的例子。由表可以看出，电动汽车主要采用并励直流电动机和串励直流电动机。小型车(电动轮椅电动车等)则多采用 PM 直流电动机(表中未提到)。并励直流电动机在低速时转矩较大，适用于卸货与送货用汽车。此外，它也是电动汽车低价格化的最佳选择。电力变流器采用了可进行能量回收的斩波器，用串励绕组代替平滑电抗器以达到降低成本的目的。斩波器的使用频率为 1～10kHz，近年来由于电抗器的小型化，使用频率具有越来越高的倾向。此外，针对大容量电流平滑化的要求，采用了多相多重斩波器。采用 IGBT 作为开关器件，但是在要求高效率化的情况下，可采用 MOSFET，更进一步地可在高频下切换开关。电动机电压的额定值多采用 DC96V(12V×8)～DC120V(12V×10)，具有低电压、大电流的趋势。

表 8-2　　使用直流电动机的电动汽车

车名		Elf/Resort	Hijet Van	奥拓	Samber EV	EV-1 Rukv
公司名		五十铃汽车	大发工业	铃木	富士重工业	竹同 TAKE-OKA 工业
尺寸	全长(m)	5.365	3.295	3.295	3.295	1.76
	全宽(m)	2.095	1.395	1.395	1.395	0.72
	全高(m)	2.685	1.845	1.400	1.885	1.46
质量	空车质量(kg)	4530	1215	995	1350	125
	乘员定员(人)	10	2	2	2	1
	总质量(kg)	5080	1525	1105	1660	180
性能	最高速度(km/h)	40	85	100	90	35
	爬坡能力(%)	0.22	34	35	41	0.21
	最小回转半径(m)	5.3	3.8	4.4	3.9	2.3
	一次充电续驶里程(km)	10 工况下 70	40km/h 恒速下 140	10～15 工况下 70	城市内行驶 85	市区街道行驶 36
电动机	种类	并励电动机	并励电动机	并励电动机	串励电动机	直流永久磁铁式电动机
	最大输出功率/转速[kW/(r/min)]	70/1250	20.9/3450	22.3/3480	25/3600	0.6/4000
	最大转矩/转速/[(kN·m)/(r/min)]	5401/0	59/3420	61/3480	70/3250	0.15/4000
控制装置		IGBT 斩波控制	晶体管斩波控制	MOSFET 斩波控制	MOSFET 斩波控制	PWM 控制
驱动方式		后轮驱动	后轮驱动	前轮驱动	后轮驱动	后轮驱动
主变速箱		前后进 1 挡	手动式	手动式 5WD	手动式 5WD	带传动无级变速
车轮		195/70 R15.5	145 R12	145 R12	145 R12	3.00～10
主蓄电池	种类	密封铅酸	密封铅酸	铅酸	密封铅酸	密封铅酸
	容量/电压[A·h(h)/V]	180(5)/6	150(5)/12	150(5)/12	135(3)/12	60(3)/12
	装载个数(个)	36	10	8	10	2
	总电压(V)	108	120	96	120	24

8.2.2　采用直流电动机的实例

8.2.2.1　使用并励直流电动机的例子

并励直流电动机的电枢电流与励磁电流是独立控制的，也是控制中最常采用的。

图 8-2 中的"五十铃 Elf resort type EV"是以 Elf 电动送发货车为基础，以人与自然和谐发展为课题而开发的。

图 8-2　五十铃 Elf resort type EV

图 8-3 即是这里用到的直流电动机的特性图。它与一般直流电动机的基本构造相同，但是在 4 极时为了补偿负载，采用了补偿绕组和附加极。为了对直流电动机进行转矩和速度控制，采用了电枢电流与励磁电流控制，在低速区域（恒转矩区域）时控制电枢电流，在高速区域（弱磁区域）时电枢电流恒定，控制励磁电流，采用改变输出转矩的方法。但是，并励电动机的特性反映到电动汽车上就是必须取得较宽的励磁控制区域，需要磁通容量大的电动机。此外，高速区域中，电枢反作用力带来的整流效果不良以及机械强度问题是制约并励电动机被使用的主要原因。

电池是由两组 18 个 DC6V 的密封铅酸蓄电池串联（108V）后再并联而成的。采用 IGBT 作为可进行能量回收的斩波器可以瞬时控制电枢电流。电动机的电枢与外部电抗器串联，以实现电流平滑化，改善直流电动机的整流特性。这款电动汽车通常都在正常的速度范围内行驶，铁损较小，可以达到改善效率的目的。此外，它装有 2 挡变速机构，一般不进行变速，仅在紧急时刻使用。

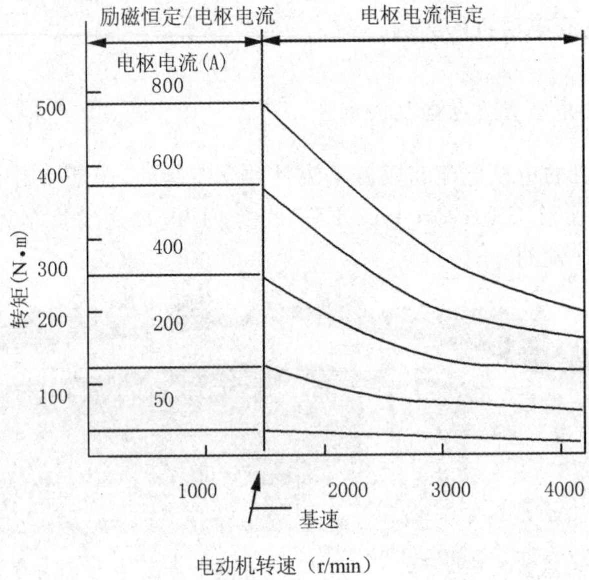

图 8-3　并励直流电动机的特性

8.2.2.2　采用串励直流电动机的例子

串励直流电动机是早期电车中采用的电动机,低速时转矩较大,高速时励磁变弱,电动机仅采用电枢控制就可以进行转矩控制,十分简单。如前所述,由于这种电动机的转矩特性与采用发动机的车辆的传动输出特性类似,故可得到等同的驾驶舒适性。但是由于其转速范围太小,因此必须具备传动装置。

图 8-4 是使用了串励电动机的斯巴鲁 Samber EV Classic 电动汽车。这款电动汽车的转速能达到 3600r/min 以上,额定转矩为 70N·m、额定功率为 25kW 的恒转矩的串励电动机还具有 5 级传动装置。图 8-5 为该串励电动机的外观示意图。为了达到小型化的目的,将具有 4 极结构的叠层状铁芯的励磁极同时也作为轭铁的结构。该电动机的额定电压为 120V,最高转速为 7000r/min,通过鼓风机进行强制空冷。此外,它还采用了具有根据电动机的内部温度传感器在温度上升时抑制输出功率的结构。为了进行电枢电流控制采用了MOSFET斩波器,以尝试改善效率。

图 8-4　斯巴鲁 Samber EV Classic 电动汽车

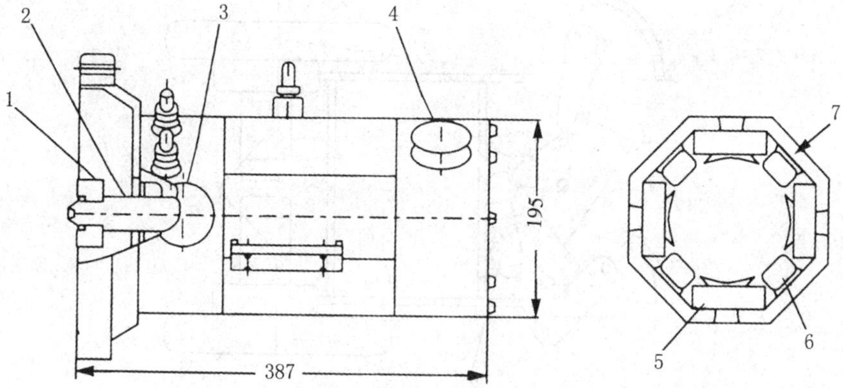

图 8-5　串励电动机的外观

1—耦合　2—转轴　3—通风出口　4—通风入口　5—励磁极　6—换向极　7—轭铁

8.2.2.3　采用 PM 直流电动机的例子

由于 PM 直流电动机不能进行励磁控制，因此仅在比较简单的小型电动汽车中使用。

图 8-6 是 PM 直流电动机在超小型电动汽车中使用的例子。该电动汽车的最高速度为 35km/h，一人乘坐，一次充电续驶里程达 36km(夏季)，是使用在购物等近距离驾驶中的价格便宜的电动汽车。它采用 600W PM 直流电动机、带式无级变速器进行控制。

图 8-7 为使用了两台电动机的电动轮椅的例子。电动机的容量(带有电磁制动)为 DC24V、190W，两台电动机分别通过减速器驱动后轮。靠两个 DC12V 的铅酸蓄电池可行驶 4.3h(以 6km/h 的速度行驶时)。充电装置预先安装在车内，充电需要 4h。

图 8-6　PM 直流电动机在超小型电动汽车中的应用

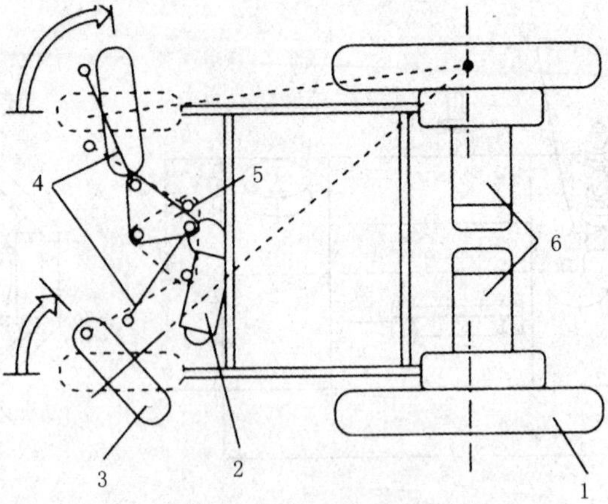

图 8-7 电动轮椅的(电动四轮车)实例
1—后轮 2—动力转向电动机 3—前轮
4—转向横拉杆 5—扇形支架 6—驱动电机

8.3 异步电动机的应用实例

8.3.1 技术动向

异步电动机具有以下优点:

(1)转子结构简单、坚固,容易做到高速和小型轻量化。

(2)可以得到比较高的效率,弱磁控制与最大效率控制的同时使用可以达到高效率化的目的。

(3)价格便宜,较多的制作实例可以保证较高的可靠性。

异步电动机具有以下缺点:

(1)由于励磁电流是必需的,因此会引起功率因数的恶化,特别是在低速区域功率因数、效率的恶化。

(2)较难进行转矩控制。

作为汽车的驱动电动机,小型轻量化很重要,而异步电动机的这一优点已经得到认可,故其在许多电动汽车中均有应用。

表 8-3 为近年来使用异步电动机的电动汽车的例子。由表可见,使用 30～100kW、3000～15000r/min 的高速电动机时,可以得到 1kW/kg 以上的功率密度。对于最高转速,由于异步电动机可进行高速旋转,因此具有小型轻量化的特点。与一般发动机相比较,转速设定值较高的情况居多。

表 8-3　　　　使用异步电动机的电动汽车

车型/类型 公司名称		Electro-vair2 GM	March EV 日产汽车	福特 ETX-1 福特	IMPA CTGM	TownAce EV 丰田汽车	Cedric EV 日产汽车	Praitie EV 日产汽车	Rebel EV 三菱汽车
主要尺寸	全长(m)	Columbia 的改进	3.785	Mercul wLN7 的改进	4.140	4.395	4.690	4.545	4.270
	全宽(m)		1.560		1.732	1.685	1.695	1.690	1.680
	全高(m)		1.395		1.207	1.940	1.425	1.460	1.460
质量	空车质量(kg)	1530	1090	1723	998	2060	1730	1.710	1710
	最大载重(kg)					350(200)			
	乘车定员(人)	4	2	2	2	2(5)	4	4	4
	汽车总质量(kg)		1200			2520 (2535)	1950	1920	1930
性能	最高速度(km/h)	128	80	96	160	110	100	120	130
	爬坡能力(%)	0.58			0.35	0.3	0.34	0.38	
	一次充电续驶里程(km)	64～112 (16～96km 恒速)	160 (40km/h 恒速)			100 (城市内行驶)	120 (40km/h 恒速)	200 以上 (10～15 工况)	75 (10 工况)
电动机	最大输出功率/转速[kW/(r/min)]	85/13000	10/6000	39.5/600～9000	43×2/15000	43/3050～7000	45	55	39/2100～3600
	最大转矩/转速[N·m/(r/min)]	163		104/0～3800	64×2	134/0～3050	176	167	179
	质量(kg)	58	61	42.5		100	93	55	
控制装置		晶闸管逆变器转差频率控制	晶体管逆变器矢量控制	晶体管逆变器矢量控制	MOS-FET 逆变器矢量控制	晶体管逆变器矢量控制	IGBT PWM 矢量控制	IGBT PWM 矢量控制	晶体管逆变器矢量控制
驱动方式		后轮驱动	前轮驱动	前轮驱动	前轮驱动	后轮驱动	后轮驱动	前轮驱动	前轮驱动
主变速箱		1 挡	自动 2 挡	自动 2 挡	1 挡	手动 4 挡	1 挡前进	1 挡前进	手动 4 挡

续表

车型/类型 公司名称		Electro-vair2 GM	March EV 日产汽车	福特 ETX-1 福特	IM-PACT- GM	TownAce EV 丰田汽车	Cedric EV 日产汽车	Praitie EV 日产汽车	Rebel EV 三菱汽车
主电池	种类	银锌	镍铁	铅	铅	铅	铅	锂离子	氢镍
	容量/电压 [A·h(h)/V]	60（1）/ 40.8	170(5)/ 7.2		42.5	150(5)/ 12	40(5)/ 12	100(3)/ 28.8	75(5)/ 12
	个数/质量 (个/kg)	13/306	18/370		32/395	16/680	28/445	12	24
	总电压(V)	530	130	153～265	320	192	336	345	240

逆变器技术的进步也使高速化变成可能，但是由于车轮的转速几乎在一定范围内，因此需要减速比大且可高速旋转的传动装置。

另外，近年来利用IGBT逆变器进行PWM控制大多采用的是电流控制方法、能与直流电动机一样进行高速转矩控制的矢量控制方法，以及无传感器化、励磁电流调整等方法得到的高效率控制方法。

效率在很大程度上是影响电动汽车一次充电续驶里程的重要指标。最近几年，电动机自身的最高效率已经接近95%，并有望得到进一步提高。电动汽车在实际行驶中使用的运转区域并不总是对应着最大效率的高负载转矩区，因此，采用依靠调节励磁电流而得到高效率控制的方法。

逆变器的电池电压采用192～336V，容量采用40～150A·h，近来多使用288V(12V×24个)。这与一般产品中所采用的200V系列逆变器的电压值相近。

电动机的驱动有双电动机左右独立驱动和单电动机带差速器方式驱动两种，一般情况下以单电动机方式为主。比较特殊的例子是在混合动力电动汽车中采用的前后各一个的双电动机方式，负载低时靠1台电动机驱动，负载大时靠2台电动机驱动，这是改善了一般情况下低负载行驶时的效率的例子。

传动装置是为早期带变速器的情况而开发的，近来异步电动机几乎都变为一挡固定减速比的式样。这种电动机的性能更好。为了实现较大范围的恒输出功率特性，与其牺牲电动机的负载而设计变速级，不如加大电动机的负载而去掉传动装置，这样加速性能会变得更好。

冷却方式有空冷、水冷和油冷等方式。转速低的电动机功率密度较低，冷却方式更倾向于采用相对简单的空冷方式。而对于10000r/min以上的高速运转的电动机，功率密度较大，冷却条件也相对苛刻，以采用水冷或者油冷这样的液冷方式的例子居多。

8.3.2　采用异步电动机的实例

8.3.2.1　早期的电动汽车

(1) Electrovair2

作为美国著名的汽车公司，GM(General Motors)公司于 1964 年研制了世界上最早的装有异步电动机的研究试验用电动汽车：Electrovair，并且于 1966 年开发了其改进产品：Electrovair2。该车在实现电动机大功率化的同时，也证明了电动汽车具有同汽油汽车一样的加速性能。图 8-8 为 Electrovair2 的内部透视图。

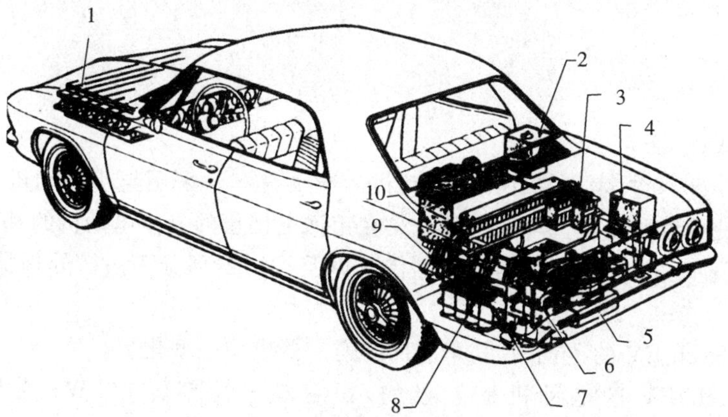

图 8-8　Electrovair2(GM)的内部透视图

1—主蓄电池　2—油冷却器　3—辅助蓄电池　4—控制电路　5—油散热器和风扇
6—油泵　7—逆变器控制电路　8—异步电动机　9—变速箱　10—DC/AC 逆变器

异步电动机高速旋转时功率高，但是电动汽车靠蓄电池行驶，而蓄电池是直流电的，将直流电转换为交流电是电气技术工作者长期以来的目标。半导体的发明使它得以实现。利用 20 世纪 50 年代后半期所发明的晶闸管对电力进行控制的尝试随处可见。采用晶闸管的逆变器被用到了 Electrovair 的开发中。此外，为了与半导体等电力控制硬件技术的发展相呼应，也为了使用异步电动机的可变速技术，在这一时期也提出了利用软件进行控制的方案。具体地讲，就是利用转差频率控制得到期望的转矩控制。

Electrovair 的输出功率可以达到 67kW，改进的 Electrovair2 由于采用了油冷方式，可以将输出功率提高到 85kW，是当时水平的 5 倍以上。其结果就是车辆的加速性能丝毫不比汽油汽车逊色。电动机的转速可以达到 13000r/min 左右，重量仅为 58kg。Electrovair2 的电动机如图 8-9 所示。

逆变器是由晶闸管制成的，采用油冷方式，重量达 142kg 以上，改变了汽车的重心，而且其容积箱占有相当的体积。这款电动汽车验证了异步电动机的优点，但是由于逆变器过大，所以电动机不能马上向 AC 化发展。

进入到 20 世纪 80 年代，大容量的电力晶体管以及 FET 得到应用，一些装有异步电动机的电动汽车得以开发。

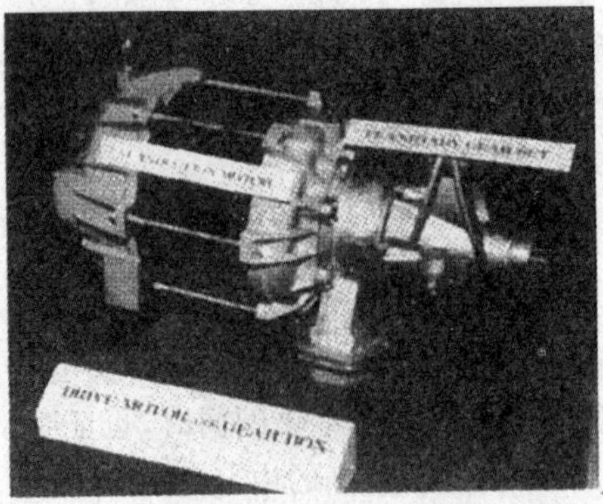

图 8-9 Electrovair2 的电动机

(2)March EV(日产)

日产公司于 1983 年发表了装有异步电动机的电动汽车。采用异步电动机可以增加电动汽车的一次充电续驶里程。电动机部分是在市面上销售的异步电动机的基础上改进的,新研制开发了逆变器,采用了大容量的晶体管以及控制器部分采用微处理器等,以达到小型化的目标。

图 8-10 为 March EV 的透视图,其车前部的逆变器更加小型化了。

据报道,March EV 的电动机是 4 极的,额定输出功率为 10kW,最大转速为 6000r/min,重 61kg。逆变器为 3 相 PWM 晶体管逆变器,额定电流为 350A,额定电压为 130V,开关频率为 2.3kHz,质量达 30kg。微型计算机矢量控制的控制单元部分重 12kg。电动机、逆变器的冷却都采用空冷方式。

如图 8-11 所示,控制中采用转差频率型矢量控制。在试验中,要在弱磁的最优化、载波电流频率的最优化、死区时间的最优化等可以提高效率的内容上下工夫。

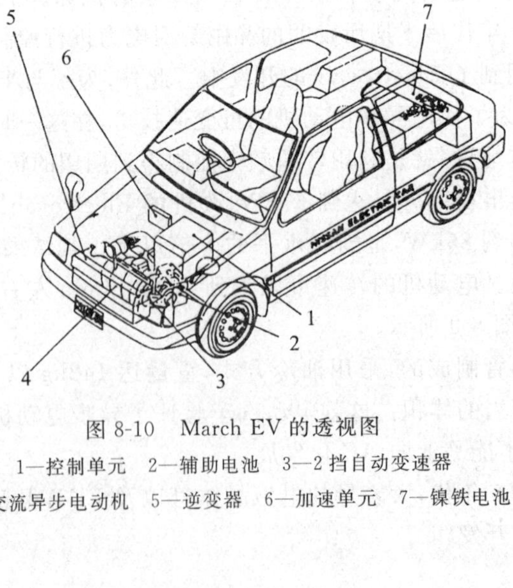

图 8-10 March EV 的透视图

1—控制单元 2—辅助电池 3—2 挡自动变速器

4—交流异步电动机 5—逆变器 6—加速单元 7—镍铁电池

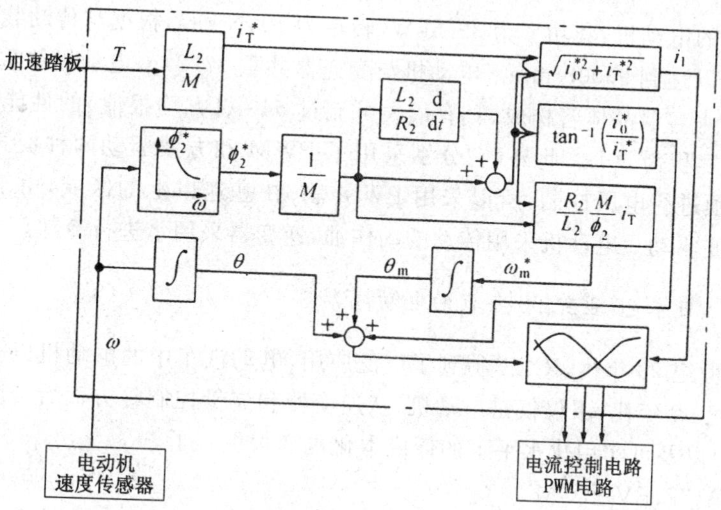

图 8-11 March EV 的微控模块图

March EV 的变速器使用的是 2 挡自动变速器。由于异步电动机特有的恒输出功率特性，本可以不使用传动装置而直接连接减速器，但由于目前矢量控制以及电力电子器件等逆变技术还不成熟，故不能发挥出电动机的优良特性。和 2 挡传动装置进行组合可实现电动机的小型化并减小电力器件的容量。

(3)福特 ETX

图 8-12 是福特与 GE 于 1985 年共同研发的搭载异步电动机的电动汽车。此电动汽车的最大特点是电动机和传动装置变为一体化的结构。传动装置与 March EV 相同，是 2 挡变速。此后福特将此电动机进行了改进，去除了传动装置，变成了 1 挡固定齿轮，但是还是采用同轴结构。福特 ETX-1 的驱动桥结构如图 5-14(b)所示。

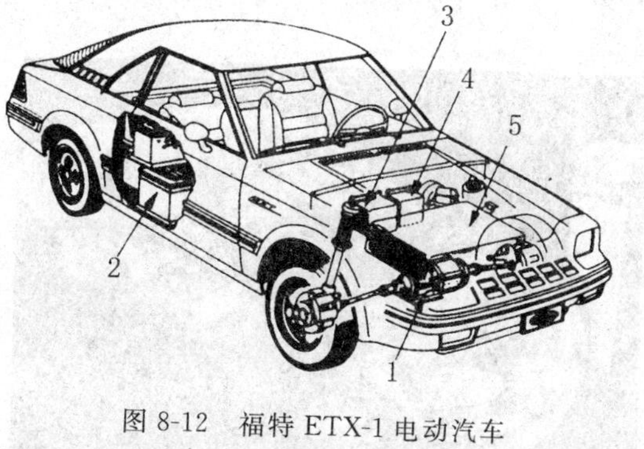

图 8-12 福特 ETX-1 电动汽车

1—异步电动机—驱动桥 2—铅酸蓄电池 3—逆变器—电动机控制器
4—电动汽车控制器 5—晶体管逆变器

采用2极的电动机，其功率为39.5kW，转矩为104N·m，根据与传动装置的关系，最大转速最终可以达到9000r/min。电动机与变速器共重87.2kg，电动机单重42.5kg。

逆变器由大容量晶体管构成，具有最大可流过540A(方均根值)的性能。据报道，其重量为40kg，容积为50L。此外，它分别采用了PWM和方波驱动两种模式。在基速以下时，由于必须进行电压控制，所以采用PWM法；在基速以上的区域，由于电压是恒定的，故采用方波驱动。电动机采用传动的动作油，逆变器采用水进行冷却。

8.3.2.2 日本20世纪90年代的电动汽车

进入20世纪90年代，IGBT得到了广泛应用，电动汽车中的电动机以交流电动机为主流。20世纪90年代，不仅仅是电动机，从逆变器和矢量控制等方面看，高性能化(输出功率、效率等)以及可实用化水平下的低成本化也变得更好了。

(1)IMPACT、EV-1(GM)

GM于1990年推出了IMPACT这一高性能电动汽车。该车的一个显著特点就是加速性能比跑车更好。作为电动汽车中的高性能汽车，它给世界带来了冲击。根据具体报道，0～0.25mile(1mile＝1609.344m)的加速时间为16.7s，0～60mile/h的加速时间为8s。这款电动汽车搭载的是异步电动机，并采用2台电动机分别驱动左右两前轮的方式。

该车采用了两个最大功率为43kW的电动机，也就是86kW，最高转速为15000r/min，最大转矩为63.7N·m。在电动机输出轴上采用了减速比为10.5∶1的行星齿轮减速器，利用它进行旋转减速从而直接驱动车轮。该款电动汽车具备空调、助力转向盘以及收音机等，预示着电动汽车实用化时代的序幕已经拉开。

此后，GE将IMPACT做了进一步改进，开发了生产型的EV-1。图8-13是EV-1的透视图。电动机置换为1台大功率电动机，利用差速器进行左右轮转矩控制的方式。1台电动机可以同时具备成本低与可靠性两个优势。其核心是将功率从43kW(2个)变为103kW(1个)，电力元件由MOSFET变为IGBT，并且电动机和逆变器的冷却方式同时由空冷变为水冷方式。

图8-13 EV-1电动汽车

(2)TownAce EV(丰田)

图 8-14 是丰田于 1991 年发表的搭载异步电动机的 TownAce EV 的示意图。

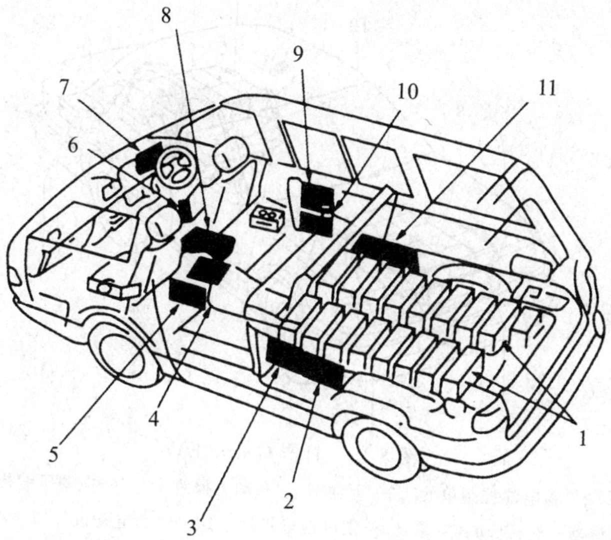

图 8-14 丰田 TownAce EV 电动汽车

1—主电池 2—空调控制 3—空调逆变器 4—异步电动机 5—压缩机 6—操纵电动机
7—SOC 仪表 8—D-D 逆变器 9—操纵控制 10—ECU 11—逆变器

该电动机车将汽油发动机汽车中的发动机替换为电动机。其变速器不必重新开发,以达到继续沿用现有发动机汽车上的传动装置、减小成本的目的。据报道,此车最高转速为7000r/min,连续功率为 20kW,最大功率为 43kW,重 100kg,最高效率为 89%。要使 PWM 逆变器所产生的噪声不混入电磁波杂音中,就要做到高压电缆配线路径的最优化、密封化等。

该款电动汽车不仅仅用作公司内部的评议,还可用来收集公司外部检测的各种数据以及销售给一般使用者。因此,要求它具有相当的环境适应性以及可靠性,使没有专业电气知识的人也可以操作。例如,像电动机的防水构造、耐热性、抗干扰性、传感器类的故障诊断以及在检测漏电压时进行断电等。

丰田将这种电动机做了进一步的改进,于 1993 年搭载在 EV50 这款电动汽车上。这样做不仅是为了实现提高转速(7000～9000r/min)、1 挡固定齿数比化、驱动桥同轴构造化等目的,也为了更进一步地实现小型轻量化。

(3)Cedric EV、Prairie EV(日产)

图 8-15 中的 Cedric EV 是日产汽车于 1992 年面向市场销售的桥式电动汽车,它配备了后置电动机以进行后轮驱动。电动机的最大功率为 60kW,最大转矩为 235.2N·m,最高转速为 7500r/min。

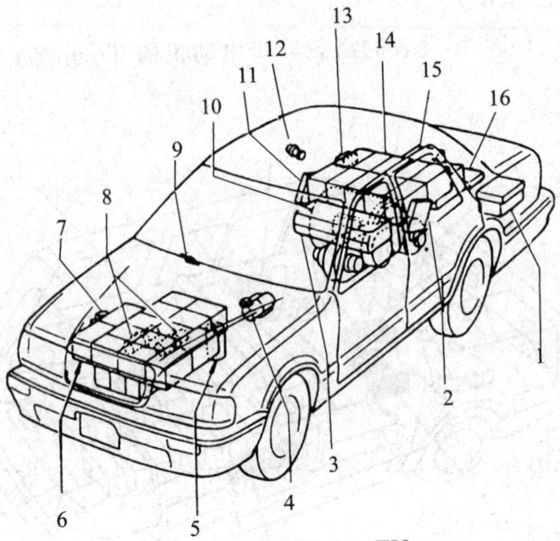

图 8-15 日产 Cedric EV

1—空调逆变器 2—蓄电池控制单元 3—万向节 4—动力操纵泵 5—空调压缩机 6—前置蓄电池 7—加速度传感器 8—制动真空泵 9—蓄电池电量计 10—驱动电动机 11—电动机控制单元 12—充电插销 13—高压系熔断丝 14—后置蓄电池 15—蓄电池动力源驱动用逆变器 16—DC/DC 变流器

图 8-16 为 Cedric EV 用电动机的效率曲线。为了提高在一般街区中的行驶效率，对励磁电流进行优化，这样可以扩大高效率的区间。

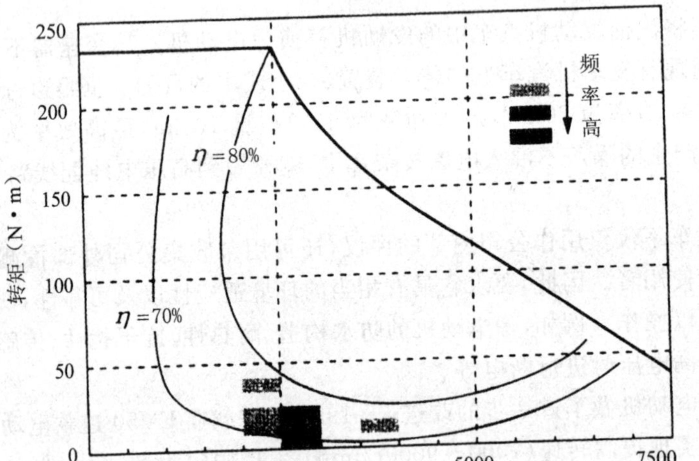

图 8-16 Cedric EV 用电动机的效率

与电动机较高的最大效率相比，实际中多使用平均效率较高的区间。日产对Abeniru EV中所采用的电动机做了改动，将其使用在 Prairie EV 中。据报道，为了做到更进一步的小型轻量化，Prairie EV 中采用的电动机的最高转速达 13000r/min，最大功率为55kW，重量为 55kg，电动机的比功率达到了 1kW/kg。此外，为了进一步增大转速，还开发了专用的小型减速器。据报道其极数为 4 极。

8.4　PM 电动机的应用实例

8.4.1　技术动向

PM 电动机具有以下优点：

(1)由于可以采用稀土磁铁等高性能永磁铁，电动机可以实现较大的功率因数和较高的效率，特别是在低速时很有效。

(2)能得到较高的磁通密度，可以制成小型高速的电动机。

(3)容易多极化，可以做成像轮毂式电动机那样的结构。

PM 电动机具有以下缺点：

(1)在定输出区域内当励磁较弱时效率会恶化。但是近年来随着嵌入式磁铁的采用，这种效率恶化正慢慢得以解决。

(2)磁铁材料价格昂贵，而且安装困难；Nd-Fe-B 磁铁在发热时容易产生减磁现象。

(3)逆变器遭短路破坏会造成电动机端子短路，产生很大的制动力。

如前所述，低速时高效率的优点对在市内频繁启停的电动汽车很有效。近年来根据这个观点的设计增多，特别是日本电动汽车中所使用的电动机，大都正在向 PM 电动机的阶段过渡。

表 8-4 是具有代表性的采用了 PM 电动机的纯电动汽车的各个参数。除了电动机的式样，PM 电动机的大部分都与异步电动机的情况相同。近年来，电动汽车也逐步将异步电动机置换为 PM 电动机，以尝试改善效率。

表 8-4　　使用 PM 电动机的电动汽车

分类		单电动机驱动方式				双电动机驱动方式		四电动机驱动方式	
车名		RAV4L V EV	EV PLUS	Prairie joy	CUV-4	Majuster	Rusioru	IZA	PIVOT
公司名称		丰田汽车	本田技研工业	日产汽车	本田技研工业	丰田汽车	国立环境所	东京电力	四国电力
尺寸	全长(m)	3.980	4.045	4.545	4.020	4.9	3.30	4.820	4.126
	全宽(m)	1.695	1.750	1.690	1.695	1.8	1.20	1.770	1.671
	全高(m)	1.675	1.630	1.695	1.610	1.445	1.34	1.260	1.603

续表

分类		单电动机驱动方式				双电动机驱动方式		四电动机驱动方式	
车名		RAV4L V EV	EV PLUS	Prairie joy	CUV-4	Majuster	Rusioru	IZA	PIVOT
公司名称		丰田汽车	本田技研工业	日产汽车	本田技研工业	丰田汽车	国立环境所	东京电力	四国电力
质量	空车质量(kg)	1540	1620	1700	1680	1900	910	1573	2200
	最大载荷(kg)			100					
	乘车定员(人)	5	4	4	4	4	2	4	4
	总质量(kg)	1815	1840	2020	1900	2120		1770	2420
性能	最高速度(km/h)	125	130以上	120	130以上	110	130	176	100
	爬坡能力(%)	0.28	0.30	0.38	0.30	0.26		0.32	0.30
	最小转弯半径(m)	5.5	4.8	5.6	5.3	5.5			1.6（原地旋转）
	一次充电续驶里程(km)	215（10～15工况）	220(10～15工况）	200以上（10～15工况）	115(10～15工况）	140(40km/h)	130(10～15工况）	548(40km/h)	200(40km/h)
电动机	最大功率/转速[kW/(r/min)]	50/3100～4600	49/1700～8750	62/8500	49/3600～5750	27（额定）×2	36×2	25×4	6.8（额定）×4
	最大转矩/转速[N·m/(r/min)]	190/0～1500	274/0～1700	159	130/0～3600		77×2	417×4	
	使用个数	1	1	1	1	2	2	4	4
控制装置		晶体管逆变器控制	PWM控制	PWM矢量控制	PWM控制	晶体管逆变器控制	PWM控制	IGBT逆变器控制	IGBT逆变器控制
驱动方式		前轮驱动	前轮驱动	前轮驱动	前轮驱动	后轮驱动	后轮驱动	4轮直接	4轮直接
主变速箱		1挡	1挡	1挡	自动3挡	1挡	带齿轮轮毂	轮毂式电动机	轮毂式电动机

续表

分类		单电动机驱动方式				双电动机驱动方式		四电动机驱动方式	
车名		RAV4L V EV	EV PLUS	Prairie joy	CUV-4	Majuster	Rusioru	IZA	PIVOT
公司名称		丰田汽车	本田技研工业	日产汽车	本田技研工业	丰田汽车	国立环境所	东京电力	四国电力
轮胎		195/80 R16	195/65 R14	195/65 R15	195/65 R14	215/65 R15	145R1/6PR	205/50 R17	205/55 R16
主电池	种类	氢镍	氢镍	锂离子	密封型铅酸	密封型铅酸	密封型铅酸	镉镍	铅酸
	容量/电压[A·h(h)/V]	95(5)/12	95(5)/12	100(3)/28.8	60(3)/12	50(3)/12	40(5)/4	100(5)/12	70(5)/12
	搭载个数(个)	24	24	12	24	24	56	24	24
	总电压(V)	288	288	345	288	288	224	288	288
发布年份		1997	1997	1997	1995	1993	1996	1991	1993

8.4.2 采用 PM 电动机的实例

8.4.2.1 单电动机驱动方式的例子

单电动机驱动方式大体可以分为有传动装置和无传动装置两类，有传动装置的，即所谓的采用电动机代替发动机的类型。采用专业设计的 PM 电动机和自动传动装置或者无级变速器，则可以构成高性能的驱动系统。特别地，采用传动装置后电动机的最高转速可以比较低，而恒定功率输出范围也有最小范围限制，PM 电动机自身的优点被发挥出来，于是可以做到总体效率良好的设计。

此外，采用电动机使恒定输出变得容易，去除传动装置可以提高传动效率。同时，PM 电动机具有可简化驱动装置等优点，电动机、减速器以及差速器的小型一体化的驱动装置变为主流。

高效率的 PM 电动机以及氢镍电池、锂离子电池等高性能电池的使用，使得电动汽车在市街模式下的一次充电续驶里程达到 200km 以上，实现了依靠电动机和电池性能情况达到与汽油汽车相匹敌的性能。采用 PM 电动机进行单电动机驱动方式的电动汽车大体上已进入了实用阶段，在今后有待于进一步的发展。

下面将介绍单电动机驱动方式的例子——采用了传动装置的丰田 RAV4L V EV、本田 EV PLUS 以及日产 Prairie joy EV。

(1)丰田 RAV4L V EV

图 8-17 中的 RAV4L V EV 是以汽油汽车 RAV4 为基础的量产车，是世界上最早搭

载高性能氢镍电池与 PM 电动机、性能得到飞跃式提高的电动汽车。其在 10～15 工况下的一次充电续驶里程可以达到 215km。1996 年 9 月起，3 门车开始在日本国内销售，1997 年 10 月起，5 门车开始在日本国内以及美国销售。图 8-18 是驱动电动机前部横置的前轮驱动车的传动系统的外观与结构示意图。

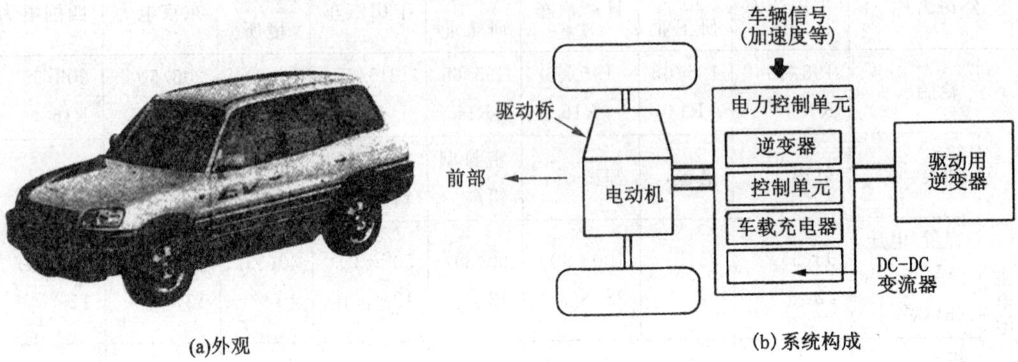

图 8-17　RAV4L V EV 的外观和系统构成

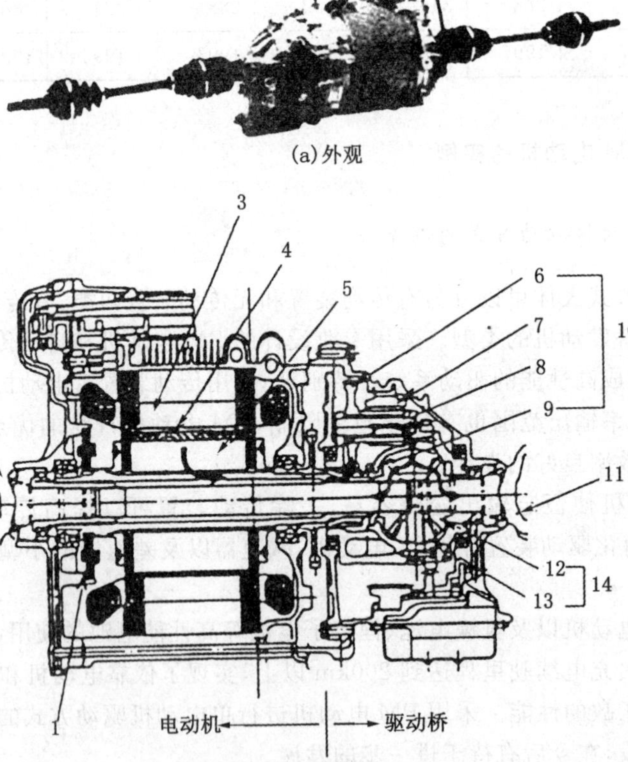

图 8-18　传动系统的外观与结构

1—分相器　2—传动轴　3—定子　4—永磁铁　5—转子　6—行星轮　7—齿圈　8—发生器　9—太阳轮　10—主减速器　11—传动装置　12—副齿轮　13—人字齿轮　14—差速器(斜齿轮)

与传统多轴式驱动桥相比，小型轻量的驱动桥效率更高，它采用了和电动机同轴的塔式小齿轮型行星齿轮方式的一挡减速器。由转子产生的转矩经过转子中心轴传到塔式小齿轮处，通过差速器传动到左右轮。

驱动电动机是采用了具有高磁通密度的 Nd-Fe-B 磁铁的 PM 电动机，最大输出功率为 50kW，转速为 100～8750r/min，最大转矩为 190N·m(0～1500r/min)，车辆的最高速度可达 125km/h。

驱动用电池采用的是密封氢镍蓄电池。与之前电动汽车中使用的铅酸蓄电池相比，氢镍蓄电池具有其 2 倍的储能性能以及 3 倍的寿命。在 RAV4L V EV 的车地板下的电池座里共搭载了 24 个电池，总质量为 450kg。

此外，传动系统可以根据控制器判断驾驶中的加速或制动踏板操作进而选取与行驶状态相对应的最佳控制。电力控制单元共采用了电动汽车车用计算机、电池用计算机、逆变器、车载充电器、DC-DC 变流器以及其他各类组件的控制器。

(2)本田 EV PLUS

图 8-19(a)是 EV PLUS 的外观，该车以小型轻量、高效率的电动汽车为目标，是基于路况而设计的电动汽车，有专门设计的车身结构和电力装置。其在 10～15 工况下的一次充电续驶里程可以达到 210km。1997 年 5 月起在美国加利福尼亚州开始租赁销售。

图 8-19(b)为本田 EV PLUS 的系统示意图，它与 RAV4L V EV 大体相同，驱动电动机在前部横置，进行前轮驱动，车地板下配置了氢镍蓄电池。

(a)外观

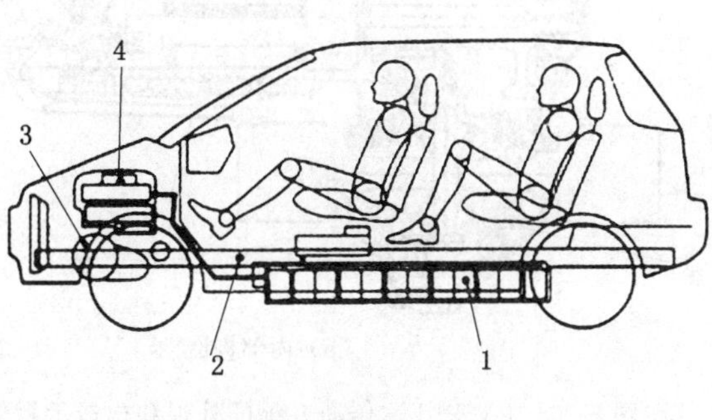

(b)系统构成

图 8-19　EV PLUS 的外观与系统构成

1—蓄电池　2—车架(大梁)　3—传动系统　4—电力控制单元

图 8-20 为本田 EV PLUS 传动系统的外观和构造示意。其传动装置可以发挥出电动机的高转矩、正反向旋转等特性，具有无离合器、一挡固定、无换向齿轮的简单结构，并且具有电动机架一体化、轴承共用化等合理化的结构。转子产生的转矩通过转子中心轴传递到一挡固定减速器，再通过差速器传递到左右车轮。此外，其采用密闭机架与水冷方式，得到了与现有内燃机汽车相同的环境适应性。

驱动电动机是面贴式 PM 电动机(SPM)。一般情况下，由于对应于 SPM 的转子离心力，磁铁难以保持，因此不宜进行高速运转。但是该电动机应用了在转子外部安置预先添加的已成型的 GFRP(玻璃纤维强化塑料)圆管的新技术，所以得到了高效率、高转矩密度。电动机的最大功率为 49kW(1700～8750r/min)，最大转矩为275N·m(0～1700r/min)，最大效率为 96%，车的最高速度可达到 130km/h。

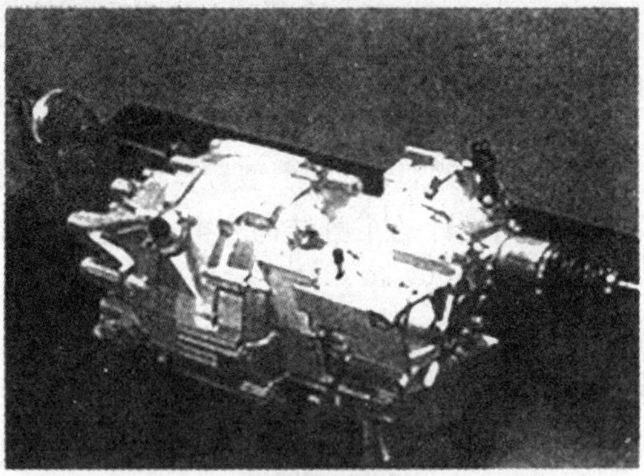

(a)外观

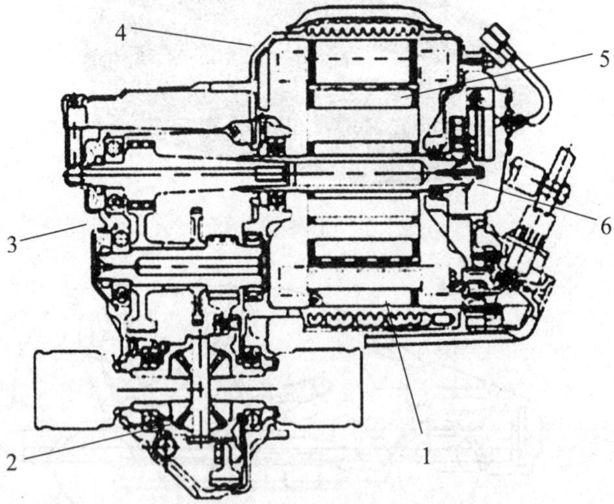

(b) 内部构造

图 8-20　EV PLUS 传动系统的外观和构造示意

1—定子　2—差速器　3—传动装置　4—电动机　5—转子　6—监测器

(3)日产 Prairie joy EV

图 8-21(a)为 Prairie joy EV 的外观。为了达到与汽油汽车相当的行驶特性以及比 RV 更进一步的平顺性,该车采用了高性能锂离子电池、Nd-Fe-B 磁铁 PM 电动机、感应式充电系统等新技术。1997 年春天起该车在日本国内解除限定,开始销售。其在 10～15 工况下的一次充电续驶里程可以达到 200km 以上。

图 8-21(b)为 Prairie joy EV 的系统构成,其电池放置在车地板下方,保证了充足的放置空间。行李舱的空间较大,可以放置 100kg 的行李。

(a)外观

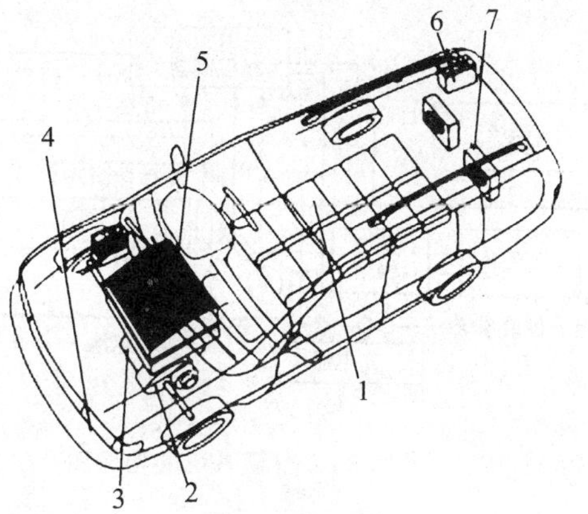

(b)系统构成

图 8-21　Prairie joy EV 的外观和系统构成

1—锂离子电池　2—减速器　3—PM 电动机　4—感应式充电系统
5—电力控制单元　6—电池控制器　7—冷却风扇

图 8-22 是 Prairie joy EV 传动系统的外观示意,其驱动用电动机的最高转速为 16000r/min,可以达到小型轻量化的目的,功率/质量可以达到 1.7kW/kg,最大输出功率为 62kW(8500r/min),最大转矩为 166N·m,车辆的最高速度为 120km/h。

图 8-22　Prairie joy EV 传动系统的外观

采用锂离子电池是 Prairie joy EV 的一个特点。电池系统利用电池开放电压与充电状态的相关性，依靠单体控制器对各个电池进行单独管理。单体控制器的信息来自电池总电压传感器、电流传感器的信号，同时送到电池控制器中。根据这些信息，电池系统产生运转控制以及充电指令，必要时对电池冷却风扇进行相应的控制。车辆系统的构成如图 8-23 所示。

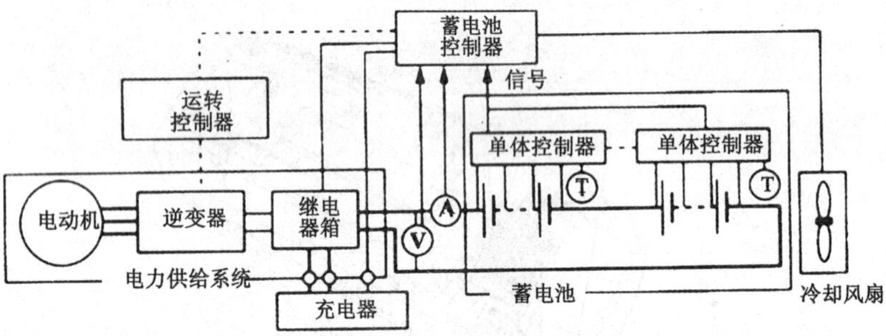

图 8-23　车辆系统的构成图

8.4.2.2　双电动机驱动方式的例子

图 8-24 是以国力环境研究所为核心的研究团队所开发的 Rusioru。该团队的研发目的是小型化，但是要实现在较高性能下的安全性以及在平顺性下的低燃费。为此采用了新的驱动系统、新的框架以及新的电池管理技术等以达到高性能化的目的。

图 8-24　Rusioru 电动车的外观

图 8-25 是 Rusioru 中所采用的驱动单元。该驱动单元具有内嵌在车轮内部的轮毂式构造，由电动机、减速比为 5∶1 的行星齿轮、制动部分等构成。Rusioru 的两个后轮分别安装了该驱动单元。电动机采用 Nd-Fe-B 磁铁的 PM 电动机，其最大功率为 36kW，最高转速为 8700r/min，驱动单元的总质量约是 25kg。

各车轮的电动机分别采用独立的逆变器进行控制，逆变器根据车辆的加速信号、制动信号等信息产生驱动/回收命令，进行电动机的转矩控制。此外，由于制动时仅进行能量的回收，故要对机械制动与电动机再生制动进行协调控制。

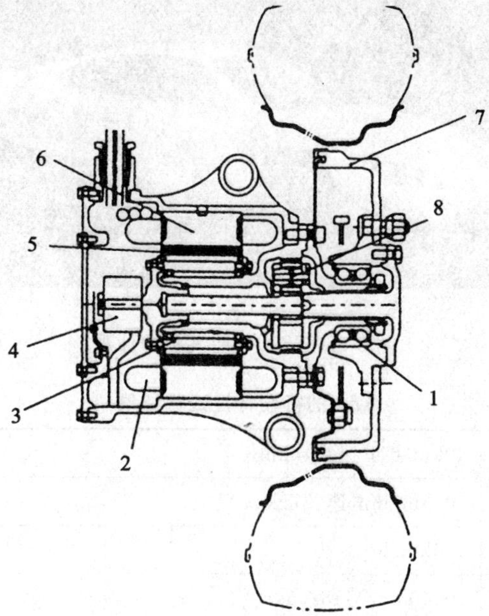

图 8-25　Rusioru 中的驱动单元

1—轮轴轴承　2—绕组　3—转子　4—编码器

5—永磁铁　6—定子　7—制动鼓　8—行星齿轮

8.4.2.3　电动机驱动方式的例子

轮毂式的电动汽车不需要传动装置和差速器，在提高效率的同时还可以有效利用之前驱动系统所占的空间。采用 PM 电动机可使小型化和高效率化变得更加容易，也能使驱动系统更加紧凑。但是存在簧载质量增加、需要多台电动机、逆变器等问题。下面将介绍采用轮毂方式的代表性例子。

(1)东京电力 IZA

图 8-26 是 IZA 电动汽车的外观，它是由先前的电动汽车 Image 变化而来的，是作为新概念高性能电动汽车而开发的。IZA 采用的轮毂式电动机是具有外转子结构的 PM 电动机。IZA 采用了 4 台这样的电动机，4 轮独立进行直接驱动。电池为镉镍型，在车辆前后分别配置。

电动机的最大转矩在驱动模式下的低速区域中为 417N・m。在中高速时，依靠直流电压和电动机端电压的关系限制电流，对应于转速的增大输出转矩会减小。此外，超过额定转速 1283r/min(150km/h)的部分,适宜采用弱磁控制以抑制电动机端电压的上升,运转范围扩大到 1540r/min(180km/h)。对于电动机的总效率,在额定转速为 1283r/min 时为 90%以上,弱磁控制的区域(1540r/min)也可达到同等程度的效率。

此外,通过对 IZA 中的底盘发电机进行一次充电续驶里程试验,可求出其实际行驶中的最高速度和加速时间等(见表 8-5)。从表中的结果看,我们完全可以得到比燃油汽车更好的行驶性能。

图 8-26 IZA 电动汽车的外观

表 8-5 IZA 的行驶特性试验结果

一次充电续驶里程	40km/h 恒速:548km
	100km/h 恒速:270km
最大速度	176km/h
加速性能	0~400m/h:18.05s
	0~40km/h:3.47s

(2)四国电力 PIVOT

利用轮毂式电动机的特点,可开发具有发动机汽车所没有的运动性能的电动汽车——PIVOT。PIVOT 中各车轮相对于车体方向的夹角左右均可超过 90°,采用 4 轮独立变化的操纵装置,以追求更好的操纵性。

图 8-27 是四轮操纵时的情况,可选择 2WD 或 4WD 驱动方式,譬如,可以进行旋转、斜行以及横向行驶等。

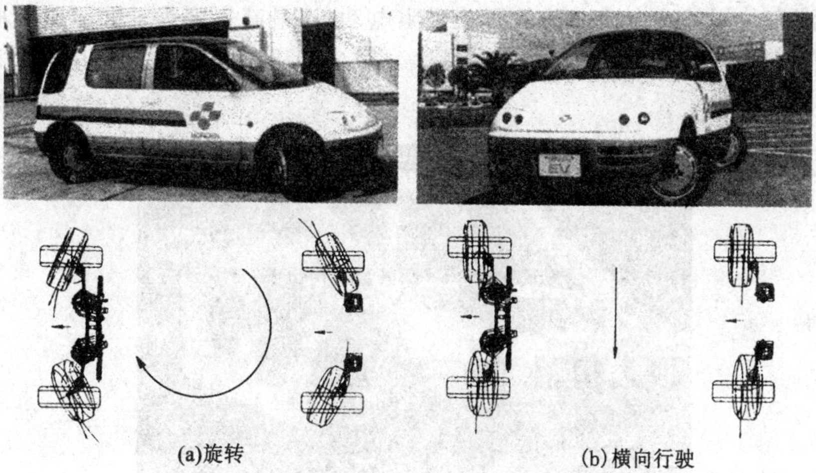

图 8-27　四轮操纵

8.5　磁阻电动机的应用实例

8.5.1　技术动向

磁阻电动机具有以下优点：

(1)在低速高转矩区域的特性较好。

(2)转子结构简单、牢固、耐温等。

(3)价格便宜，适宜大量生产。

磁阻电动机具有以下缺点：

(1)现在的最高效率仅为 90%左右，相对于其他电动机较为逊色。

(2)磁通变化不大时效率恶化、噪声变大。

(3)较其他逆变器略微复杂。

磁阻电动机当前的实用实例较少，其适合在要求低价格化、低速小型的电动汽车中使用。此外，驱动电路、转矩控制理论的特殊性、低速时的振动、高速时的电气噪声等问题仍需解决。

8.5.2　采用磁阻电动机的实例

8.5.2.1　开关磁阻电动机

这种电动机主要以美国、英国的研究为主，使用在电动汽车中的实际例子较少。

图 8-28 是矿井挖掘现场输送工作人员的电动汽车的例子。由于其他电动机的启动转矩、低速转矩不足，所以在这种可输送 4～8 名矿井工作人员的电动汽车中选择了磁阻

电动机。该车使用了两台 35kW 的开关磁阻电动机，最高速度为 38km/h，续驶里程为 27km。表 8-6 是该车使用的电动机的特性表。图 8-29 是该电动汽车所用电动机的特性曲线。

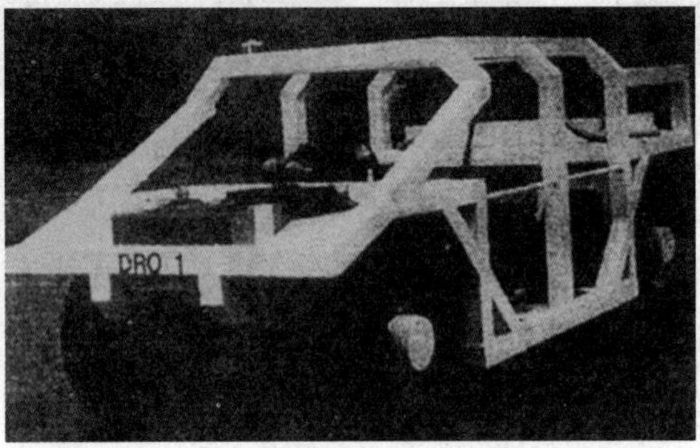

图 8-28　矿井挖掘现场输送工作人员用电动汽车

表 8-6　　矿井挖掘现场输送工作人员用电动汽车开关磁阻电动机

定子外径	356mm
铁芯长度	265mm
定子齿数	8
转子齿数	6
相数	4
额定输出	35kW×2
额定转速	750r/min
电压	200V
驱动电路器件	IGBT
冷却方式	水冷

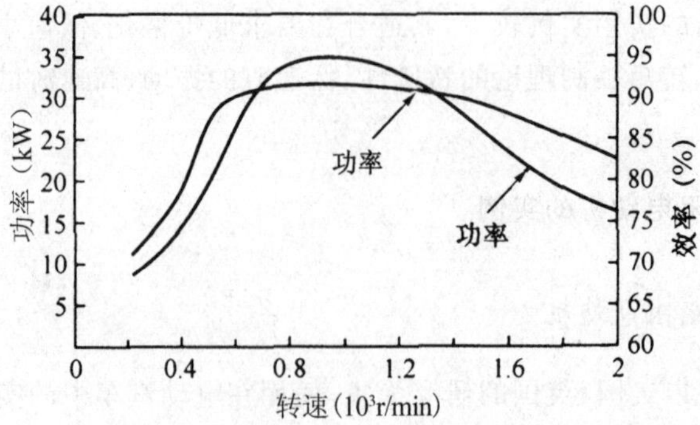

图 8-29　矿井挖掘现场输送工作人员电动汽车用开关磁阻电动机的特性曲线

除此之外，还使用福特厢式载货车对该电动机特性进行了验证，使用4相电动机、铅酸蓄电池时得到了最高80km/h的速度。同样也进行了300英里的行驶试验，值得一提的是，虽然在控制中并没有施加任何噪声对策，但根据评估，该电动机的噪声值仍在规定的可接受范围之内。

8.5.2.2　其他的磁阻电动机

采用同步磁阻电动机的几个制作实例都在10kW以下，得到的功率为7.76kW，转速是1500r/min，效率为89.5%，功率因数为80.4%。根据调查，该电动机没有在电动汽车上使用的例子。

使用小型轻载货车来检测游标式磁阻电动机，如果采用晶闸管逆变器驱动，电压为96V，最大电流是250A，最大输出功率为9.5kW(3000r/min)，可以得到70%的综合效率。电动机旋转速度为4500r/min时车速是60km/h，频率为750Hz。表8-7为该载货电动汽车的各项参数。

表8-7　使用游标式磁阻电动机的轻型载货电动汽车

全长(mm)	2995	电量消费率[km/(kW·h)]	9
全宽(mm)	1295		
全高(mm)	1600	电动机	
车辆重量(kg)	940	额定功率(kW)	8
乘车定员(人)	2	最大功率(kW)	9.5
最大质量(kg)	100	电动机质量(kg)	26
车辆总质量(kg)	1150		
最高速度(km/h)	60	变流器	晶闸管强制整流方式油冷却
加速性能			
0～200m/s	23		
0～30m/s	11	质量(kg)	24

8.6　混合动力的应用实例

8.6.1　技术动向

混合动力电动汽车是将小容量的能量储藏装置和发动机的能量结合起来使用的电动汽车。现在的能量储藏装置——蓄电池的价格较高，这是电动汽车发展中的困难所在。因此，出现了以小型能量存储实用化为目标的混合动力电动汽车。由于能量储藏装置的问题仍旧存在，故必须开发出高额定功率的能量存储装置。为此，需要关注以下技术内容：

(1)在大功率密度、长寿命的蓄电池开发中,逐渐出现了接近 800W/kg 的大功率蓄电池。

(2)除了蓄电池,功率密度较高的双电层电容器也被采用。飞轮电动机/发电机等能量储藏装置也得以开发,并在试验中得以使用。

(3)95%以上的高效率电动机、高效率发电机的控制系统等也是重要的开发项目。

(4)目前,串并联方式(分离方式)等新的方式也被提了出来,而且也在摸索更多其他方式。

(5)作为发动机/电动机的代替品——燃料电池也渐渐得到使用。

目前,已经开发的混合动力汽车在市区行驶时的能量效率提高了 2 倍以上,有害气体排放量也在减少。同时,燃油汽车也逐渐被开发出来,在不久的未来将和这些混合动力汽车相竞争。

混合动力电动汽车的驱动装置可以分为串联式、并联式以及将它们组合而成的串并联式三大类,对于各种方式都有实用化的车辆投放市场。

8.6.2 串联式混合动力的应用实例

8.6.2.1 丰田考斯特混合动力电动汽车

如图 8-30(a)所示,作为 21～24 人乘坐的小客车,丰田考斯特混合动力电动汽车从 1997 年 10 月开始生产,到现在为止大约有 20 辆在市面上被使用(指日文原书出版时间)。

图 8-30(b)为该电动汽车系统的构成,发动机/发电机通过 1469mL 汽油发动机上的增速机与三相交流发电机相连接,可以得到最大 25kW 的输出。它采用最大功率为 70kW 的异步电动机作为驱动用电动机,通过行星齿轮减速器,依靠驱动轴、差速器和半轴等常规车辆中的结构来驱动车轮。它搭载了 24 个密封铅酸蓄电池作为驱动用电池,系统电压为 288V。发动机/发电机在车辆的行驶中提供必要的均衡的电能,启动加速时候的峰值输出由蓄电池放电来维持。车辆减速时的能量通过将驱动电动机转换为发电机并对蓄电池充电进行回收。表 8-8 为该电动汽车的主要参数,图 8-31 则表示了发动机/发电机和驱动电动机的外观。

(a)外观

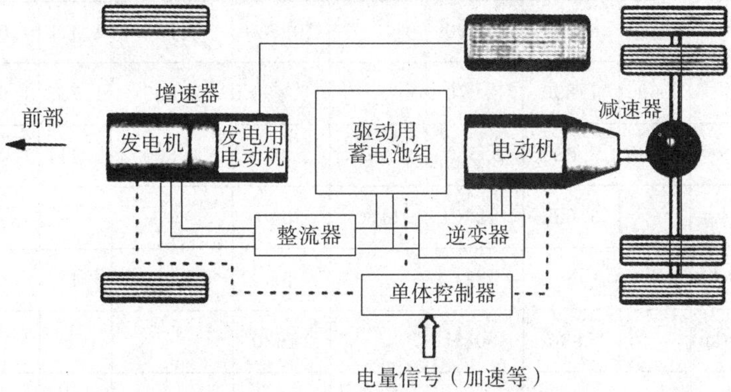

(b)系统结构

图 8-30　丰田考斯特混合动力电动汽车的外观和系统结构

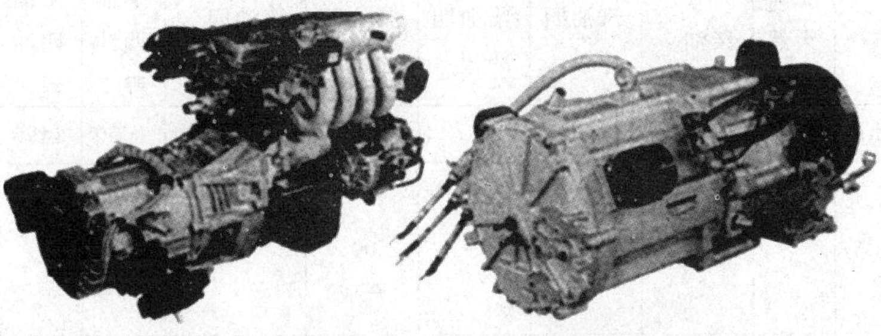

图 8-31　考斯特发动机/发电机和驱动电动机的外观

表 8-8　　　　混合动力电动汽车的主要参数

混合动力方式		串联方式				并联方式				串并联方式
汽车名称		三菱 HEV	Elf HEV	考斯特	日产 HEV	HIMR (PullyVan)	AL-X	DUO	Golfmit	普锐斯
汽车种类		轿车	小货车	小客车	轿车	大客车	轿车	轿车	轿车	轿车
公司名		三菱汽车	五十铃车	丰田汽车	日产汽车	日野汽车工业	日产汽车	奥迪	VW	丰田汽车
尺寸	全长(m)	4.785	6.024	6.990		10.680	3.750	4.479	4.075	4.275
	全宽(m)	1.695	1.890	2.070		2.490	1.695	1.733	1.695	1.695
	全高(m)	1.595	3.085	2.580		3.085	1.600	1.417	1.420	1.490
质量	空车质量(kg)		3.665	1240	1180	9840				1240
	载客人数(人)	4	3	21		88	4	4		5
	汽车总质量(kg)		5830	5085		14680		1710		1515
最高速度(km/h)		150	90	80		80		170(80;电动机)		160
发动机	种类	压缩天然气	柴油	汽油四冲程	柴油四冲程	柴油四冲程	汽油四冲程	柴油四冲程	柴油四冲程	汽油四冲程
	排气量(mL)	1642		1496	1000	7961	1896	1600	1496	
	最大输出功率/转速[kW/(r/min)]			36/3100		176/2500(合成)		66/4000		43/4000
	最大转矩/转速[N·m/(r/min)]			111/3100		735/1500(合成)		202/1900		102/4000
发电机	种类	异步式	PM 式	异步式	PM 式	异步式				PM 式
	最大输出功率(kW)		25	25	20	51				

续表

混合动力方式		串联方式				并联方式				串并联方式
汽车名称		三菱HEV	Elf HEV	考斯特	日产HEV	HIMR(PullyVan)	AL-X	DUO	Golfmit	普锐斯
汽车种类		轿车	小货车	小客车	轿车	大客车	轿车	轿车	轿车	轿车
公司名		三菱汽车	五十铃车	丰田汽车	日产汽车	日野汽车工业	日产汽车	奥迪	VW	丰田汽车
电动机	种类	异步电动机	异步电动机	异步电动机	PM电动机	异步电动机	PM电动机	异步电动机	PM电动机	PIV1电动机
	最大输出功率/转速[kW/(r/min)]	60	120	70/1650	55	30/600		21/1000	7	30/2000
	最大转矩/转速[N·m/(r/min)]	192	318	405/1000		470/600		20		305/940
控制装置		INV	INV	Tr-INV	IGB-INV	IGB-INV	IGBT-INV			IGB-INV
驱动方式		前轮驱动	后轮驱动	后轮驱动		后轮驱动	前轮驱动	前轮驱动		前轮驱动
主变速器		前进2挡	前1挡/后反转	前1挡/后1挡(固定)		前5挡/后1挡(固定)	无级变速	前5挡/后1挡	前5挡	前1挡/后1挡(可变)
电动机	种类	密封锂离子电池	铅酸蓄电池	密封铅酸蓄电池	锂离子电池	密封铅酸蓄电池	锂离子电池	密封铅酸蓄电池		镍氢电池
	容量/电压[A·h(h)/V]		60(3)/12	58(3)/12	25	65(5)/12				6.5(3)/7.2
	搭载个数(个)	30	26	24		25		24		40
	总电压(V)	336	312	288		300		288		288

丰田考斯特混合动力电动汽车的特点为：

(1)尾气排放量低：这种类型的大客车通常采用柴油发动机，但是低排放的汽油发动机在几乎恒速的条件下运转时，在有效降低气体排放的同时若采用三效催化剂，可进一步降低气体排放量。此外,它也不会排出柴油发动机特有的黑烟。

(2)低噪声:如果用电动机驱动车辆,其搭载的发动机和通常的发动机相比,更加小型且能定常运动,能有效降低噪声。尤其是在加速的时候降噪效果更加显著。

(3)燃费:汽油发动机在燃油经济区进行定常运转时,在减速时驱动电动机可当作发电机进行能量回收,因此,虽然是汽油汽车,但是在频繁发动、停止的行驶状况下,可以得到和柴油汽车同样甚至更高的燃费。

(4)一次充电续驶里程:一箱容量为 95L 的汽油,在市街行驶的情况下可以行驶 400～500km。

(5)蓄电池的充电:由于是混合动力,所以不需要像一般的电动汽车一样充电。但是,为了消除所搭载的 24 个蓄电池的个别电池充电偏差,公司推荐要进行一周一次的均衡充电。

8.6.2.2 三菱 HEV(三菱汽车工业)

该电动汽车的开发目标是降低排放以及增加续驶里程。目前,已开发了汽油和天然气(压缩)两种类型的发动机,依靠后者可以达到 EZEV 的排放标准,而 EZEV 与火力发电厂有着相同的排气标准。此外,该电动汽车还可以达到改善效率的目的。

该电动汽车中的电动机使用的是两台异步电动机,在低输出时只靠一台电动机运转,燃费可以得到 5%的改善。蓄电池使用的是氢镍电池。

8.6.2.3 日产 SHV

由于使用了高功率密度的锂离子电池,在仅仅采用质量为 150kg 的蓄电池的情况下,使用 55kW 的 PM 电动机就可以达到 50km 的行驶里程。据报道,系统中采用锂离子电池可以非常有效地促进纯电动汽车的行驶里程目标。依靠蓄电池、发动机/发电机(PM 式)的小型化,可以达到空间的有效利用和产品的高效率化等目的,燃费较以前也有了 70%的提高。

8.6.2.4 GM

GM 从 1995 年开始与 DOE 进行合作共同开发。蓄电池采用了大功率密度的铅酸蓄电池。据报道称,其燃油经济性可以达到 34km/L。

8.6.3 并联式混合动力的应用实例

8.6.3.1 HIMR(日野)

图 8-32 表示的是作为并联式混合动力电动汽车实用化的例子——日野汽车的 HIMR(Hybrid Inverter controlled Motor&Retarder system)。

图 8-32　日野 HIMR 大客车和中型货车

如图 8-33 所示，在驱动用柴油发动机的飞轮外圆周部分，HIMR 内置了转子外径和厚度比约为 10∶1 的超薄形三相交流异步电动机兼发电机。

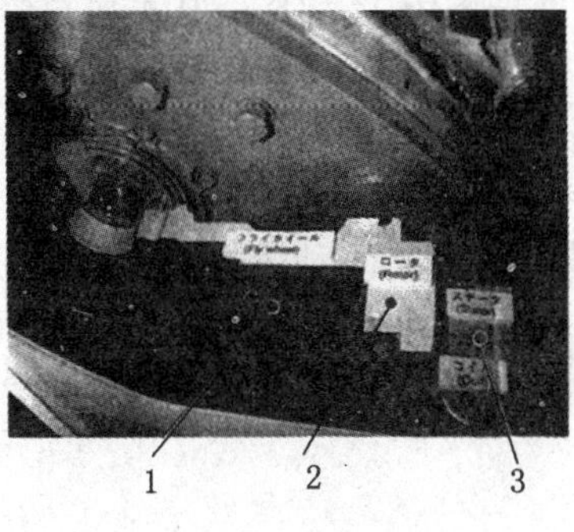

图 8-33　HIMR 的发动机内置电动机兼发电机

1—飞轮　2—转子　3—定子

当系统启动或加速的时候，使电动机动作，柴油发电机作为动力辅助装置。此外，在车辆减速的时候，使发电机动作，将减速时的能量以电能的形式回收。在驱动用柴油发动机中，通常会采用排量为 10000mL 左右的发动机，但是在 HIMR 的系统中，采用了排量较小的 8000mL 的柴油发动机。由于是并联式混合动力汽车，故其通过既存的传统汽车的结构——驱动轴、差速装置和轴来驱动车轮。驱动用蓄电池是搭载有 25 个密封铅酸蓄电池的系统，其电压为 300V。该电动汽车的主要参数如表 8-8 所示。

HIMR 大客车和中型货车的特性为：

(1)尾气排放量低：由于大客车和在市区内行驶的配送货车的启停非常频繁，通常，启动时的转矩自然会比较大(不能太大)，故采用柴油发动机。在 HIMR 系统中，采用了排量小的具备涡轮增压的柴油发动机(TI 柴油发动机)。在启动加速的时候，由于 HIMR 系统中的电动机具有辅助柴油发动机动力的特性，因而可以补偿启动性差的问题，而且尾气排放变少了。由此可以实现氮氧化物、黑烟、可吸入颗粒物的大幅度降低以及燃油经济性的提高。

(2)低噪声：由于在车辆启动加速时可以通过电动机作为柴油发动机的动力辅助，因此可以降低发动机的噪声。

(3)燃费：HIMR 系统采用了具有能量回收效果和低燃费性的 TI 柴油发动机，使用后燃费较以前的提高了 10%～15%。

(4)一次充电续驶里程：一箱容量为 150L 的汽油，在市街行驶的情况下大约可以行驶 400km。

(5)蓄电池的充电：由于是混合动力，所以不需要像一般的电动汽车一样充电。但是，为了消除所搭载的 25 个蓄电池的个别电池充电偏差，公司推荐进行一月一次的均衡充电。

(6)多用途性：不仅仅是在市区内的往返路线，而且在山地或者峡谷以及山顶公园的山区路线中，为了保护自然环境也使用 HIMR 大客车作为观光客的代步工具。

8.6.3.2 AL-X(日产)

它使用了安置在车轮之间的无级变速器(CVT)以及与发动机直接相连的两台电动机/发电机，可达到大幅度提高效率和增大动力性能的目的。由于电动机和 CVT 的组合使转矩增大，故可以在效率优良的区域下运转。据报道，采用锂离子电池和 PM 电动机/发电机后，不仅可以使效率得到提高，燃费也较之前提高了 2 倍。

8.6.3.3 AIIDT

1997 年发布的这一款电动汽车中采用了 1.9L 的涡轮增压柴油发动机，320kg 的蓄电池，21kg 的 PM 电动机。它可以实现三种工况下的行驶：第一种是混合动力工况，低负载时只有电动机动作，在高速高负载时通过发动机行驶；第二种是电动工况，只依靠电动机行驶；第三种是只有发动机的行驶工况。其蓄电池选择了铅酸蓄电池，但是只依靠电池时仅能实现大约 50km 的行驶里程。在欧洲，75%的行驶里程都在 50km 以下，因此，采用混合动力汽车的情况比较多。

8.6.4 串并联式混合动力的应用实例

串并联式混合动力电动汽车是德国大众公司在 1980 年时作为分离式混合动力汽车而开发的。在日本，丰田汽车公司于 1997 年 3 月开发了独创的系统结构并推出了普锐斯品牌，并从 1997 年 12 月开始投放市场，以一般消费者可以接受的价格进行销售。

到 1998 年末，日本大约有 22000 辆普锐斯在行驶。普锐斯的外观如图 8-34 所示，其主要参数如表 8-8 所示。

图 8-34　普锐斯外观

对应于车辆的行驶状态，普锐斯将利用汽油发动机的动力进行直接驱动和利用电动机的驱动力组合起来进行驱动，其中电动机依靠驱动用蓄电池或者通过发电机发电提供电能。由此大大提高了能量效率以及减速时的能量回收，并大幅度降低了在停车时由于发动机自动停止的能量损失，燃费也得到了划时代的提高。

如图 8-35 所示，普锐斯的传动机构由发电机、动力分离装置以及电动机构成，从发动机出来的动力通过行星齿轮机构可以分为直接供给电动机和直接传递给车轮的机械路径，以及驱动发电机依靠电能传递的电气支路。该动力分离装置能够实现发动机、发电机和电动机各自转速的无级变速，相当于具有了电气 CVT 的功能，电动机、发电机、发动机的转速关系为

$$K_m n_m + K_g n_g = (K_m + K_g) n_e$$

式中：n_e 为发动机（行星齿轮）的转速；n_m 为电动机的转速；n_g 为发电机的转速；K_m 为环状齿轮（电动机输出轴）的齿数；K_g 为中央齿轮（发电机）的齿数。

由上述关系式可以得出，电动机的转速会根据汽车的行驶状态而产生众多的变化，可以通过对发电机转速的调整和控制，使发动机保持较高的运转效率。

普锐斯的动力传递如图 8-36、图 8-37 所示。当启动或者低负荷的时候发动机停止工作，仅通过蓄电池供电驱动电动机进行驱动。在正常行驶中，采用发动机的直接驱动和电动机驱动，其中电动机是利用发电机发电提供的电能进行驱动的。在加速等需要大动力的情况下，在正常行驶的基础上追加从蓄电池供给的电能，以增加电动机的驱动力。在减速时，把电动机切换为发电机，将减速能转换为电能并以对蓄电池的充电的形式来实现能量的回收。

（a）电动机和发电机

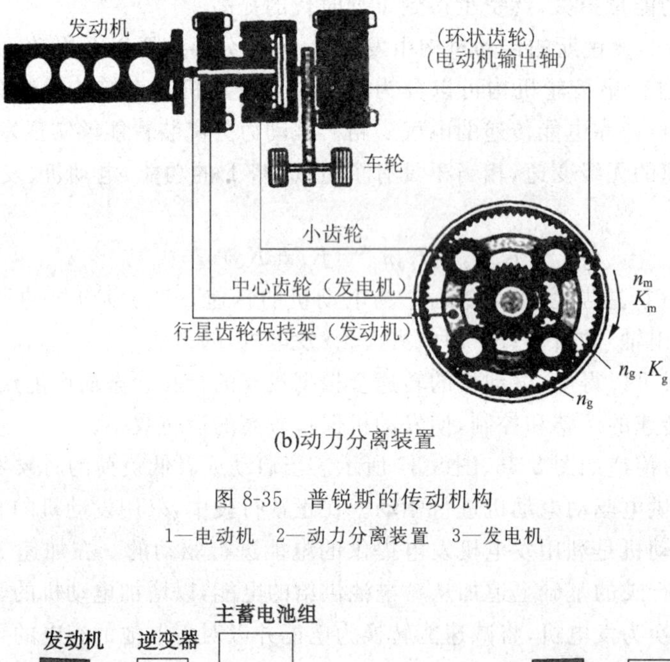

(b)动力分离装置

图 8-35　普锐斯的传动机构

1—电动机　2—动力分离装置　3—发电机

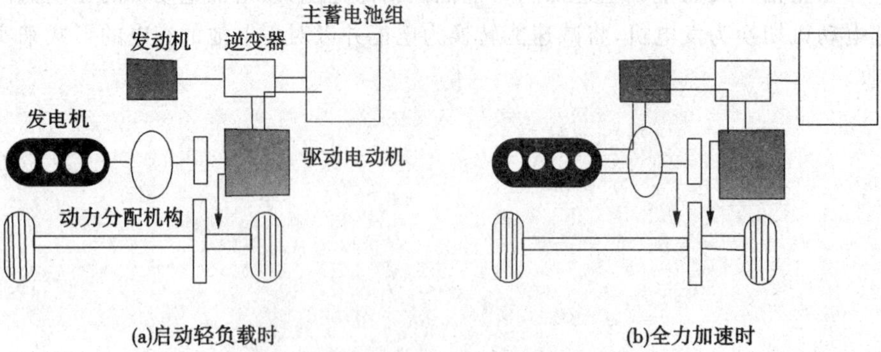

(a)启动轻负载时　　(b)全力加速时

图 8-36　普锐斯的动力传递(一)

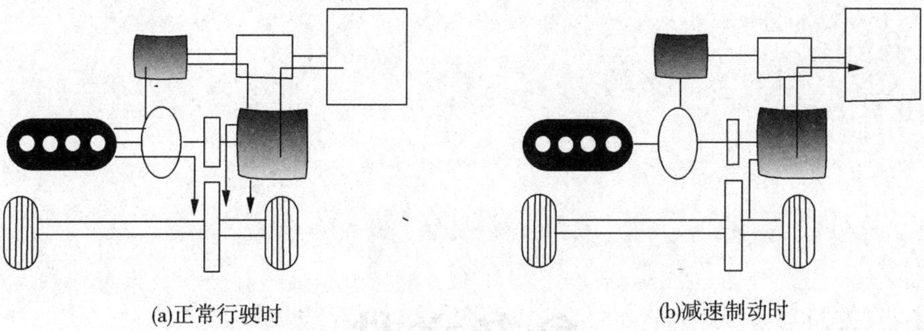

图 8-37　普锐斯的动力传递(二)

丰田普锐斯的特点为：

(1)尾气排放低：依靠停车时候发动机的停止、高效率的运转以及三元催化转化器等，尾气排量非常低，只为规定值的十分之一左右。

(2)低噪声：由于电动汽车在车辆启动和轻负载的时候只靠电动机驱驶，故噪声很低。

(3)燃费：普锐斯的混合动力系统中配有最新开发的发动机，由于点火正时可变，故具有较高的膨胀比，所以可在降低吸排气损失的同时减少摩擦损失。由于这个发动机和动力分离装置在高速区域的使用频率有所增加，所以跟以往的发动机相比，燃费提高了约80％。此外，由于回收了减速时的能量，故燃费提高了约20％，总计约100％，即燃费达到了原来的两倍。

(4)一次充电续驶里程：由于10~15工况下的燃费为28km/L，所以容量为50L的一箱汽油在市街道路上可以行驶1400km。

(5)蓄电池的充电：由于是混合动力汽车，所以不需要像普通电动汽车那样进行定期充电。

参考文献

[1]日本电气学会,电动汽车驱动系统调查专门委员会编,康龙云译. 电动车最新技术. 北京:机械工业出版社,2008

[2]祝占元主编. 电动汽车. 郑州:黄河水利出版社,2007

[3]陈全世等主编. 先进电动车技术. 北京:化学工业出版社,2009

[4]全国中等农业机械化专业《电工学》编写组编. 电工学:农业机械出版社,1978

[5]张勇主编. 电机拖动与控制. 北京:机械工业出版社,2001

[6]李力等主编. 电工与电子技术. 北京:中国电力出版社,2001

[7]程伟,徐国卿,王晓东. 电动汽车用永磁无刷电机回馈制动技术研究. 电气传动,2005 (11)

[8]姬芬竹,袁高峰,周荣. 纯电动汽车传动系参数匹配的研究. 汽车科技,2005(6)

[9]王志福等. 电动车用锂离子动力电池充放电特性. 电池,2003(3)

[10]南金瑞,王建群,孙逢春. 电动汽车能量管理系统的研究. 北京理工大学学报,2005(5)

[11]唐鹏,孙骏. 电动汽车驱动系统再生制动特性分析与仿真. 移动电源与车辆,2003(4)

[12]叶敏等. 电动汽车主辅电源能量回馈研究. 系统仿真学报,2007(23)

[13]朱西成,林辉. 无刷直流电动机功率驱动电路设计. 现代电子技术,2009(14)

[14]胡继峰,王绪伟,费树岷. 基于 MC33035 的永磁无刷直流电机控制器的设计. 电子工程师,2001(5)

[15]吴颖杰,王君艳,贡俊. 能量回馈制动在电动汽车中的应用. 上海电机学院学报,2006(3)